高速铁路应急处置实验教程

主编 // 郭峤枫　史　磊　刘明峰　郭孜政

西南交通大学出版社
·成　都·

图书在版编目（CIP）数据

高速铁路应急处置实验教程 / 郭峤枫等主编. —成都：西南交通大学出版社，2022.9
ISBN 978-7-5643-8904-8

Ⅰ. ①高… Ⅱ. ①郭… Ⅲ. ①高速铁路 – 铁路运输 – 突发事件 – 应急对策 – 实验 – 教材 Ⅳ. ①U238-33

中国版本图书馆 CIP 数据核字（2022）第 166121 号

Gaosu Tielu Yingji Chuzhi Shiyan Jiaocheng
高速铁路应急处置实验教程

主　编 / 郭峤枫　史　磊　刘明峰　郭孜政

责任编辑 / 周　杨
封面设计 / 吴　兵

西南交通大学出版社出版发行
（四川省成都市二环路北一段 111 号西南交通大学创新大厦 21 楼　610031）
发行部电话：028-87600564　　028-87600533
网址：http://www.xnjdcbs.com
印刷：成都中永印务有限责任公司

成品尺寸　185 mm × 260 mm
印张　16.75　　字数　395 千
版次　2022 年 9 月第 1 版　　印次　2022 年 9 月第 1 次

书号　ISBN 978-7-5643-8904-8
定价　48.00 元

课件咨询电话：028-81435775
图书如有印装质量问题　本社负责退换

PREFACE

前　言

铁路运输调度指挥过程中具有多环节、多地域等特点，同时涉及的相关设备种类繁多，且操作岗位复杂、处置流程高度集中、各环节紧密联系、各工种协同配合。近年来随着铁路现代化建设的发展，行车设备复杂化对调度指挥技能提出了更高要求，如特殊情况下组织行车，调度指挥人工作业存在较大风险因素，容易导致事故。

为确保国家铁路安全正点、方便快捷、高速高效运行，中国国家铁路集团有限公司（以下简称“国铁集团”）制定了铁路技术管理规程。规程涵盖铁路运输中所涉及的基础设备设施布置及养护、日常调度指挥规章、特殊情况下的应急处置流程等。在规程的指导下进行日常模拟演练，对铁路运输安全以及运输效率的提高非常重要。因而，交通运输专业学生先行完成铁路信号与列车控制、行车组织、运营管理等核心课程学习后，通过铁路技术规章的相关课程进行专业基本技能的融会贯通，培养在灾害天气、设备故障等情况下组织非正常行车及救援的能力。

高速铁路规章实验配合高速铁路规章理论课程的学习，通过实验的方式，进行列车调度员、助理调度员与其他岗位工种的协同演练，让学生实际动手操作以深入理解和掌握理论课程所学知识。为毕业后从事铁路运输科学研究、铁路运输安全保障、铁路运输技术管理等工作打下坚实的基础。

本书由西南交通大学的郭峤枫、史磊、郭孜政及中国铁路哈尔滨局集团有限公司的刘明峰共同编写。全书共分为十六个实验，其中，第一至第八个实验项目由郭峤枫编写，第九至第十六个实验项目由刘明峰编写。全书由郭孜政负责制定编写体系框架，郭峤枫负责统稿，史磊负责校稿。

编　者

2022 年 6 月于成都

CONTENTS

目 录

实验一
风速监测子系统报警应急处置实验

一、实验目的

（1）熟悉列车调度台、助理调度台界面设置和菜单管理功能。

（2）掌握高速铁路列车运行调整、高速铁路电气设备操作及相关辅助软件操作等列车调度指挥基本技能。

（3）熟悉《铁路技术管理规程》（以下简称《技规》）所规定的处置故障流程及组织行车原则，采取合理的应急处置方案。

（4）熟练并掌握风速监测子系统报警情况下相关规章制度及处置流程。

二、实验原理

依据铁路《技规》第 342 条的规定，接到自然灾害及异物侵限监测系统风速监测子系统大风报警信息时的具体处置流程及要求如下：

（1）遇风速监测子系统提示大风报警信息时，列车调度员应根据报警提示向相关列车发布限速运行的调度命令。对来不及发布调度命令的列车，立即通知司机限速运行。司机接到调度命令或通知后，应立即采取措施。

（2）遇大风天气，当风速监测子系统发出禁止运行的报警信息时，列车调度员应及时关闭有关信号（车站控制时为通知车站值班员关闭有关信号）并通知司机停车。司机接到通知后，应立即采取停车措施。

（3）列车运行途中遇大风时，司机根据情况控制列车运行速度，并报告列车调度员。列车调度员通知后续首列列车司机在该地段注意运行；列车通过该地段后，司机应及时向列车调度员报告。

（4）遇大风天气时，列车调度员按风速监测子系统报警提示发布限速调度命令，遇风速不稳或同一地段多处风速报警时，列车调度员可合并设置，按最低限速值发布限速调度命令。

列车在风速区段内限速运行，《技规》第 309 条对列控限速进行了规定：

（1）用于列车运行控制系统的限速设置（数据格式）称为列控限速。列控限速由列车调度员通过 CTC 进行设置或取消，并采用双重口令，由列控系统执行。

（2）列控限速数据包括线路号、相关受令车站、限速位置、限速值、限速执行方式、限速开始和结束时间等，侧线列控限速应增加车站号信息。

（3）列控中心控制的每个有源应答器只管辖一定范围内的限速，限速区可以设置在区间、站内正线、站内侧线或区间跨站内正线。

依据《技规》第 310 条规定，设置列控限速：

（1）列控限速按档分为不同的限速等级，最低为 45 km/h。

（2）设置列控限速时，应按照不高于限速值的原则选择相应限速等级进行设置，但低于 45 km/h 的限速按 45 km/h 设置。

（3）列控限速的设置和取消按规定流程办理。

《技规》第 343 条，对动车组列车遇大风行车限速进行了如下规定：

（1）在环境风速不大于 15 m/s 时，可以正常速度运行；环境风速不大于 20 m/s 时，运行速度不大于 300 km/h；环境风速不大于 25 m/s 时，运行速度不大于 200 km/h；环境风速不大于 30 m/s 时，运行速度不大于 120 km/h；环境风速大于 30 m/s 时，严禁动车组列车进入风区。

（2）在线路中心线距站台边缘为 1 750 mm 的正线、到发线办理动车组列车通过时，在环境风速不大于 15 m/s 情况下，速度不得超过 80 km/h；当环境风速超过 15 m/s 时，动车组运行速度不得超过 45 km/h，并注意运行。

以上规定内置于自然灾害及异物侵限监测系统中，出现报警后，系统会根据环境风速进行限速位置、限速值提示。

三、实验内容

列车调度台进行列车运行调整计划编制与下达，监控列车运行，调整到发线运用方案。进行调度命令编写、接收、审核与下达，列车调度员向基层运输站段下达的书面的命令；发布列控限速调度命令，以保障列车运行安全。

助理调度台进行特殊情况下的人工办理接发车进路，并根据现场实际情况，以人工控制设备状态的方式引导列车运行。辅助列车调度台完成调度命令编写、接收、审核；发布列控限速调度命令，以保障列车运行安全。

调监显示台进行列车运行监视，实时了解各车站和区间的设备使用情况、列车运行情况，以做出科学合理的调度指挥决策。

自然灾害及异物侵限监测系统，模拟再现各类自然灾害报警、故障报警、异物侵限报警等突发事件的信息接收。实验系统内模拟线路状况，设置风速告警阈值，模拟记录降水、降雪过程及其时段值、累计值，根据告警条件触发列控、联锁系统。

（1）根据报警提示向相关列车发布限速运行的调度命令，设置列控限速。

（2）通知相关人员，报告值班（副）主任。

（3）对来不及发布调度命令的列车，立即通知司机限速运行。

（4）遇风速不稳或同一地段多处风速报警时，列车调度员可合并设置，按最低限速值发布限速调度命令。

四、实验仪器、设备

列车调度台 1 台，含运行图终端系统、调度命令终端系统、列控限速管理系统。

助理调度台 1 台，含助调终端系统、调度命令终端系统、列控限速管理系统。

调监显示屏 1 台，含调度监督系统。

辅助系统 1 套，含自然灾害及异物侵限监测系统、FAS 机系统、电子行车设备检查登记簿、铁路交通事故（故障）概况表。

五、实验预设参数

风速监测子系统提示大风报警信息，加载场景为报警出现前若干分钟内的运行场景：

（1）计划图上，存在后续通过风速报警区段的列车。

（2）在应急处置过程中，不使用非常站控模式。

（3）运行图已加载完成，阶段计划为 14:00—17:00。

（4）选定线路为某客专台。

（5）报警出现后的首列车车次号为 G785，即将进入大风报警区段。

预设情况如图 1-1 所示。

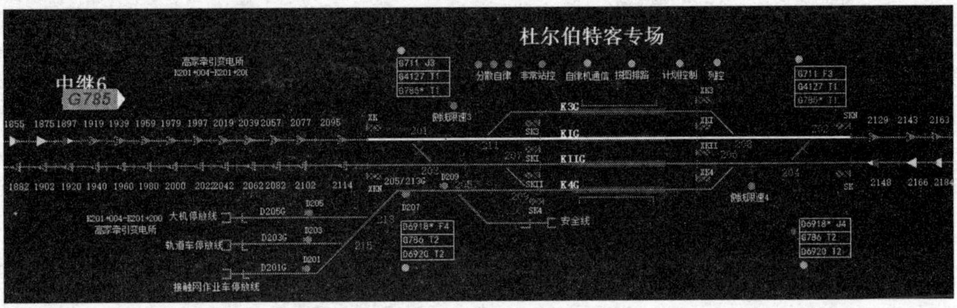

图 1-1　大风报警预设情况

六、实验步骤

（一）大风报警

（1）自然灾害及异物侵限监测系统（图 1-2）报警区段风速计监测范围出现闪烁提示，弹出告警窗口并发出告警提示音，提示：哈齐客专 K201 + 249 风速报警，限速 200 km/h。

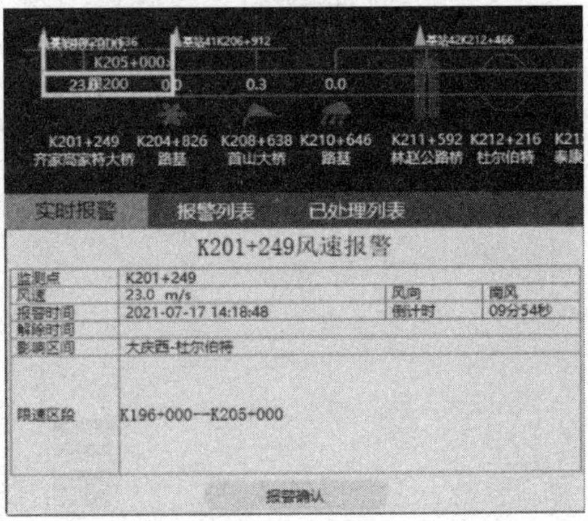

图 1-2　告警窗口

（2）调度点击“报警确认”，告警信息停止闪烁，告警音停止。

（二）调度员通知即将进入该区段的列车司机

（1）主调点击 FAS 机“拨号”按钮，如图 1-3 所示。

图 1-3　拨号按钮

弹出拨号盘，输入对应车次号，如图 1-4 所示，再依次点击“本务机司机”“呼出”。

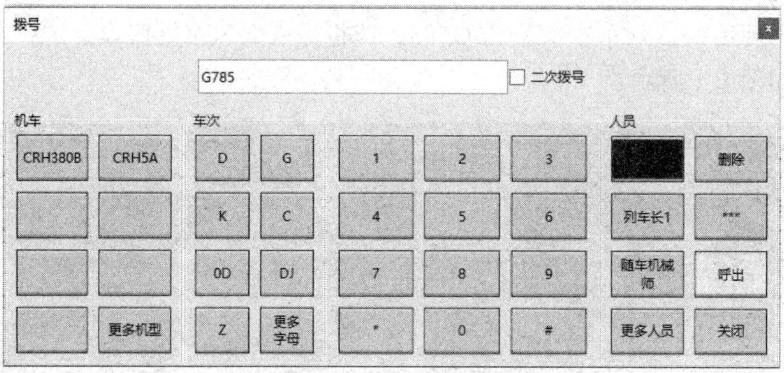

图 1-4　拨号

（2）弹出对话框，如图 1-5 所示。

主调通知 G785 次列车司机（虚拟仿真人）：G785 次，因风速报警，哈齐客专下行线 196 km 000 m 至 205 km 000 m 处限速 200 km/h。

G785 次列车司机回复：G785 次，司机明白。

图 1-5　FAS 机通话

（三）列车司机报告

G785 次列车降至规定速度后：

（1）FAS 机主应答发出提示，点击“主应答”按钮，如图 1-6 所示，弹出语音播报。

图 1-6　主应答按钮

（2）G785 次列车司机（虚拟仿真人）报告调度员：G785 次，已降至规定速度。

（3）调度回复 G785 次列车司机：调度明白。

（四）发布列控限速命令

（1）助调点击调度命令端右下角列控限速栏内“新建列控”，如图 1-7 所示。

图 1-7　新建列控

（2）弹出“限速命令输入”对话框，参照风速监测子系统报警提示的信息，输入“限速原因”“命令类型”“线路”、起始公里标及限速值等数据后点击确认按钮，如图 1-8 所示。

限速原因：风雨雪。

线路：哈齐客专上行线（下行线）。

起始公里标：K205 + 000 至 K196 + 000（K196 + 000 至 K205 + 000）。

限速值：200 km/h。

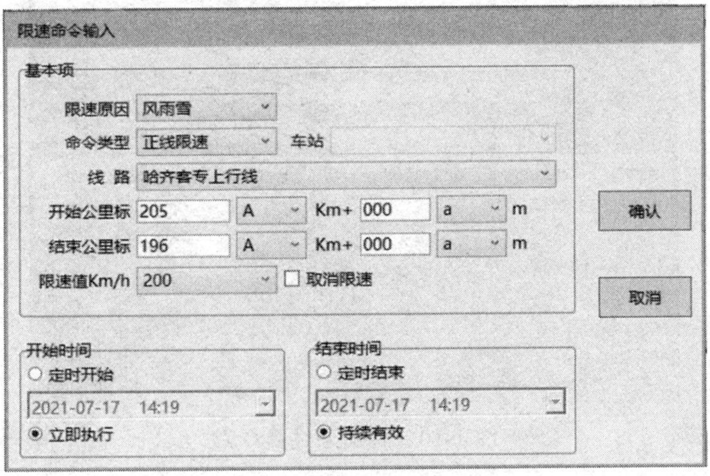

图 1-8　限速命令输入

（3）弹出校验提示对话框，点击“确定”以后，主调调度命令端弹出“限速命令校验”对话框，对数据进行再一次输入，点击“确认”按钮，如图 1-9 所示。

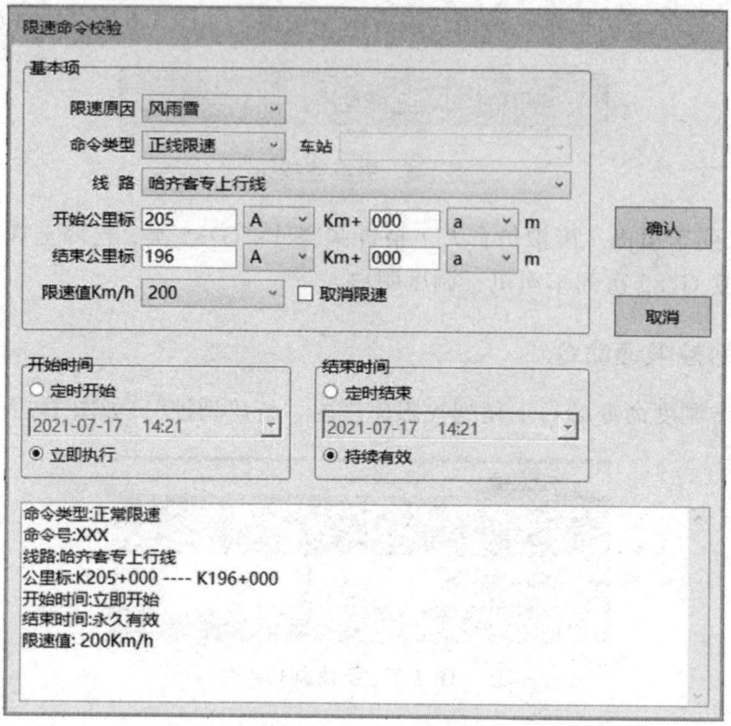

图 1-9　限速命令校验

（4）弹出提示框点击确定，返回主页面。

设置下行线列控限速时，在无线受令列表内点击“增加”，输入车次号“G785”，再点击“查找机车”，如图 1-10 所示。

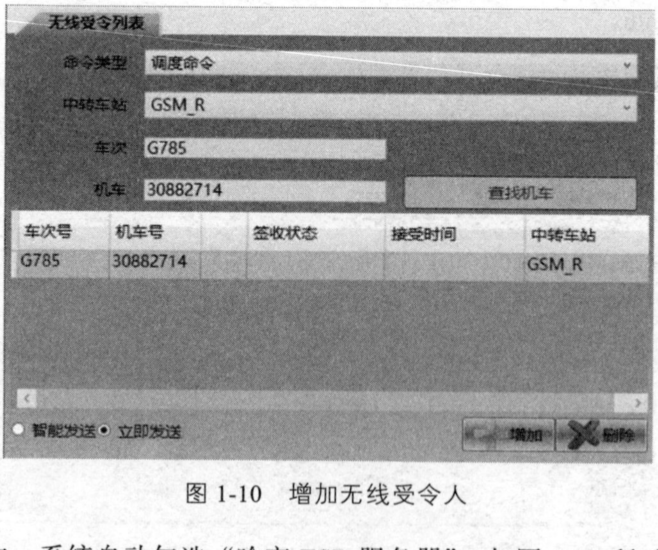

图 1-10　增加无线受令人

（5）受令列表内，系统自动勾选“哈齐 TSR 服务器”，如图 1-11 所示。

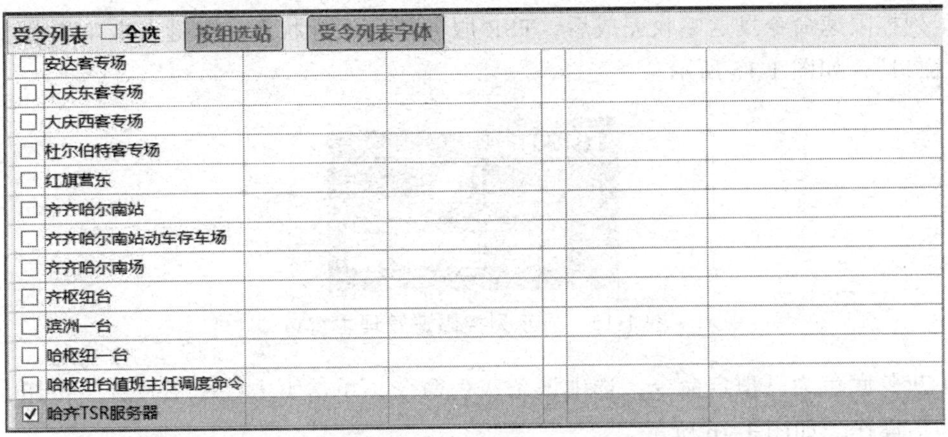

图 1-11　勾选受令单位

点击“下达”按钮，如图 1-12 所示。

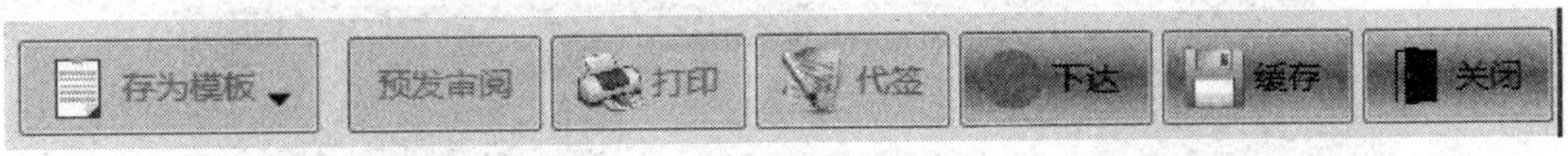

图 1-12　点击下达

出现无线调令信息确认对话框，确认无误后，点击“否”，如图 1-13 所示。

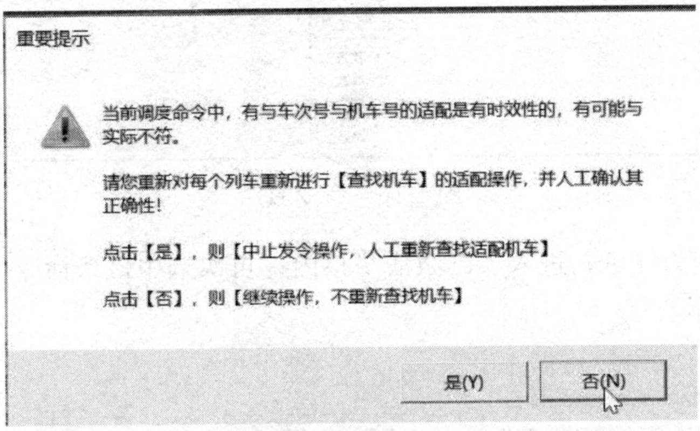

图 1-13　无线调令信息确认

弹出对话框，确认受令人无误后，点击“是”，如图 1-14 所示，调度命令下发。

图 1-14　确认受令单位

（6）列控限速命令发送签收完成后，TSR 服务器为闪烁状态，右键点击 TSR 图标，选择“显示主窗口”，如图 1-15 所示。

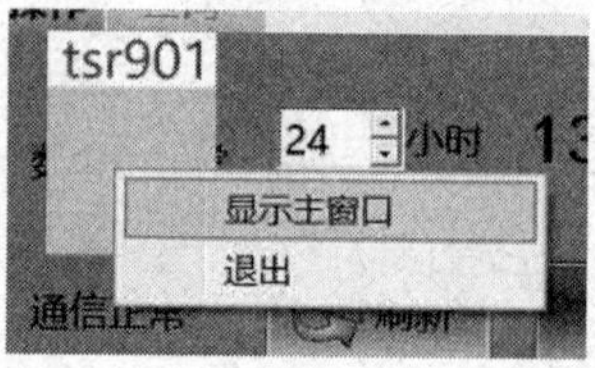

图 1-15　显示列控限速管理主窗口

（7）灰色底色为已拟定命令，选中该条灰色命令，单击下方“激活校验”按钮，对该命令进行激活操作，如图 1-16 所示。

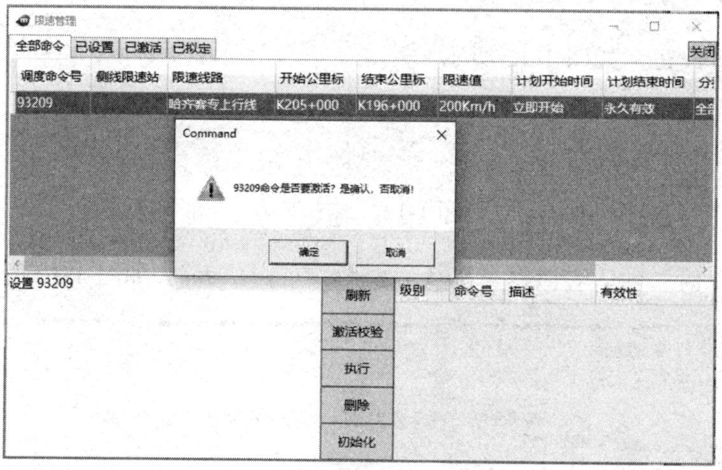

图 1-16　命令激活

（8）命令底色变为绿色，进入“已激活”栏内；再次选中该条命令，单击下方“执行”按钮，如图 1-17 所示。

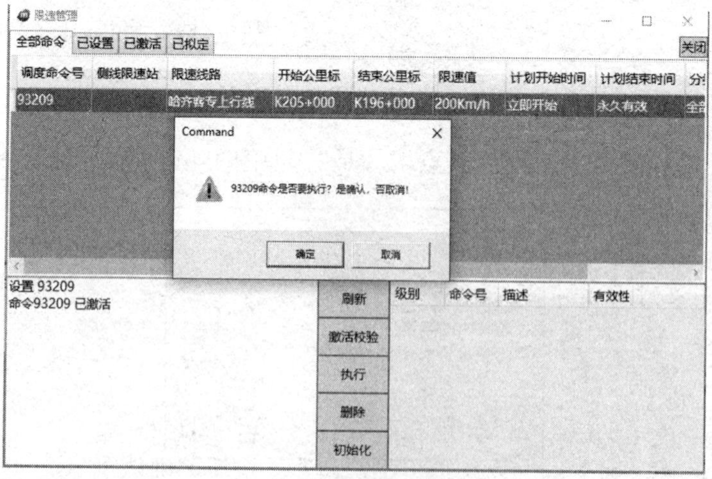

图 1-17　命令执行

（9）命令底色变为黄色，进入“已设置”栏内，表明该条命令已完全设置成功，TSRS 内正在执行该限速命令。上下行列控限速设置方式一致，设置成功后显示如图 1-18 所示。

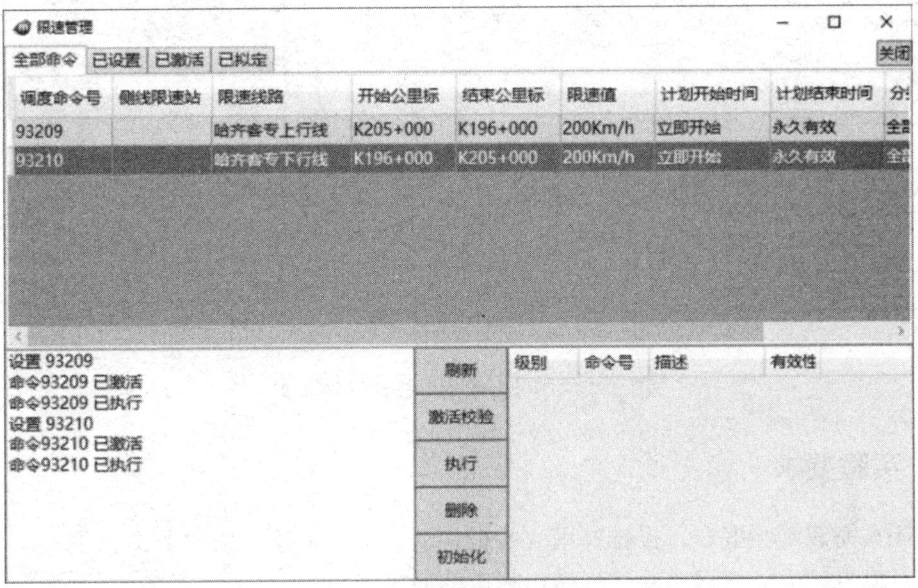

图 1-18　限速命令设置成功

限速命令显示在线路图上如图 1-19 所示。

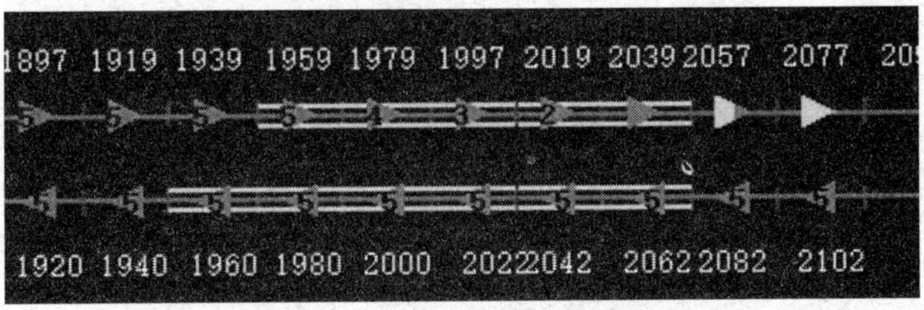

图 1-19　列控限速全部设置成功后显示方式

（五）调整运行图并下达新计划

（1）后续列车均按此列控限速运行通过该区段，直至风速监测子系统解除报警。主调调整后续受影响的上下行列车；调整完成后，点击“下计划”按钮，如图 1-20。

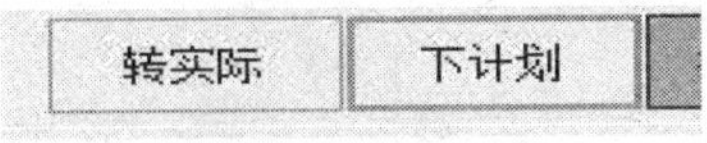

图 1-20　点击下计划

（2）弹出对话框，依次点击“检查计划”“发送”按钮，确认将新计划下达到管辖车站，如图 1-21 所示。

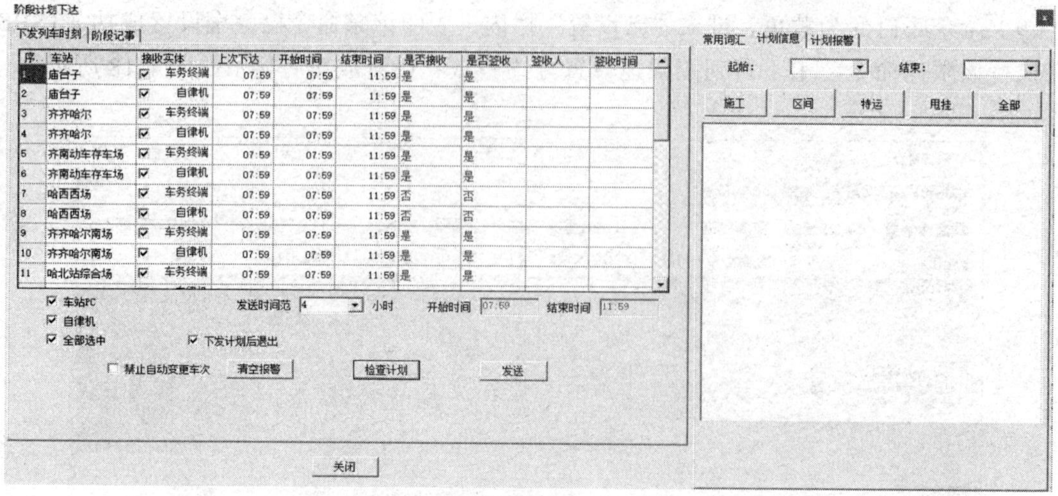

图 1-21　下达阶段计划到管辖车站

七、实验要求

（1）认真完成实验报告，报告要用实验报告纸，书写工整，按时上交。
（2）对思考题应能依据实验过程做出相应的回答。

八、思考题

（1）自然灾害及异物侵限监测系统中，风、雨、雪报警各有几级告警？
（2）自然灾害情况下，设置列控限速应注意什么？

实验二

异物侵限灾害报警应急处置实验

一、实验目的

（1）熟悉列车调度台、助理调度台界面设置和菜单管理功能。

（2）掌握高速铁路列车运行调整、高速铁路电气设备操作及相关辅助软件操作等列车调度指挥基本技能。

（3）熟悉《技规》所规定的处置故障流程及组织行车原则，采取合理的应急处置方案。

（4）熟练掌握在异物侵限灾害报警情况下相关规章制度及处置流程。

二、实验原理

依据《技规》第 351 条的规定，接到自然灾害及异物侵限监测系统异物侵限子系统灾害报警信息时的具体处置流程及要求如下：

（1）列车调度员接到异物侵限子系统异物侵限灾害报警信息后，应立即通知区间内已进入报警地点及尚未经过报警地点的列车立即停车，不再向该区间放行列车，同时向调度所值班主任（值班副主任）汇报，值班主任（值班副主任）应立即通知设备管理单位赶赴现场检查处理。

（2）在设备管理单位检查人员到达报警点前，列车调度员通过视频监控系统查看现场情况，有异状或不能确认时，必须经设备管理单位检查处理并具备放行列车条件后，方可组织列车运行。无异状时，按下列规定办理：

① 列车调度员确认报警地点次一个闭塞分区空闲后，对区间内已进入报警地点及尚未经过报警地点的列车，口头通知司机逐列恢复运行，以遇到障碍能随时停车的速度（动车组列车最高不超过 40 km/h，其他列车最高不超过 20 km/h）越过报警点所在闭塞分区，指示后列恢复运行前必须确认前列已完整越过报警点次一个闭塞分区并得到前列无异状的报告。

② 司机在报警点所在闭塞分区通过信号机（区间信号标志牌）前停车等候 2 min 后，以遇到障碍能随时停车的速度（动车组列车最高不超过 40 km/h，其他列车最高不超过 20 km/h）越过该闭塞分区，按次一通过信号机显示（列控车载设备显示）运行。司机应加强瞭望，发现异状立即停车，并报告列车调度员；如无异状，司机确认列车完全越过报警点次一个闭塞分区后应及时报告列车调度员。司机在停车等候的同时，必须与列车调度员联系，如确认前方闭塞分区内有列车时，不得进入。

③ 区间空闲后，在报警点所在闭塞分区红光带取消前，按站间组织行车。

（3）经设备管理单位现场检查处理，列车调度员根据设备管理单位在《行车设备检查登记簿》内登记的行车限制条件组织列车运行。具备条件时，列车调度员根据设备管理单位允许取消报警点所在闭塞分区红光带的登记，使用临时行车按钮取消异物侵限灾害报警红光带。

（4）在故障未修复前，设备管理单位须派人在现场看守，并及时向列车调度员报告现场情况，在报警点所在闭塞分区红光带取消后，列车调度员应下达限速 120 km/h 及以下注意运行的调度命令，限速位置为报警点所在闭塞分区，司机应加强瞭望。

（5）故障修复后，列车调度员将自然灾害及异物侵限监测系统中复原按钮解锁，使系统恢复到正常状态，恢复正常行车组织。

三、实验内容

列车调度台进行列车运行调整计划编制与下达，监控列车运行，调整到发线运用方案。进行调度命令编写、接收、审核与下达，及时处理所辖区段内的突发情况，列车调度员向基层运输站段下达的书面的命令；发布列控限速调度命令，以保障列车运行安全。

助理调度台进行特殊情况下的人工办理接发车进路，接发车进路主要包含接车进路、发车进路、通过进路等，并根据现场实际情况，通过线路和道岔封锁与解锁等操作，以人工控制设备状态的方式引导列车运行。辅助列车调度台完成调度命令编写、接收、审核；发布列控限速调度命令，以保障列车运行安全。

调监显示台进行列车运行监视，实时了解各车站和区间的设备使用情况、列车运行情况，以做出科学合理的调度指挥决策。

自然灾害及异物侵限监测系统，模拟再现各类自然灾害报警、异物侵限报警等突发事件的信息接收。实验系统内模拟线路状况，模拟监测侵入铁路限界的异物，根据告警条件触发列控、联锁系统。

风、雨、雪、地震等自然灾害可能造成铁路沿线发生安全事故，如泥石流、边坡滑坡、路基塌方或公跨铁大桥掉落异物等，侵入轨行区，形成威胁铁路行车的次生灾害，因此高速铁路沿线高危路段一般设有双电网及异物侵限报警监测点。整个实验在熟悉列车调度台、助理调度台的操作模式及异物侵限系统的工作原理后，进行发生异物侵限监测点报警情况下的调度指挥及应急场景处置。

（1）立即通知区间内已进入报警地点及尚未经过报警地点的列车立即停车，不再向该区间放行列车。

（2）通知相关人员，报告值班副主任。

（3）检查人员到达报警点前，通过视频监控查看有异状或不能确认时，必须经设备管理单位检查处理并具备行车条件后，方可运行。

（4）经设备管理单位现场检查处理，根据设备管理单位在《行车设备检查登记簿》内登记的行车限制条件组织列车运行。

（5）具备条件时，根据设备管理单位允许取消报警点红光带的登记，使用临时行车按钮取消异物侵限灾害报警红光带。

（6）故障未修复前，现场派人看守，在报警点红光带取消后，发布监测点闭塞分区起止里程限速 120 km/h 注意运行调度命令并设置列控。

（7）故障修复后，根据设备管理单位的登记，将自然灾害及异物侵限监测系统中复原按钮解锁，恢复系统正常使用。

（8）绘制运行图标识。

（9）调整运行图。

（10）向相关人员通报预计列车晚点时间或恢复运行时刻。

（11）填记安监报-1。

四、实验仪器、设备

列车调度台 1 台，含运行图终端系统、调度命令终端系统、列控限速管理系统。

助理调度台 1 台，含助调终端系统、调度命令终端系统、列控限速管理系统。

调监显示屏 1 台，含调度监督系统。

辅助系统 1 套，含自然灾害及异物侵限监测系统、FAS 系统、电子行车设备检查登记簿、铁路交通事故（故障）概况表。

五、实验预设参数

异物侵限灾害报警，加载场景为故障出现前若干分钟内的运行场景：

（1）计划图上，存在后续通过该报警点的列车。

（2）在应急处置过程中，不使用非常站控模式。

（3）运行图已加载完成，阶段计划为 21:00—24:00。

（4）选定线路为某客专台。

（5）报警出现后的首列车车次号为 D6936，即将进入异物侵限报警区段。

预设情况如图 2-1 所示。

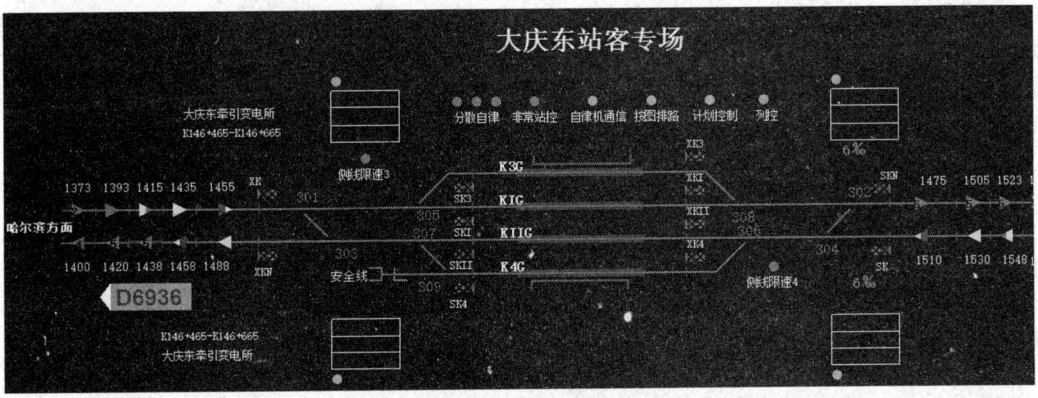

图 2-1　异物侵限报警预设情况

六、实验步骤

（一）异物侵限报警

（1）自然灾害及异物侵限监测系统（图 2-2）报警区段异物侵限监测点双电网出现红色闪烁提示，弹出告警窗口并发出告警提示音，提示：哈齐客专 K123 + 923 异物侵限报警。

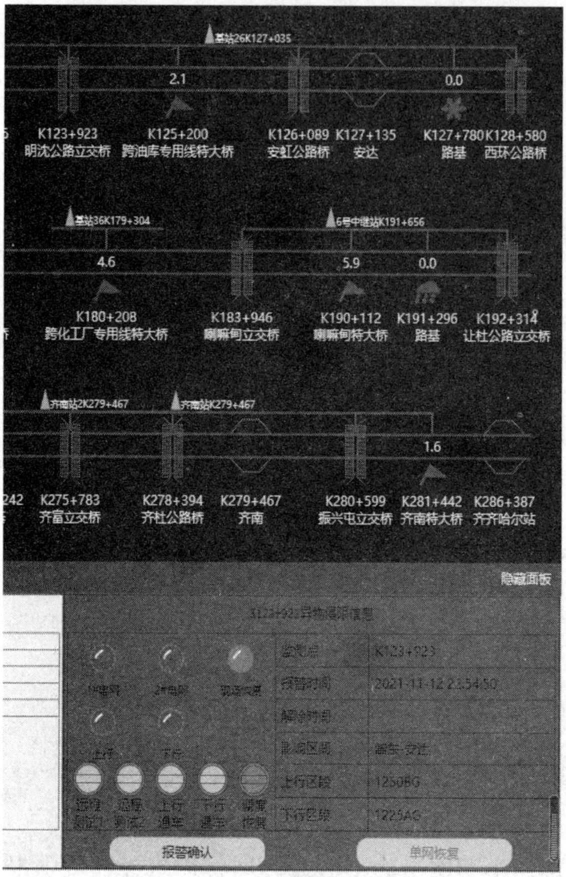

图 2-2　告警窗口

（2）调度点击“报警确认”，告警信息停止闪烁，告警音停止。

（二）调度员通知即将进入该区段的列车司机

（1）主调点击 FAS 机“拨号”按钮，如图 2-3 所示。

图 2-3　拨号按钮

弹出拨号盘，输入对应车次号，如图 2-4 所示，再依次点击“本务机司机”“拨号”。

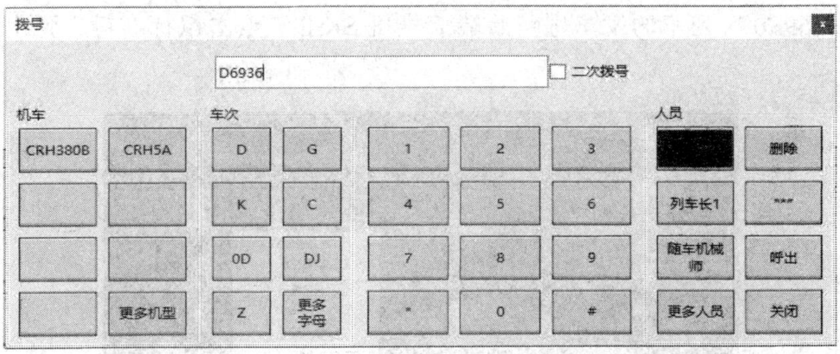

图 2-4　拨号

（2）弹出对话框，如图 2-5 所示。

主调通知 D6936 次列车司机（虚拟仿真人）：D6936 次，安达客专场Ⅱ道停车，因异物侵限报警，取消安达客专场Ⅱ道发车信号。

D6936 次列车司机回复：D6936 次，司机明白。

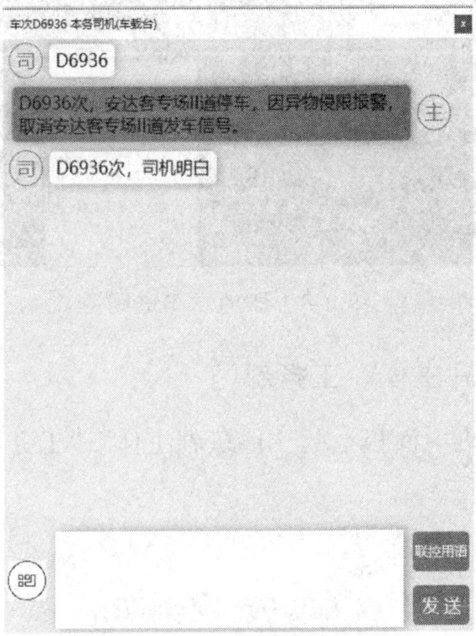

图 2-5　FAS 机通话

（三）取消 D6936 次列车在安达站客专场发车进路

（1）在助调终端“选站面板”中选择“安达站客专场”，如图 2-6 所示。

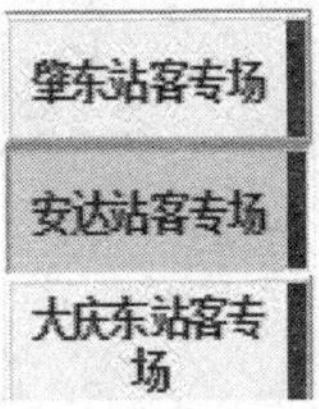

图 2-6　选择车站

（2）选择 D6936 次列车的发车进路始端信号机 SKⅡ，点击鼠标右键，弹出菜单栏，如图 2-7 所示。

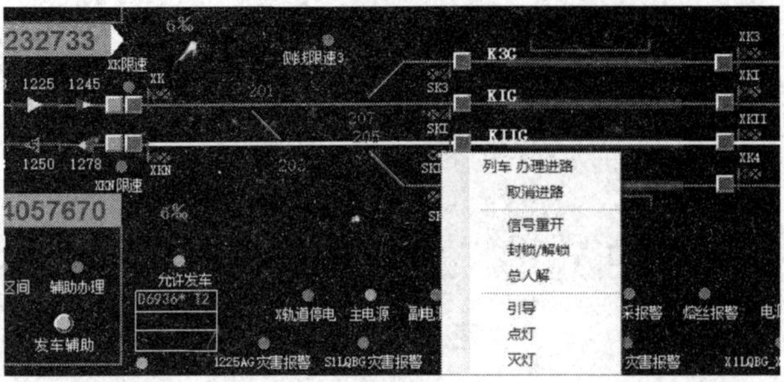

图 2-7　选择取消进路

（3）选择“取消进路”选项，命令执行成功，发车进路白色光带消失，如图 2-8 所示。

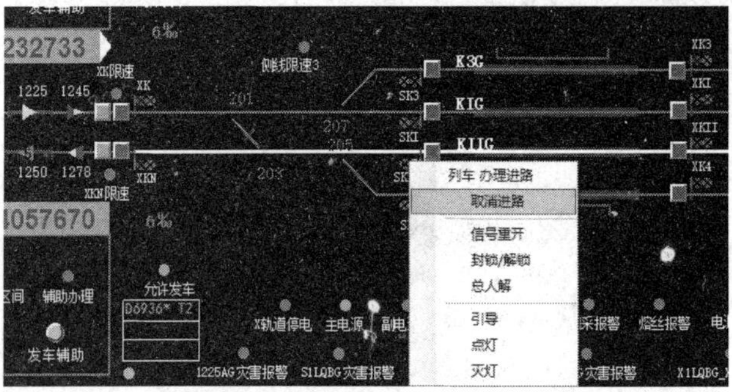

图 2-8　取消发车进路

（四）调度员通知值班副主任、工务部门

（1）主调依次点击 FAS 机主面板上的“值班副主任”“工务调度”按钮，如图 2-9 所示。

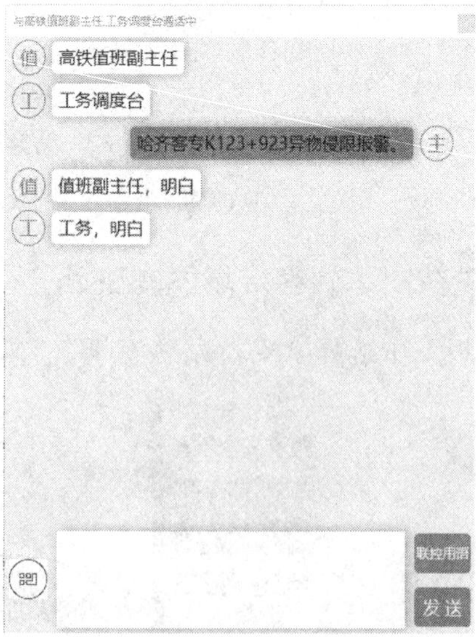

图 2-9　群呼相关单位人员

（2）主调报告值班主任（虚拟仿真人）：哈齐客专 K123＋923 异物侵限报警。

值班（副）主任回复：明白。

（3）主调通知调度所内工务调度（虚拟仿真人）：哈齐客专 K123＋923 异物侵限报警。

工务调度回复：工务，明白。

（五）调度员登记《行车设备检查登记簿》

（1）工务调度（驻所联络员）在行车设备检查登记簿上登记并通过 FAS 机通知调度（图 2-10）：因哈齐客专 K123＋923 异物侵限报警，庆工 3 人请求上道检查；作业范围：哈齐客专上下行线 123 km 467 m 至 124 km 466 m。

庆工：××（驻所联络员登记签字）

列调：__________（列调签字确认）

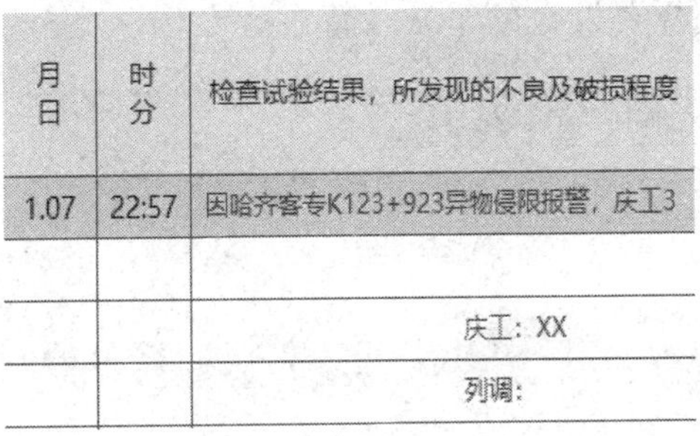

月日	时分	检查试验结果，所发现的不良及破损程度
1.07	22:57	因哈齐客专K123+923异物侵限报警，庆工3
		庆工：XX
		列调：

图 2-10　工务登记行检

（2）调度员对工务调度在行检簿上的登记进行签认：选中该条登记信息，在“列调”后输入姓名，再点击页面下发的“签认”按钮，如图 2-11 所示。

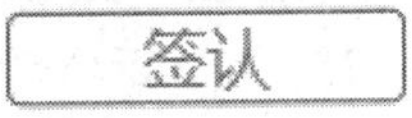

图 2-11　签认信息

（六）发布人员上道、封锁区间的调度命令

（1）点击调度命令终端左上角“新建调度命令”按钮，如图 2-12 所示。

图 2-12　新建调度命令

（2）点击“命令标题”尾部的下拉框，选择“封锁区间”命令模板，或输入命令标题“上道作业”，如图 2-13 所示。

图 2-13　命令标题

（3）“命令正文”中出现命令模板，填写完成命令内容（图 2-14）：驻所联络员转大庆工务段作业负责人××自接令时起，肇东站客专场至安达站客专场间上下行线区间封锁，准许庆工 3 人上道进行检查作业。

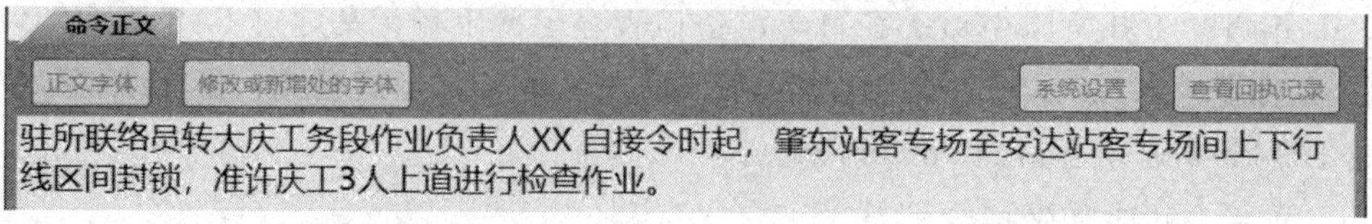

图 2-14　命令正文

（4）在受令列表中，选择要发送的车站“肇东客专场”“安达客专场”，如图 2-15 所示。

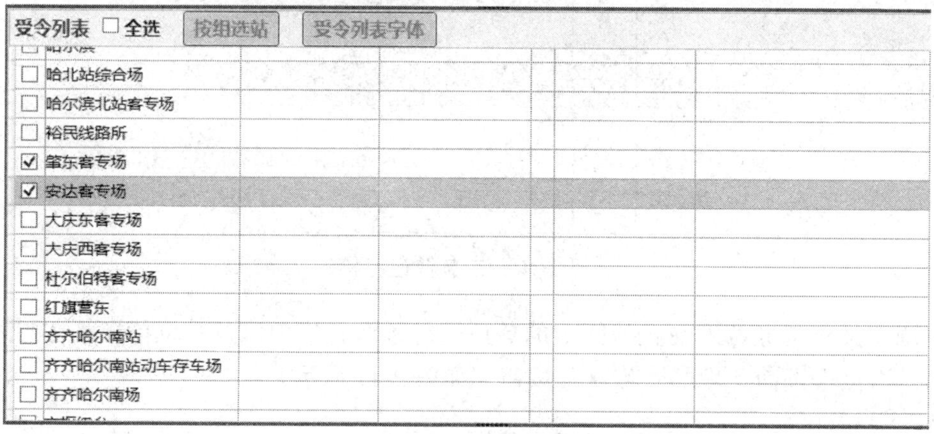

图 2-15　勾选受令单位

（5）勾选“需值班主任授权”，如图 2-16 所示。

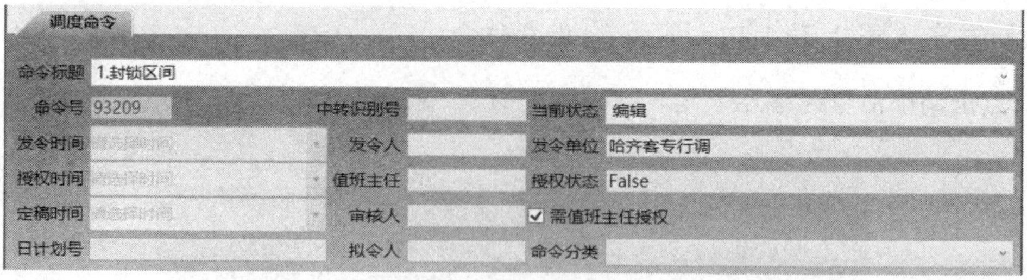

图 2-16　值班主任授权

（6）点击“申请批准”，如图 2-17 所示。

图 2-17　点击申请批准

（7）得到值班主任批准，弹出提示信息对话框，点击确认后，再点击“下达”，如图 2-18 所示。

图 2-18　点击下达

（8）弹出对话框，确认受令人无误后，点击“是”，如图 2-19 所示。

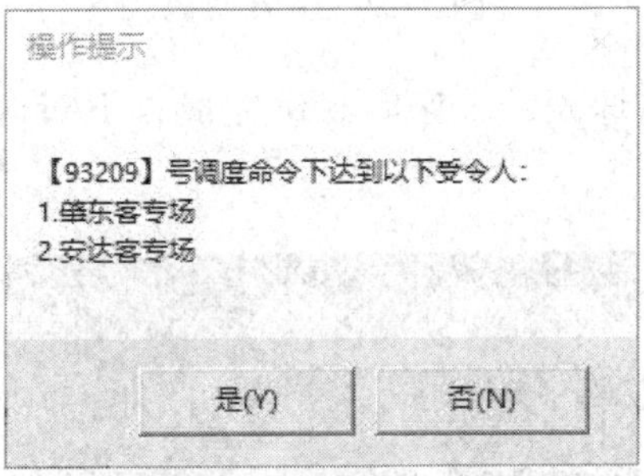

图 2-19　确认受令单位

调度命令下发完成，命令进入签收完成栏，车站签收，如图 2-20 所示。

☐ 受令单位	抄送	签收状态
☑ 肇东客专场		已签收
☑ 安达客专场		已签收
☑ 哈枢纽台值班主任调度命令		已签收

图 2-20　命令发送完成

（七）对报警区间进行封锁操作

（1）在助调终端“选站面板”中选择“安达站客专场”。

（2）在安达站客专场至肇东站客专场间上行区间任意闭塞分区股道上点击右键，弹出菜单栏，如图 2-21 所示，选择“封锁（解锁）”操作。

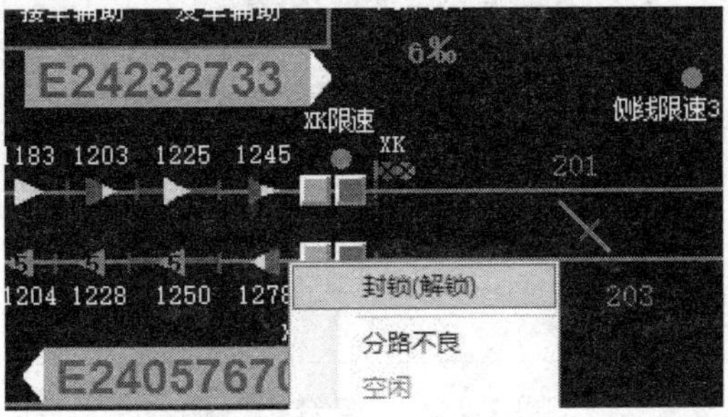

图 2-21　选择封锁（解锁）

（3）弹出输入密码对话框，输入“1234”，如图 2-22 所示。

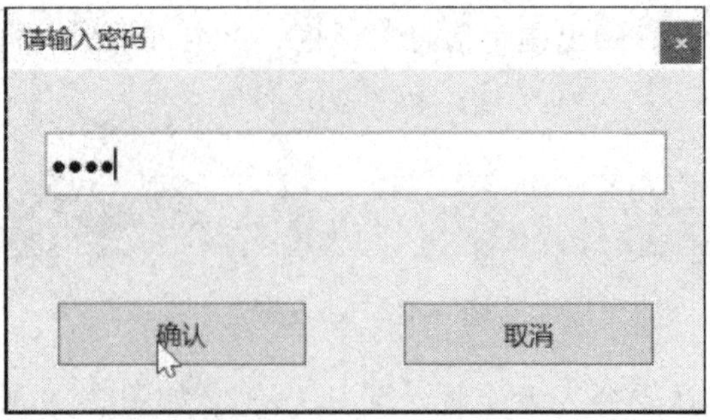

图 2-22　输入密码

（4）区间股道变为紫色闪烁光带，区间封锁完成；下行区间按此方法操作，如图 2-23 所示。

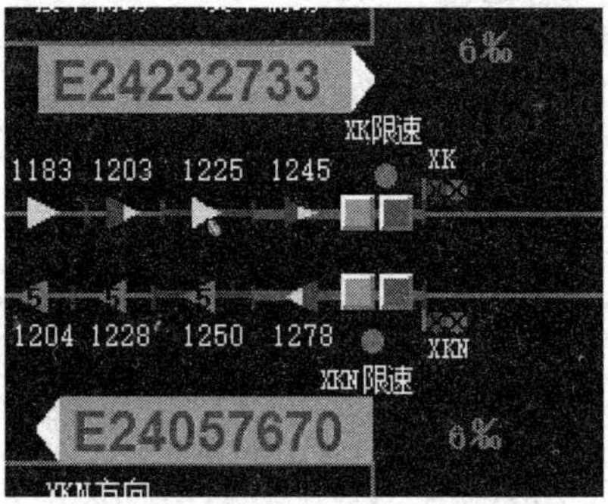

图 2-23　区间封锁

（八）调度员销记《行车设备检查登记簿》

（1）工务调度（驻所联络员）在行车设备检查登记簿上销记并通过 FAS 机通知调度（图 2-24）：经现场检查，具备放行列车条件，允许取消报警点红光带，人员机具已撤至安全位置，请求开通。

庆工：××（驻所联络员登记签字）

列调：__________（列调签字确认）

消除不良及破损的时分及盖章		
月日	时分	破损及不良的原因，采用何种办法进行修理的。工作人员及车站值班员盖章
1.07	22:58	经现场检查，具备放行列车条件，允许取消报警点红
		庆工：XX
		列调：

图 2-24　工务登记行检

（2）调度员对工务调度在行检簿上的销记进行签认：选中该条登记信息，在“列调”后输入姓名，再点击页面下发的“签认”按钮。

（九）办理异物侵限临时通车

（1）点击自然灾害及异物侵限监测系统中异物侵限报警框内的上行临时通车按钮，如图 2-25 所示。

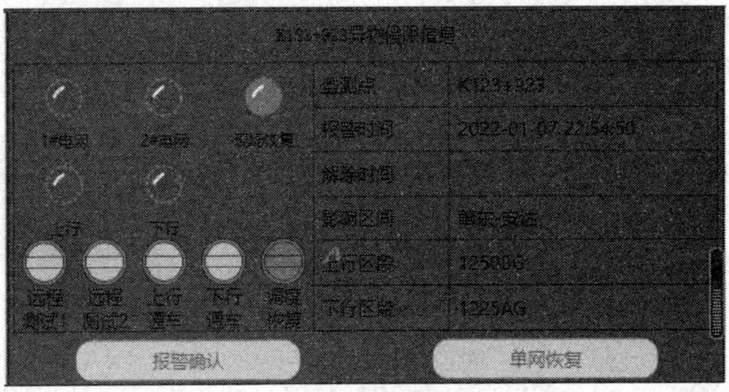

图 2-25　临时通车按钮

（2）弹出输入密码对话框，输入“123”，如图 2-26 所示。

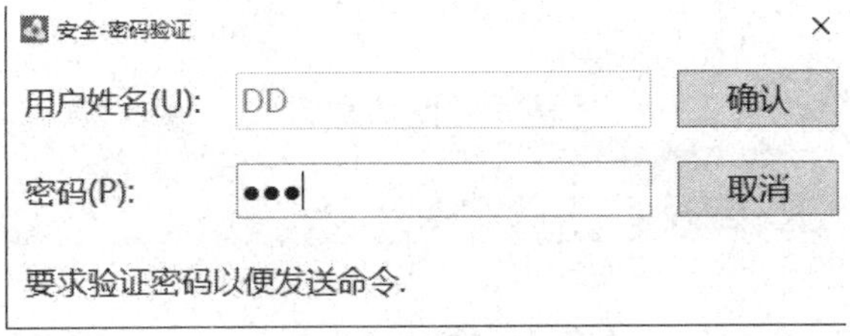

图 2-26　输入密码

（3）临时通车指示灯变为绿色，上行临时通车完成；按此方法办理下行临时通车，完成后如图 2-27 所示。

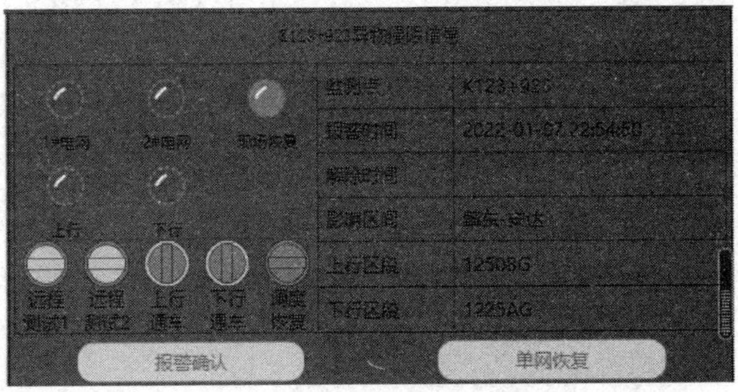

图 2-27　临时通车办理完成

（十）发布开通封锁区间的调度命令

（1）点击调度命令终端左上角“新建调度命令”按钮。

（2）点击“命令标题”尾部的下拉框，选择“开通封锁区间”命令模板，或输入命令标题“下道作业”，如图 2-28 所示。

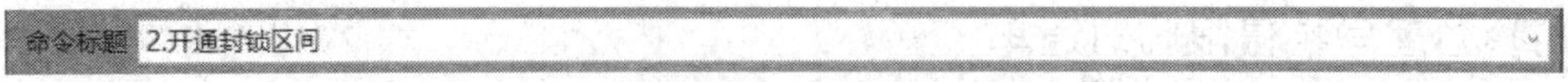

图 2-28　命令标题

（3）“命令正文”中出现命令模板，填写完成命令内容（图 2-29）：驻所联络员转大庆工务段作业负责人××根据驻所联络员报告，肇东站客专场至安达站客专场间上下行线区间作业完毕，人员机具已撤至安全位置，自接令时起，区间开通。

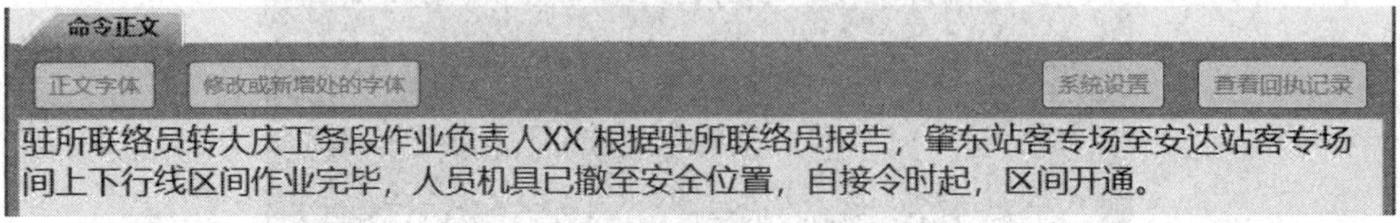

图 2-29　命令正文

（4）在受令列表中，选择要发送的车站“肇东客专场”“安达客专场”，如图 2-30 所示。

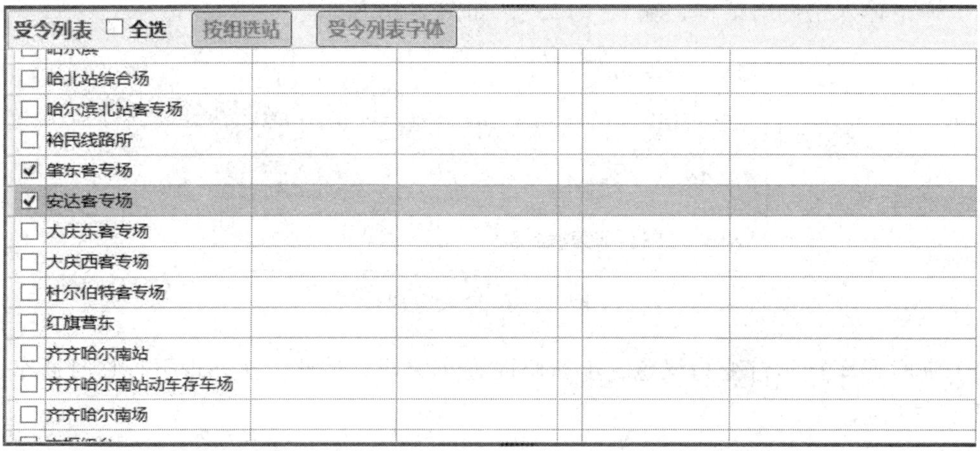

图 2-30　勾选受令单位

（5）点击“下达”，弹出对话框，确认受令人无误后，点击“是”。

（6）调度命令下发完成，命令进入签收完成栏，车站签收，如图 2-31 所示。

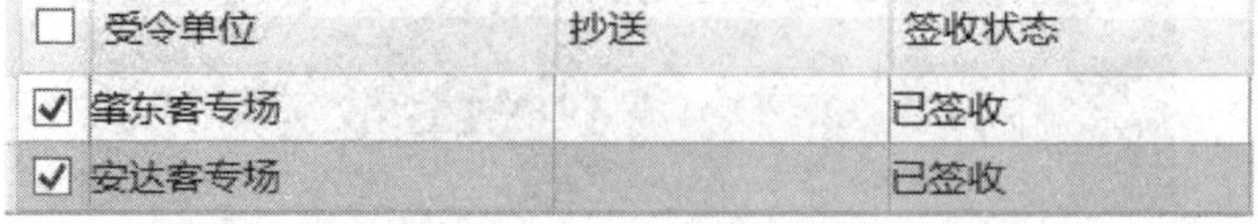

图 2-31　命令发送完成

（十一）取消报警区间封锁操作

（1）在助调终端“选站面板”中选择“安达站客专场”。

（2）在安达站客专场至肇东站客专场间上行区间已设置封锁的闭塞分区股道上点击右键，弹出菜单栏，如图 2-32 所示，选择“封锁（解锁）”操作。

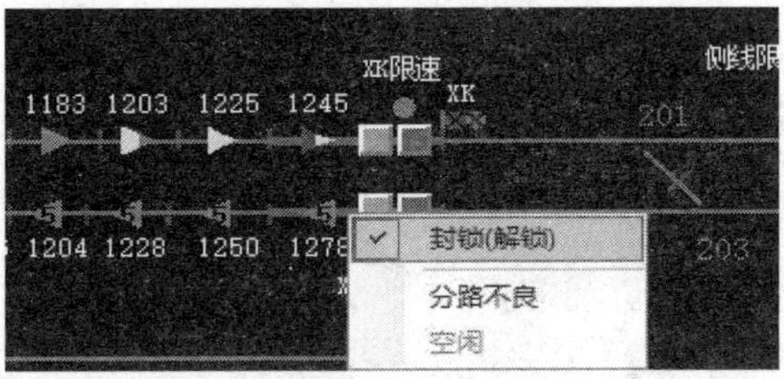

图 2-32　选择封锁（解锁）

（3）弹出输入密码对话框，输入“1234”。

（4）区间股道紫色闪烁光带消失，取消区间封锁完成；下行区间同样按此方法操作。

（十二）调度员登记《行车设备检查登记簿》

（1）工务调度（驻所联络员）在行车设备检查登记簿上登记并通过 FAS 机通知调度（图 2-33）：哈齐客专 K123 + 923 报警点已现场派人看守，报警点红光带取消后，哈齐客专下行线 123 km 467 m 至 124 km 466 m 处限速 120 km/h，哈齐客专上行线 124 km 212 m 至 123 km 524 m 处限速 120 km/h。

庆工：× ×（驻所联络员登记签字）

列调：__________（列调签字确认）

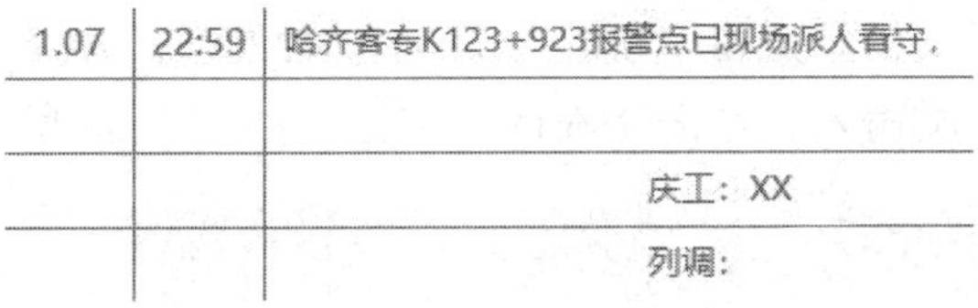

图 2-33　工务登记行检

（2）调度员对工务调度在行检簿上的登记进行签认：选中该条登记信息，在“列调”后输入姓名，再点击页面下发的“签认”按钮。

（十三）发布列控限速命令

（1）助调点击调度命令端右下角列控限速栏内“新建列控”，如图 2-34 所示。

图 2-34　新建列控

（2）弹出“限速命令输入”对话框，参照异物侵限监测子系统报警提示的信息，输入“限速原因”“命令类型”“线路”和起始公里标及限速值等数据后点击“确认”按钮，如图 2-35 所示。

限速原因：异物侵限报警。

线路：哈齐客专上行线（下行线）。

起始公里标：K124 + 212 至 K123 + 524（K123 + 467 至 K124 + 466）。

限速值：120 km/h。

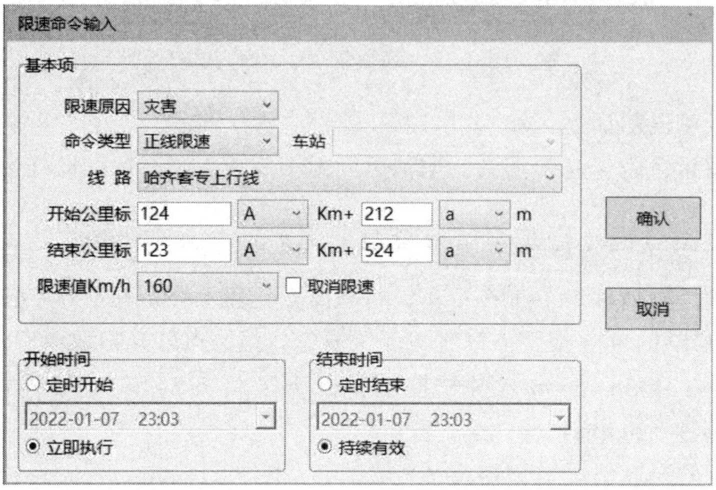

图 2-35　限速命令输入

（3）弹出校验提示对话框，点击“确定”以后，主调调度命令端弹出“限速命令校验”对话框，对数据进行再一次输入，点击“确认”按钮，如图 2-36 所示。

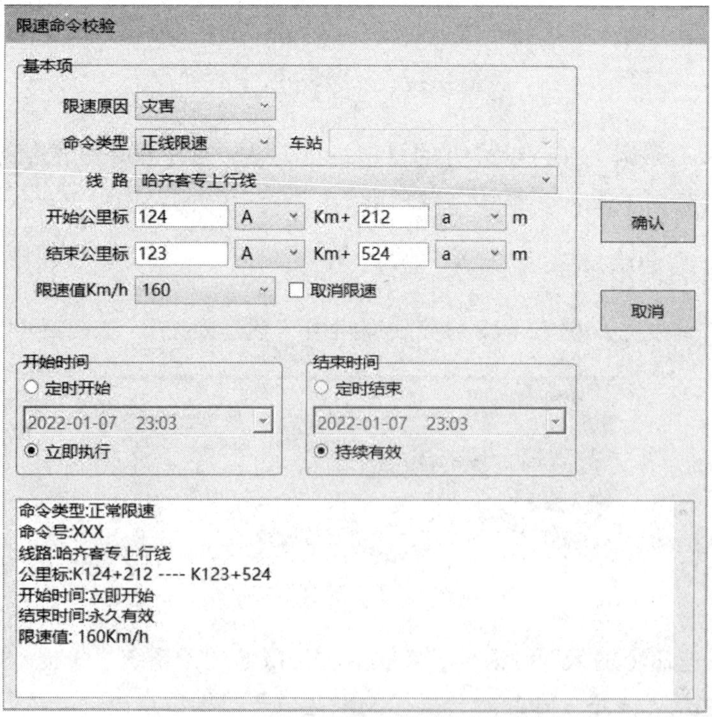

图 2-36　限速命令校验

（4）弹出提示框点击“确定”，返回主页面。在无线受令列表内点击“增加”，输入车次号“D6936”，再点击“查找机车”，如图 2-37 所示。

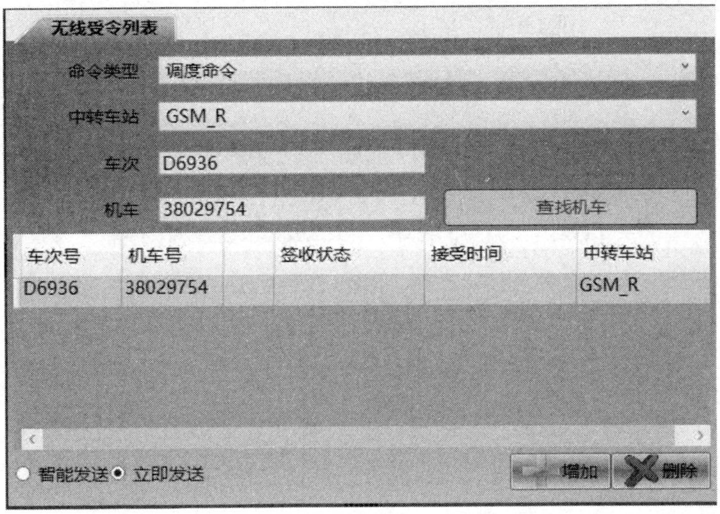

图 2-37　增加无线受令人

（5）在受令列表内，系统自动勾选“哈齐 TSR 服务器”，选择要发送的车站“肇东客专场”“安达客专场”，如图 2-38 所示。

图 2-38　勾选受令单位

点击“下达”按钮，如图 2-39 所示。

图 2-39　点击下达

出现无线调令信息确认对话框，确认无误后，点击“否”，如图 2-40 所示。

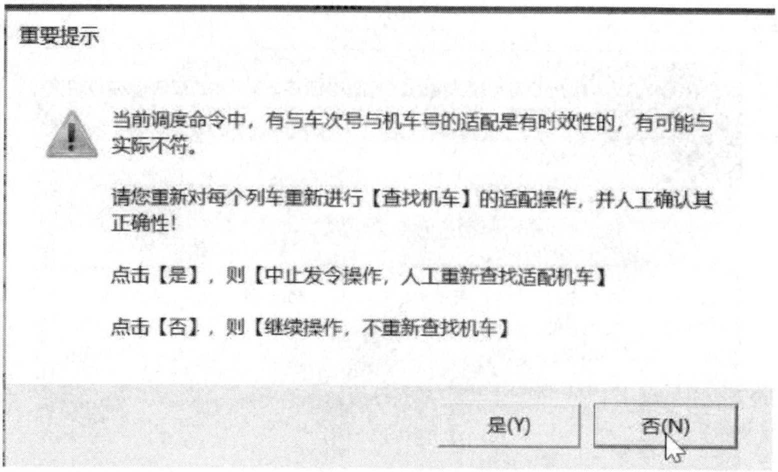

图 2-40　无线调令信息确认

弹出对话框，确认受令人无误后，点击“是”，如图 2-41 所示，调度命令下发。

图 2-41　确认受令单位

（6）列控限速命令发送签收完成后，TSR 服务器为闪烁状态，右键点击 TSR 图标，选择“显示主窗口”，如图 2-42 所示。

图 2-42　显示列控限速管理主窗口

（7）灰色底色为已拟定命令，选中该条灰色命令，单击下方“激活校验”按钮，对该命令进行激活操作，如图 2-43 所示。

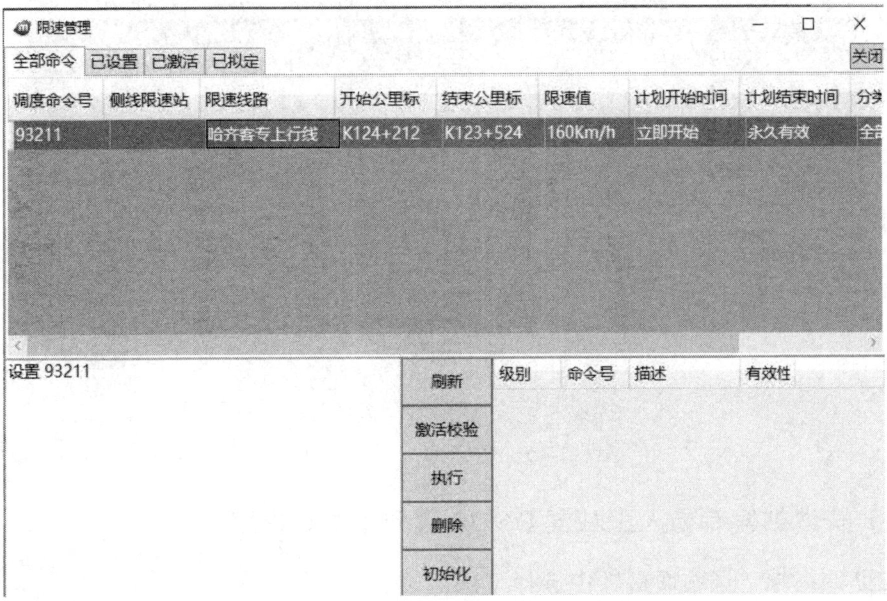

图 2-43　命令激活

（8）命令底色变为绿色，进入“已激活”栏内；再次选中该条命令，单击下方“执行”按钮，如图 2-44 所示。

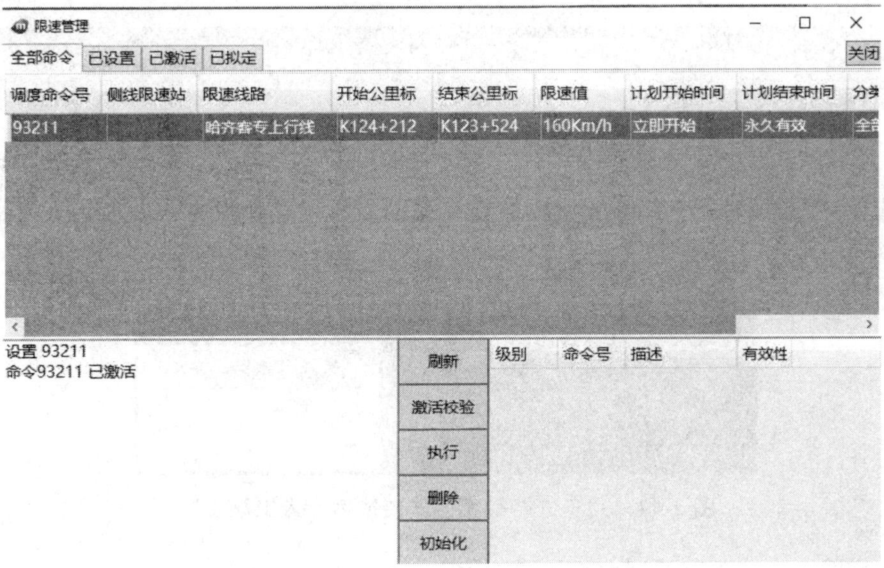

图 2-44　命令执行

（9）命令底色变为黄色，进入“已设置”栏内，表明该条命令已完全设置成功，TSRS 内正在执行该限速命令。上下行列车限速设置方式一致，设置成功后显示如图 2-45 所示。

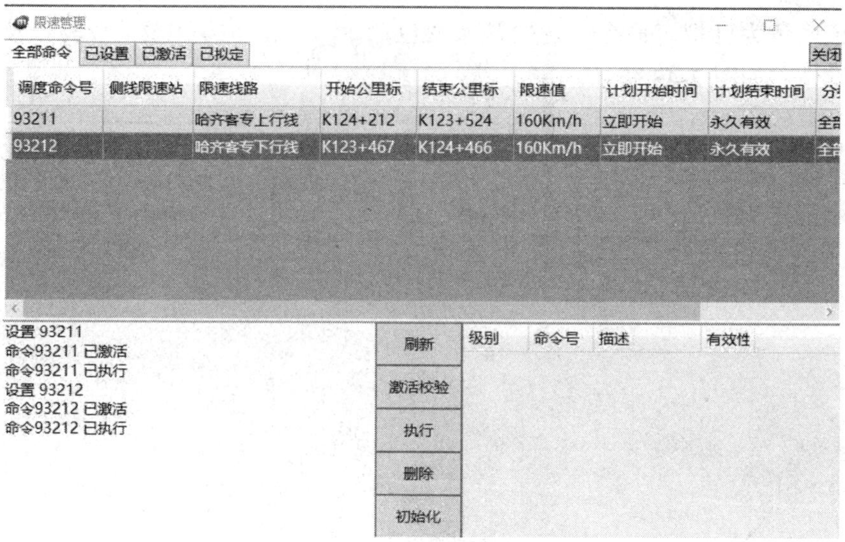

图 2-45　限速命令设置成功

（十四）安达站客专场人工触发 D6936 次列车发车进路

（1）在助调终端“选站面板”中选择“安达站客专场”。

（2）在页面下方“列车进路”序列表内，选中需要修改的 D6936 次列车发车信息栏，点击鼠标右键，出现下拉列表，如图 2-46 所示。

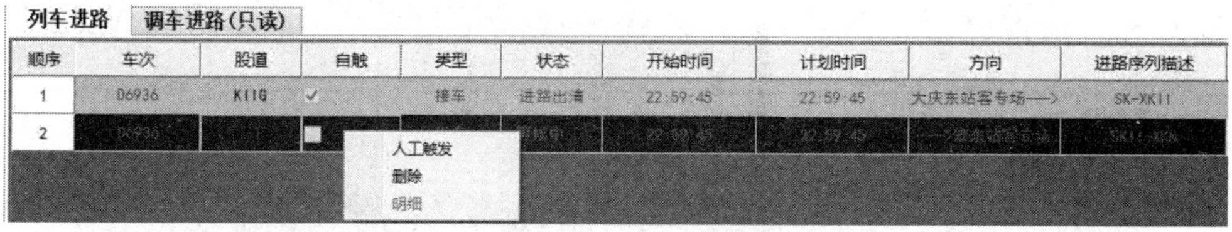

图 2-46　进路序列表内选中列车信息

（3）选择“人工触发”，D6936 次列车在车站的发车进路触发方式转换为人工提前执行，如图 2-47 所示。

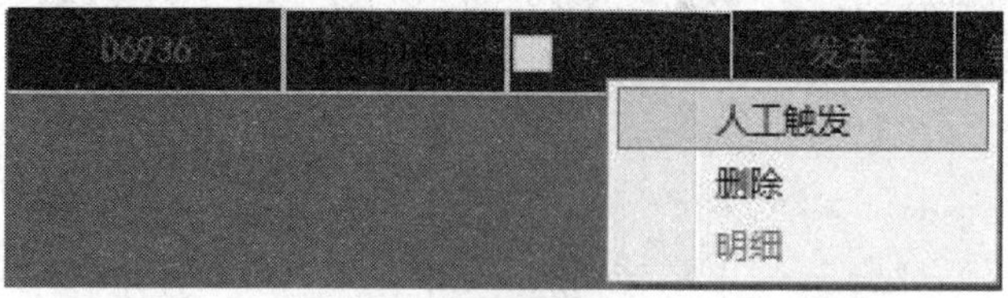

图 2-47　列车进路触发方式转换为“人工触发”

（4）站场图上发车进路排通，白光带点亮。

（十五）调度员销记《行车设备检查登记簿》

故障检修完成后：

（1）工务调度（驻所联络员）在行车设备检查登记簿上销记并通过 FAS 机通知调度（图 2-48）：经现场处理，哈齐客专下行线 123 km 467 m 至 124 km 466 m 处恢复常速，哈齐客专上行线 124 km 212 m 至 123 km 524 m 处恢复常速。

庆工：××（驻所联络员登记签字）

列调：__________（列调签字确认）

图 2-48　工务登记行检

（2）调度员对工务调度在行检簿上的销记进行签认：选中该条登记信息，在“列调”后输入姓名，再点击页面下发的“签认”按钮。

（十六）办理异物侵限调度恢复

（1）点击自然灾害及异物侵限监测系统中异物侵限报警框内的调度恢复按钮，如图 2-49 所示。

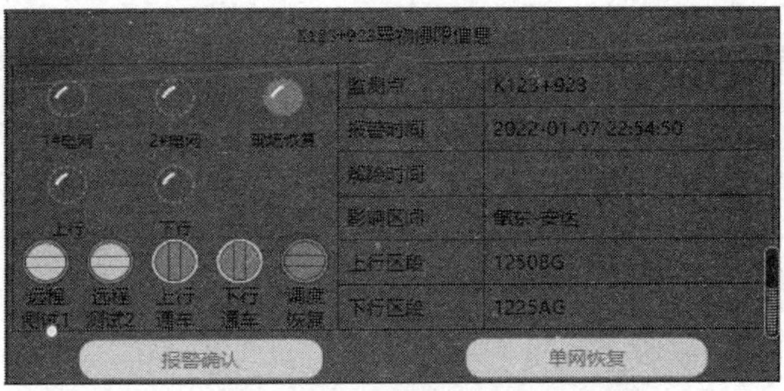

图 2-49　调度恢复按钮

（2）调度恢复指示灯变为绿色，完成后如图 2-50 所示。

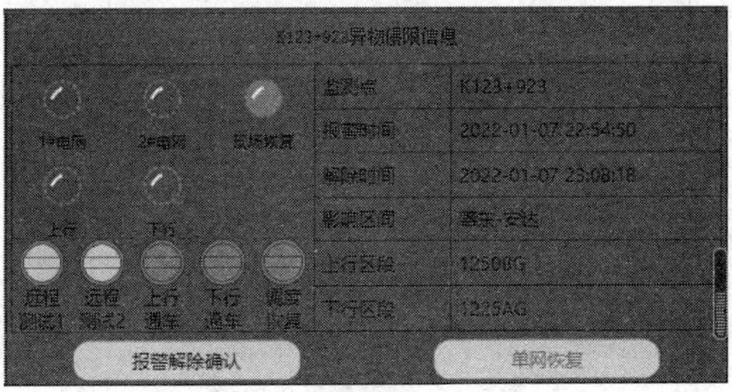

图 2-50　调度恢复办理完成

（十七）发布取消列控限速命令

（1）助调点击调度命令端右下角列控限速栏内的“新建列控”。

（2）弹出“限速命令输入”对话框，输入前发列控限速命令“限速原因”“命令类型”“线路”及起始公里标等数据，并勾选“取消限速”，点击“确认”按钮，如图 2-51 所示。

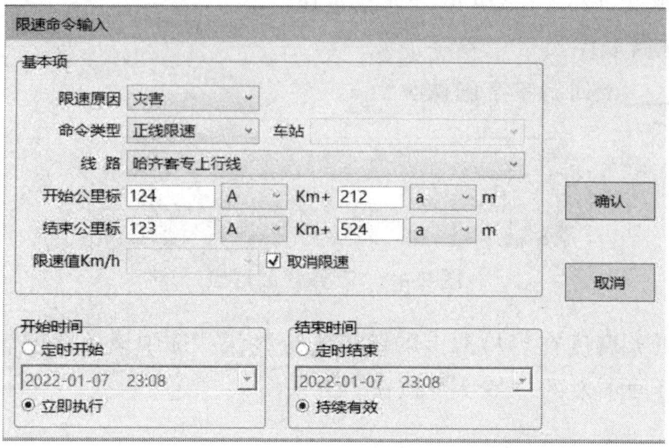

图 2-51　限速命令输入

（3）弹出校验提示对话框，点击确定以后，主调调度命令端弹出“限速命令校验”对话框，对数据进行再一次输入，点击“确认”按钮，如图 2-52 所示。

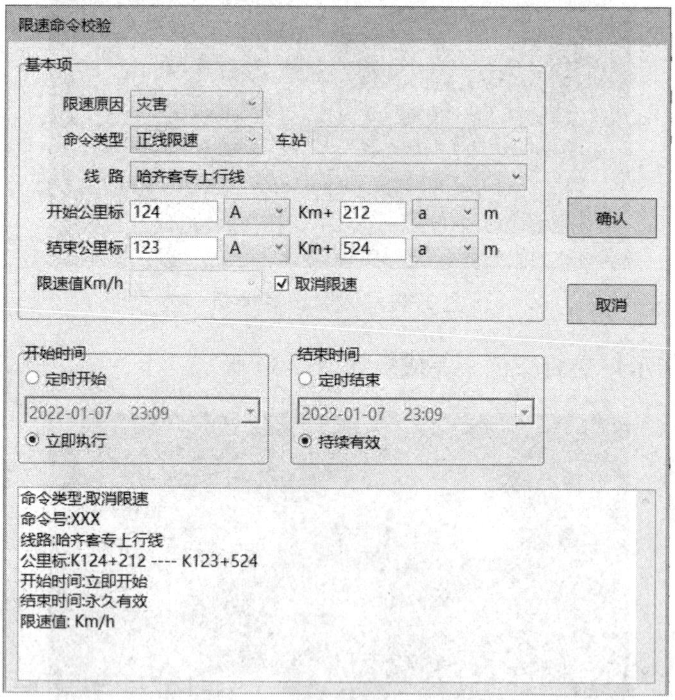

图 2-52　限速命令校验

（4）弹出提示框点击确定，返回主页面。受令列表内，系统自动勾选“哈齐 TSR 服务器”，选择要发送的车站“肇东客专场”“安达客专场”，点击“下达”按钮，如图 2-53 所示。出现对话框，确认无误后，点击“是”，调度命令下发。

图 2-53 勾选受令单位

（5）列控限速命令发送签收完成后，TSR 服务器为闪烁状态，右键点击 TSR 图标，选择“显示主窗口”。

（6）选中该条取消限速命令，单击下方“激活校验”按钮，对该命令进行激活操作，如图 2-54 所示。

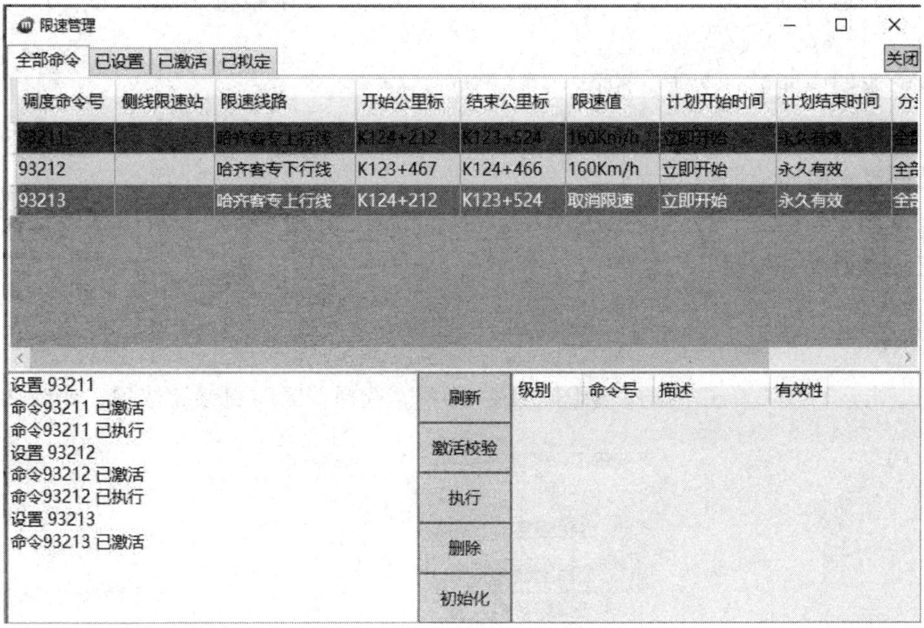

图 2-54 激活列控限速

（7）命令底色变为绿色，进入“已激活”栏内；再次选中该条命令，单击下方“执行”按钮，如图 2-55 所示。

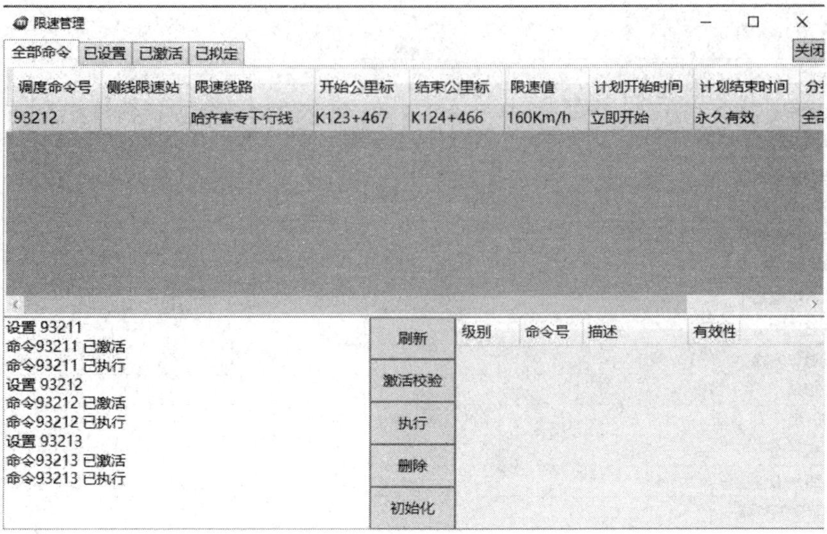

图 2-55　执行列控限速

（8）执行完成后，对应限速命令消失；上下行取消限速方式一致，完成后线路图上对应的限速命令指示消失。

（十八）调度员通知动车客服调度、哈尔滨站、哈枢纽一台

（1）主调依次点击 FAS 机主面板上的“动车客服调度”“哈站”“枢纽一台”按钮。

（2）主调通知动车客服调度（虚拟仿真人）：因异物侵限报警影响，D6936 次预计晚点 × 分。

动车客服调度回复：客服，明白。

（3）主调通知哈站（虚拟仿真人）：因异物侵限报警影响，D6936 次预计晚点 × 分。

哈站回复：哈站，明白。

（4）主调通知枢纽一台（虚拟仿真人）：因异物侵限报警影响，D6936 次预计晚点 × 分。

枢纽一台回复：枢纽一台，明白。

（十九）绘制区间封锁标识

（1）点击运行图菜单栏内的“绘图”下拉菜单，选择“区间封锁”选项，如图 2-56 所示。

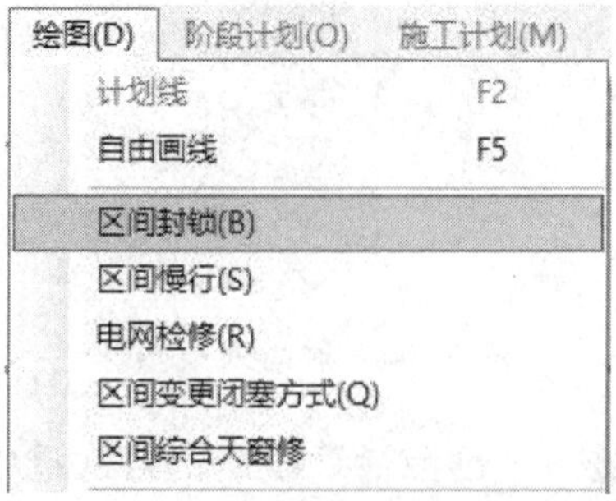

图 2-56　选择绘制区间封锁标识

（2）单击该按钮，将鼠标移至肇东站客专场至安达站客专场间，选择封锁开始时间，按压左键，向右拖至封锁结束时间，松开鼠标左键，如图 2-57 所示。

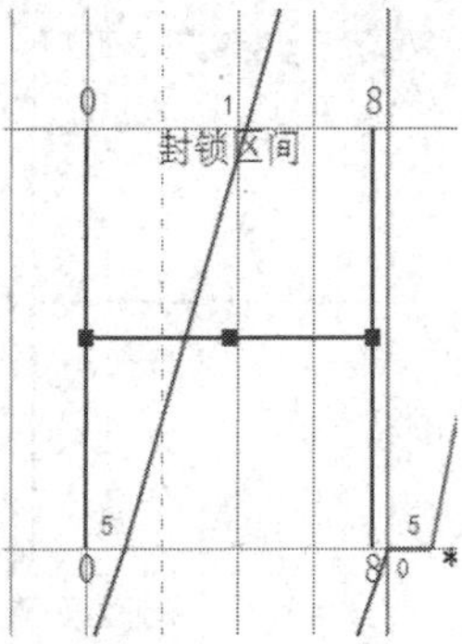

图 2-57　绘制标识

（3）选中封锁标识，单击鼠标右键，弹出菜单栏，点击“属性”，如图 2-58 所示。

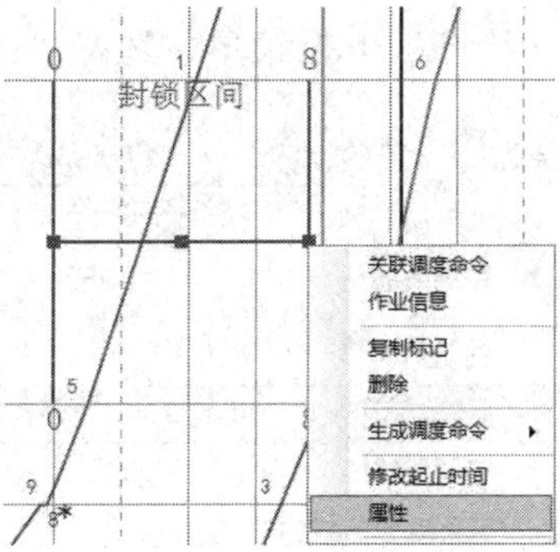

图 2-58　区间封锁标识右键菜单栏

（4）弹出对话框，分别在“禁用原因”“上下行”“线条位置”及“文字位置”等下拉列表框选择相应条件，如图 2-59 所示。

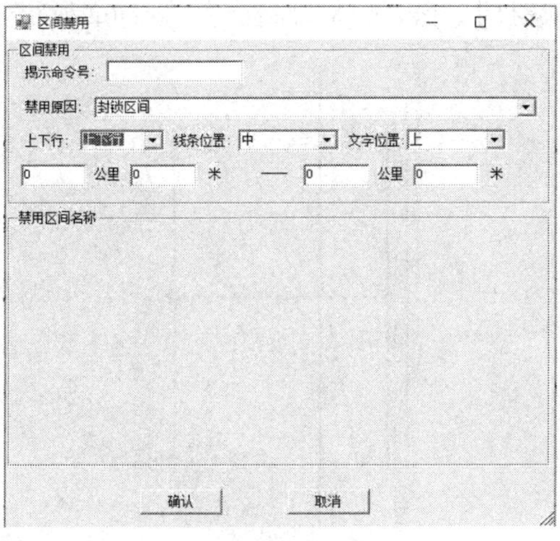

图 2-59　区间封锁属性

（5）点击“确认”按钮完成绘制区间封锁标识，如图 2-60 所示。

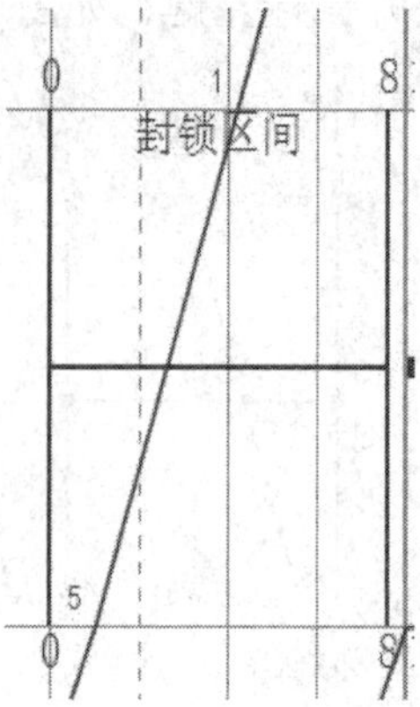

图 2-60　区间封锁标识

（二十）绘制区间慢行标识

（1）点击运行图菜单栏内的“绘图”下拉菜单，选择“区间慢行”选项，如图 2-61 所示。

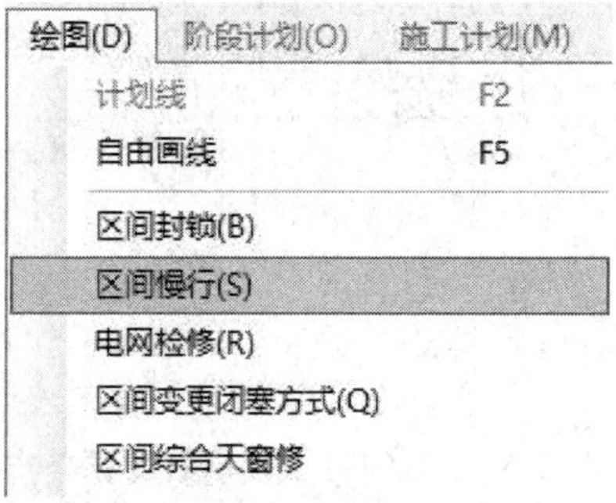

图 2-61　选择绘制区间慢行标识

（2）单击该按钮，将鼠标移至肇东站客专场至安达站客专场间，选中慢行开始时间，按压左键，向右拖至慢行结束时间，松开鼠标左键，如图 2-62 所示。

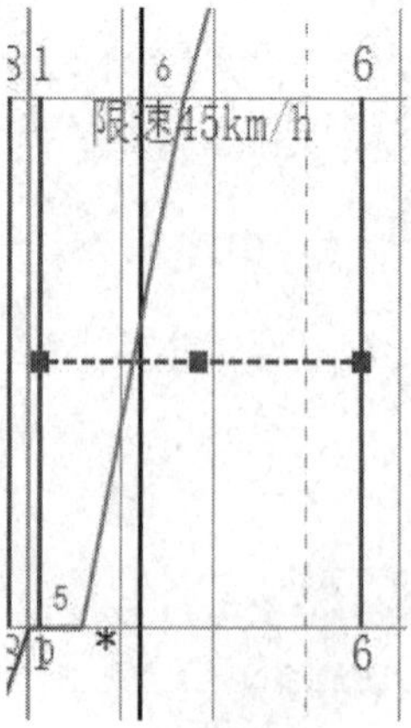

图 2-62　绘制标识

（3）选中慢行标识，单击鼠标右键，弹出菜单栏，点击“属性”，如图 2-63 所示。

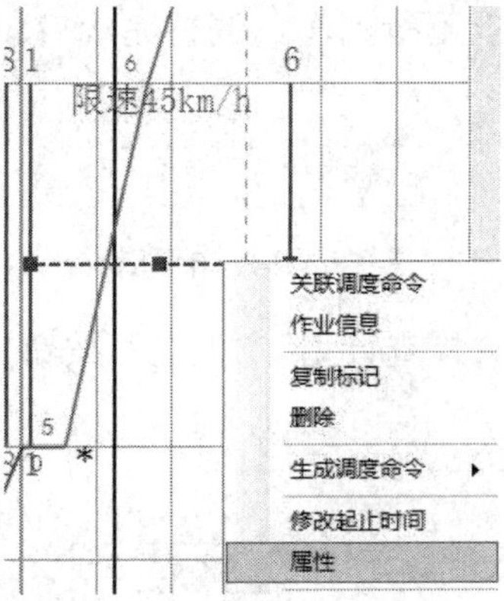

图 2-63　区间慢行标识右键菜单栏

（4）弹出对话框，分别在“原因”“方向”“线条位置”“文字位置”等下拉列表框选择相应条件，并填入要求限速值，如图 2-64 所示。

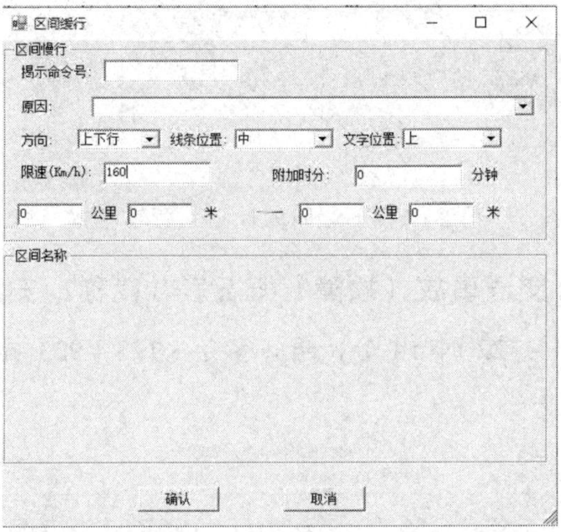

图 2-64　区间慢行属性

（5）点击“确认”按钮完成绘制区间慢行标识，如图 2-65 所示。

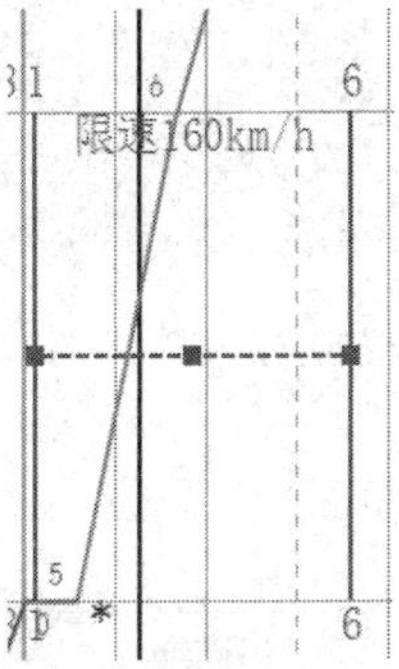

图 2-65　区间慢行标识

（二十一）调整运行图并下达新计划

（1）主调调整后续受影响的上下行列车。调整完成后，点击“下计划”按钮，如图 2-66 所示。

图 2-66　点击下计划

（2）弹出对话框，依次点击“检查计划”“发送”按钮，确认将新计划下达到管辖车站，如图 2-67 所示。

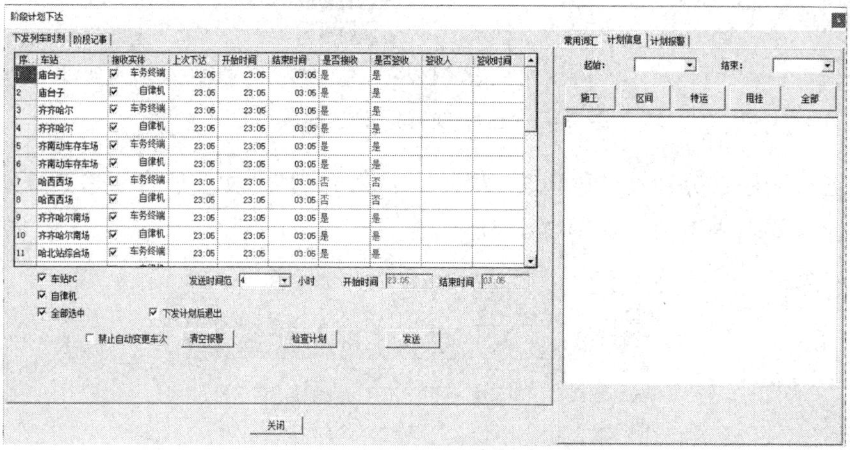

图 2-67　下达阶段计划到管辖车站

（二十二）填写铁路交通事故（故障）概况表（简称：安监报-1）

填记安监报（图 2-68）：22 时 54 分，哈齐客专 K123 + 923 异物侵限报警，影响 D6936 次安达站客专场通过变停车。

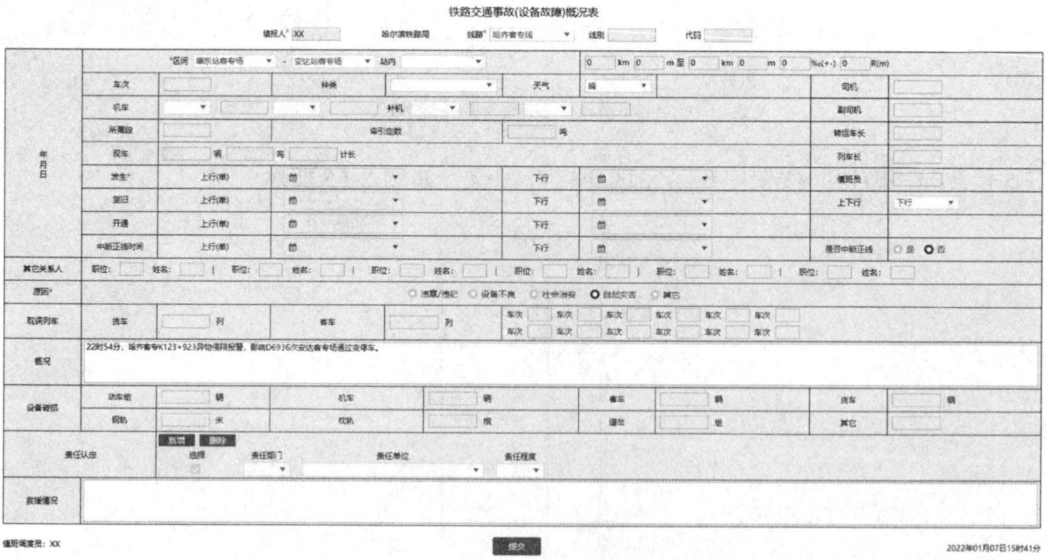

图 2-68　安监报-1

七、实验要求

（1）认真完成实验报告，报告要用实验报告纸，书写工整，按时上交。
（2）对思考题应能依据实验过程做出相应的回答。

八、思考题

（1）异物侵限主要是由哪些自然灾害引起的？
（2）异物侵限报警发生后拦扣停需要注意哪些事项？

实验三

动车组列控车载设备故障应急处置实验

一、实验目的

（1）熟悉列车调度台、助理调度台界面设置和菜单管理功能。

（2）掌握高速铁路列车运行调整、高速铁路电气设备操作及相关辅助软件操作等列车调度指挥基本技能。

（3）熟悉《技规》所规定的处置故障流程及组织行车原则，采取合理的应急处置方案。

（4）熟练掌握未装备 LKJ 的动车组列车列控车载设备故障情况下相关规章制度及处置流程。

二、实验原理

依据铁路《技规》第 359 条的规定，已在区间内运行的未装备 LKJ 的动车组列车列控车载设备故障，不能恢复正常运行时的具体处置流程及要求如下：

司机应报告列车调度员（车站值班员），车站值班员报告列车调度员。列车调度员（车站值班员）不再向该区间放行列车，并通知已进入区间的后续列车立即停车。确认该列车至前方站（线路所）间空闲后，列车调度员发布改按隔离模式运行的调度命令，列车改按隔离模式，按地面信号显示以不超过 40 km/h 的速度运行至前方站（线路所）。该列车到达前方站（线路所）后，列车调度员方可通知后续列车恢复运行。

三、实验内容

列车调度台进行列车运行调整计划编制与下达，监控列车运行，调整到发线运用方案。进行调度命令编写、接收、审核与下达，列车调度员向基层运输站段下达的书面的命令；发布列控限速调度命令，以保障列车运行安全。

助理调度台进行特殊情况下的人工办理接发车进路，并根据现场实际情况，以人工控制设备状态的方式引导列车运行。辅助列车调度台完成调度命令编写、接收、审核；发布列控限速调度命令，以保障列车运行安全。

调监显示台进行列车运行监视，实时了解各车站和区间的设备使用情况、列车运行情况以做出科学合理的调度指挥决策。

整个实验在熟悉列车调度台、助理调度台的操作模式后，进行未装备 LKJ 的动车组列车列控车载设备故障情况下的调度指挥及应急场景处置。

（1）不再向该区间放行列车，并通知已进入区间的后续列车立即停车，及时取消后方站发车自触。

（2）通知相关人员，报告值班副主任。

（3）必须确认该列车至前方站（线路所）间空闲后，发布改按隔离模式运行的调度命令，按地面信号显示限速 40 km/h 运行（前方车站进站信号机或线路所通过信号机需点灯），待该列车到达前方站（线路所）后，方可通知后续列车恢复运行。

（4）绘制运行图标识。

（5）调整运行图。

（6）向相关人员通报预计列车晚点时间或恢复运行时刻。

（7）填记安监报-1。

四、实验仪器、设备

列车调度台 1 台，含运行图终端系统、调度命令终端系统、列控限速管理系统。

助理调度台 1 台，含助调终端系统、调度命令终端系统、列控限速管理系统。

调监显示屏 1 台，含调度监督系统。

辅助系统 1 套，含自然灾害及异物侵限监测系统、FAS 机系统、电子行车设备检查登记簿、铁路交通事故（故障）概况表。

五、实验预设参数

已在区间内运行的未装备 LKJ 的动车组列车列控车载设备故障，加载场景为故障出现前若干分钟内的运行场景：

（1）计划图上，存在后续列车。

（2）运行图已加载完成，阶段计划为 13:30—16:30。

（3）选定线路为某客专台。

（4）故障列车车次号为 G785，运行至安达站客专场至大庆东站客专场间下行线。

预设情况如图 3-1 所示。

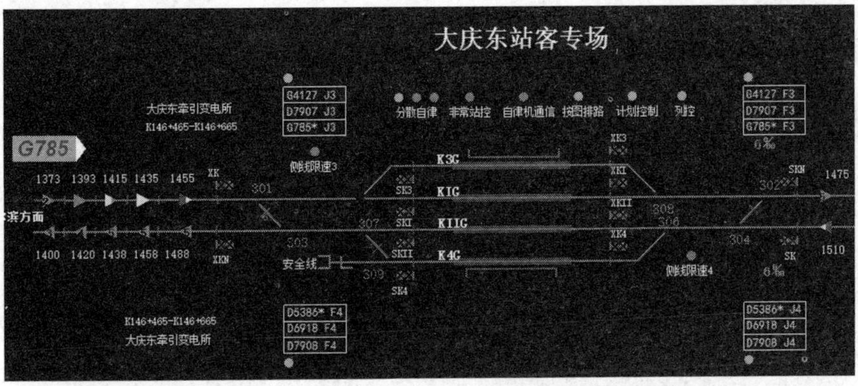

图 3-1　未装备 LKJ 的动车组列车列控车载设备故障预设情况

六、实验步骤

（一）故障列车司机报告

（1）FAS 机主应答发出提示，点击“主应答”按钮，如图 3-2 所示。

图 3-2　主应答按钮

（2）弹出语音播报，如图 3-3 所示。G785 次列车司机（虚拟仿真人）报告调度员：G785 次，因列控车载设备故障，不能恢复正常运行，停于安达站客专场至大庆东站客专场间下行线 138 km 300 m 处，未装备 LKJ。

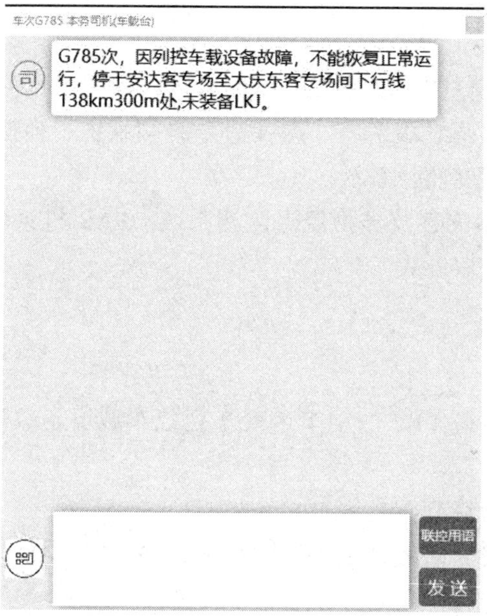

图 3-3　语音告警

（3）调度回复 G785 次列车司机：调度明白。

（二）取消 D7907 次列车在安达站客专场发车自触

（1）在助调终端“选站面板”中选择“安达站客专场”，如图 3-4 所示。

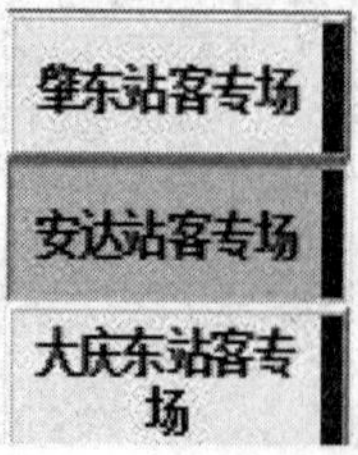

图 3-4　选择车站

（2）在页面下方“列车进路”序列表内，选中需要修改的 D7907 次列车发车信息栏，在列车对应的“自触”栏内，点击鼠标左键，出现下拉列表，如图 3-5 所示。

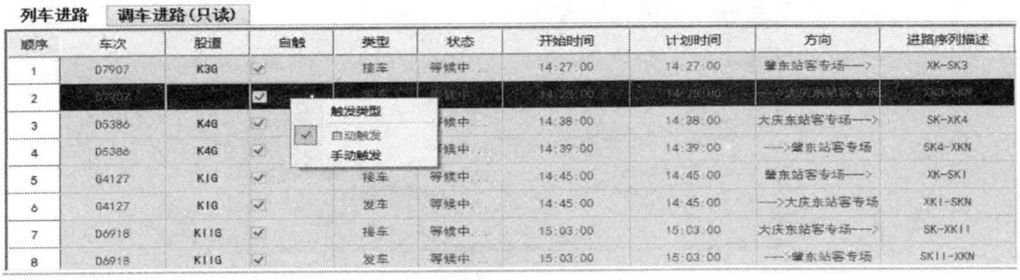

图 3-5　进路序列表内选中列车信息

（3）选择“手动触发”，D7907 次列车在车站的发车进路触发方式转换为手动，如图 3-6 所示。

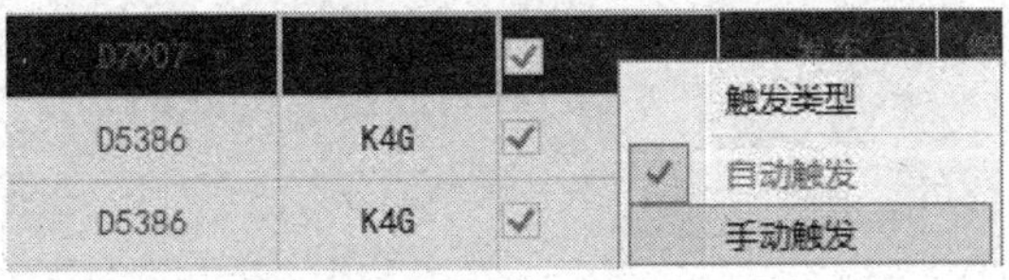

图 3-6　列车进路触发方式转换为“手动触发”

（三）使用总人解取消 G785 次列车在大庆东站客专场接车进路

（1）在助调终端“选站面板”中选择“大庆东站客专场”，如图 3-7 所示。

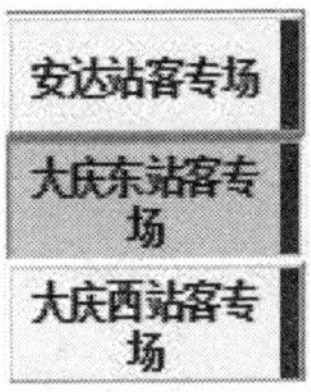

图 3-7　选择车站

（2）选择 G785 次列车的接车进路始端信号机 XK，点击鼠标右键，弹出菜单栏，选择“总人解”选项，如图 3-8 所示。

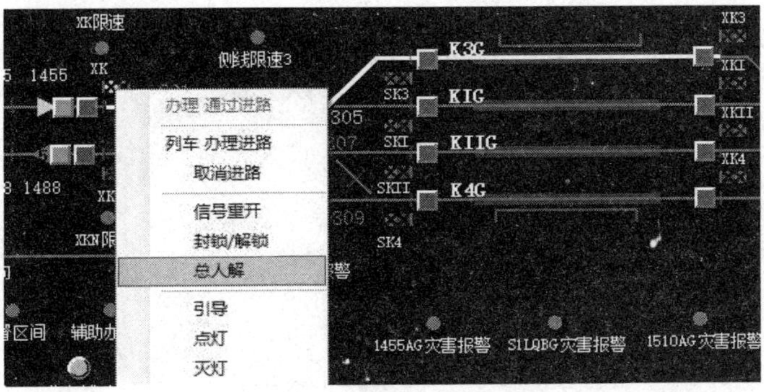

图 3-8　选择总人解

（3）弹出对话框，输入密码“1234”，点击“确认”，如图 3-9 所示。

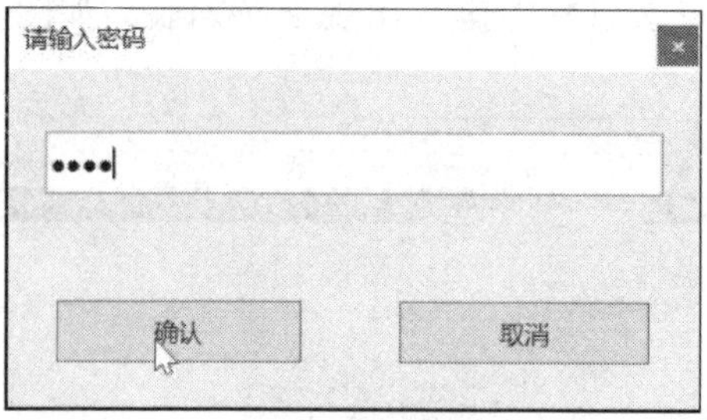

图 3-9　输入密码

（4）信号机变为红灯，进行人工解锁 180 s 倒计时，计数结束后，进路白色光带消失，如图 3-10 所示。

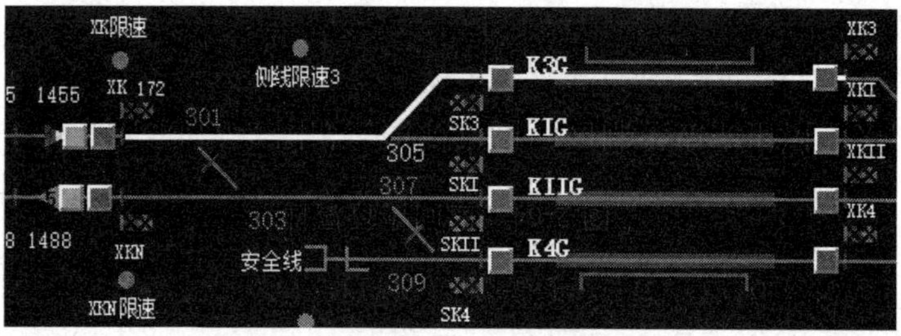

图 3-10　使用总人解取消接车进路

（四）调度员通知值班副主任、电务部门、动车车辆调度、动车客服调度及车站应急值守人员

（1）主调依次点击 FAS 机主面板上的“值班副主任”“电务调度”“动车车辆调度”“动车客服调度”“大庆东站客专场”按钮，如图 3-11 所示。

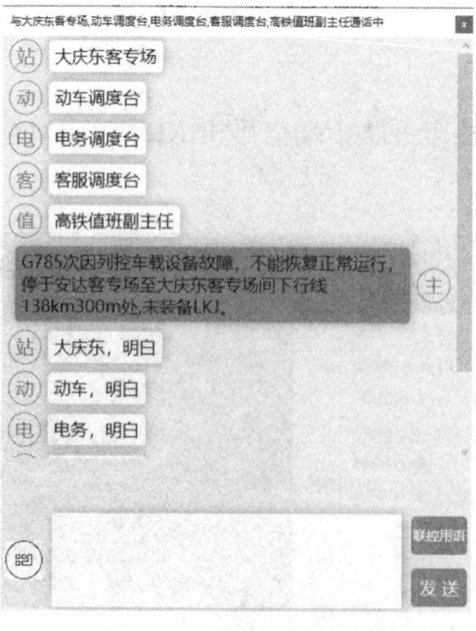

图 3-11　群呼相关单位人员

（2）主调通知值班副主任（虚拟仿真人）：G785 次因列控车载设备故障，不能恢复正常运行，停于安达客专场至大庆东客专场间下行线 138 km 300 m 处，未装备 LKJ。

值班（副）主任回复：明白。

（3）主调通知大庆东站客专场应急值守人员（虚拟仿真人）：G785 次因列控车载设备故障，不能恢复正常运行，停于安达客专场至大庆东客专场间下行线 138 km 300 m 处，未装备 LKJ。

车站应急值守人员回复：大庆东站客专场，明白。

（4）主调通知调度所内电务调度（虚拟仿真人）：G785 次因列控车载设备故障，不能恢复正常运行，停于安达客专场至大庆东客专场间下行线 138 km 300 m 处，未装备 LKJ。

电务调度回复：电务，明白。

（5）主调通知调度所内动车车辆调度（虚拟仿真人）：G785 次因列控车载设备故障，不能恢复正常运行，停于安达客专场至大庆东客专场间下行线 138 km 300 m 处，未装备 LKJ。

动车车辆调度回复：动车辆调，明白。

（6）主调通知调度所内动车客服调度（虚拟仿真人）：G785 次因列控车载设备故障，不能恢复正常运行，停于安达客专场至大庆东客专场间下行线 138 km 300 m 处，未装备 LKJ。

动车客服调度回复：动车客服，明白。

（五）发布将列控车载设备转入隔离模式的调度命令

（1）点击调度命令终端左上角“新建调度命令”按钮，如图 3-12 所示。

图 3-12　新建调度命令

（2）点击“命令标题”尾部的下拉框，选择“将列控车载设备转入隔离模式”命令模板，或输入命令标题“转入隔离模式”，如图 3-13 所示。

图 3-13　命令标题

（3）“命令正文”中出现命令模板，填写完成命令内容（图 3-14）：准许 G785 次列车将列控车载设备转入隔离模式。

图 3-14　命令正文

（4）在受令列表中，选择要发送的车站“大庆东客专场”，如图 3-15 所示。

图 3-15　勾选受令单位

（5）在无线受令列表内点击“增加”，输入车次号“G785”，再点击“查找机车”，如图 3-16 所示。

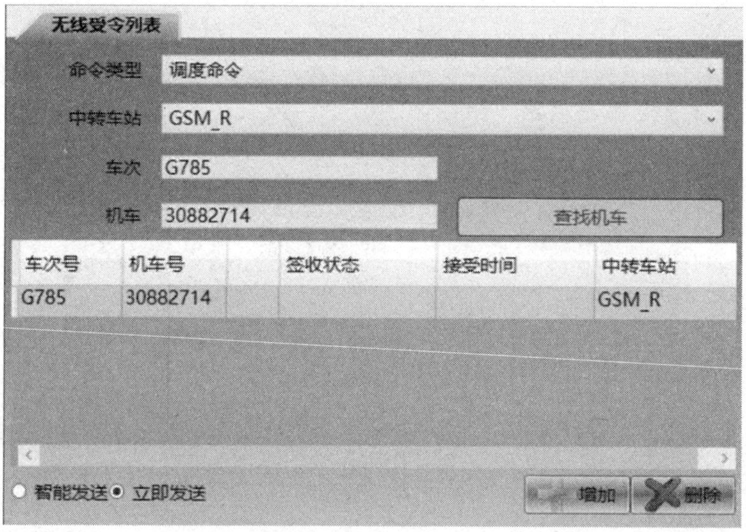

图 3-16　增加无线受令人

（6）点击“下达”，如图 3-17 所示。

图 3-17　点击下达

出现无线调令信息确认对话框，确认无误后，点击“否”，如图 3-18 所示。

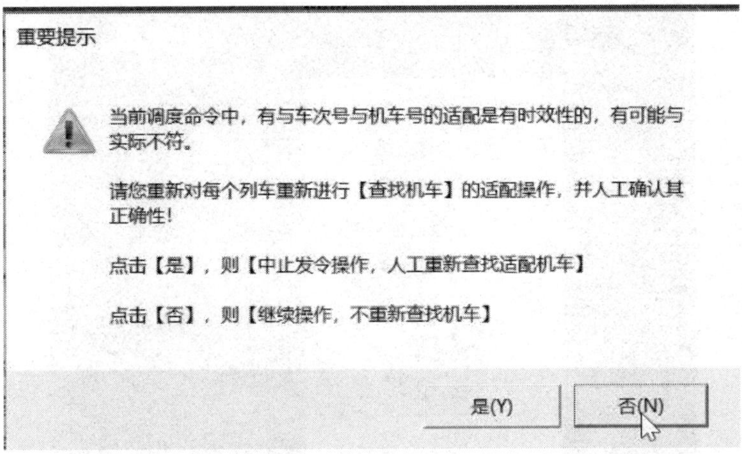

图 3-18　无线调令信息确认

（7）弹出对话框，确认受令人无误后，点击“是”，如图 3-19 所示。

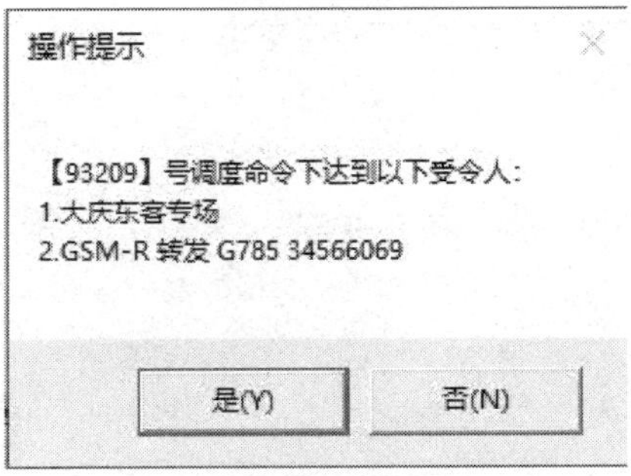

图 3-19　确认受令单位

调度命令下发完成，命令进入签收完成栏，车站及司机签收，如图 3-20 所示。

图 3-20　命令发送完成

（六）进行信号机点灯操作

（1）在助调终端“选站面板”中选择“大庆东站客专场”。

（2）右键点击大庆东站客专场 XK 信号机，弹出菜单栏，左键单击“点灯”，如图 3-21 所示。

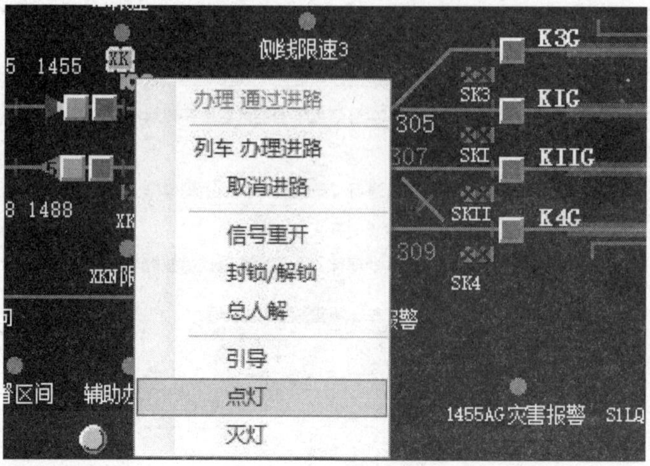

图 3-21　点击点灯按钮

（3）弹出对话框，点击“确定”，如图 3-22 所示。

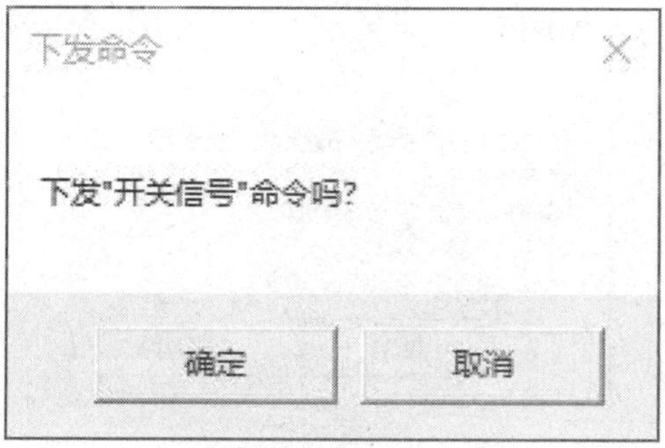

图 3-22　确定点灯

（4）大庆东站客专场 XK 信号灯点亮，如图 3-23 所示。

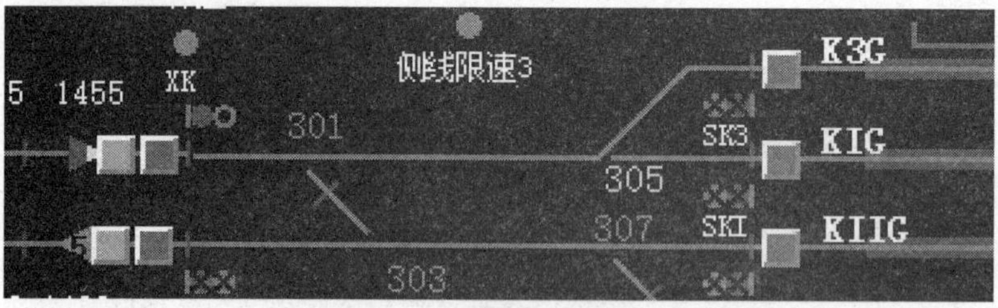

图 3-23　信号机点灯

（七）大庆东站客专场人工触发 G785 次列车接车进路

（1）在助调终端“选站面板”中选择“大庆东站客专场”。

（2）在页面下方“列车进路”序列表内，选中需要修改的 G785 次列车接车信息栏，点击鼠标右键，出现下拉列表，如图 3-24 所示。

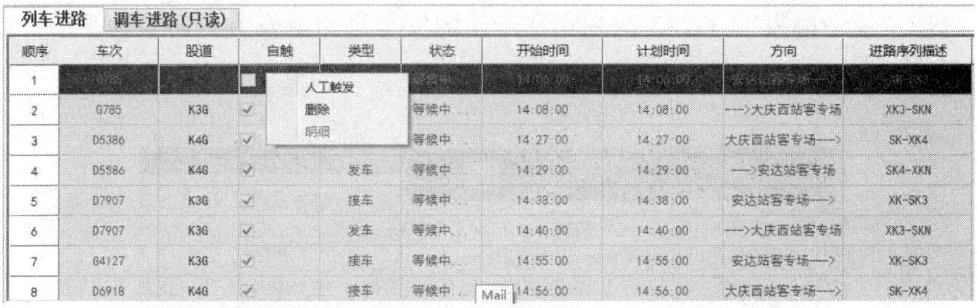

顺序	车次	股道	自触	类型	状态	开始时间	计划时间	方向	进路序列描述
1	G785		☐		等候中	14:06:00	14:06:00	安达站客专场--->	XK-SK3
2	G785	K3G	✓		等候中	14:08:00	14:08:00	--->大庆西站客专场	XK3-SKN
3	D5386	K4G	✓		等候中	14:27:00	14:27:00	大庆西站客专场--->	SK-XK4
4	D5586	K4G	✓	发车	等候中	14:29:00	14:29:00	--->安达站客专场	SK4-XKN
5	D7907	K3G	✓	接车	等候中	14:38:00	14:38:00	安达站客专场--->	XK-SK3
6	D7907	K3G	✓	发车	等候中	14:40:00	14:40:00	--->大庆西站客专场	XK3-SKN
7	G4127	K3G	✓	接车	等候中	14:55:00	14:55:00	安达站客专场--->	XK-SK3
8	D6918	K4G	✓	接车	等候中	14:56:00	14:56:00	大庆西站客专场--->	SK-XK4

图 3-24　进路序列表内选中列车信息

（3）选择“人工触发”，G785 次列车在车站的接车进路触发方式转换为人工提前执行，如图 3-25 所示。

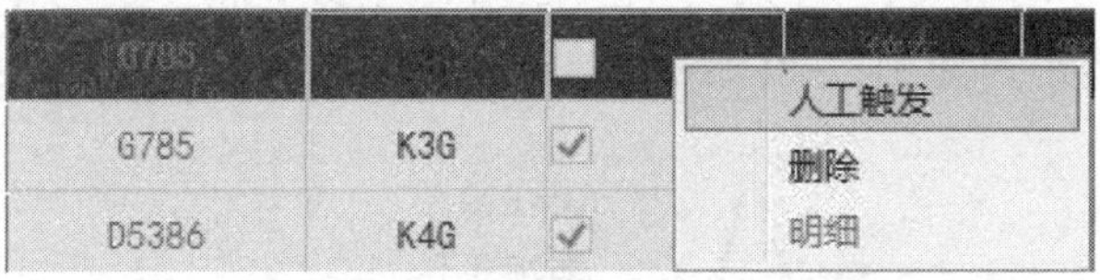

图 3-25　列车进路触发方式转换为“人工触发”

（4）站场图上接车进路排通，白光带点亮，如图 3-26 所示。

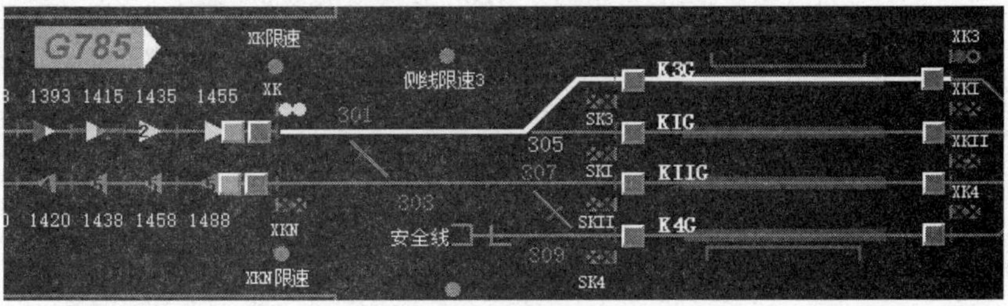

图 3-26　接车进路排通

（八）取消 G785 次列车在大庆东站客专场发车自触

（1）在助调终端“选站面板”中选择“大庆东站客专场”。

（2）在页面下方“列车进路”序列表内，选中需要修改的 G785 次列车发车信息栏，在列车对应的“自触”栏内，点击鼠标左键，出现下拉列表，如图 3-27 所示。

顺序	车次	股道	自触	类型	状态	开始时间	计划时间	方向	进路序列描述
1	G785	K3G	☐	接车	成功	14:06:00	14:06:00	安达站客专场--->	XK-SK3
2	G785		✓		等候中	14:08:00	14:08:00	--->大庆西站客专场	XK3-SKN
3	D5386	K4G	✓		中	14:27:00	14:27:00	大庆西站客专场--->	SK-XK4
4	D5386	K4G	✓		中	14:29:00	14:29:00	--->安达站客专场	SK4-XKN
5	D7907	K3G	✓	接车	等候中	14:38:00	14:38:00	安达站客专场--->	XK-SK3
6	D7907	K3G	✓	发车	等候中	14:40:00	14:40:00	--->大庆西站客专场	XK3-SKN
7	G4127	K3G	✓	接车	等候中	14:55:00	14:55:00	安达站客专场--->	XK-SK3
8	D6918	K4G	✓	接车	等候中	14:56:00	14:56:00	大庆西站客专场--->	SK-XK4

图 3-27　进路序列表内选中列车信息

（3）选择“手动触发”，G785 次列车在车站的发车进路触发方式转换为手动，如图 3-28 所示。

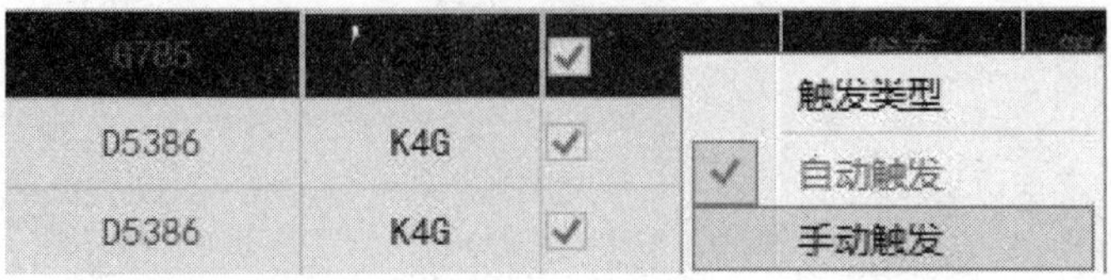

图 3-28　列车进路触发方式转换为“手动触发”

（九）绘制区间停车

（1）左键单击选中 G785 次列车运行线安达站客专场节点位置（车站与运行线交点），点击鼠标右键，弹出菜单栏，如图 3-29 所示。

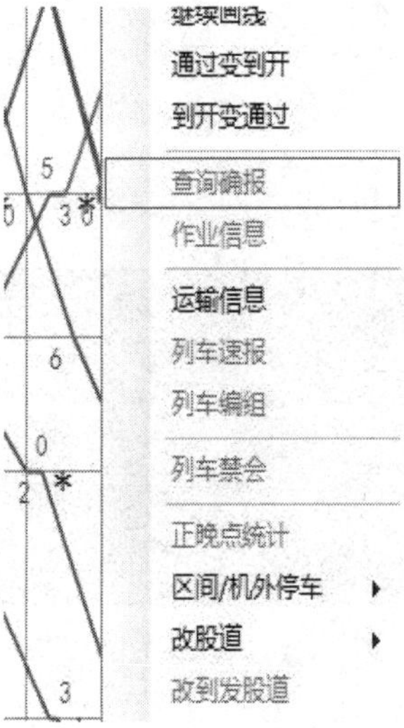

图 3-29　运行线右键菜单栏

（2）点击“区间/机外停车”选项，弹出二级菜单，选择“区间停车”，如图 3-30 所示。

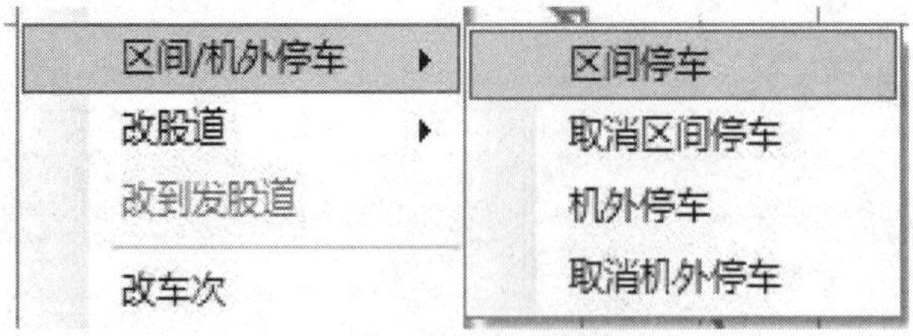

图 3-30　区间/机外停车菜单栏

（3）G785 次列车安达站客专场至大庆东站客专场间运行线下行区间停车绘制完成，如图 3-31 所示。

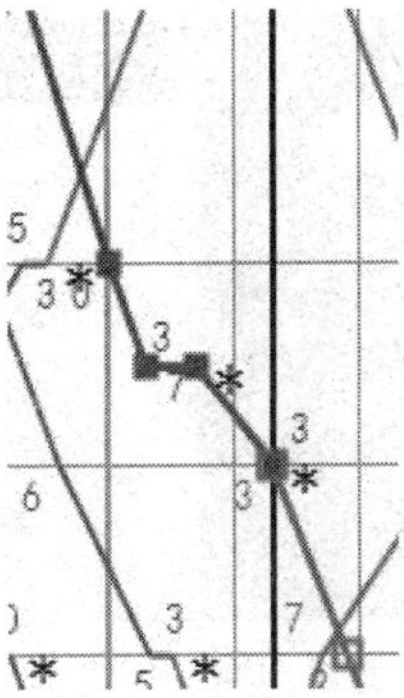

图 3-31　区间停车

（十）主调调整后续受影响的上下行列车

（1）调整完成后，点击“下计划”按钮，如图 3-32 所示。

图 3-32　点击下计划

（2）弹出对话框，依次点击“检查计划”“发送”按钮，确认将新计划下达到管辖车站，如图 3-33 所示。

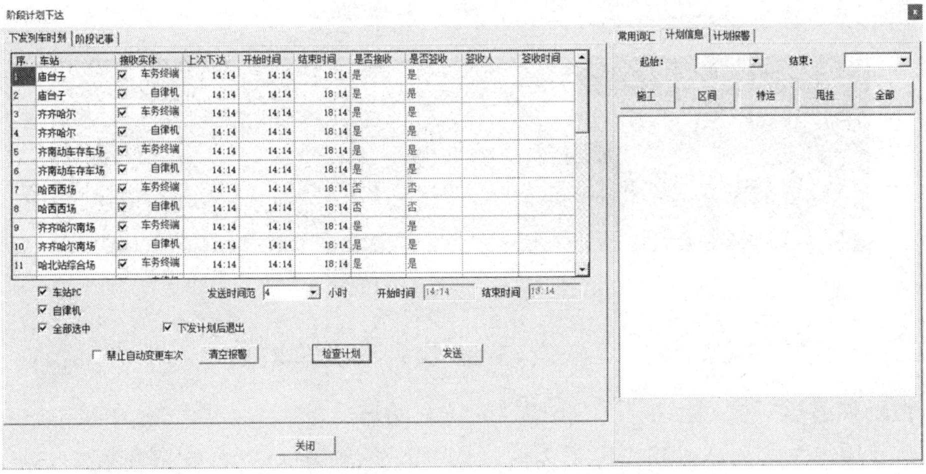

图 3-33　下达阶段计划到管辖车站

（十一）故障修复后，进行信号机灭灯操作

（1）G785 次列车司机（虚拟仿真人）报告调度员：G785 次列控车载设备故障已修复，可以恢复正常运行。

（2）在助调终端“选站面板”中选择“大庆东站客专场”。

（3）右键点击大庆东站客专场 XK3 信号机，弹出菜单栏，左键单击“灭灯”，如图 3-34 所示。

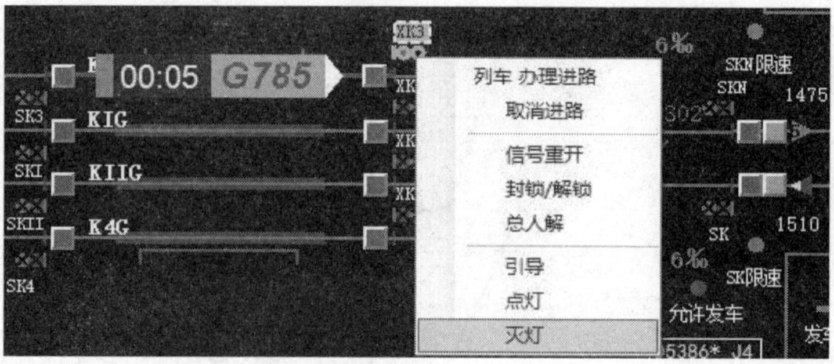

图 3-34　点击灭灯按钮

（4）弹出对话框，输入密码“1234”，点击“确认”，如图 3-35 所示。

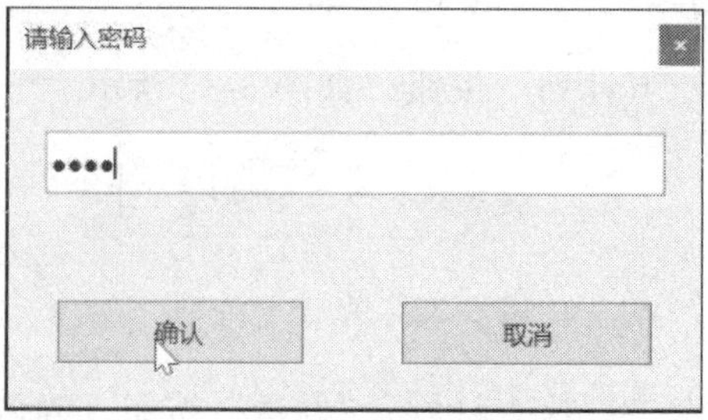

图 3-35　输入密码

（5）大庆东站客专场 XK3 信号灯熄灭，如图 3-36 所示。

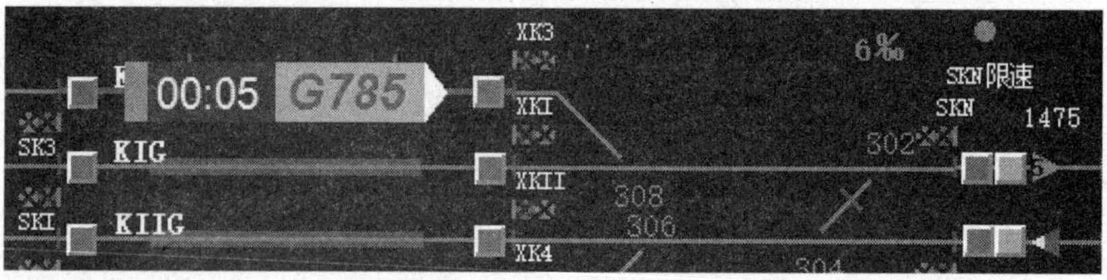

图 3-36　信号灯熄灭

（十二）大庆东站客专场人工触发 G785 次列车发车进路

（1）在助调终端“选站面板”中选择“大庆东站客专场”。

（2）在页面下方“列车进路”序列表内，选中需要修改的 G785 次列车发车信息栏，点击鼠标右键，出现下拉列表，如图 3-37 所示。

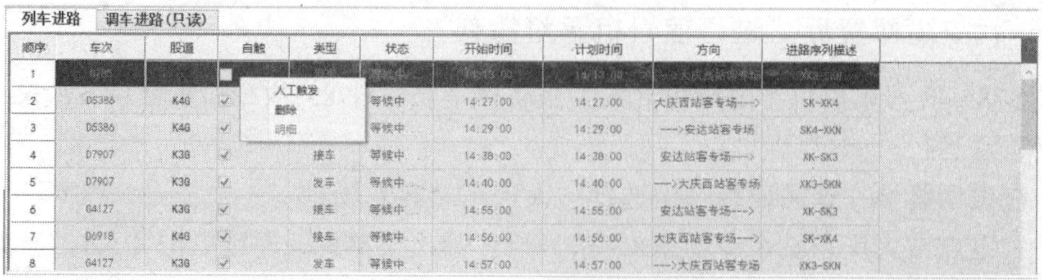

图 3-37　进路序列表内选中列车信息

（3）选择“人工触发”，G785 次列车在车站的发车进路触发方式转换为人工提前执行，如图 3-38 所示。

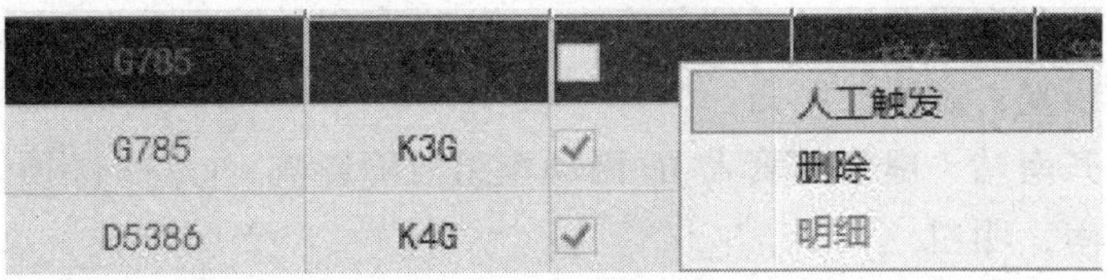

图 3-38　列车进路触发方式转换为“人工触发”

（4）站场图上发车进路排通，白光带点亮，如图 3-39 所示。

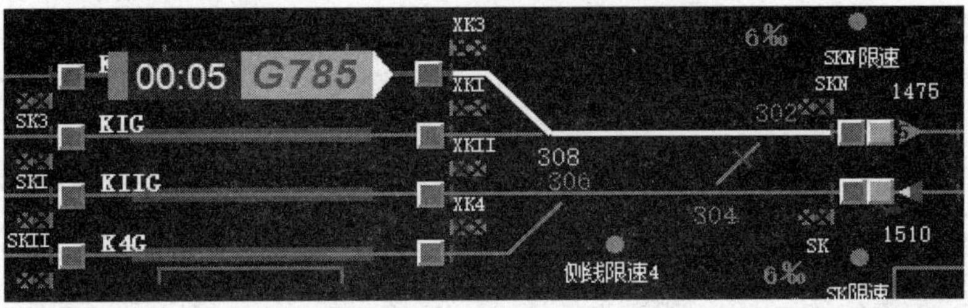

图 3-39　发车进路排通

（十三）恢复 D7907 次列车在安达站客专场发车自触

（1）在助调终端“选站面板”中选择“安达站客专场”。

（2）在页面下方“列车进路”序列表内，选中需要修改的 D7907 次列车发车信息栏，在列车对应的“自触”栏内，点击鼠标左键，出现下拉列表，如图 3-40 所示。

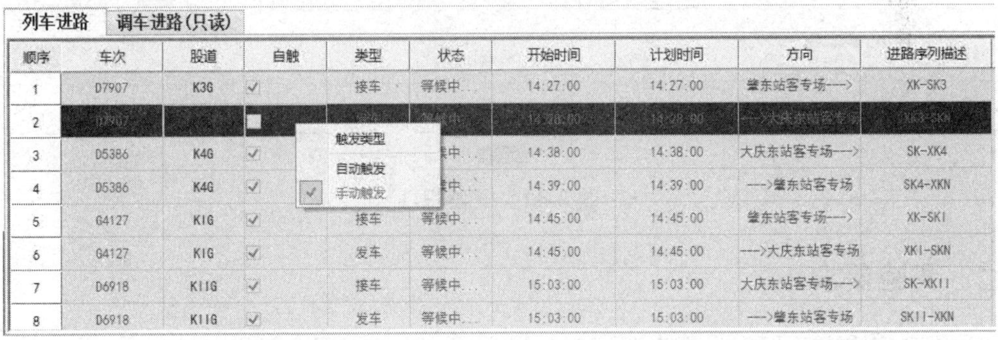
列车进路　调车进路(只读)

顺序	车次	股道	自触	类型	状态	开始时间	计划时间	方向	进路序列描述
1	D7907	K3G	✓	接车	等候中...	14:27:00	14:27:00	肇东站客专场—>	XK-SK3
2	D7907	[illegible]	☐	[illegible]	[illegible]	[illegible]	[illegible]	[illegible]	[illegible]
3	D5386	K4G	✓		...中...	14:38:00	14:38:00	大庆东站客专场—>	SK-XK4
4	D5386	K4G	✓		...中...	14:39:00	14:39:00	—>肇东站客专场	SK4-XKN
5	G4127	KIG	✓	接车	等候中...	14:45:00	14:45:00	肇东站客专场—>	XK-SKI
6	G4127	KIG	✓	发车	等候中...	14:45:00	14:45:00	—>大庆东站客专场	XKI-SKN
7	D6918	KIIG	✓	接车	等候中...	15:03:00	15:03:00	大庆东站客专场—>	SK-XKII
8	D6918	KIIG	✓	发车	等候中...	15:03:00	15:03:00	—>肇东站客专场	SKII-XKN

图 3-40　进路序列表内选中列车信息

（3）选择“自动触发”，D7907 次列车在车站的进路触发方式转换为自动，如图 3-41 所示。

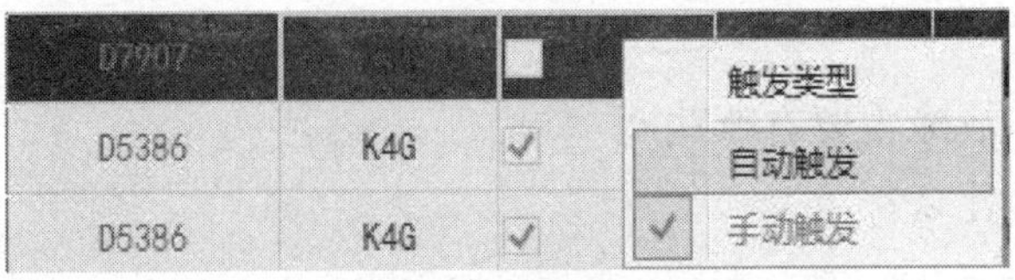

图 3-41　列车进路触发方式转换为“自动触发”

（十四）调度员通知动车客服调度、齐齐哈尔南站

（1）主调依次点击 FAS 机主面板上的“动车客服调度”“齐南”按钮。

（2）主调通知动车客服调度（虚拟仿真人）：因动车组故障影响，G785 次预计晚 × 分。

动车客服调度回复：客服，明白。

（3）主调通知齐南站（虚拟仿真人）：因动车组故障影响，G785 次预计晚 × 分。

齐南回复：齐南，明白。

（十五）填写铁路交通事故（故障）概况表（简称：安监报-1）

填记安监报（图 3-42）：14 时 02 分，G785 次，因列控车载设备故障，不能恢复正常运行，停于安达站客专场至大庆东站客专场间下行线 138 km 300 m 处，未装备 LKJ，发布调度命令后开车，影响 G785 次区间停车 × 分。

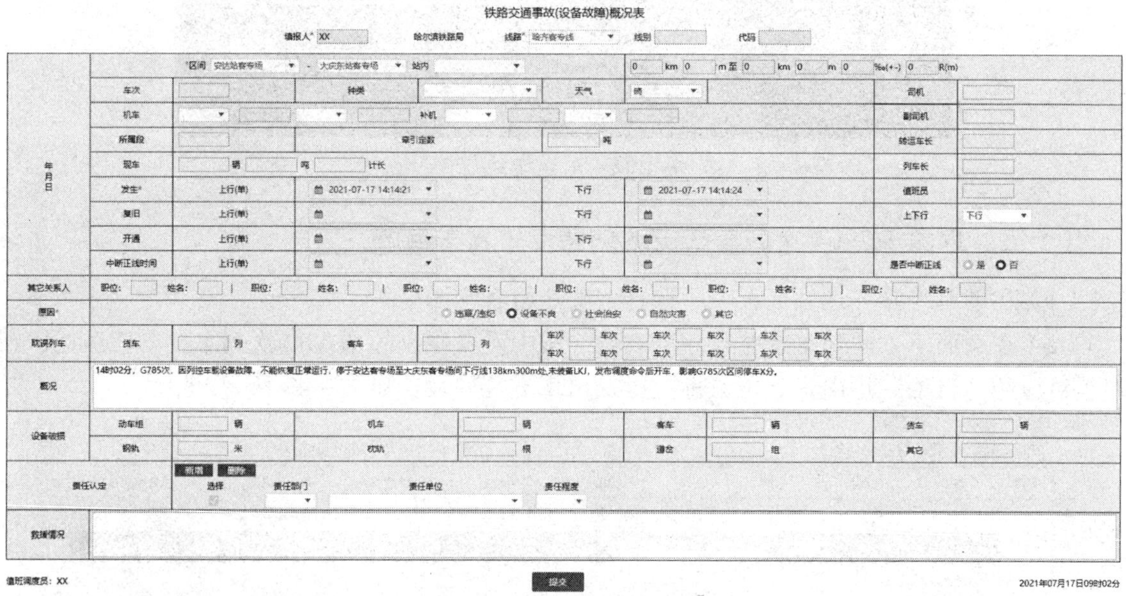

图 3-42　安监报-1

七、实验要求

（1）认真完成实验报告，报告要用实验报告纸，书写工整，按时上交。

（2）对思考题应能依据实验过程做出相应的回答。

八、思考题

（1）列控车载设备故障主要有哪些？

（2）LKJ 的功能是什么？

实验四 道岔失去表示应急处置实验

一、实验目的

（1）熟悉列车调度台、助理调度台界面设置和菜单管理功能。

（2）掌握高速铁路列车运行调整、高速铁路电气设备操作及相关辅助软件操作等列车调度指挥基本技能。

（3）熟悉《技规》所规定的处置故障流程及组织行车原则，采取合理的应急处置方案。

（4）熟练掌握道岔故障情况下相关规章制度及处置流程。

二、实验原理

依据铁路《技规》第 371 条的规定，发车进路上道岔失去表示的具体处置流程及要求如下：

（1）列车调度员通知设备管理单位进行检查处理，在《行车设备检查登记簿》内登记。

（2）设备故障修复，列车调度员根据设备管理单位的销记，开放出站（发车进路）信号机办理发车。

道岔失去表示情况属于设备故障暂时无法修复，不具备放行列车条件，需要设备管理单位组织人员进行设备故障抢修作业：

（1）依据《技规》第 336 条规定，设备管理单位应及时在《行车设备检查登记簿》内签认，尽快组织修复。

（2）依据《技规》第 339 条规定，高速铁路固定设备的临时上道检查、故障抢修作业须在《行车设备检查登记簿》内登记，并经列车调度员同意后，方可上道作业；对处于使用状态的行车设备，严禁进行维修作业。

（3）依据《技规》第 341 条规定，当设备发生故障，需在双线区间的一线上道检查、处理设备故障时，本线应封锁、邻线列车限速 160 km/h 及以下。设备管理单位应在《行车设备检查登记簿》内登记，提出本线封锁、邻线列车限速 160 km/h 及以下的申请，在得到列车调度员（车站值班员）签认后，方可上道作业，本线、邻线可不设置防护信号。司机应加强瞭望。

三、实验内容

列车调度台进行列车运行调整计划编制与下达，监控列车运行，调整到发线运用方案。进行调度命令编写、接收、审核与下达，及时处理所辖区段内的突发情况，列车调度员向基层运输站段下达的书面的命令；发布列控限速调度命令，以保障列车运行安全。

助理调度台进行特殊情况下的人工办理接发车进路，接发车进路主要包含接车进路、发车进路、通过进路等，并根据现场实际情况，通过线路和道岔封锁与解锁等操作，以人工控制设备状态的方式引导列车运行。辅助列车调度台完成调度命令编写、接收、审核；发布列控限速调度命令，以保障列车运行安全。

调监显示台进行列车运行监视，实时了解各车站和区间的设备使用情况、列车运行情况以做出科学合理的调度指挥决策。

出站信号机故障、发车进路上道岔失去表示、发车进路上轨道电路非列车占用红光带等站内固定设备故障后，其处置流程类似。整个实验在熟悉列车调度台、助理调度台的操作模式后，进行发车进路上道岔失去表示情况下的调度指挥及应急场景处置。

（1）通知相关人员，报告值班副主任。

（2）填记《行车设备检查登记簿》。

（3）需上道检查、处理设备故障时，根据设备管理单位在《行车设备检查登记簿》内的登记申请，及时发布本线封锁、邻线限速 160 km/h 及以下的调度命令后，准许上道检查。

（4）设备故障修复，根据设备管理单位的销记（包括人员机具已撤至安全地点的销记），开放出站信号机办理发车。

（5）绘制运行图标识。

（6）调整运行图。

（7）向相关人员通报预计列车晚点时间或恢复运行时刻。

（8）填记安监报-1。

四、实验仪器、设备

列车调度台 1 台，含运行图终端系统、调度命令终端系统、列控限速管理系统。

助理调度台 1 台，含助调终端系统、调度命令终端系统、列控限速管理系统。

调监显示屏 1 台，含调度监督系统。

辅助系统 1 套，含自然灾害及异物侵限监测系统、调度通信系统、电子行车设备检查登记簿、铁路交通事故（故障）概况表。

五、实验预设参数

道岔失去表示，加载场景为故障出现前若干分钟内的运行场景：

（1）计划图上，存在后续使用该道岔的列车。

（2）在应急处置过程中，列车不能绕行故障道岔。

（3）在应急处置过程中，不使用非常站控模式。

（4）运行图已加载完成，阶段计划为 11:00—14:00。

（5）选定线路为某客专台某车站。

（6）选定故障道岔为单开 208 号道岔，初始状态为定位（反位故障）。

（7）故障出现后的首列车车次号为 D7905，列车停靠安达站客专场。

预设情况如图 4-1 所示。

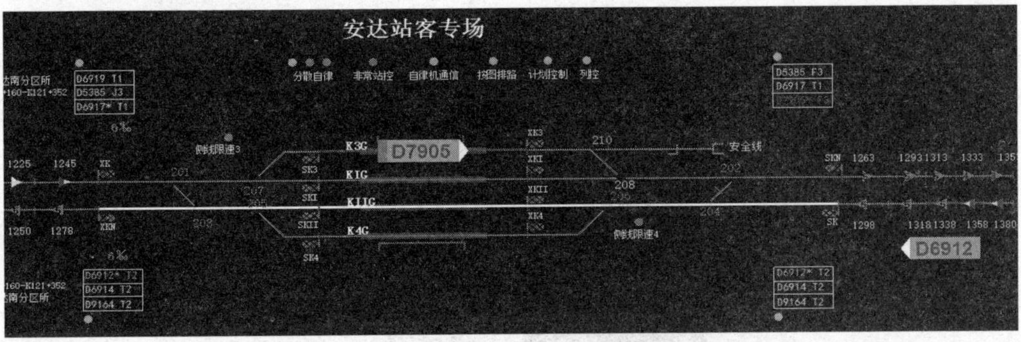

图 4-1　道岔失去表示预设情况

六、实验步骤

（一）道岔失去表示故障报警

（1）助调终端（图 4-2）弹出告警窗口，并发出告警提示音，提示：安达站客专场，道岔挤岔。

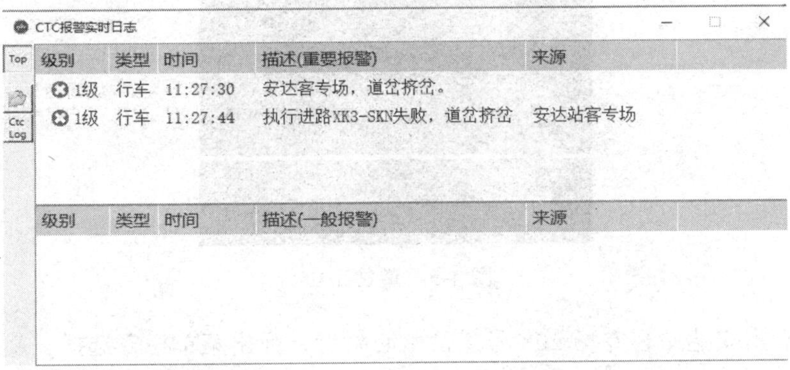

图 4-2　告警窗口

（2）调度点击“确定”，告警信息窗口消失。

（二）对故障道岔进行三组定反位操作，确认道岔失去表示

（1）在助调终端“选站面板”中选择“安达站客专场”，如图 4-3 所示。

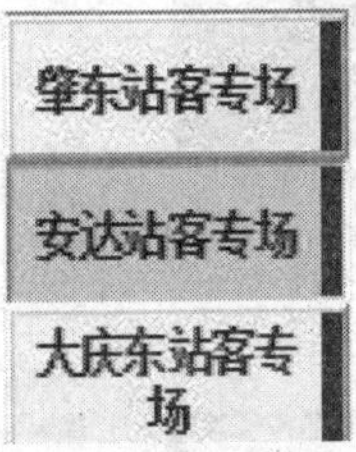

图 4-3　选择车站

（2）右键点击安达站客专场 208 号道岔岔心附近，弹出菜单栏，选择“定操”，如图 4-4 所示。

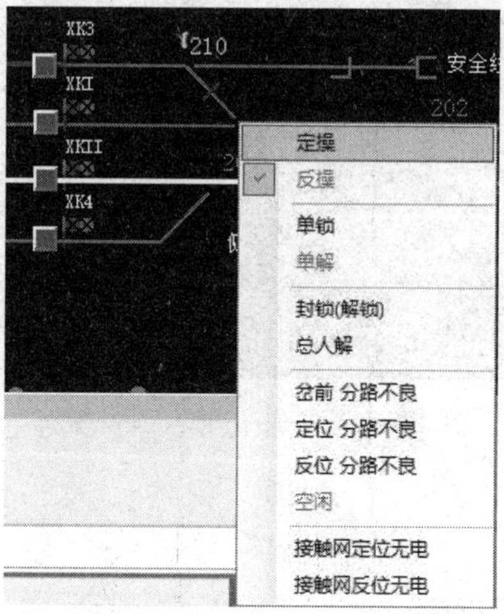

图 4-4　选择定位

（3）道岔转至定位位置，如图 4-5 所示。

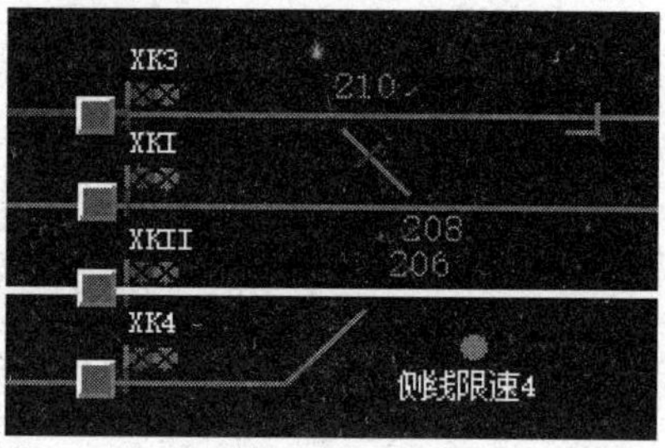

图 4-5　道岔定位

（4）右键点击安达站客专场 208 号道岔岔心附近，弹出菜单栏，选择“反操”，如图 4-6 所示。

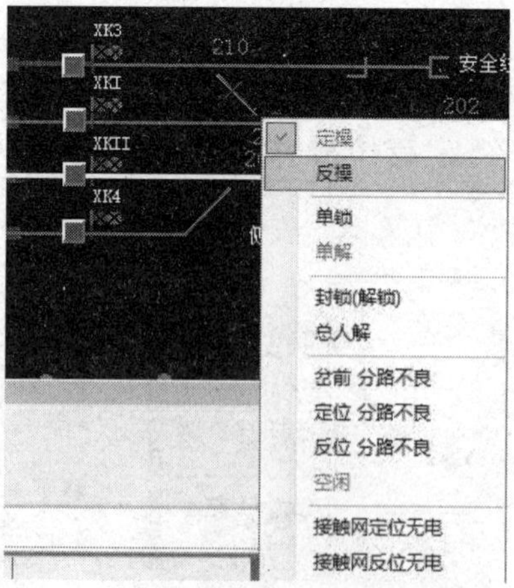

图 4-6　选择反位

（5）道岔岔心无表示，如图 4-7 所示。

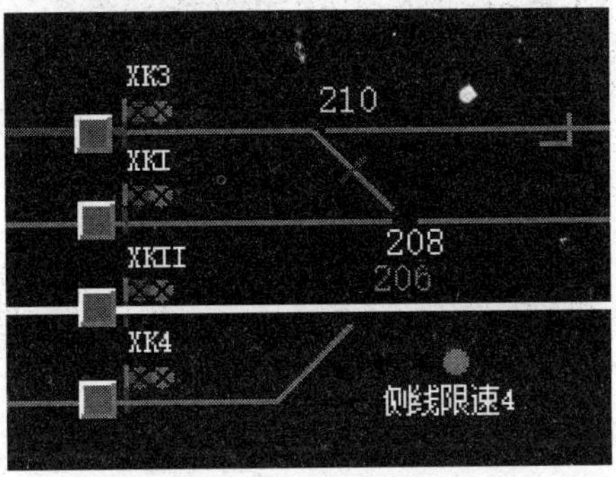

图 4-7　道岔反位无表示

（6）以上操作反复进行三组，道岔仍处于失去表示状态，确认道岔故障。

（三）取消 D7905 次列车在安达站客专场发车自触

（1）在助调终端“选站面板”中选择“安达站客专场”。

（2）在页面下方“列车进路”序列表内，选中需要修改的 D7905 次列车发车信息栏，在列车对应的“自触”栏内，点击鼠标左键，出现下拉列表，如图 4-8 所示。

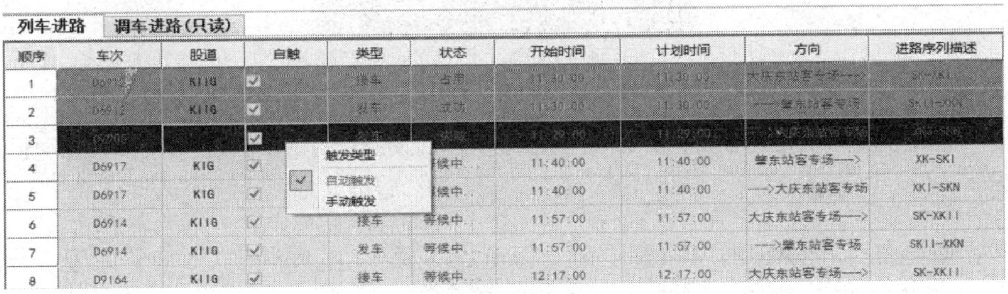

图 4-8　进路序列表内选中列车信息

（3）选择“手动触发”，D7905 次列车在车站的发车进路触发方式转换为手动，如图 4-9 所示。

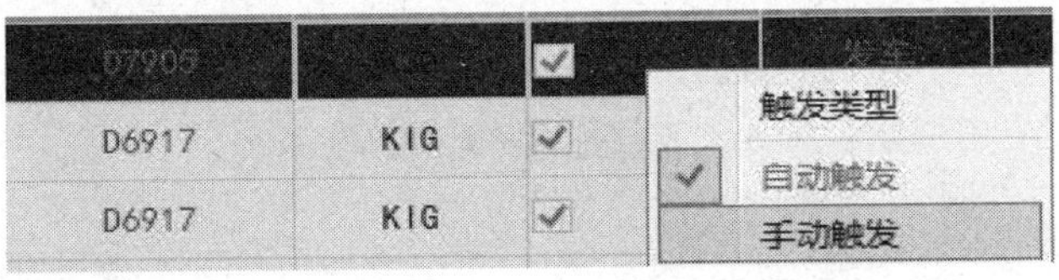

图 4-9　列车进路触发方式转换为“手动触发”

（四）对故障道岔进行封锁操作

（1）在助调终端“选站面板”中选择“安达站客专场”。

（2）右键点击安达站客专场 208 号道岔岔心附近，弹出菜单栏，点击“封锁（解锁）”选项，如图 4-10 所示。

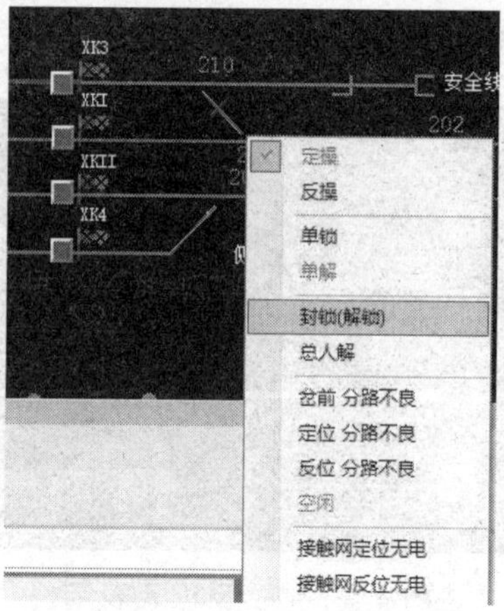

图 4-10　点击封锁（解锁）

（3）道岔号上出现如图 4-11 中所示红色矩形框。

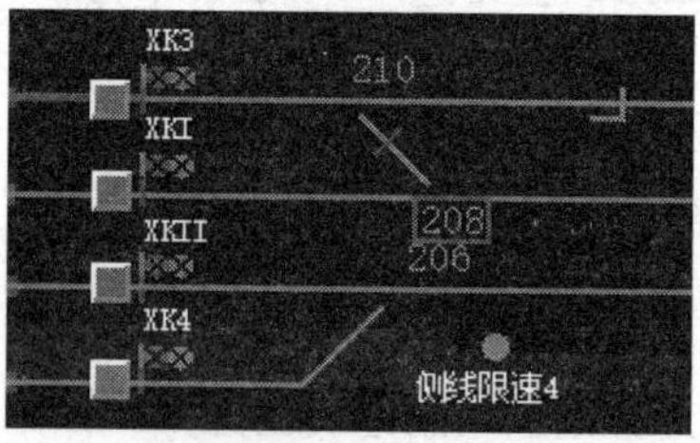

图 4-11　道岔封锁

（五）调度员通知值班副主任、电务部门、工务部门、动车客服调度及车站应急值守人员

（1）主调依次点击 FAS 机主面板上的“值班副主任”“电务调度”“工务调度”“动车客服调度”“安达站客专场”按钮，如图 4-12 所示。

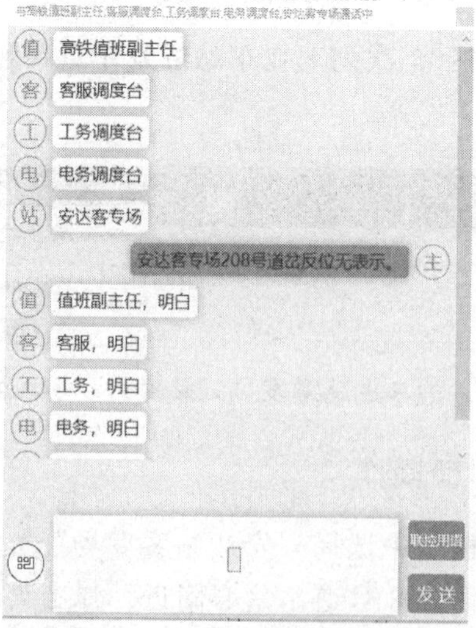

图 4-12　群呼相关单位人员

（2）主调通知值班副主任（虚拟仿真人）：安达客专场 208 号道岔反位无表示。

值班（副）主任回复：明白。

（3）主调通知安达站客专场应急值守人员（虚拟仿真人）：安达客专场 208 号道岔反位无表示，请通知应急值守人员及值班干部到岗。

车站应急值守人员回复：安达站客专场，明白。

（4）主调通知调度所内工务调度（虚拟仿真人）：安达客专场 208 号道岔反位无表示，安排人员处理。

工务调度回复：工务，明白。

（5）主调通知调度所内电务调度（虚拟仿真人）：安达客专场 208 号道岔反位无表示，安排人员处理。

电务调度回复：电务，明白。

（6）主调通知调度所内动车客服调度（虚拟仿真人）：安达客专场 208 号道岔反位无表示。

动车客服调度回复：客服，明白。

（六）调度员登记并签认《行车设备检查登记簿》

（1）调度员填写行检（图 4-13）：安达站客专场 208 号道岔反位无表示。

列调：__________（列调登记签字）

月日	时分	检查试验结果，所发现的不良及破损程度
1.12	11:31	安达客专场208号道岔反位无表示。
		列车调度员：XX

图 4-13　调度填写行检

（2）填写完成后，点击右下角“登记”按钮，如图 4-14 所示。

图 4-14　登记行检

（3）工务调度（驻所联络员）在行车设备检查登记簿上登记并通过 FAS 机通知调度（图 4-15）：因安达客专场 208 号道岔反位无表示，庆工 3 人请求上道检查，作业范围哈齐客专下行线 127 km 586 m 至 127 km 606 m，邻线列车限速 160 km/h。

庆工：× ×（驻所联络员登记签字）

列调：__________（列调登记签字）

1.12	11:32	因安达客专场208号道岔反位无表示，庆工3
		人请求上道检查，作业范围哈齐客专下行线12
		7km586m至127km606m，邻线列车限速16
		0km/h。
		庆工：XX
		列调：

图 4-15　工务登记行检

（4）调度员对工务调度在行检簿上的登记进行签认：选中该条登记信息，在“列调”后输入姓名，再点击页面下发的“签认”按钮，如图 4-16 所示。

图 4-16　签认信息

（5）电务调度（驻所联络员）在行车设备检查登记簿上登记并通过 FAS 机通知调度（图 4-17）：因安达客专场 208 号道岔反位无表示，庆工 3 人请求上道检查，作业范围哈齐客专下行线 127 km 586 m 至 127 km 606 m，邻线列车限速 160 km/h。

齐电：× ×（驻所联络员登记签字）

列调：__________（列调登记签字）

1.12	11:32	因安达客专场208号道岔反位无表示，齐电2
		人请求上道检查，作业范围哈齐客专下行线12
		7km586m至127km606m，邻线列车限速16
		0km/h。
		齐电：XX
		列调：

图 4-17　电务登记行检

（6）调度员对电务调度在行检簿上的登记进行签认：选中该条登记信息，在“列调”后输入姓名，再点击页面下发的“签认”按钮。

（七）发布列控限速命令

（1）助调点击调度命令端右下角列控限速栏内“新建列控”，如图 4-18 所示。

图 4-18　新建列控

（2）弹出“限速命令输入”对话框，参照工务部门、电务部门在行车设备检查登记簿上登记的作业范围，输入“限速原因”“命令类型”“线路”“起始公里标”及“限速值”等数据后点击“确认”按钮，如图 4-19 所示。

限速原因：施工。

线路：哈齐客专上行线。

起始公里标：K128 + 606 至 K126 + 586。

限速值：160 km/h。

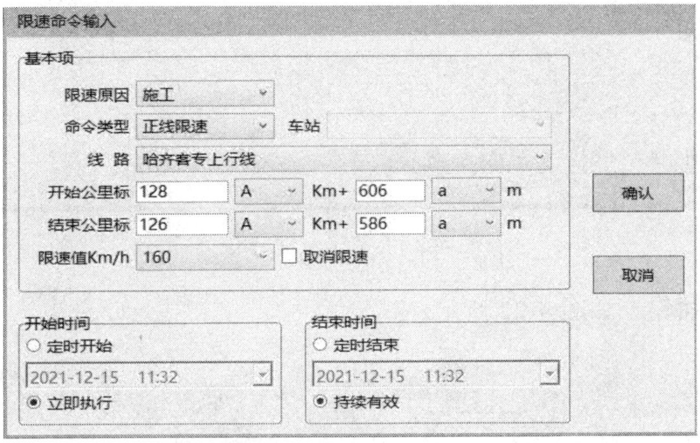

图 4-19　限速命令输入

（3）弹出校验提示对话框，点击“确定”以后，主调调度命令端弹出“限速命令校验”对话框，对数据进行再一次输入，点击“确认”按钮，如图 4-20 所示。

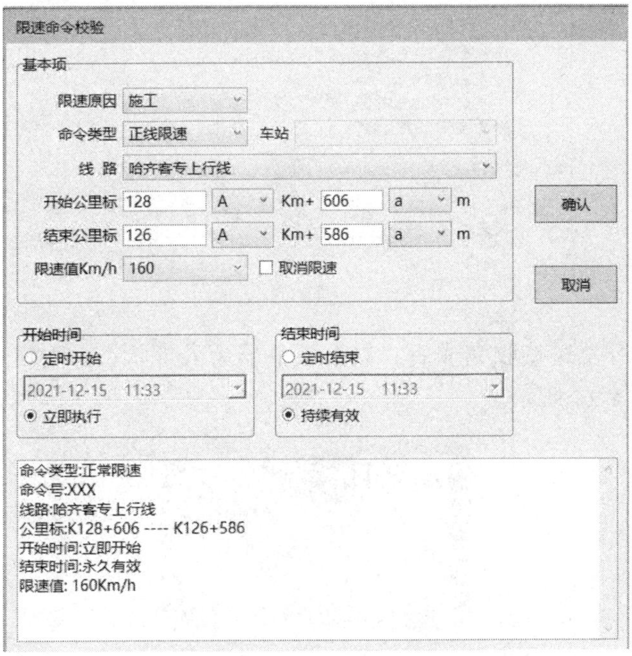

图 4-20　限速命令校验

（4）弹出提示框点击确定，返回主页面；在受令列表内，系统自动勾选“哈齐 TSR 服务器”，选择要发送的车站“安达客专场”“大庆东客专场”，如图 4-21 所示。

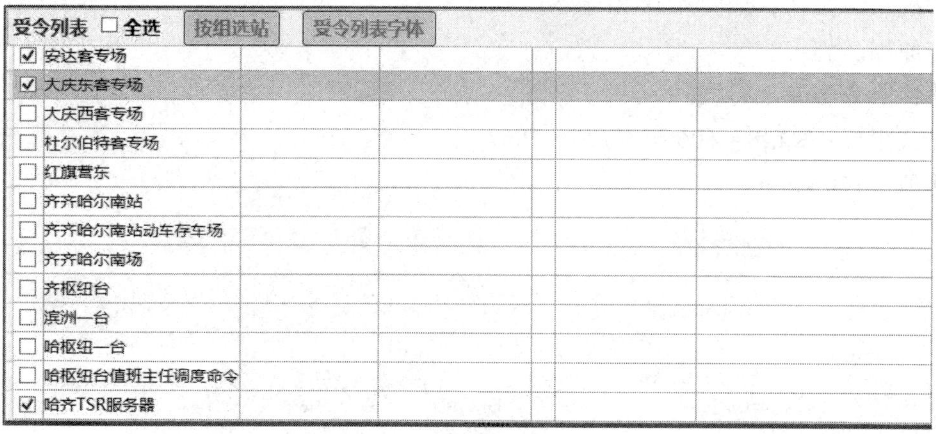

图 4-21　勾选受令单位

点击“下达”按钮，如图 4-22 所示。

图 4-22　点击下达

（5）出现对话框，确认无误后，点击“是”，如图 4-23 所示，调度命令下发。

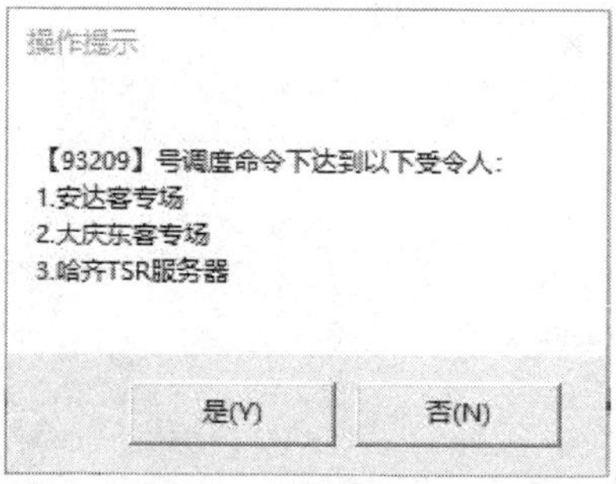

图 4-23　确认受令单位

（6）列控限速命令发送签收完成后，TSR 服务器为闪烁状态，右键点击 TSR 图标，选择“显示主窗口”，如图 4-24 所示。

图 4-24　显示列控限速管理主窗口

（7）灰色底色为已拟定命令，选中该条灰色命令，单击下方“激活校验”按钮，对该命令进行激活操作，如图 4-25 所示。

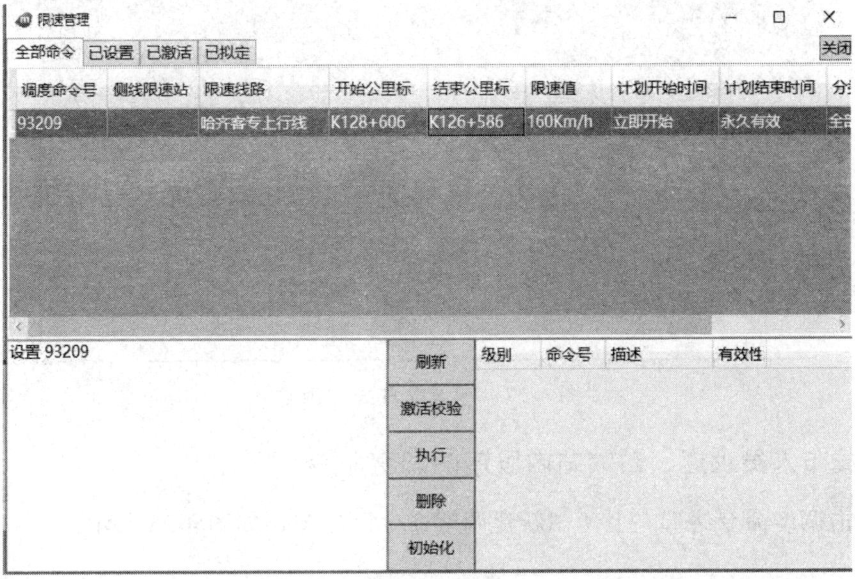

图 4-25　命令激活

（8）命令底色变为绿色，进入“已激活”栏内；再次选中该条命令，单击下方“执行”按钮，如图 4-26 所示。

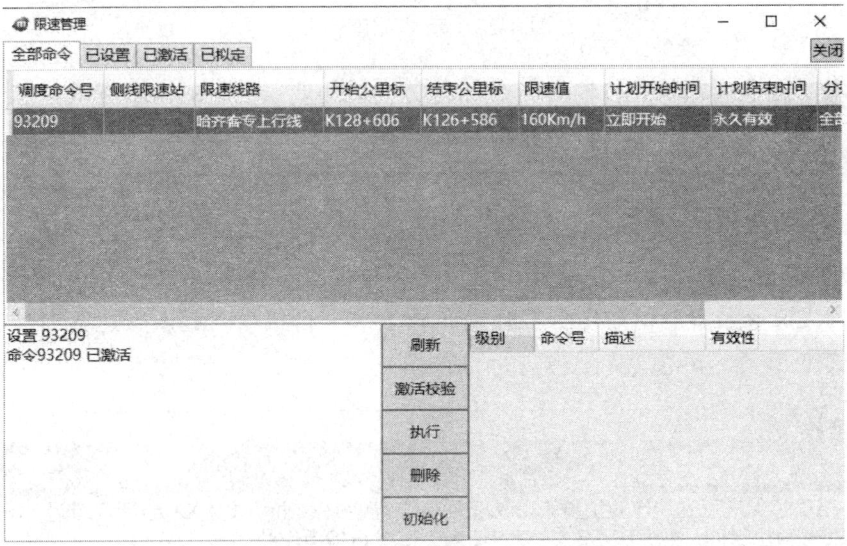

图 4-26　命令执行

（9）命令底色变为黄色，进入“已设置”栏内，表明该条命令已完全设置成功，TSRS 内正在执行该限速命令。设置成功后显示如图 4-27 所示。

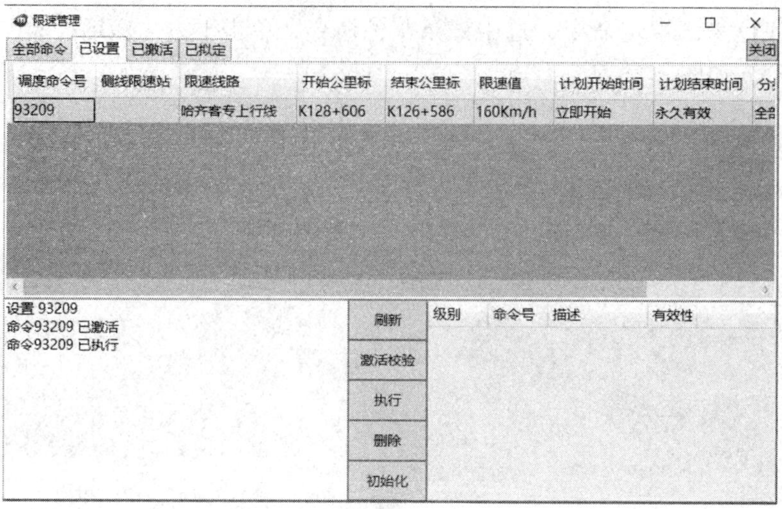

图 4-27　限速命令设置成功

（八）发布人员上道、封锁站内股道的调度命令

（1）点击调度命令终端左上角“新建调度命令”按钮，如图 4-28 所示。

图 4-28　新建调度命令

（2）点击“命令标题”处，输入命令标题“上道作业”，如图 4-29 所示。

图 4-29　命令标题

（3）“命令正文”中出现命令模板，填写完成命令内容（图 4-30）：驻所联络员转大庆工务段作业负责人××及齐齐哈尔电务段作业负责人××自接令时起，安达客专场 208 号道岔封锁，准许庆工 3 人、齐电 2 人上道进行检查作业。

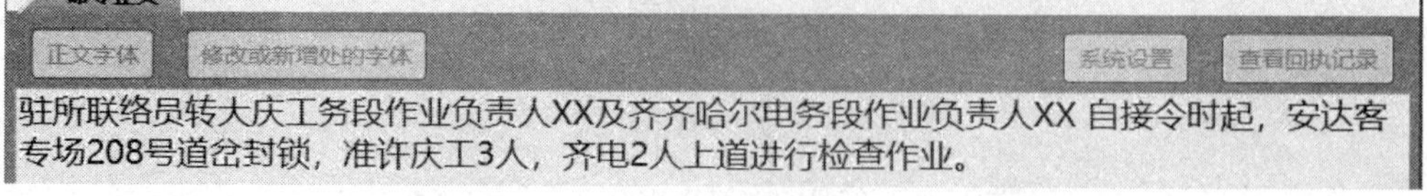

图 4-30　命令正文

（4）在受令列表中，选择要发送的车站“安达客专场”，如图 4-31 所示。

图 4-31　勾选受令单位

（5）勾选“需值班主任授权”，如图 4-32 所示。

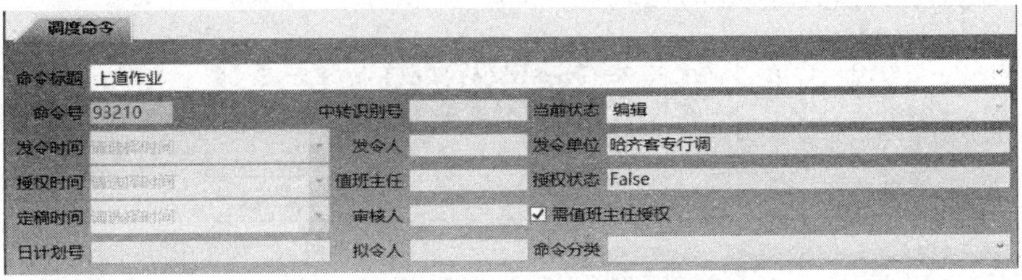

图 4-32　值班主任授权

（6）点击“申请批准”，如图 4-33 所示。

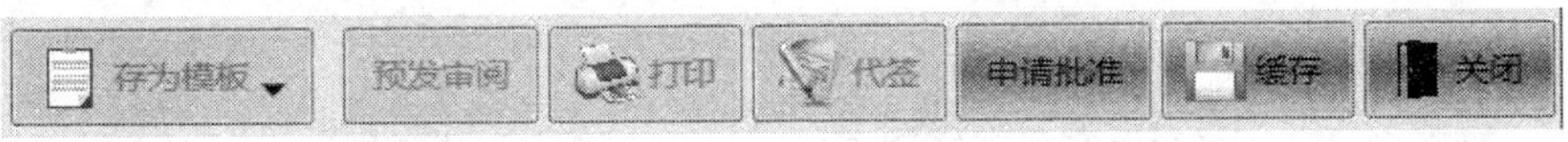

图 4-33　点击申请批准

（7）得到值班主任批准，弹出提示信息对话框，点击“确认”后，再点击“下达”，如图 4-34 所示。

图 4-34　点击下达

（8）弹出对话框，确认受令人无误后，点击“是”，如图 4-35 所示。

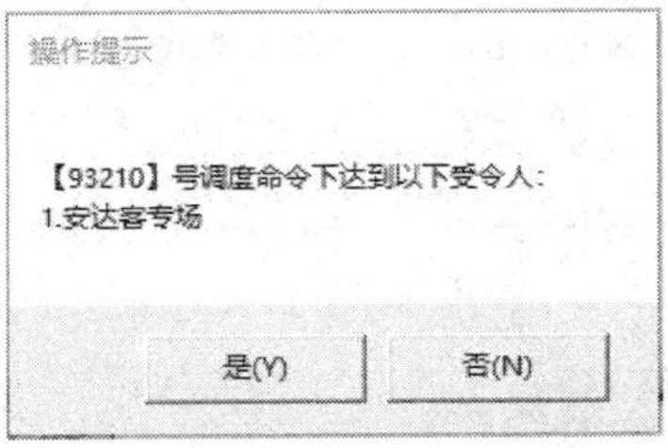

图 4-35　确认受令单位

调度命令下发完成，命令进入签收完成栏，车站签收，如图 4-36 所示。

☐ 受令单位	抄送	签收状态
☑ 安达客专场		已签收
☑ 哈枢纽台值班主任调度命令		已签收

图 4-36　命令发送完成

（九）调度员销记《行车设备检查登记簿》

故障检修完成后：

（1）工务调度（驻所联络员）在行车设备检查登记簿上销记并通过 FAS 机通知调度（图 4-37）：208 号道岔正常，人员机具已撤至安全位置，请求开通。

庆工：××（驻所联络员登记签字）

列调：__________（列调登记签字）

月日	时分	破损及不良的原因，采用何种办法进行修理的。工作人员及车站值班员盖章
1.12	11:36	工务销记：208号道岔正常，人员机具已撤至安全位置
		，请求开通。
		庆工：XX
		列调：

图 4-37　工务登记行检

（2）调度员对工务调度在行检簿上的销记进行签认：选中该条登记信息，在“列调”后输入姓名，再点击页面下发的“签认”按钮。

（3）电务调度（驻所联络员）在行车设备检查登记簿上销记并通过 FAS 机通知调度（图 4-38）：208 号道岔故障已修复，交付使用，原因待查，人员机具已撤至安全位置，请求开通。

齐电：××（驻所联络员登记签字）

列调：__________（列调登记签字）

1.12	11:36	电务销记：208号道岔故障已修复，交付使用，原因待
		查，人员机具已撤至安全位置，请求开通。
		齐电：XX
		列调：

图 4-38　电务登记行检

（4）调度员对电务调度在行检簿上的销记进行签认：选中该条登记信息，在“列调”后输入姓名，再点击页面下发的“签认”按钮。

（十）发布开通站内股道的调度命令

（1）点击调度命令终端左上角“新建调度命令”按钮。

（2）点击“命令标题”尾部的下拉框，选择“封锁站内线路施工、维修作业完毕后开通”命令模板，或输入命令标题“下道作业”，如图 4-39 所示。

图 4-39　命令标题

（3）“命令正文”中出现命令模板，填写完成命令内容（图 4-40）：驻所联络员转大庆工务段作业负责人××及齐齐哈尔电务段作业负责人××根据驻所联络员报告，安达客专场 208 号道岔作业完毕，人员机具已撤至安全位置，自接令时起，安达站客专场 208 号道岔开通。

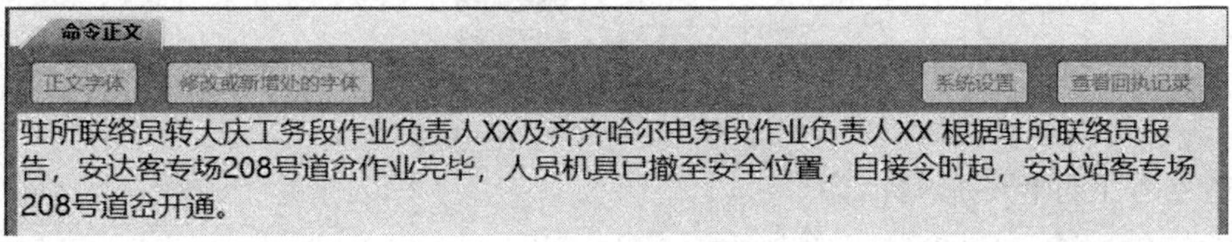

图 4-40　命令正文

（4）在受令列表中，选择要发送的车站“安达客专场”，如图 4-41 所示。

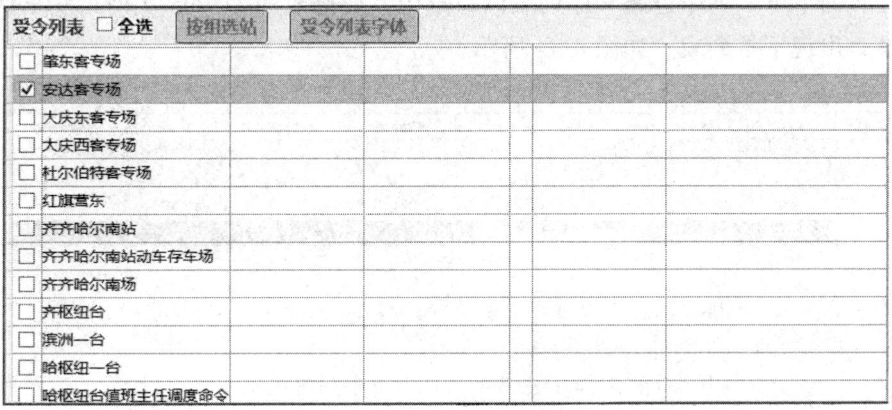

图 4-41　勾选受令单位

（5）点击“下达”，弹出对话框，确认受令人无误后，点击“是”。

（6）调度命令下发完成，命令进入签收完成栏，车站签收，如图 4-42 所示。

图 4-42　命令发送完成

（十一）进行故障道岔解锁操作

（1）在助调终端“选站面板”中选择“安达站客专场”。

（2）右键点击安达站客专场 208 号道岔岔心附近，弹出菜单栏，点击“封锁（解锁）”选项，如图 4-43 所示。

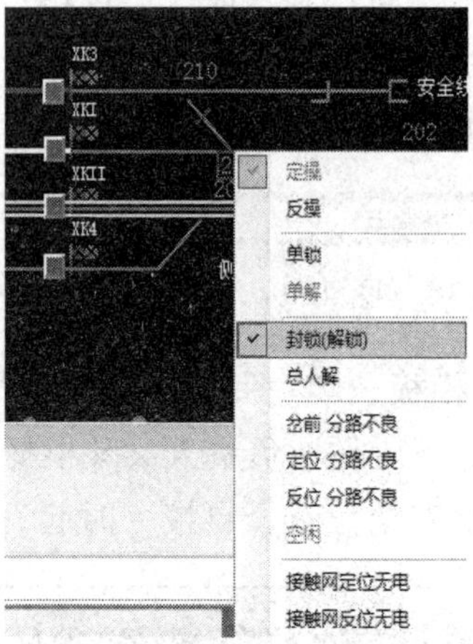

图 4-43　点击封锁（解锁）

（3）道岔号上红色矩形框消失。

（十二）安达站客专场人工触发 D7905 次列车发车进路

（1）在助调终端“选站面板”中选择“安达站客专场”。

（2）在页面下方“列车进路”序列表内，选中需要修改的 D7905 次列车发车信息栏，点击鼠标右键，出现下拉列表，如图 4-44 所示。

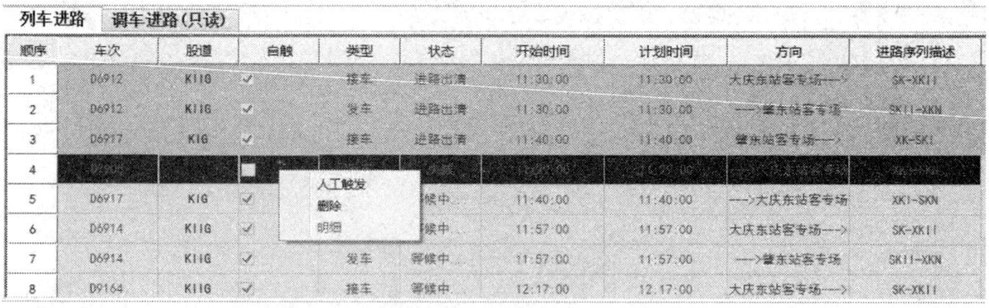

图 4-44　进路序列表内选中列车信息

（3）选择“人工触发”，D7905 次列车在车站的发车进路触发方式转换为人工提前执行，如图 4-45 所示。

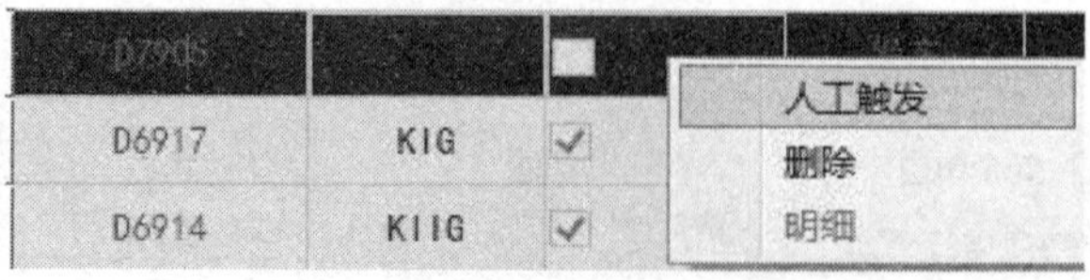

图 4-45　列车进路触发方式转换为“人工触发”

（4）站场图上发车进路排通，白光带点亮。

（十三）发布取消列控限速命令

（1）助调点击调度命令端右下角列控限速栏内“新建列控”。

（2）弹出“限速命令输入”对话框，输入前发列控限速命令“限速原因”“命令类型”“线路”“起始公里标”等数据，并勾选“取消限速”，点击“确认”按钮，如图 4-46 所示。

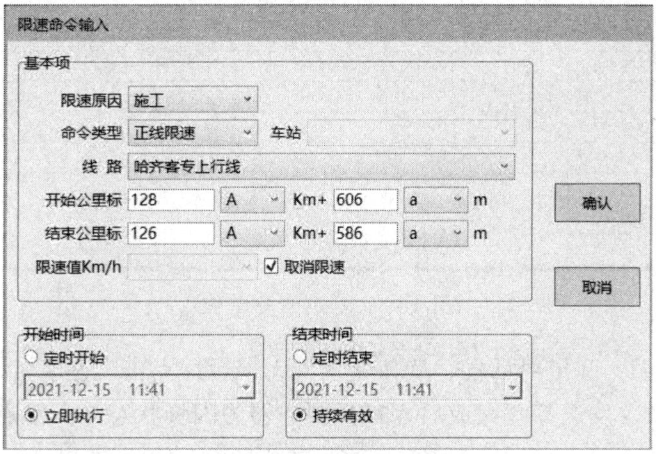

图 4-46 限速命令输入

（3）弹出校验提示对话框，点击“确定”以后，主调调度命令端弹出“限速命令校验”对话框，对数据进行再一次输入，点击“确认”按钮，如图 4-47 所示。

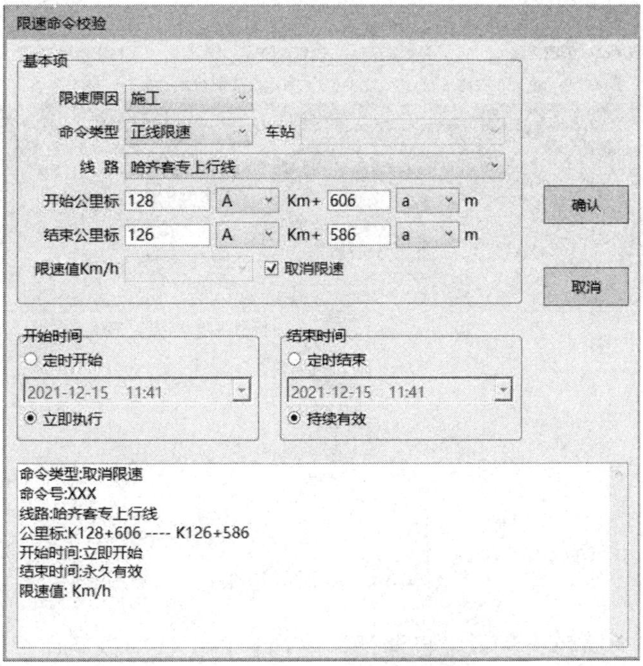

图 4-47 限速命令校验

（4）弹出提示框点击确定，返回主页面。受令列表内，系统自动勾选“哈齐 TSR 服务器”，选择要发送的车站“安达客专场”“大庆东客专场”，点击“下达”按钮，如图 4-48 所示。

图 4-48　勾选受令单位

（5）点击“下达”，弹出对话框，确认受令人无误后，点击“是”。

（6）列控限速命令发送签收完成后，TSR 服务器为闪烁状态，右键点击 TSR 图标，选择“显示主窗口”。

（7）选中该条取消限速命令，单击下方“激活校验”按钮，对该命令进行激活操作，如图 4-49 所示。

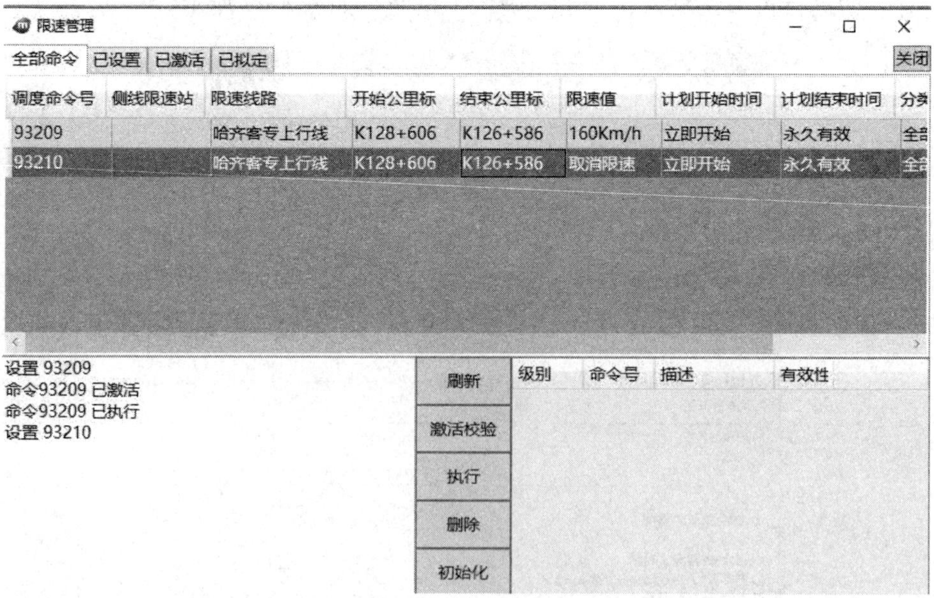

图 4-49　激活列控限速

（8）命令底色变为绿色，进入“已激活”栏内；再次选中该条命令，单击下方“执行”按钮，如图 4-50 所示。

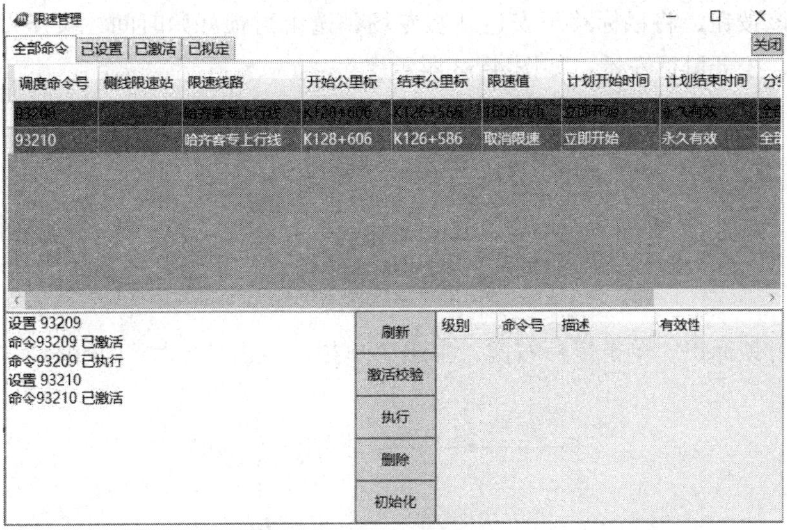

图 4-50 执行列控限速

（9）执行完成后，对应限速命令消失。

完成后线路图上对应的限速命令指示消失。

（十四）调度员通知动车客服调度、大庆西站客专场

（1）主调依次点击 FAS 机主面板上的“动车客服调度”“大庆西站客专场”按钮。

（2）主调通知动车客服调度（虚拟仿真人）：因道岔故障影响，D7905 次预计晚点 × 分。

动车客服调度回复：客服，明白。

（3）主调通知大庆西站客专场（虚拟仿真人）：因道岔故障影响，D7905 次预计晚点 × 分。

大庆西站客专场回复：大庆西站客专场，明白。

（十五）绘制站内封锁标识

（1）点击运行图菜单栏内的“绘图”下拉菜单，选择“站内封锁”选项，如图 4-51 所示。

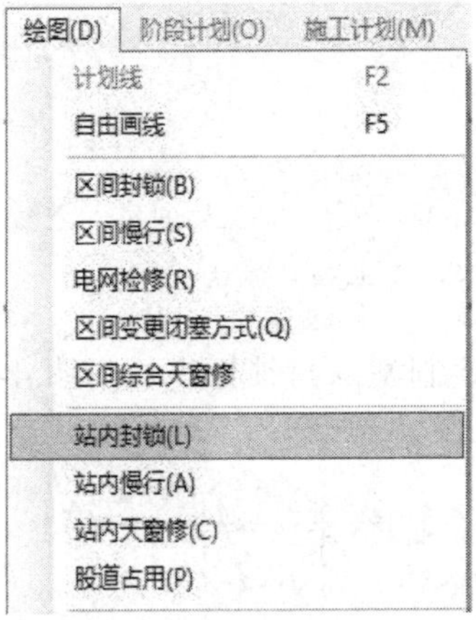

图 4-51 选择绘制站内封锁标识

（2）单击该按钮，将鼠标移至安达站客专场，选中封锁开始时间，按压左键，向右拖至封锁结束时间，松开鼠标左键，如图 4-52 所示。

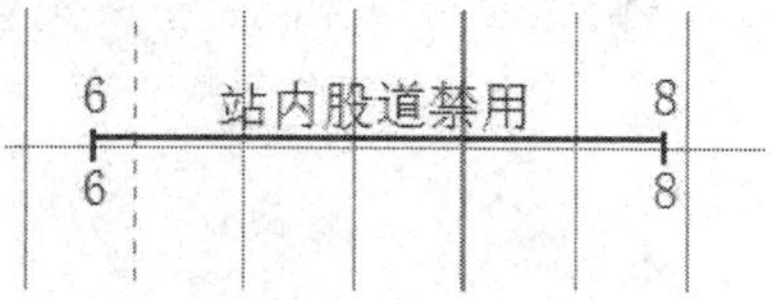

图 4-52　绘制标识

（3）选中封锁标识，单击鼠标右键，弹出菜单栏，点击“属性”，如图 4-53 所示。

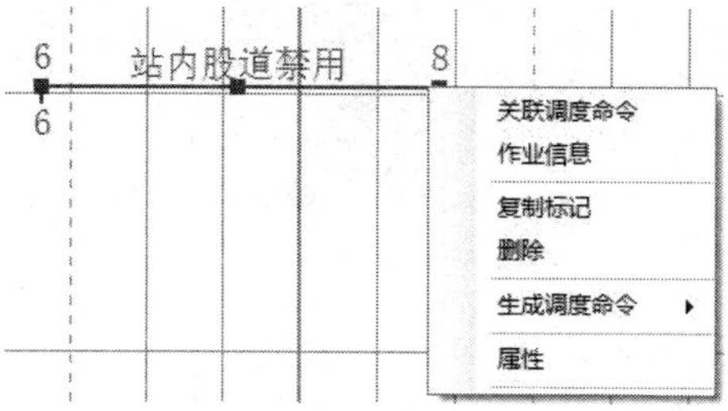

图 4-53　站内标识右键菜单栏

（4）弹出对话框，分别在“文字位置”“封锁原因”等下拉列表框选择相应条件，并在封锁范围内勾选封锁的股道，如图 4-54 所示。

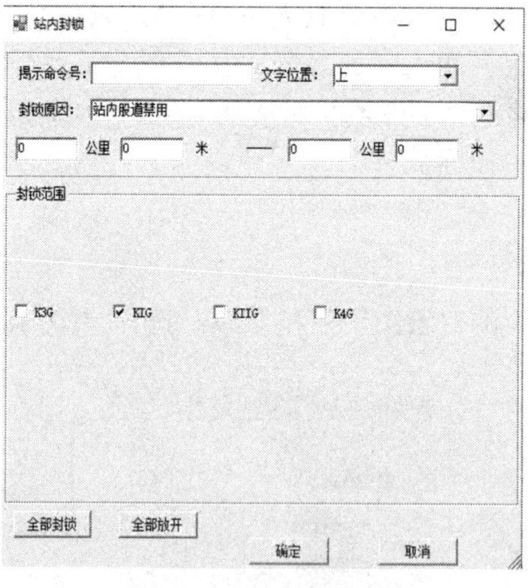

图 4-54　站内封锁属性

（5）点击“确定”按钮完成绘制站内封锁标识，如图 4-55 所示。

图 4-55　站内封锁标识

（十六）主调调整后续受影响的上下行列车

（1）调整完成后，点击“下计划”按钮，如图 4-56 所示。

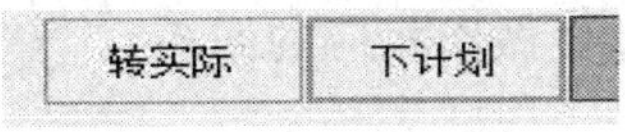

图 4-56　点击下计划

（2）弹出对话框，依次点击“检查计划”“发送”按钮，确认将新计划下达到管辖车站，如图 4-57 所示。

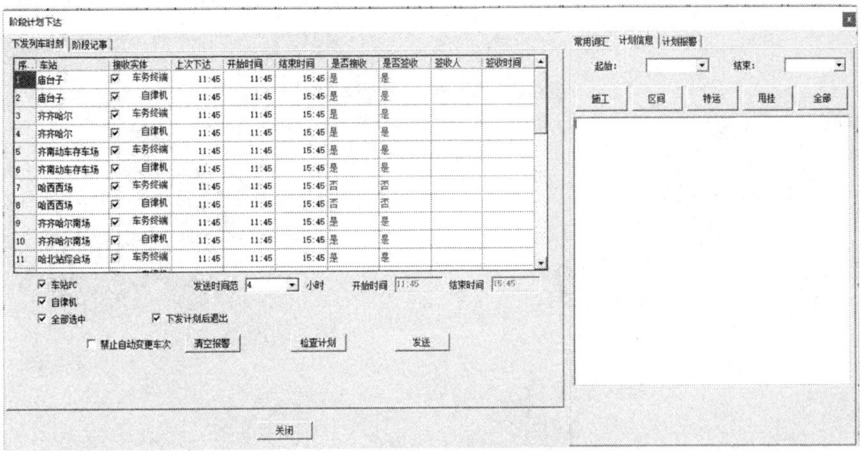

图 4-57　下达阶段计划到管辖车站

（十七）填写铁路交通事故（故障）概况表（简称：安监报-1）

填记安监报（图 4-58）：11 时 27 分，安达客专场 208 号道岔反位无表示，影响 D7905 次列车安达客专场 3 道发车。

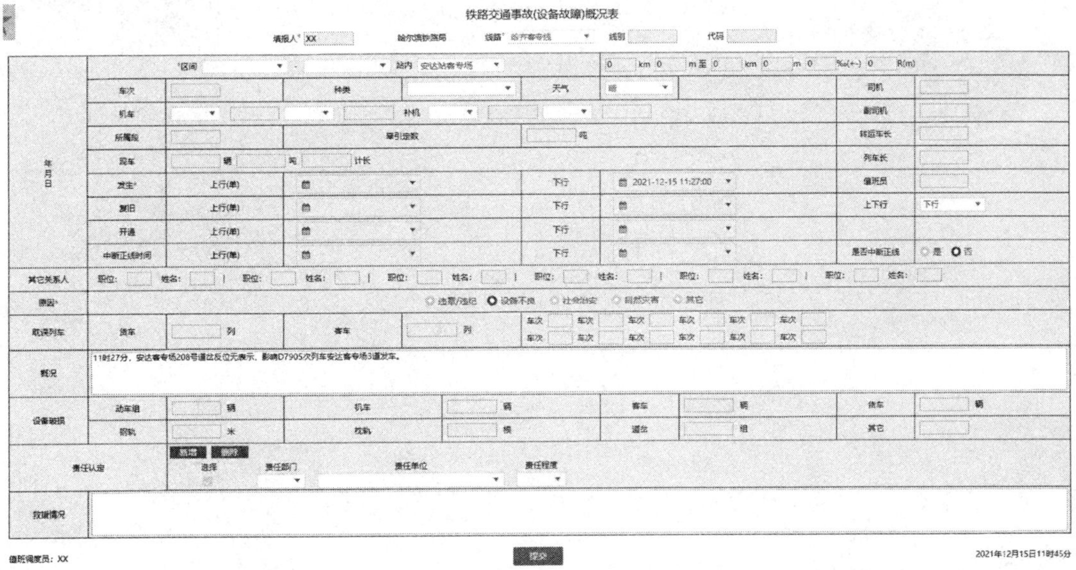

图 4-58　安监报-1

七、实验要求

（1）认真完成实验报告，报告要用实验报告纸，书写工整，按时上交。
（2）对思考题应能依据实验过程做出相应的回答。

八、思考题

（1）导致道岔失去表示的原因有哪些？
（2）人员站内施工维修的注意事项有哪些？

实验五
轨道电路非列车占用红光带应急处置实验

一、实验目的

（1）熟悉列车调度台、助理调度台界面设置和菜单管理功能。

（2）掌握高速铁路列车运行调整、高速铁路电气设备操作及相关辅助软件操作等列车调度指挥基本技能。

（3）熟悉《技规》所规定的处置故障流程及组织行车原则，采取合理的应急处置方案。

（4）熟练并掌握轨道电路非列车占用红光带情况下相关规章制度及处置流程。

二、实验原理

依据铁路《技规》第 373 条的规定，闭塞分区非列车占用红光带的具体处置流程及要求如下：

列车调度员（车站值班员）发现及得到区间通过信号机故障或闭塞分区非列车占用红光带的信息时，列车调度员（车站值班员）应立即通知区间内已进入故障地点及尚未经过故障地点的列车司机立即停车，通知设备管理单位进行检查处理，并在《行车设备检查登记簿》内登记。车站值班员应立即报告列车调度员。

设备管理单位未销记确认可以放行列车前，不得再向该区间放行列车。

设备故障修复，列车调度员根据设备管理单位的销记，通知有关列车司机恢复正常行车。

区间通过信号机（闭塞分区非列车占用红光带）故障暂时无法修复，具备放行列车条件时，依据《技规》第 374 条的规定，在行车限制条件下组织行车，具体处置流程及要求如下：

根据设备管理单位登记的行车限制条件组织行车。待故障地点（发生两处及以上故障时，为运行方向第一故障地点）前的列车运行至前方站（线路所），对区间内已进入故障地点及尚未经过故障地点的列车，列车调度员确认列车至前方站（线路所）间空闲后，通知列车司机故障闭塞分区起止里程及防护该闭塞分区的通过信号机号码，逐列恢复运行至前方站（线路所），指示后列恢复运行前必须确认前列已完整到达前方站（线路所）。列车恢复运行时，司机在该闭塞分区通过信号机（区间信号标志牌）前停车等候 2 min 后，以遇到障碍能随时停车的速度，最高不超过 20 km/h（动车组列车不超过 40 km/h），越过该闭塞分区，按次一通过信号机显示（列控车载设备显示）运行，司机应加强瞭望。司机在停车等候同时，必须与列车调度员联系，如确认前方闭塞分区内有列车时，不得进入。

区间空闲后，按站间组织行车。

三、实验内容

列车调度台进行列车运行调整计划编制与下达，监控列车运行，调整到发线运用方案。进行调度命令编写、接收、审核与下达，及时处理所辖区段内的突发情况，列车调度员向基层运输站段下达的书面的命令；发布列控限速调度命令，以保障列车运行安全。

助理调度台进行特殊情况下的人工办理接发车进路，接发车进路主要包含接车进路、发车进路、通过进路等，并根据现场实际情况，以人工控制设备状态或无线通信联络的方式引导列车运行，组织站间行车。辅助列车调度台完成调度命令编写、接收、审核；发布列控限速调度命令，以保障列车运行安全。

调监显示台进行列车运行监视，实时了解各车站和区间的设备使用情况、列车运行情况以做出科学合理的调度指挥决策。

区间通过信号机故障、闭塞分区轨道电路非列车占用红光带等站间固定设备故障后，其处置流程类似。整个实验在熟悉列车调度台、助理调度台的操作模式后，进行区间闭塞分区轨道电路非列车占用红光带情况下的调度指挥及应急场景处置。

（1）通知区间内已进入故障地点及尚未经过故障地点的列车司机立即停车，取消后方站发车自触。

（2）通知相关人员，报告值班副主任。

（3）填记《行车设备检查登记簿》。

（4）需上道检查、处理设备故障时，根据设备管理单位在《行车设备检查登记簿》内的登记申请，及时发布本线封锁、邻线限速 160 km/h 及以下的调度命令后，准许上道检查。

（5）故障暂时无法修复，具备放行列车条件，根据设备管理单位登记的行车限制条件组织行车。一处或多处不连续闭塞分区非列车占用红光带时，确认列车至前方站（线路所）间空闲，将故障闭塞分区起止里程及防护该闭塞分区的通过信号机（区间信号标志牌）号码通知区间内已进入故障地点及尚未经过故障地点的列车，逐列恢复运行至前方站（线路所）。前列完整到达前方站（线路所）后，方可放行后列列车，区间空闲后，按站间组织行车。

（6）设备故障修复，根据设备管理单位的销记（包括人员机具已撤至安全地点的销记），通知有关列车司机恢复正常行车。

（7）绘制运行图标识。

（8）调整运行图。

（9）向相关人员通报预计列车晚点时间或恢复运行时刻。

（10）填记安监报-1。

四、实验仪器、设备

列车调度台 1 台，含运行图终端系统、调度命令终端系统、列控限速管理系统。

助理调度台 1 台，含助调终端系统、调度命令终端系统、列控限速管理系统。

调监显示屏 1 台，含调度监督系统。

辅助系统 1 套，含自然灾害及异物侵限监测系统、FAS 机系统、电子行车设备检查登记簿、铁路交通事故（故障）概况表。

五、实验预设参数

区间闭塞分区轨道电路非列车占用红光带，加载场景为故障出现前若干分钟内的运行场景：

（1）计划图上，存在后续进入该区段的列车。

（2）在应急处置过程中，不使用非常站控模式。

（3）运行图已加载完成，阶段计划为 13:00—16:00。

（4）选定线路为某客专台。

（5）故障出现后的首列车车次号为 D9163，运行至大庆西客专场至杜尔伯特客专场下行区间。

预设情况如图 5-1 所示。

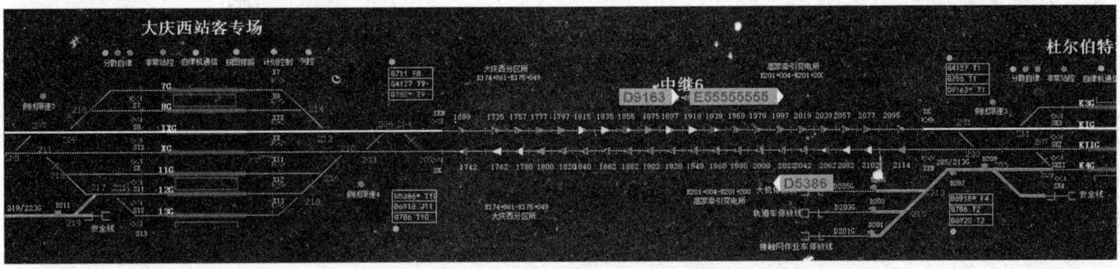

图 5-1　区间闭塞分区轨道电路非列车占用红光带预设情况

六、实验步骤

（一）区间闭塞分区轨道电路出现非列车占用红光带故障报警

（1）助调终端（图 5-2）弹出告警窗口，并发出告警提示音，提示：大庆西站客专场，车次号丢失。

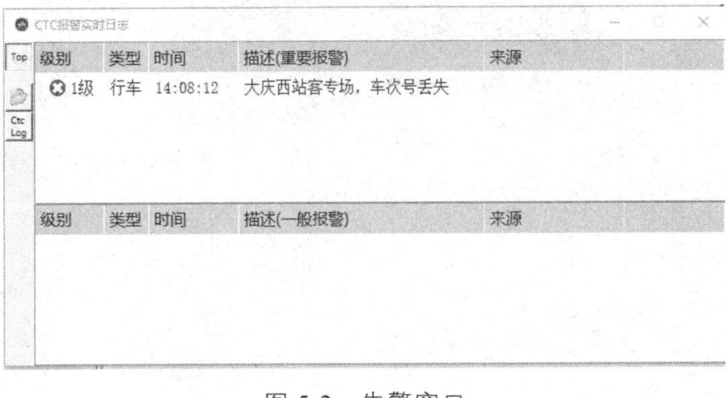

图 5-2　告警窗口

（2）调度点击“确定”，告警信息窗口消失。

（二）调度员通知即将进入该区段的本线列车司机

（1）主调点击 FAS 机“拨号”按钮，如图 5-3 所示。

图 5-3　拨号按钮

弹出拨号盘，输入对应车次号，如图 5-4 所示，再依次点击“本务机司机”“拨号”。

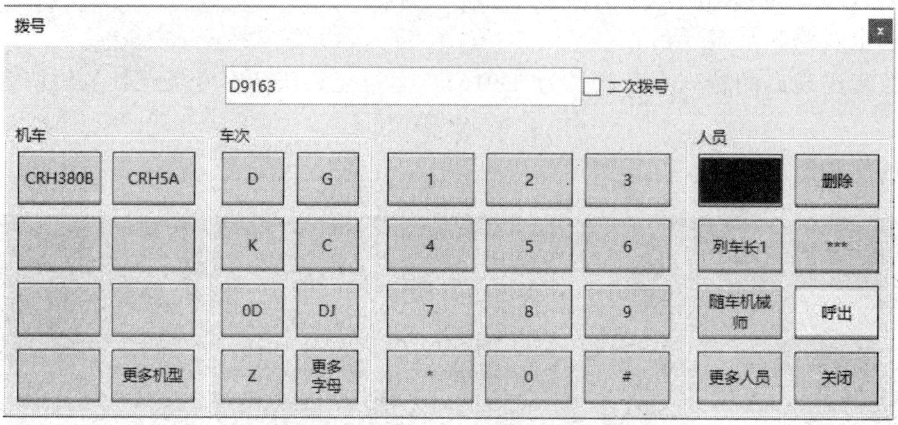

图 5-4　拨号

（2）弹出对话框，如图 5-5 所示。

主调通知 D9163 次列车司机（虚拟仿真人）：D9163 次，因大庆西客专场至杜尔伯特客专场间下行线 1959G 红光带，立即停车。

D9163 次列车司机回复：D9163 次，司机明白。

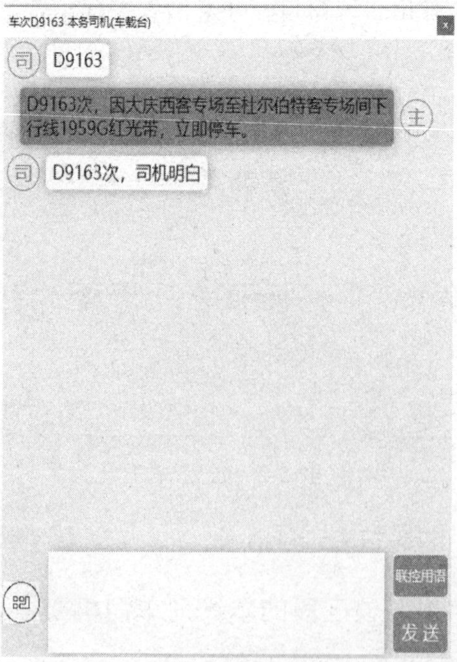

图 5-5　FAS 机通话

（3）再次点击 FAS 机“拨号”按钮，弹出拨号盘，输入对应车次号。

主调通知 G785 次列车司机（虚拟仿真人）：G785 次，因大庆西客专场至杜尔伯特客专场间下行线 1959G 红光带，大庆西客专场 IX 道停车，取消 IX 道发车信号。

G785 次列车司机回复：G785 次，司机明白。

（三）取消 G785 次列车在大庆西站客专场发车进路

（1）在助调终端“选站面板”中选择“大庆西站客专场”，如图 5-6 所示。

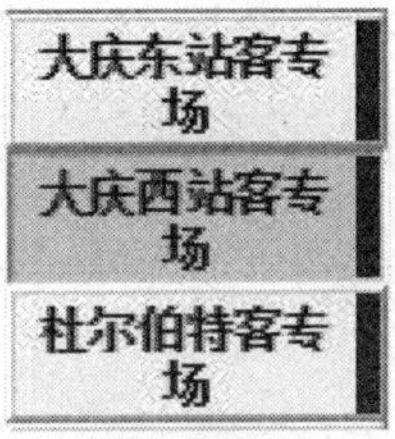

图 5-6 选择车站

（2）选择 G785 次列车的发车进路始端信号机 XIX，点击鼠标右键，弹出菜单栏，如图 5-7 所示。

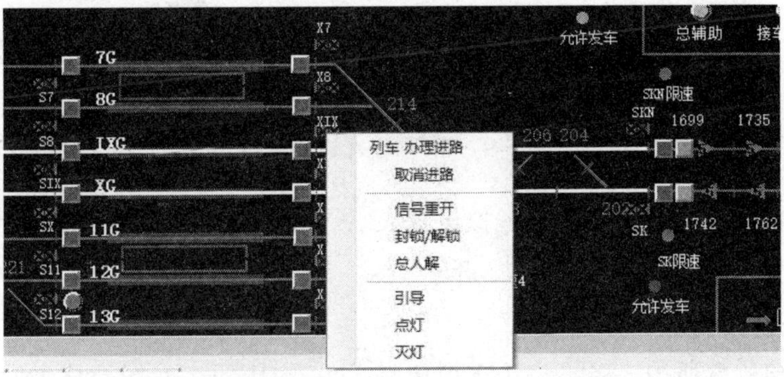

图 5-7 选择取消进路

（3）选择“取消进路”选项，命令执行成功，发车进路白色光带消失，如图 5-8 所示。

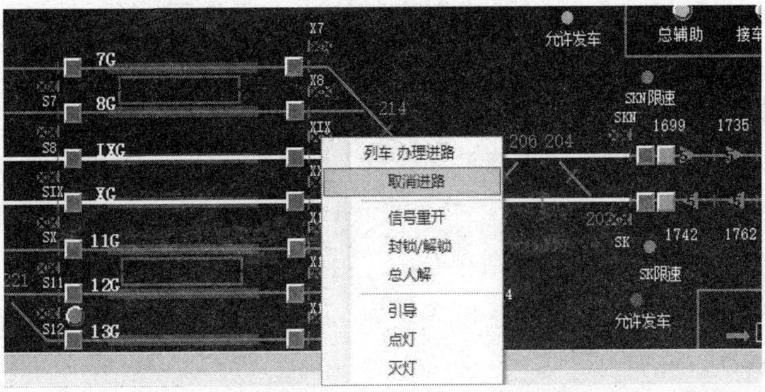

图 5-8 取消发车进路

（四）调度员通知值班副主任、工务部门、电务部门及车站应急值守人员

（1）主调依次点击 FAS 机主面板上的“值班副主任”“工务调度”“电务调度”“大庆西站客专场”“杜尔伯特客专场”按钮，如图 5-9 所示。

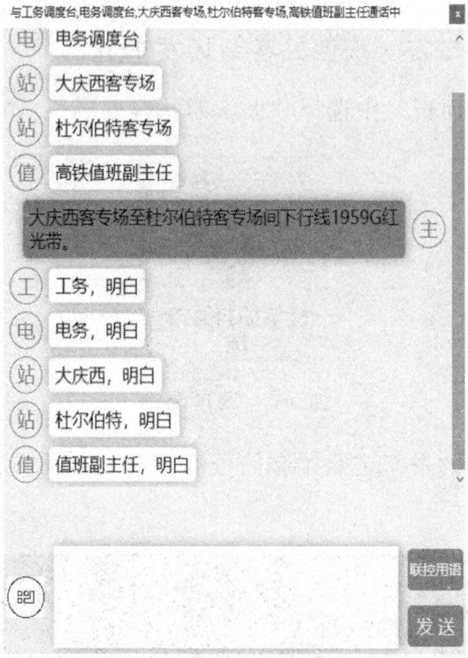

图 5-9　群呼相关单位人员

（2）主调报告值班（副）主任（虚拟仿真人）：大庆西客专场至杜尔伯特客专场间下行线 1959G 红光带。

值班（副）主任回复：明白。

（3）主调通知调度所内工务调度（虚拟仿真人）：大庆西客专场至杜尔伯特客专场间下行线 1959G 红光带。

工务调度回复：工务，明白。

（4）主调通知调度所内电务调度（虚拟仿真人）：大庆西客专场至杜尔伯特客专场间下行线 1959G 红光带。

电务调度回复：电务，明白。

（5）主调通知大庆西站客专场应急值守人员（虚拟仿真人）：大庆西客专场至杜尔伯特客专场间下行线 1959G 红光带。

车站应急值守人员回复：大庆西站客专场，明白。

（6）主调通知杜尔伯特客专场应急值守人员（虚拟仿真人）：大庆西客专场至杜尔伯特客专场间下行线 1959G 红光带。

车站应急值守人员回复：杜尔伯特客专场，明白。

（五）调度员登记《行车设备检查登记簿》

（1）调度员填写行检，如图 5-10 所示，大庆西客专场至杜尔伯特客专场间下行线 1959G 红光带。

列调：__________（列调登记签字）

月日	时分	检查试验结果，所发现的不良及破损程度
1.12	14:10	大庆西客专场至杜尔伯特客专场间下行线195
		9G红光带。
		列车调度员：XX

图 5-10　调度填写行检

（2）填写完成后，点击右下角“登记”按钮，如图 5-11 所示。

图 5-11　登记行检

（3）工务调度（驻所联络员）在行车设备检查登记簿上登记并通过 FAS 机通知调度（图 5-12）：因大庆西客专场至杜尔伯特客专场间下行线 1959G 红光带，庆工 3 人请求上道检查，作业范围：哈齐客专下行线 194 km 900 m 至 196 km 900 m，本线封锁，邻线列车限速 160 km/h。

庆工：××（驻所联络员登记签字）

列调：__________（列调登记签字）

1.12	14:11	因大庆西客专场至杜尔伯特客专场间下行线19
		59G红光带，庆工3人请求上道检查，作业范
		围：哈齐客专下行线194km900m至196km9
		00m，本线封锁，邻线列车限速160km/h。
		庆工：XX
		列调：

图 5-12　工务登记行检

（4）调度员对工务调度在行检簿上的登记进行签认：选中该条登记信息，在“列调”后输入姓名，再点击页面下发的“签认”按钮，如图 5-13 所示。

图 5-13　签认信息

（5）电务调度（驻所联络员）在行车设备检查登记簿上登记并通过 FAS 机通知调度（图

5-14）：因大庆西客专场至杜尔伯特客专场间下行线 1959G 红光带，齐电 2 人请求上道检查，作业范围：哈齐客专下行线 194 km 900 m 至 196 km 900 m，本线封锁，邻线列车限速 160 km/h。

齐电：× ×（驻所联络员登记签字）

列调：__________（列调登记签字）

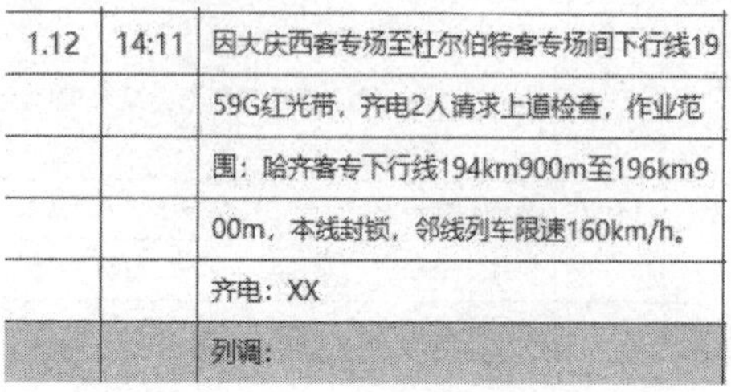

1.12	14:11	因大庆西客专场至杜尔伯特客专场间下行线19
		59G红光带，齐电2人请求上道检查，作业范
		围：哈齐客专下行线194km900m至196km9
		00m，本线封锁，邻线列车限速160km/h。
		齐电：XX
		列调：

图 5-14　电务登记行检

（6）调度员对电务调度在行检簿上的登记进行签认：选中该条登记信息，在“列调”后输入姓名，再点击页面下发的“签认”按钮。

（六）发布列控限速命令

（1）助调点击调度命令端右下角列控限速栏内“新建列控”，如图 5-15 所示。

图 5-15　新建列控

（2）弹出“限速命令输入”对话框，参照工务部门、电务部门在行车设备检查登记簿上登记的作业范围，输入“限速原因”“命令类型”“线路”“起始公里标”及“限速值”等数据后点击确认按钮，如图 5-16 所示。

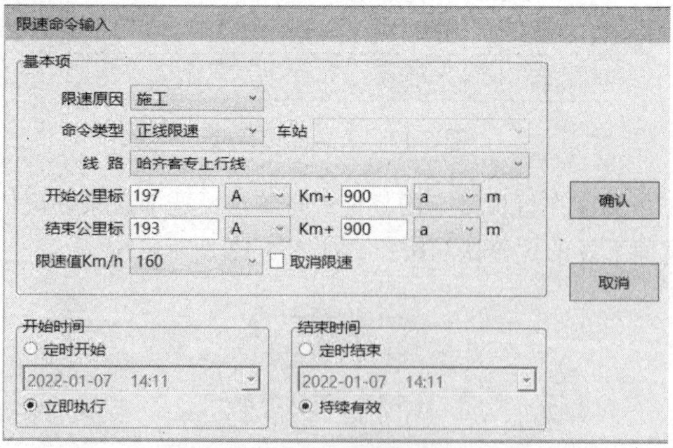

图 5-16　限速命令输入

限速原因：施工。

线路：哈齐客专上行线。

起始公里标：K197 + 900 至 K193 + 900。

限速值：160 km/h。

（3）弹出校验提示对话框，点击“确定”以后，主调调度命令端弹出“限速命令校验”对话框，对数据进行再一次输入，点击“确认”按钮，如图 5-17 所示。

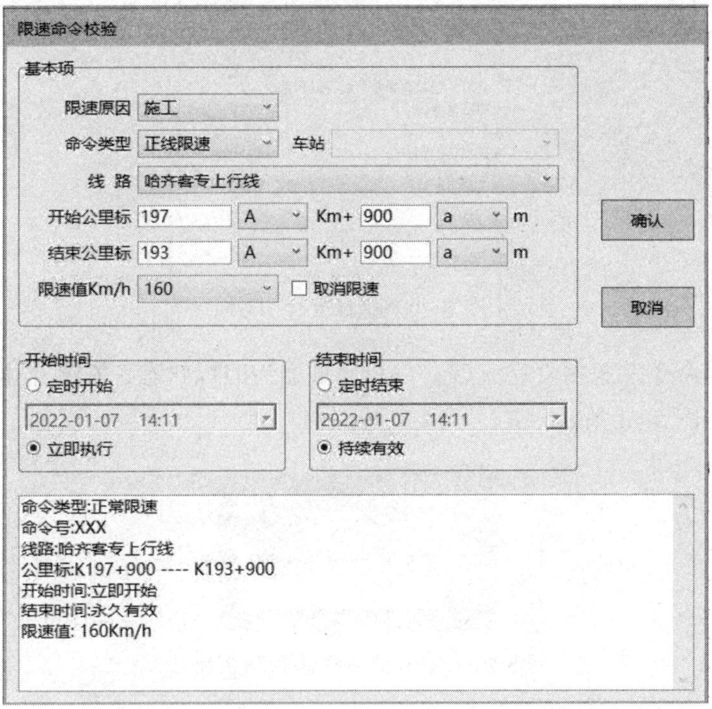

图 5-17　限速命令校验

（4）弹出提示框点击确定，返回主页面；在受令列表内，系统自动勾选“哈齐 TSR 服务器”，选择要发送的车站“大庆西客专场”“杜尔伯特客专场”，如图 5-18 所示。

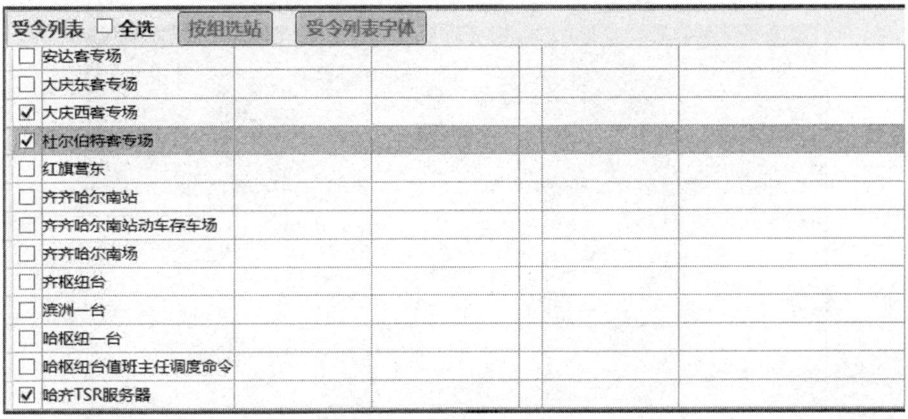

图 5-18　勾选受令单位

点击“下达”按钮，如图 5-19 所示。

图 5-19　点击下达

（5）出现对话框，确认无误后，点击“是”，如图 5-20 所示，调度命令下发。

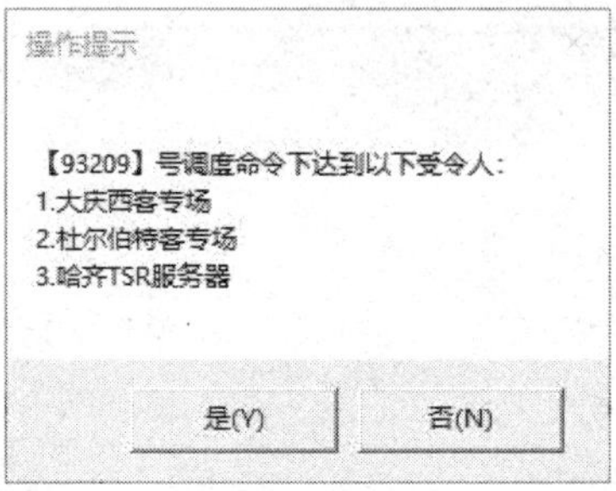

图 5-20　确认受令单位

（6）列控限速命令发送签收完成后，TSR 服务器为闪烁状态，右键点击 TSR 图标，选择“显示主窗口”，如图 5-21 所示。

图 5-21　显示列控限速管理主窗口

（7）灰色底色为已拟定命令，选中该条灰色命令，单击下方“激活校验”按钮，对该命令进行激活操作，如图 5-22 所示。

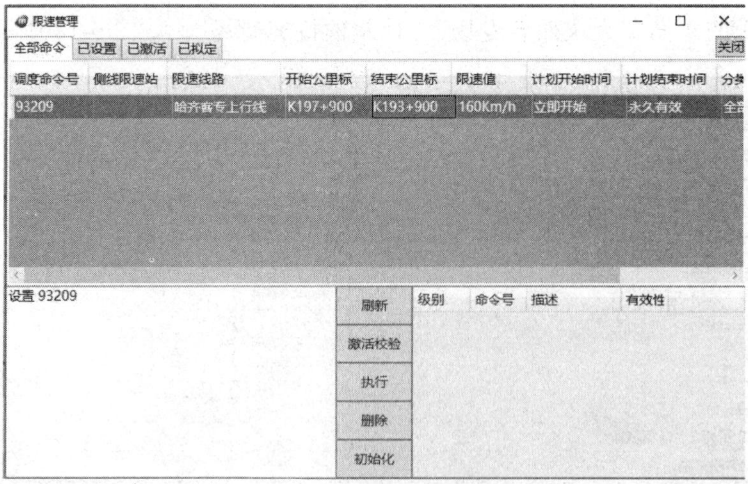

图 5-22　命令激活

（8）命令底色变为绿色，进入“已激活”栏内；再次选中该条命令，单击下方“执行”按钮，如图 5-23 所示。

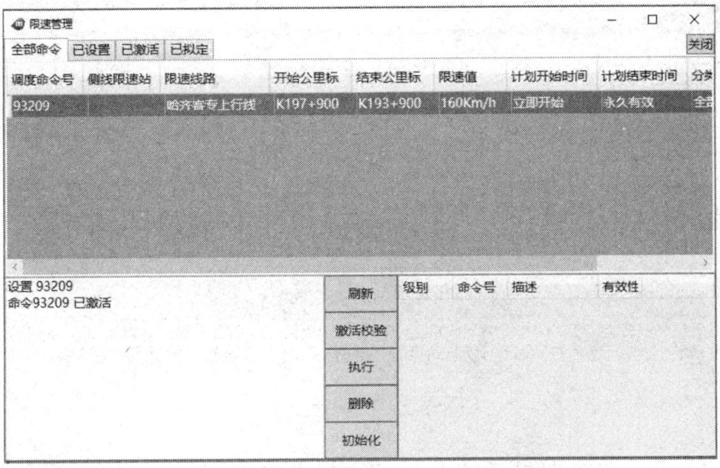

图 5-23　命令执行

（9）命令底色变为黄色，进入“已设置”栏内，表明该条命令已完全设置成功，TSRS 内正在执行该限速命令。设置成功后显示如图 5-24 所示。

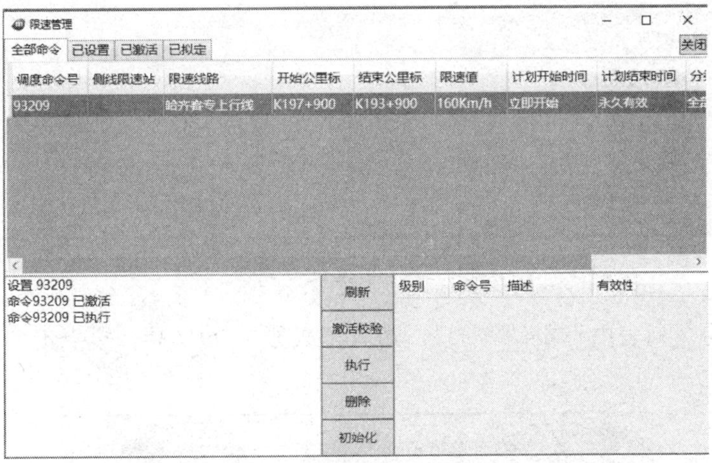

图 5-24　限速命令设置成功

（七）发布人员上道、封锁区间的调度命令

（1）点击调度命令终端左上角“新建调度命令”按钮，如图 5-25 所示。

图 5-25　新建调度命令

（2）点击“命令标题”尾部的下拉框，选择“封锁区间”命令模板，或输入命令标题“上道作业”，如图 5-26 所示。

图 5-26　命令标题

（3）“命令正文”中出现命令模板，填写完成命令内容（图 5-27）：驻所联络员转大庆工务段作业负责人××及齐齐哈尔电务段作业负责人××自接令时起，大庆西客专场至杜尔伯特客专场间下行线区间封锁，准许庆工 3 人，齐电 2 人上道进行检查作业。

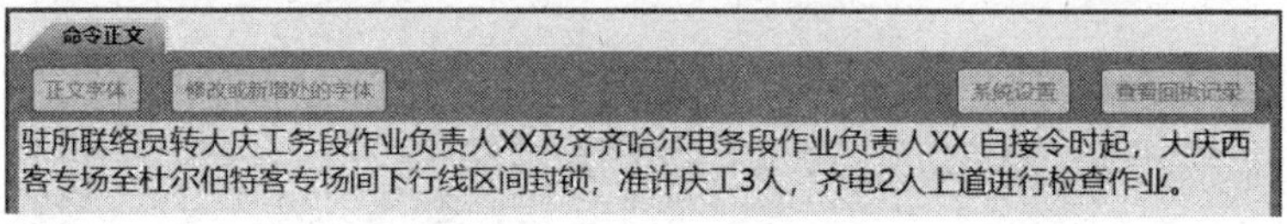

图 5-27　命令正文

（4）在受令列表中，选择要发送的车站“大庆西客专场”“杜尔伯特客专场”，如图 5-28 所示。

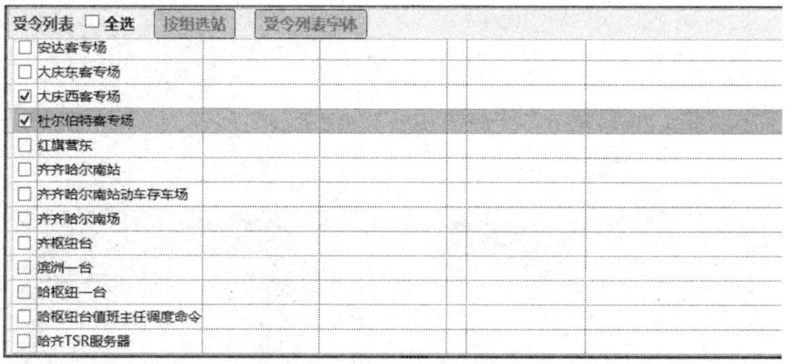

图 5-28　勾选受令单位

（5）在无线受令列表内点击“增加”，输入车次号“D9163”，再点击“查找机车”，如图 5-29 所示。

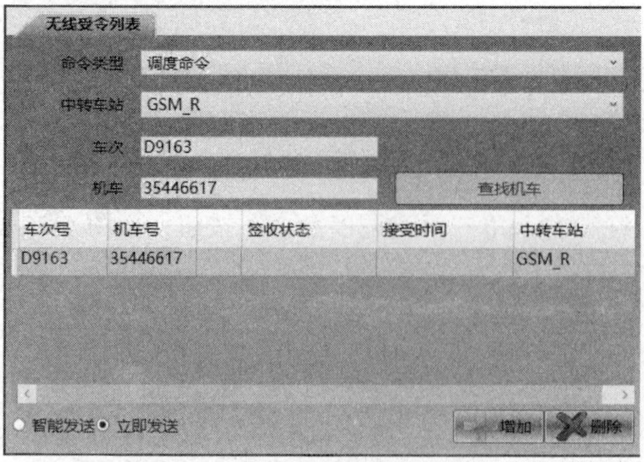

图 5-29　增加无线受令人

（6）勾选“需值班主任授权”，如图 5-30 所示。

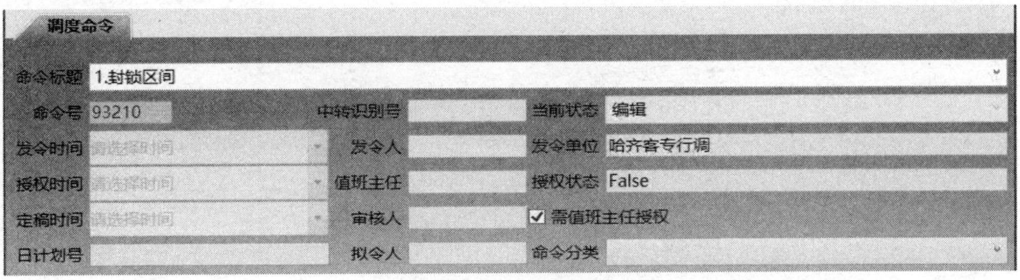

图 5-30　值班主任授权

点击“申请批准”，如图 5-31 所示。

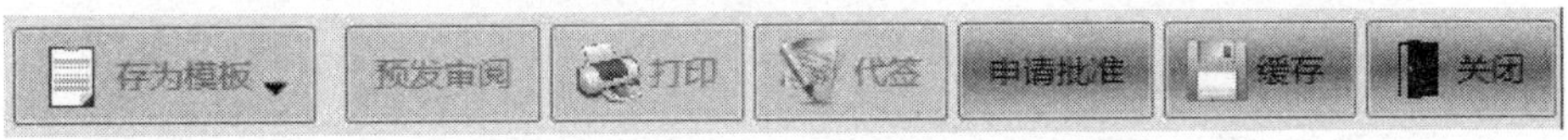

图 5-31　点击申请批准

（7）得到值班主任批准，弹出提示信息对话框，点击“确认”后，再点击“下达”，如图 5-32 所示。

图 5-32　点击下达

（8）出现无线调令信息确认对话框，确认无误后，点击“否”，如图 5-33 所示。

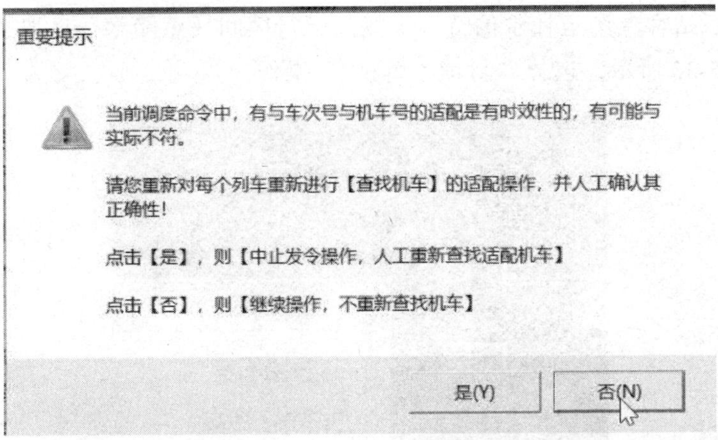

图 5-33　无线调令信息确认

（9）弹出对话框，确认受令人无误后，点击“是”，如图 5-34 所示。

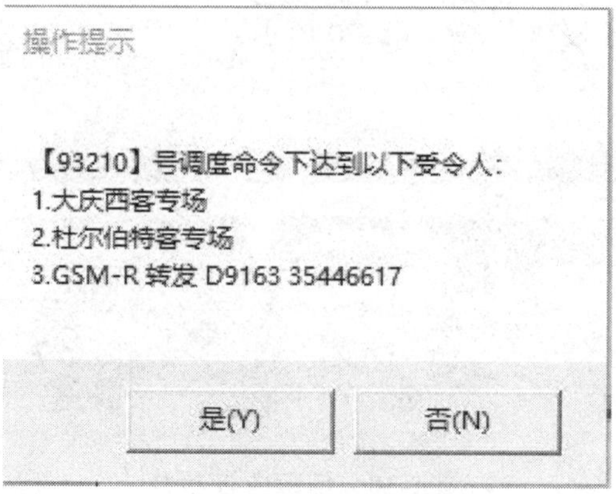

图 5-34　确认受令单位

调度命令下发完成，命令进入签收完成栏，车站及司机签收，如图 5-35 所示。

☐ 受令单位	抄送	签收状态
☑ 大庆西客专场		已签收
☑ 杜尔伯特客专场		已签收
☑ 哈枢纽台值班主任调度命令		已签收

车次号	机车号		签收状态
D9163	35446617		司机签收

图 5-35　命令发送完成

（八）对故障区间进行封锁操作

（1）在助调终端“选站面板”中选择“大庆西站客专场”。

（2）在大庆西站客专场至杜尔伯特客专场间下行区间任意闭塞分区股道上点击右键，弹出菜单栏，如图 5-36 所示，选择“封锁（解锁）”操作。

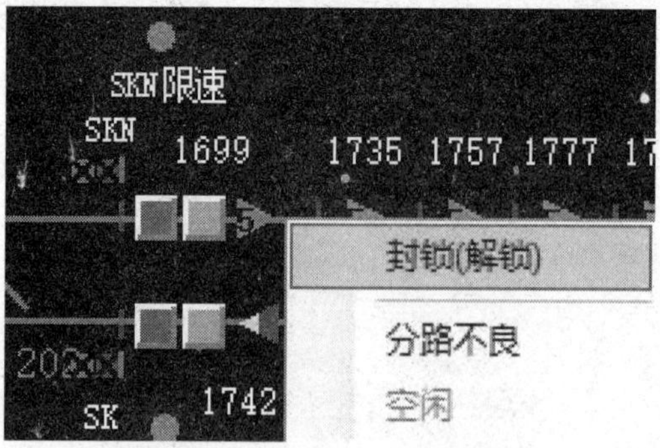

图 5-36　选择封锁（解锁）

（3）弹出输入密码对话框，输入“1234”，如图 5-37 所示。

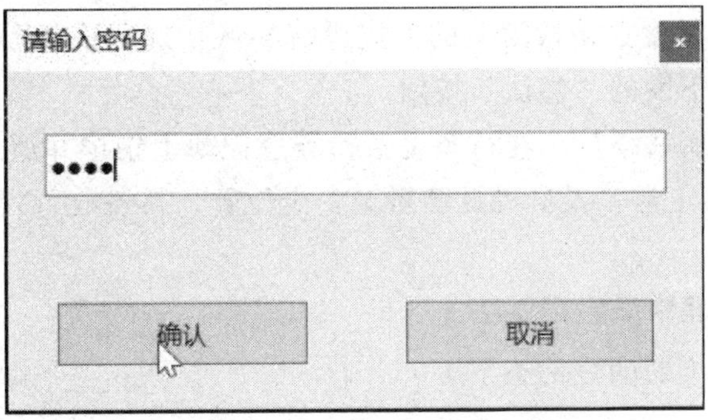

图 5-37　输入密码

（4）区间股道变为紫色闪烁光带，区间封锁完成，如图 5-38 所示。

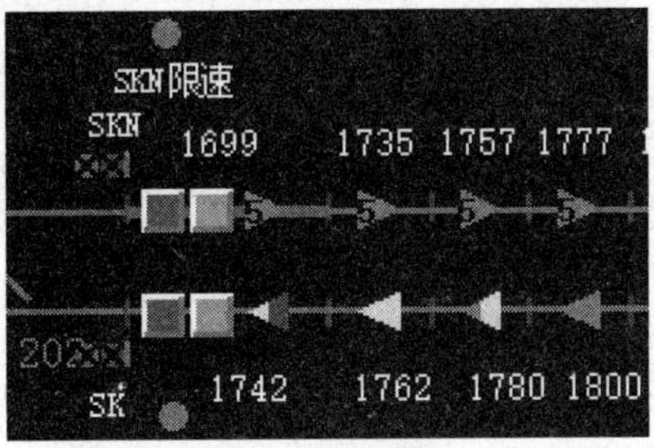

图 5-38　区间封锁

（九）调度员销记《行车设备检查登记簿》

故障检修完成后：

（1）工务调度（驻所联络员）在行车设备检查登记簿上销记并通过 FAS 机通知调度（图 5-39）：经检查设备正常，人员机具已撤至安全位置，具备放行列车条件，请求开通。

庆工：××（驻所联络员登记签字）

列调：__________（列调登记签字）

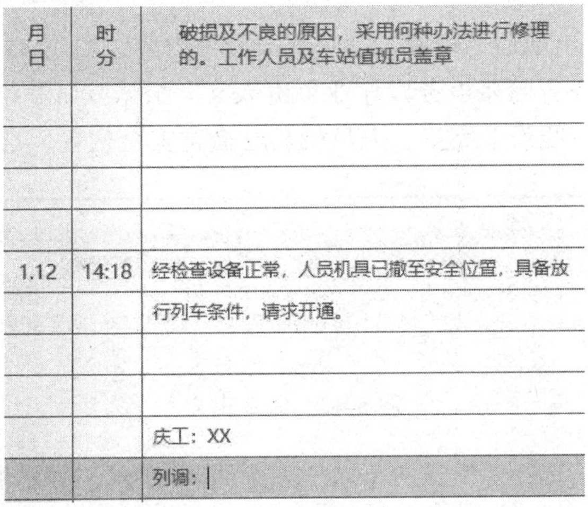

月日	时分	破损及不良的原因，采用何种办法进行修理的。工作人员及车站值班员盖章
1.12	14:18	经检查设备正常，人员机具已撤至安全位置，具备放
		行列车条件，请求开通。
		庆工：XX
		列调：

图 5-39　工务登记行检

（2）调度员对工务调度在行检簿上的销记进行签认：选中该条登记信息，在“列调”后输入姓名，再点击页面下发的“签认”按钮。

（3）电务调度（驻所联络员）在行车设备检查登记簿上销记并通过 FAS 机通知调度（图 5-40）：经检查设备恢复正常，人员机具已撤至安全位置，具备放行列车条件，请求开通，原因待查。

齐电：××（驻所联络员登记签字）

列调：__________（列调登记签字）

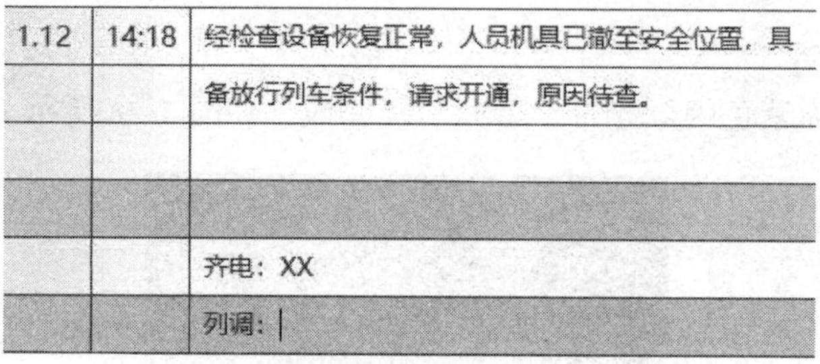

图 5-40　电务登记行检

（4）调度员对电务调度在行检簿上的销记进行签认：选中该条登记信息，在“列调”后输入姓名，再点击页面下发的“签认”按钮。

（十）发布开通封锁区间的调度命令

（1）点击调度命令终端左上角“新建调度命令”按钮。

（2）点击“命令标题”尾部的下拉框，选择“开通封锁区间”命令模板，或输入命令标题“下道作业”，如图 5-41 所示。

图 5-41　命令标题

（3）“命令正文”中出现命令模板，填写完成命令内容（图 5-42）：驻所联络员转大庆工务段作业负责人××及齐齐哈尔电务段作业负责人××根据驻所联络员报告，大庆西客专场至杜尔伯特客专场间下行线作业完毕，人员机具已撤至安全位置，自接令时起，区间开通。

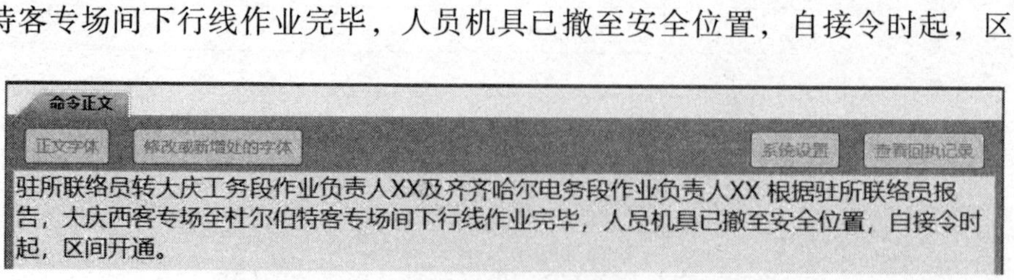

图 5-42　命令正文

（4）在受令列表中，选择要发送的车站“大庆西客专场”“杜尔伯特客专场”，如图 5-43 所示。

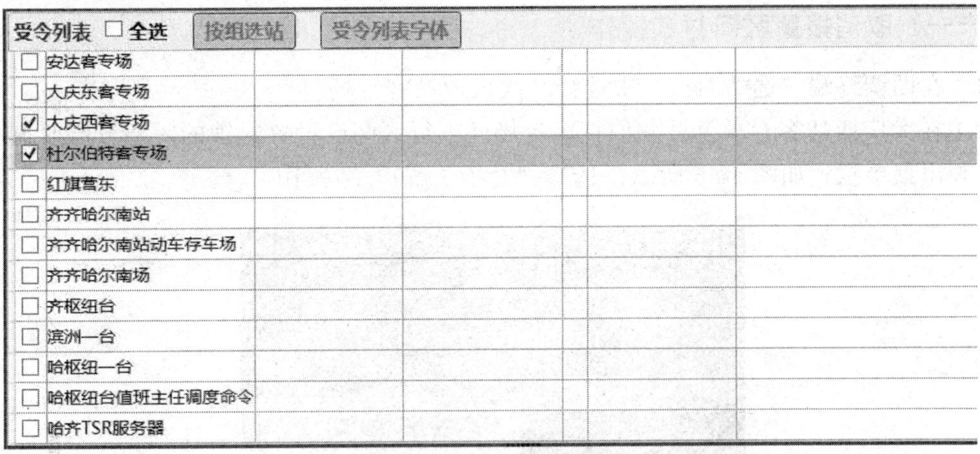

图 5-43　勾选受令单位

（5）在无线受令列表内点击“增加”，输入车次号“D9163”，再点击“查找机车”，如图 5-44 所示。

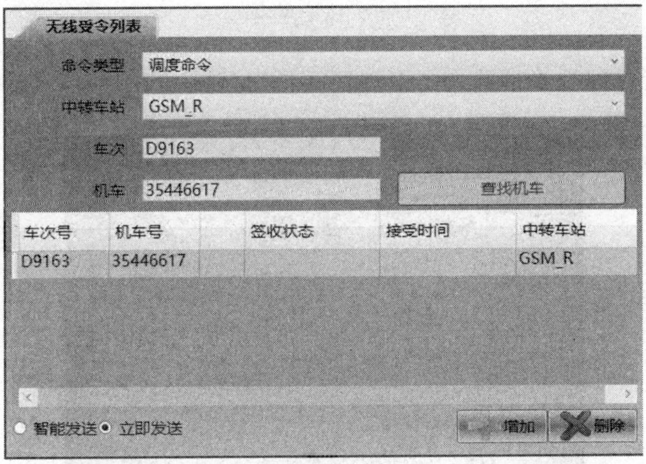

图 5-44　增加无线受令人

（6）点击“下达”；出现无线调令信息确认对话框，确认无误后，点击“否”；弹出对话框，确认受令人无误后，点击“是”。

（7）调度命令下发完成，命令进入签收完成栏，车站及司机签收，如图 5-45 所示。

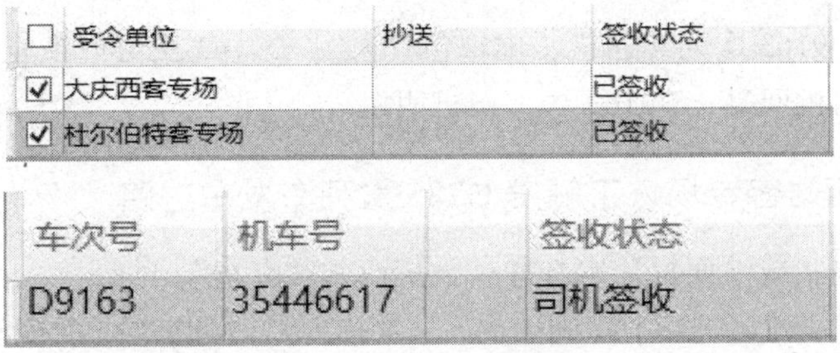

图 5-45　命令发送完成

（十一）取消报警区间封锁操作

（1）在助调终端“选站面板”中选择“大庆西站客专场”。

（2）在大庆西站客专场至杜尔伯特客专场间下行区间已设置封锁的闭塞分区股道上点击右键，弹出菜单栏，如图 5-46 所示，选择“封锁（解锁）”操作。

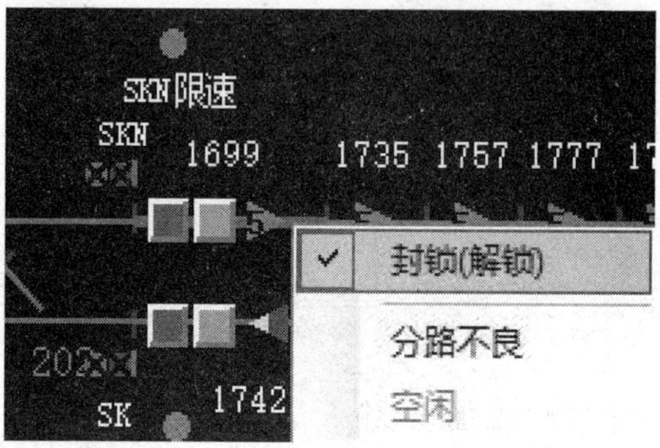

图 5-46　选择封锁（解锁）

（3）弹出输入密码对话框，输入“1234”。

（4）区间股道紫色闪烁光带消失，取消区间封锁完成，如图 5-47 所示。

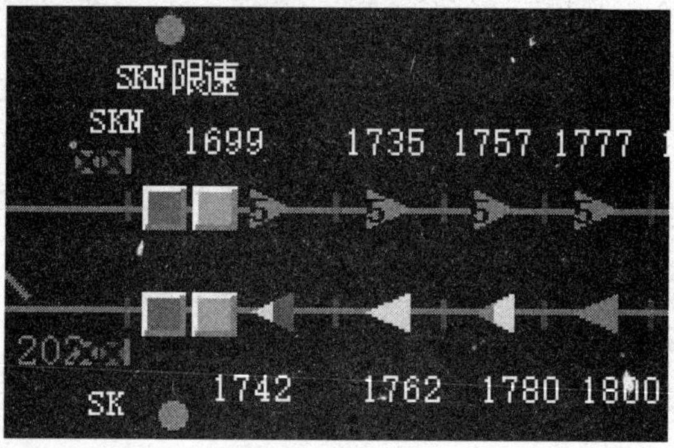

图 5-47　区间解锁

（十二）调度员通知停在该区段的列车司机

（1）主调点击 FAS 机“拨号”按钮，弹出拨号盘，输入对应车次号，再依次点击“本务机司机”“拨号”。

（2）主调通知 D9163 次列车司机（虚拟仿真人）：D9163 次可以恢复运行。

D9163 次列车司机回复：D9163 次，司机明白。

（十三）大庆西站客专场人工触发 G785 次列车发车进路

（1）在助调终端“选站面板”中选择“大庆西站客专场”。

（2）在页面下方“列车进路”序列表内，选中需要修改的 G785 次列车发车信息栏，点击鼠标右键，出现下拉列表，如图 5-48 所示。

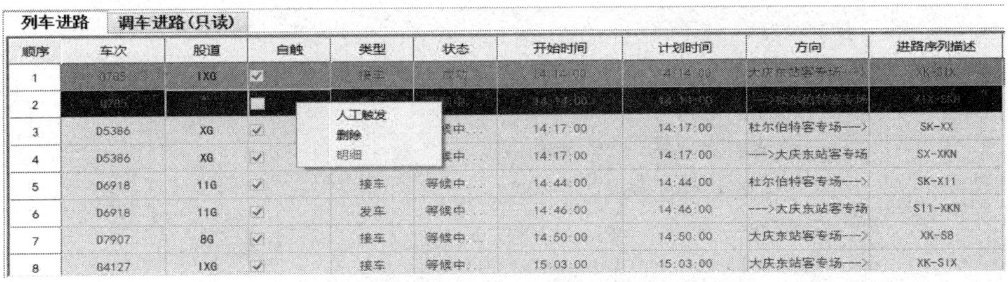

图 5-48　进路序列表内选中列车信息

（3）选择“人工触发”，G785 次列车在车站的发车进路触发方式转换为人工提前执行，如图 5-49 所示。

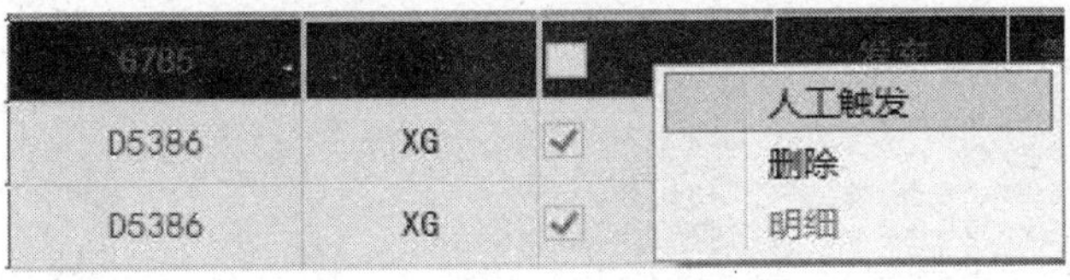

图 5-49　列车进路触发方式转换为“人工触发”

（4）站场图上发车进路排通，白光带点亮。

（十四）发布取消列控限速命令

（1）助调点击调度命令端右下角列控限速栏内“新建列控”。

（2）弹出“限速命令输入”对话框，输入前发列控限速命令“限速原因”“命令类型”“线路”及起始公里标等数据，并勾选“取消限速”，点击“确认”按钮，如图 5-50 所示。

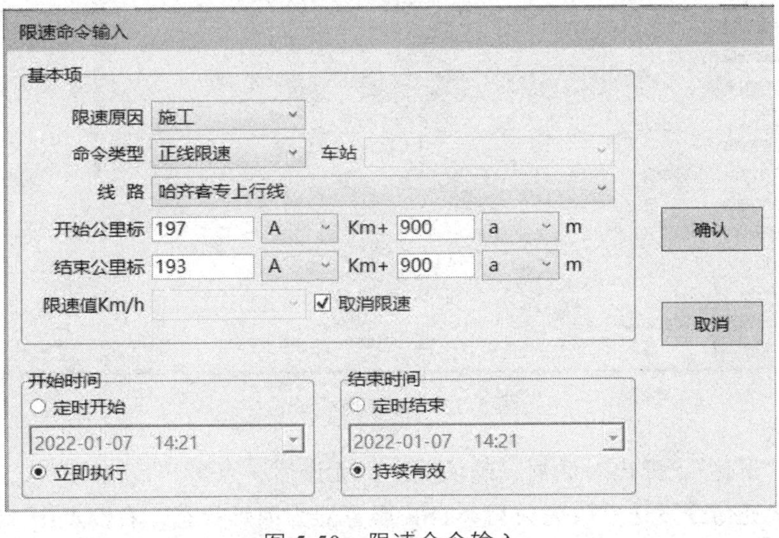

图 5-50　限速命令输入

（3）弹出校验提示对话框，点击“确定”以后，主调调度命令端弹出“限速命令校验”对话框，对数据进行再一次输入，点击“确认”按钮，如图 5-51 所示。

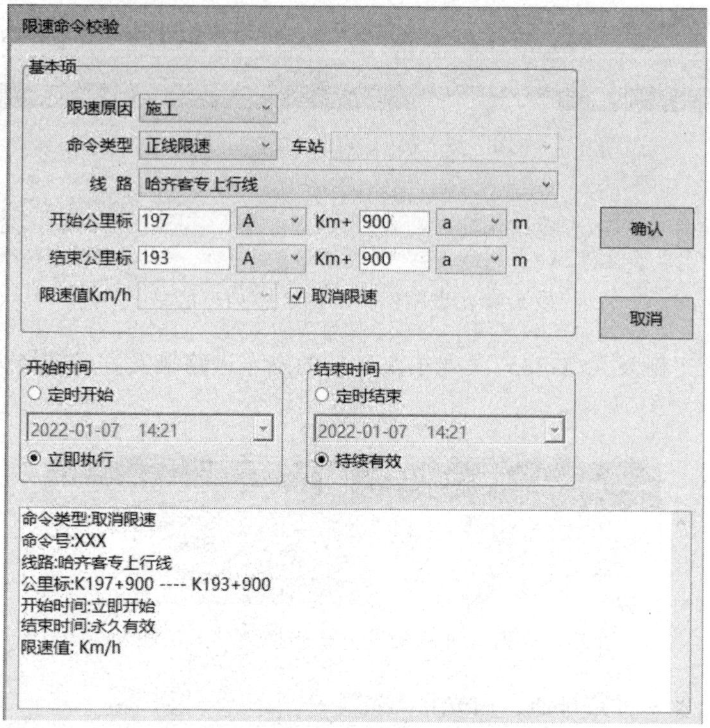

图 5-51 限速命令校验

（4）弹出提示框点击确定，返回主页面。受令列表内，系统自动勾选“哈齐 TSR 服务器”，选择要发送的车站“大庆西客专场”“杜尔伯特客专场”，点击“下达”按钮，如图 5-52 所示。

图 5-52 勾选受令单位

（5）点击“下达”，弹出对话框，确认受令人无误后，点击“是”。

（6）列控限速命令发送签收完成后，TSR 服务器为闪烁状态，右键点击 TSR 图标，选择“显示主窗口”。

（7）选中该条取消限速命令，单击下方“激活校验”按钮，对该命令进行激活操作，如图 5-53 所示。

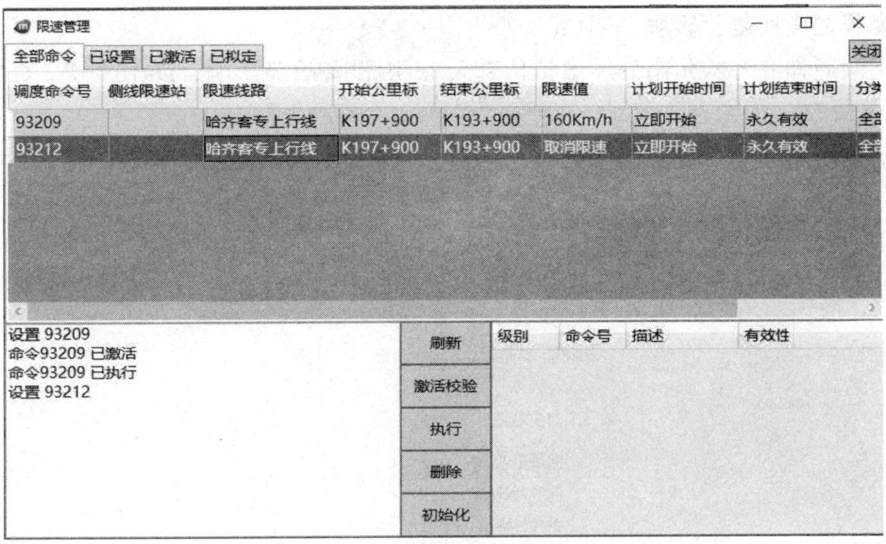

图 5-53 激活列控限速

（8）命令底色变为绿色，进入“已激活”栏内；再次选中该条命令，单击下方“执行”按钮，如图 5-54 所示。

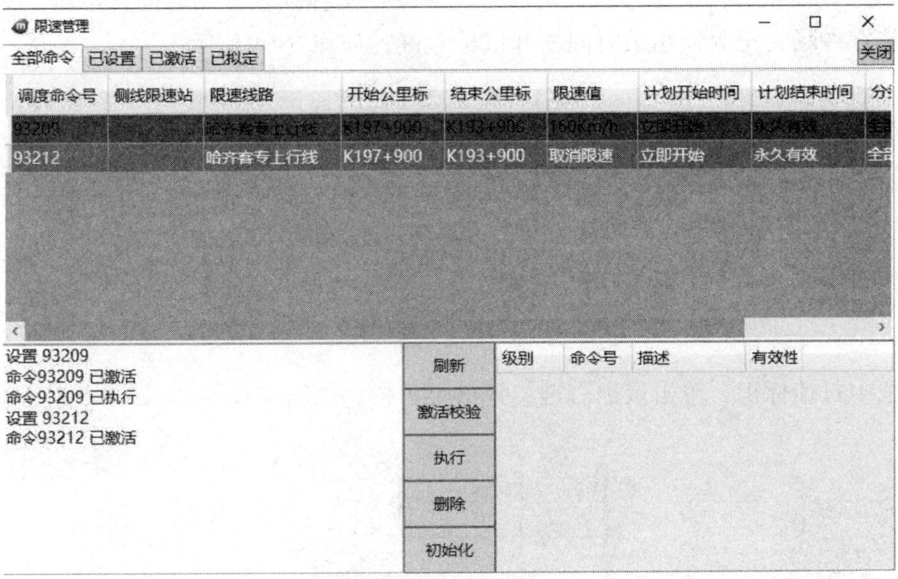

图 5-54 执行列控限速

（9）执行完成后，对应限速命令消失；完成后线路图上对应的限速命令指示消失。

（十五）调度员通知动车客服调度、齐齐哈尔南站

（1）主调依次点击 FAS 机主面板上的“动车客服调度”“齐齐哈尔南站”按钮。

（2）主调通知动车客服调度（虚拟仿真人）：因设备故障影响，D9163 次、G785 次预计晚点 × 分。

动车客服调度回复：客服，明白。

（3）主调通知齐齐哈尔南站（虚拟仿真人）：因设备故障影响，D9163 次、G785 次预计晚点 × 分。

齐齐哈尔南站回复：齐齐哈尔南站，明白。

（十六）绘制区间封锁标识

（1）点击运行图菜单栏内的“绘图”下拉菜单，选择“区间封锁”选项，如图 5-55 所示。

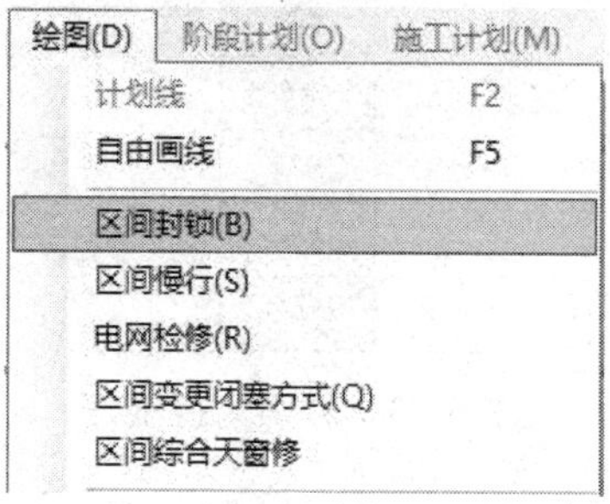

图 5-55　选择绘制区间封锁标识

（2）单击该按钮，将鼠标移至大庆西站客专场，选择封锁开始时间，按压左键，向右拖至杜尔伯特客专场，至封锁结束时间松开鼠标左键，如图 5-56 所示。

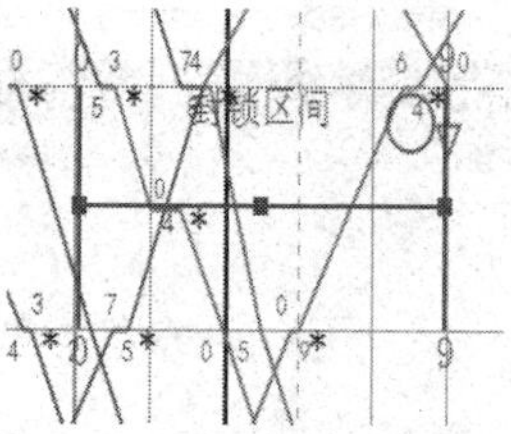

图 5-56　绘制标识

（3）选中封锁标识，单击鼠标右键，弹出菜单栏，点击“属性”，如图 5-57 所示。

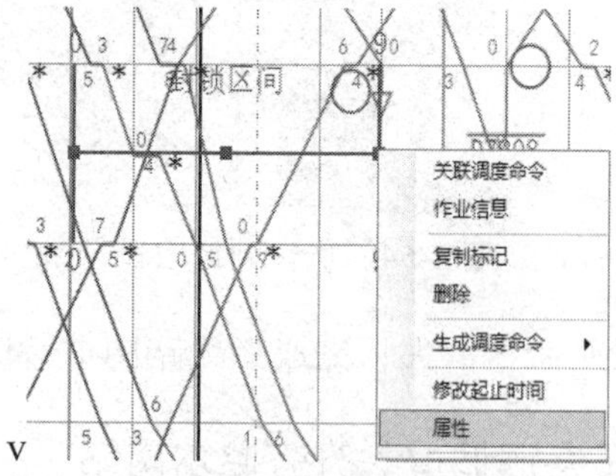

图 5-57　区间标识右键菜单栏

（4）弹出对话框，分别在“禁用原因”“上下行”“线条位置”及“文字位置”等下拉列表框选择相应条件，如图 5-58 所示。

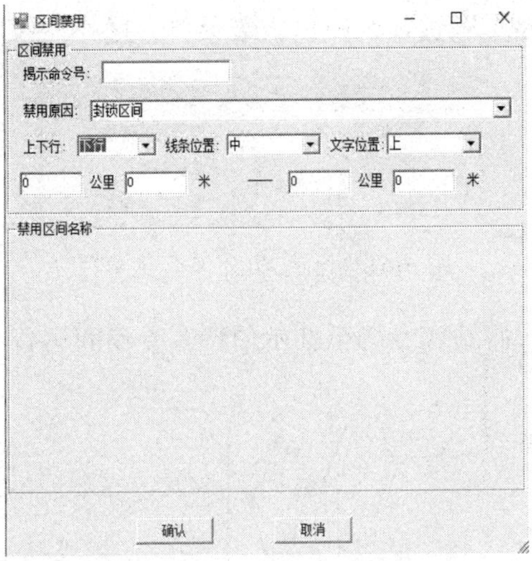

图 5-58　区间封锁属性

（5）点击“确认”按钮完成绘制区间封锁标识，如图 5-59 所示。

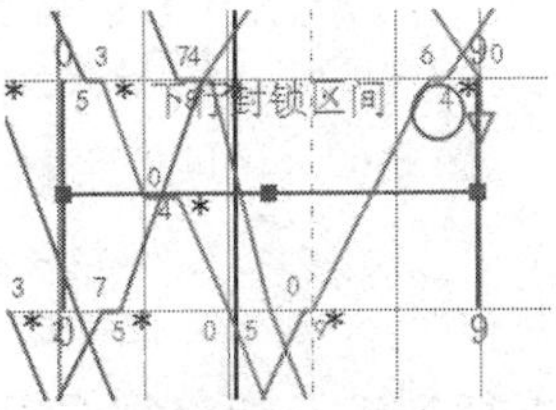

图 5-59　区间封锁标识

（十七）绘制区间停车标识

（1）左键单击选中 D9163 次列车运行线大庆西站客专场节点位置（车站与运行线交点），点击鼠标右键，弹出菜单栏，如图 5-60 所示。

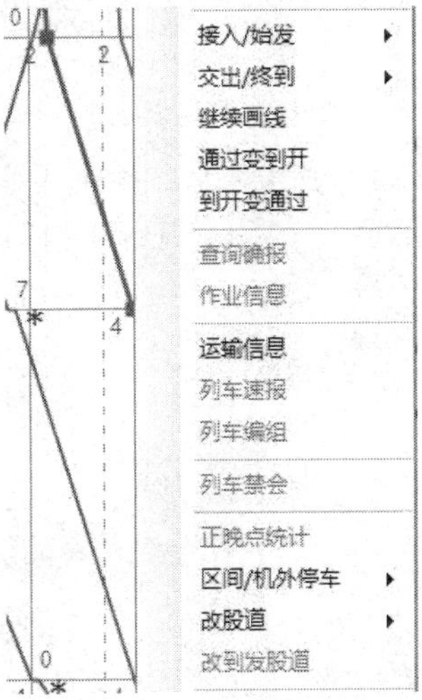

图 5-60　运行线右键菜单栏

（2）点击“区间/机外停车”选项，弹出二级菜单，选择“区间停车”，如图 5-61 所示。

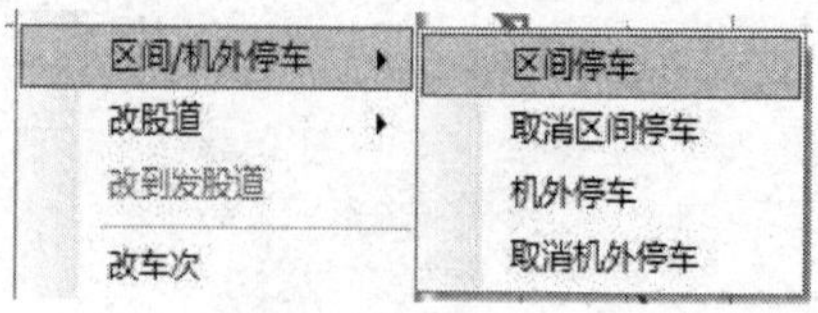

图 5-61　区间/机外停车菜单栏

（3）D9163 次列车大庆西站客专场至杜尔伯特客专场间运行线下行区间停车绘制完成，如图 5-62 所示。

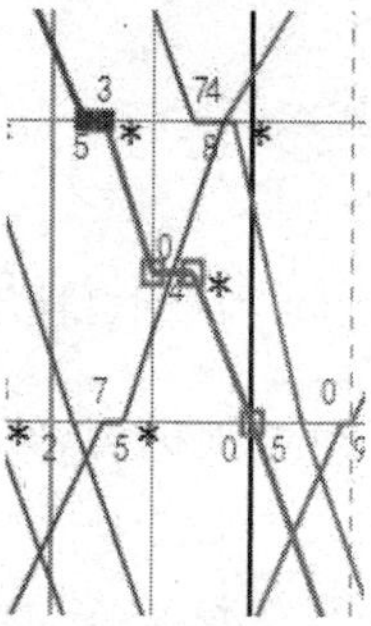

图 5-62　区间停车

（十八）调整运行图并下达新计划

（1）主调调整后续受影响的上下行列车；调整完成后，点击“下计划”按钮，如图 5-63 所示。

图 5-63　点击下计划

（2）弹出对话框，依次点击“检查计划”“发送”按钮，确认将新计划下达到管辖车站，如图 5-64 所示。

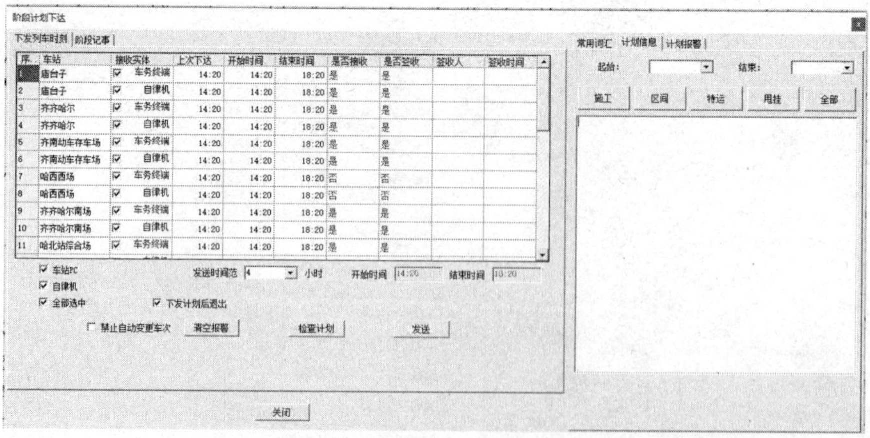

图 5-64　下达阶段计划到管辖车站

（十九）填写铁路交通事故（故障）概况表（简称：安监报-1）

填记安监报（图 5-65）：14 时 08 分，大庆西客专场至杜尔伯特客专场间下行线 1959G 红光带，影响 D9163 次区间停车。

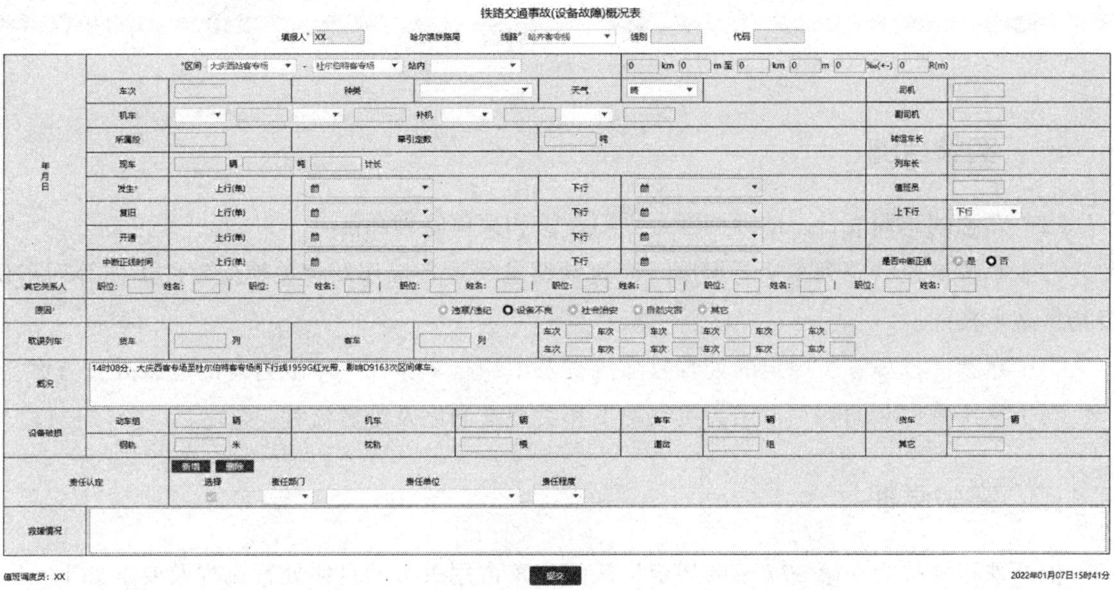

图 5-65　安监报-1

七、实验要求

（1）认真完成实验报告，报告要用实验报告纸，书写工整，按时上交。

（2）对思考题应能依据实验过程做出相应的回答。

八、思考题

（1）导致轨道电路非列车占用红光带的原因有哪些？

（2）发生轨道电路非列车占用红光带故障后，若不执行站间行车，会导致哪些后续事故或故障？

实验六
区间列车占用丢失应急处置实验

一、实验目的

（1）熟悉列车调度台、助理调度台界面设置和菜单管理功能。

（2）掌握高速铁路列车运行调整、高速铁路电气设备操作及相关辅助软件操作等列车调度指挥基本技能。

（3）熟悉《技规》所规定的处置故障流程及组织行车原则，采取合理的应急处置方案。

（4）熟练掌握区间列车占用丢失情况下相关规章制度及处置流程。

二、实验原理

依据铁路《技规》第 377 条的规定，区间列车占用丢失的具体处置流程及要求如下：

（1）区间列车占用丢失报警或列车调度员（车站值班员）发现及得到区间列车占用丢失信息时，列车调度员（车站值班员）应立即通知已进入区间的后续列车立即停车，再通知占用丢失的列车停车。车站值班员应立即报告列车调度员。

（2）列车调度员（车站值班员）联系占用丢失的列车司机，询问列车位置及现场情况，通知电务部门检查处理，在《行车设备检查登记簿》内登记。

（3）电务部门未销记确认可以放行列车前，不得再向该区间放行列车。

（4）设备故障修复，列车调度员根据电务部门的销记，通知有关列车司机恢复正常行车。

（5）设备故障暂时无法修复，占用丢失的列车运行无异常，具备放行列车条件时，根据电务部门登记的行车限制条件组织行车。对已进入区间的占用丢失的列车和后续列车，列车调度员确认列车至前方站（线路所）间空闲后，通知司机逐列恢复运行，指示后列恢复运行前必须确认前列已完整到达前方站（线路所）。司机按信号显示运行，逐列运行至前方站（线路所）。区间空闲后，按站间组织行车。

三、实验内容

列车调度台进行列车运行调整计划编制与下达，监控列车运行。进行调度命令编写、接收、审核与下达，及时处理所辖区段内的突发情况，列车调度员向基层运输站段下达的书面的命令；发布列控限速调度命令，以保障列车运行安全。

钢轨与列车轮对接触不良时，轨道电路无法正确传输列车在区间或站内的占用信息，此时发生列车车次号或者占用红光带等信息丢失情况。列车占用丢失后，会导致轨道电路传输的信息、后续列车接收的信号及 CTCS 系统上显示的列车信息错误，严重威胁后续列车的运行安全。整个实验在熟悉列车调度台、助理调度台的操作模式后，进行区间列车占用丢失情况下的调度指挥及应急场景处置。

（1）发现及得到区间列车占用丢失信息时，列车调度员应立即通知已进入区间的后续列车立即停车。

（2）联系发生占用丢失的列车司机，询问列车位置及现场情况（如有异常扣停列车）。

（3）通知相关人员，报告值班副主任。

（4）填记《行车设备检查登记簿》。

（5）此种情况下，联锁终端上该闭塞分区出现的轨道电路红光带，不通知工务部门检查。对发生占用丢失的列车继续运行占用有关闭塞分区而出现的故障占用报警，列车调度员不通知设备部门检查。

（6）设备故障修复，根据电务部门的销记，通知有关列车恢复正常行车。电务部门未销记确认可以放行列车前，不得再向该区间放行列车。

（7）绘制运行图标识。

（8）调整运行图。

（9）向相关人员通报预计列车晚点时间或恢复运行时刻。

（10）填记安监报-1。

四、实验仪器、设备

列车调度台 1 台，含运行图终端系统、调度命令终端系统、列控限速管理系统。

助理调度台 1 台，含助调终端系统、调度命令终端系统、列控限速管理系统。

调监显示屏 1 台，含调度监督系统。

辅助系统 1 套，含自然灾害及异物侵限监测系统、FAS 机系统、电子行车设备检查登记簿、铁路交通事故（故障）概况表。

五、实验预设参数

区间列车占用丢失，加载场景为故障出现前若干分钟内的运行场景：

（1）计划图上，存在后续进入该区段的列车。

（2）在应急处置过程中，不使用非常站控模式。

（3）运行图已加载完成，阶段计划为 13:00—16:00。

（4）选定线路为某客专台。

（5）故障列车为 D9163，运行至肇东站客专场至安达站客专场下行区间，后续首列车车次号为 G785。

预设情况如图 6-1 所示。

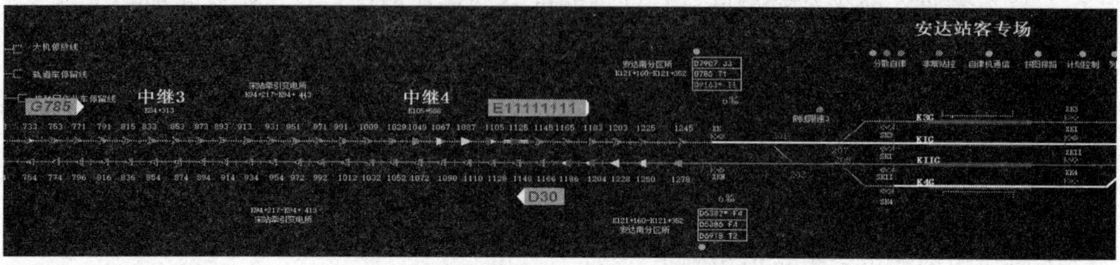

图 6-1　区间列车占用丢失预设情况

六、实验步骤

（一）列车占用丢失故障报警，D9163 次列车车次号变为假车次号 E11111111

（1）助调终端（图 6-2）弹出告警窗口，并发出告警提示音，提示：肇东客专场，列车占用丢失。

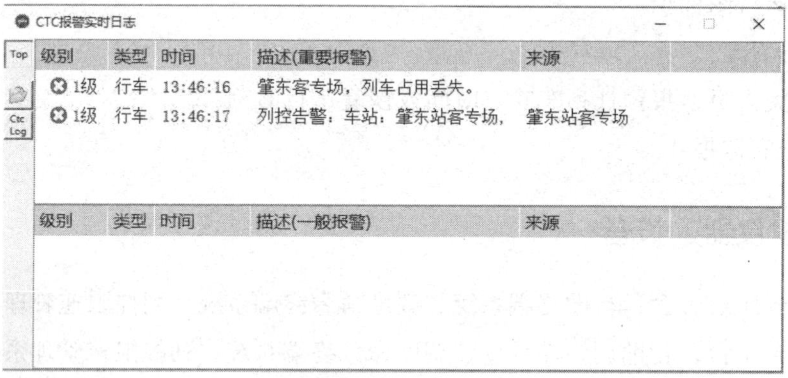

图 6-2　告警窗口

（2）调度点击“确定”，告警信息窗口消失。

（二）调度员通知即将进入该区段的本线列车司机

（1）主调点击 FAS 机“拨号”按钮，如图 6-3 所示。

图 6-3　拨号按钮

弹出拨号盘，输入对应车次号，如图 6-4 所示，再依次点击“本务机司机”“呼出”。

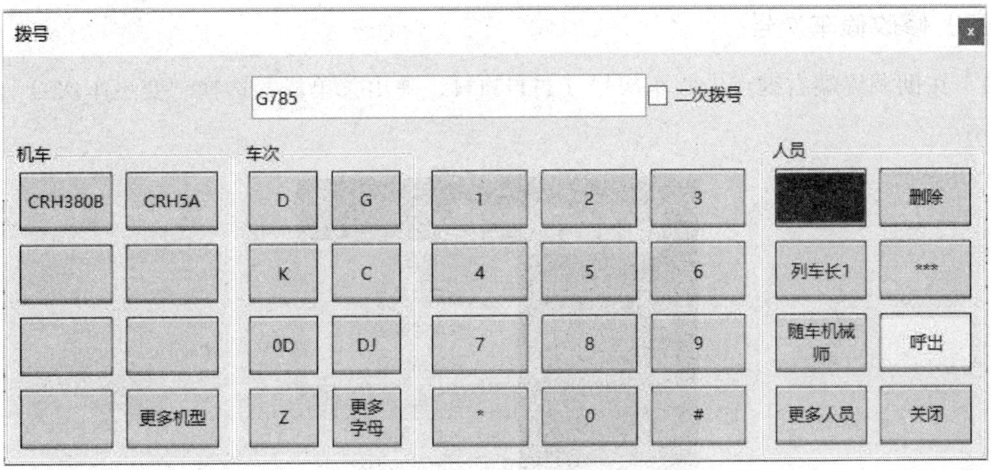

图 6-4　拨号

（2）弹出对话框，如图 6-5 所示。

主调通知 G785 次列车司机（虚拟仿真人）：G785 次，因 D9163 次占用丢失，G785 次立即停车。

G785 次列车司机回复：G785 次，司机明白。

图 6-5　FAS 机通话

（3）再次点击 FAS 机“拨号”按钮，弹出拨号盘，输入对应车次号。

主调通知 D9163 次列车司机（虚拟仿真人）：D9163 次报告列车位置，是否有异常。

D9163 次列车司机回复：D9163 次运行至 116 km 500 m 处，没有异常。

（三）修改假车次号

（1）在助调终端右键点击假车次号 E11111111，弹出菜单栏，选择“变更车次号”，如图 6-6 所示。

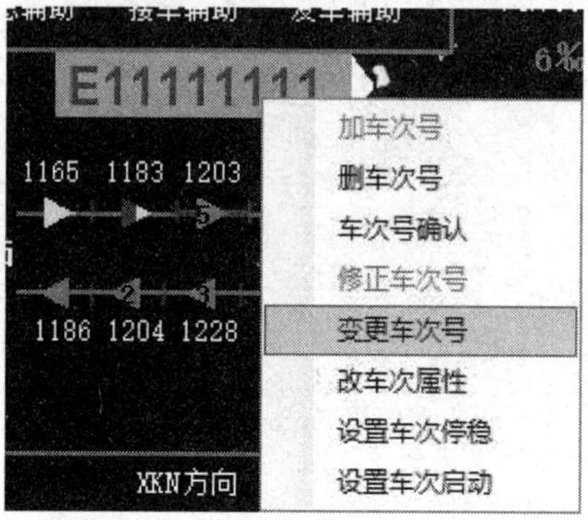

图 6-6　选择变更车次号

（2）弹出输入车次号对话框，输入新车次号“D9163”，如图 6-7 所示。

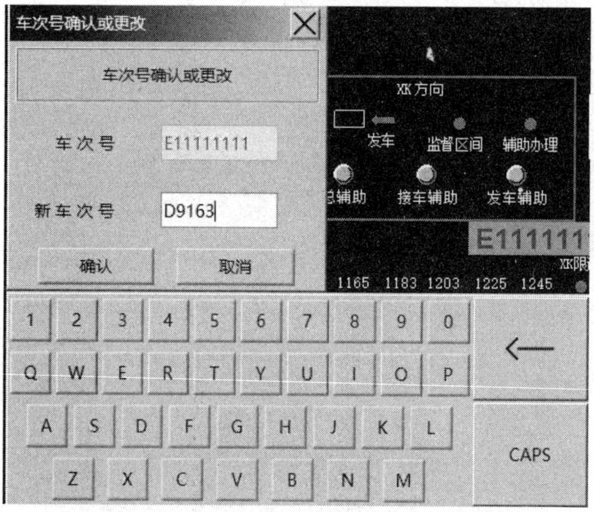

图 6-7　取消发车进路

（3）点击“确定”，列车车次号修改完毕，如图 6-8 所示。

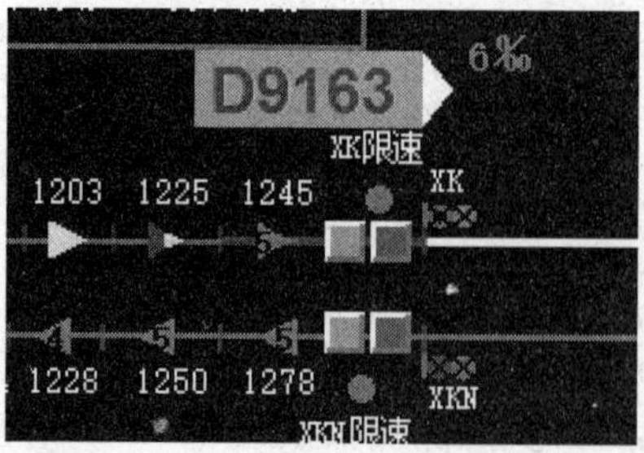

图 6-8　修改车次号

（四）调度员通知值班副主任、电务部门

（1）主调依次点击 FAS 机主面板上的“值班副主任”“电务调度”按钮，如图 6-9 所示。

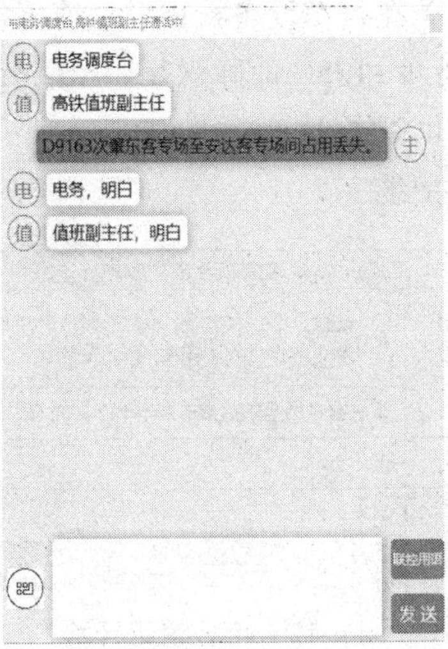

图 6-9　群呼相关单位人员

（2）主调报告值班主任（虚拟仿真人）：D9163 次肇东客专场至安达客专场间占用丢失。

值班主任回复：明白。

（3）主调通知调度所内电务调度（虚拟仿真人）：D9163 次肇东客专场至安达客专场间占用丢失。

电务调度回复：电务，明白。

（五）调度员登记《行车设备检查登记簿》

（1）调度员填写行检，如图 6-10 所示。D9163 次运行至肇东客专场至安达客专场间 1125G 占用丢失。

列调：__________（列调登记签字）

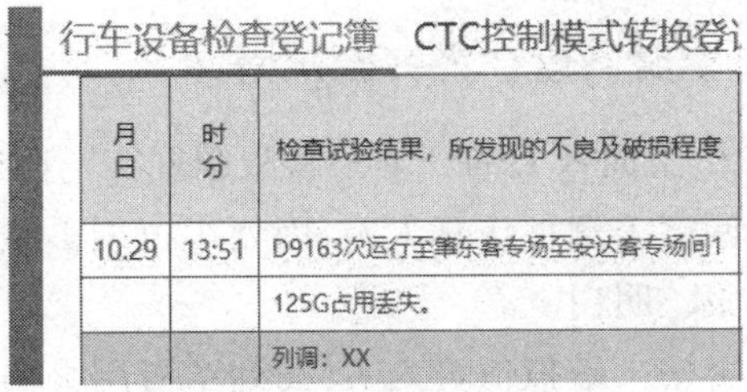

月日	时分	检查试验结果，所发现的不良及破损程度
10.29	13:51	D9163次运行至肇东客专场至安达客专场间1
		125G占用丢失。
		列调：XX

图 6-10　调度填写行检

（2）填写完成后，点击右下角“登记”按钮，如图 6-11 所示。

图 6-11　登记行检

（六）调度员销记《行车设备检查登记簿》

站间轨道故障修复后：

（1）工务调度（驻所联络员）在行车设备检查登记簿上销记并通过 FAS 机通知调度（图 6-12）。肇东客专场至安达客专场间 1125G 故障恢复，原因待查。

哈电：××（驻所联络员登记签字）

列调：__________（列调登记签字）

消除不良及破损的时分及盖章		
月日	时分	破损及不良的原因，采用何种办法进行修理的。工作人员及车站值班员盖章
10.29	13:52	肇东客专场至安达客专场间1125G故障恢复，原因待
		查。
		哈电：XX
		列调：XX

图 6-12　电务销记行检

（2）调度员对电务调度在行检簿上的登记进行签认：选中该条登记信息，在“列调”后输入姓名，再点击页面下发的“签认”按钮，如图 6-13 所示。

图 6-13　签认信息

（七）调度员通知停在该区段的列车司机

（1）主调点击 FAS 机“拨号”按钮，弹出拨号盘，输入对应车次号，再依次点击“本务机司机”“拨号”。

（2）主调通知 G785 次列车司机（虚拟仿真人）：G785 次可以恢复运行。

G785 次列车司机回复：G785 次，司机明白。

（八）调度员通知动车客服调度、齐齐哈尔南站

（1）主调依次点击 FAS 机主面板上的“动车客服调度”“齐齐哈尔南站”按钮。

（2）主调通知动车客服调度（虚拟仿真人）：因列车占用丢失，G785 次预计晚 × 分。

动车客服调度回复：客服，明白。

（3）主调通知齐齐哈尔南站（虚拟仿真人）：因列车占用丢失，G785 次预计晚 × 分。

齐齐哈尔南站回复：齐齐哈尔南站，明白。

（九）绘制区间停车标识

（1）左键单击选中 G785 次列车运行线肇东站客专场节点位置（车站与运行线交点），点击鼠标右键，弹出菜单栏，如图 6-14 所示。

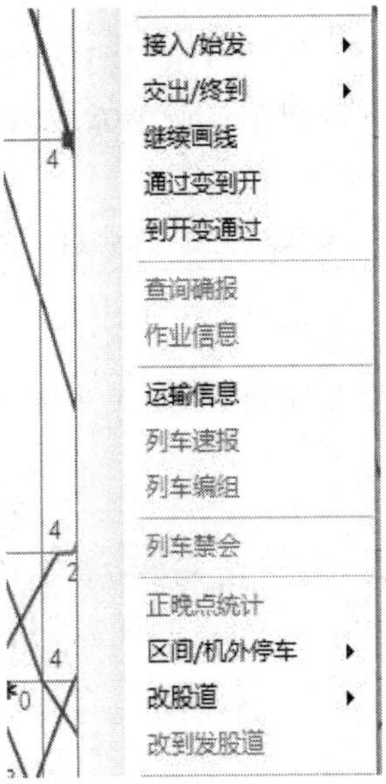

图 6-14　运行线右键菜单栏

（2）点击“区间/机外停车”选项，弹出二级菜单，选择“区间停车”，如图 6-15 所示。

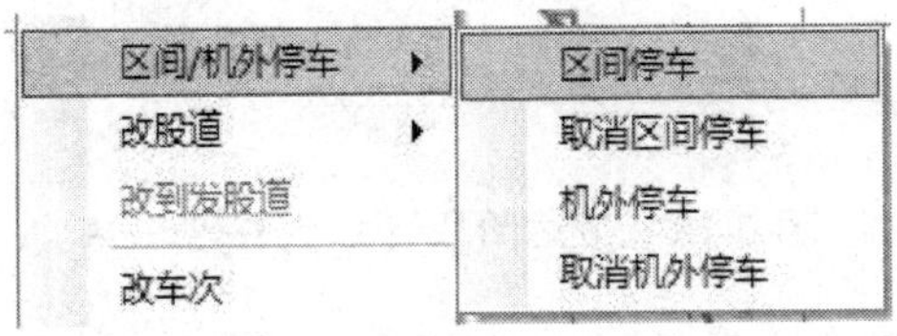

图 6-15　区间/机外停车菜单栏

（3）G785 次列车肇东站客专场至安达站客专场间运行线下行区间停车绘制完成，如图 6-16 所示。

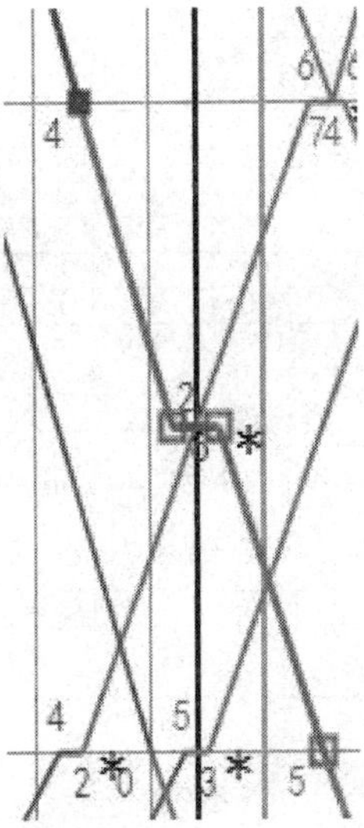

图 6-16　区间停车

（十）调整运行图并下达新计划

（1）主调调整后续受影响的上下行列车；调整完成后，点击“下计划”按钮，如图 6-17 所示。

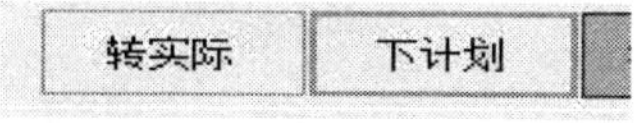

图 6-17　点击下计划

（2）弹出对话框，依次点击“检查计划”“发送”按钮，确认将新计划下达到管辖车站，如图 6-18 所示。

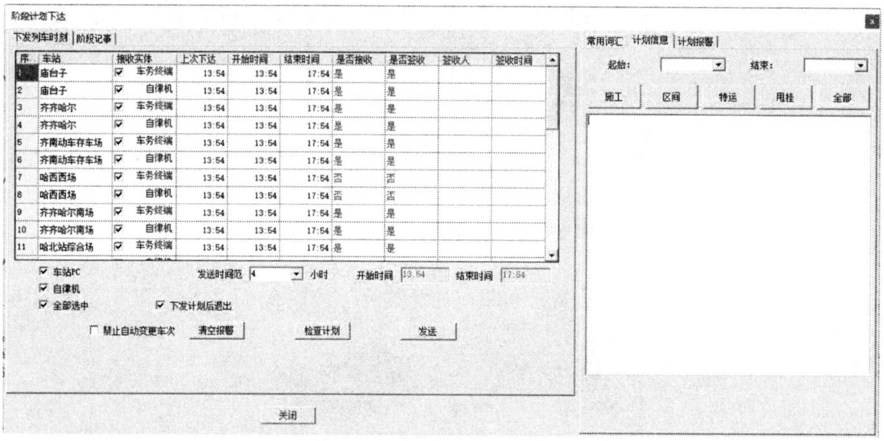

图 6-18　下达阶段计划到管辖车站

（十一）填写铁路交通事故（故障）概况表（简称：安监报-1）

填记安监报（图 6-19）：13 时 46 分，D9163 次运行至肇东客专场至安达客专场间 1125G 占用丢失，×时×分，故障恢复。

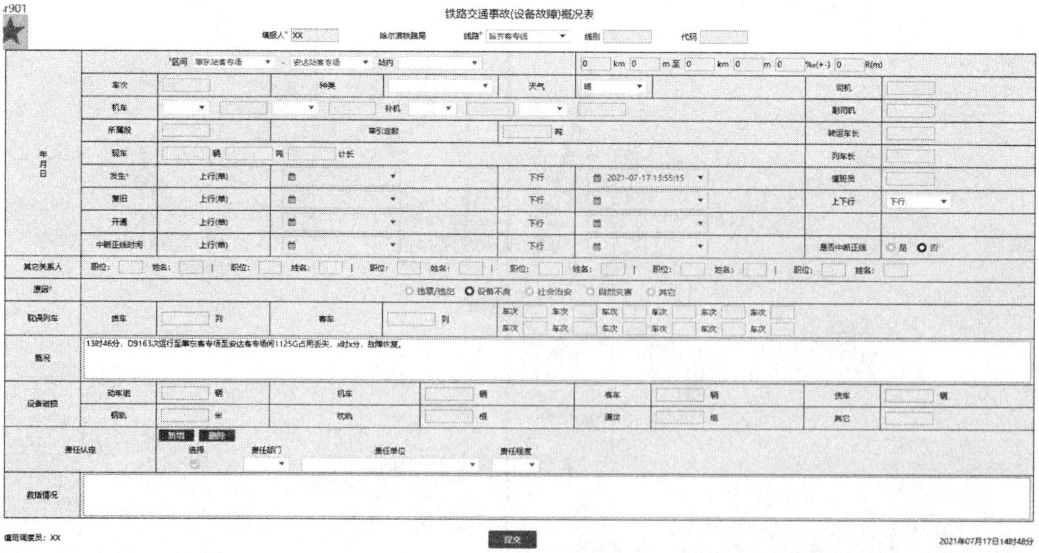

图 6-19　安监报-1

七、实验要求

（1）认真完成实验报告，报告要用实验报告纸，书写工整，按时上交。

（2）对思考题应能依据实验过程做出相应的回答。

八、思考题

（1）导致区间列车占用丢失的原因有哪些？

（2）发生区间列车占用丢失故障后，若不及时处理，会导致哪些后续事故或故障？

实验七

机车综合无线调度通信设备（CIR）故障应急处置实验

一、实验目的

（1）熟悉列车调度台、助理调度台界面设置和菜单管理功能。

（2）掌握高速铁路列车运行调整、高速铁路电气设备操作及相关辅助软件操作等列车调度指挥基本技能。

（3）熟悉《技规》所规定的处置故障流程及组织行车原则，采取合理的应急处置方案。

（4）熟练掌握机车综合无线调度通信设备（CIR）故障情况下相关规章制度及处置流程。

二、实验原理

依据铁路《技规》第 381 条的规定，机车综合无线通信设备故障的具体处置流程及要求如下：

（1）司机报告列车调度员（车站值班员），车站值班员报告列车调度员。

① 影响调度命令无线传送功能时，向司机发布的调度命令，按规定采用列车无线调度通信设备发布、转达或采用人工书面递交方式。

② 遇无进路预告信息，司机须报告列车调度员（车站值班员），列车由正线通过改为侧线接车时，列车调度员（车站控制时为车站值班员）应提前预告司机。

③ 机车综合无线通信设备不能通话时，司机应立即使用 GSM-R 手持终端报告列车调度员（车站值班员）。如 GSM-R 手持终端也不能进行通话时，司机应在前方站停车报告；机车综合无线通信设备或 GSM-R 手持终端修复（更换）后，方准继续运行。

（2）设备故障修复后，恢复设备正常使用。

三、实验内容

列车进入运营中，调度员、车站值班员通过调度无线通信设备 FAS 机、机车无线通信设备 CIR、GSM-R 手持终端等联系司机、随车机械师或列车长；司乘人员通过以上设备随时将现场情况汇报给调度指挥中心。若通信设备出现故障，可能因未及时沟通，发生某些事故。整个实验在熟悉列车调度台、助理调度台的操作模式后，进行列车无线调度通信设备故障情况下的调度指挥及应急场景处置。

（1）通知相关人员，报告值班副主任。

（2）CIR 故障或恢复时，列车调度员须下达 CIR 故障的调度命令。

（3）影响调度命令无线传送功能时，向司机发布调度命令时，按规定采用列车无线调度通信设备（列车调度员使用调度台的 FAS 台）发布、转达或采用人工书面交递方式。

（4）填记安监报-1。

四、实验仪器、设备

列车调度台 1 台，含运行图终端系统、调度命令终端系统、列控限速管理系统。

助理调度台 1 台，含助调终端系统、调度命令终端系统、列控限速管理系统。

调监显示屏 1 台，含调度监督系统。

辅助系统 1 套，含自然灾害及异物侵限监测系统、FAS 机系统、电子行车设备检查登记簿、铁路交通事故（故障）概况表。

五、实验预设参数

机车综合无线调度通信设备（CIR）故障，加载场景为故障出现前若干分钟内的运行场景：

（1）在应急处置过程中，不使用非常站控模式。

（2）运行图已加载完成，阶段计划为 13:00—16:00。

（3）选定线路为某客专台。

（4）故障列车车次号为 D6921，即将进入安达站客专场。

预设情况如图 7-1 所示。

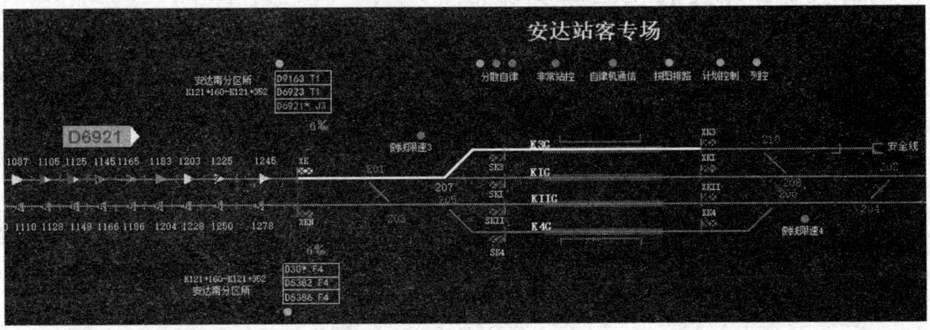

图 7-1　机车综合无线调度通信设备（CIR）故障预设情况

六、实验步骤

（一）故障列车司机报告

（1）FAS 机主应答发出提示，点击“主应答”按钮，如图 7-2 所示。

图 7-2　主应答按钮

（2）弹出语音播报，如图 7-3 所示。D6921 次列车司机（虚拟仿真人）报告调度员：13 时 15 分，D6921 次，CIR 数据模块故障，影响进路预告及调度命令无线传送功能，GSM-R 手持终端号码：149…。

图 7-3　语音告警

（3）调度回复 D6921 次列车司机：调度明白。

（二）调度员通知该故障列车司机

（1）主调点击 FAS 机“拨号”按钮，如图 7-4 所示。

图 7-4　拨号按钮

弹出拨号盘，输入对应车次号，如图 7-5 所示，再依次点击“本务机司机”“拨号”。

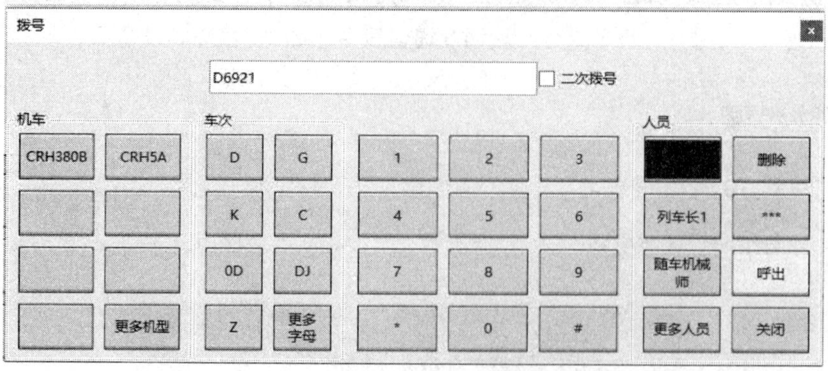

图 7-5　拨号

（2）弹出对话框，如图 7-6 所示。

主调通知 D6921 次列车司机（虚拟仿真人）：D6921 次安达客专场 3 道停车。

D6921 次列车司机回复：D6921 次，司机明白。

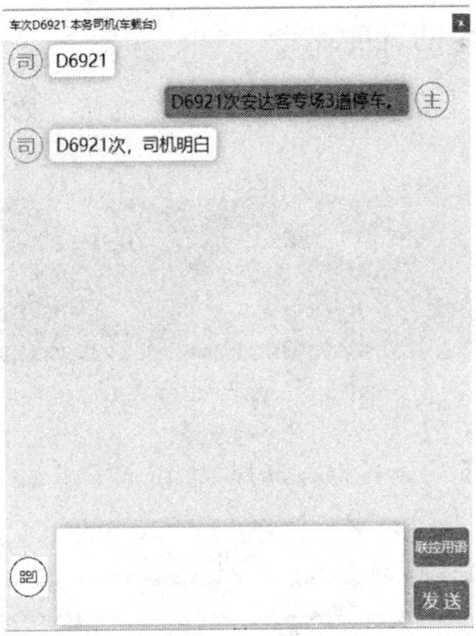

图 7-6　FAS 机通话

（三）调度员通知值班副主任、电务部门

（1）主调依次点击 FAS 机主面板上的“值班副主任”“电务调度”按钮，如图 7-7 所示。

图 7-7　群呼相关单位人员

（2）主调通知值班副主任（虚拟仿真人）：D6921 次，CIR 数据模块故障，影响进路预告及调度命令无线传送功能。

值班（副）主任回复：明白。

（3）主调通知调度所内电务调度（虚拟仿真人）：D6921 次，CIR 数据模块故障，影响进路预告及调度命令无线传送功能。

电务调度回复：电务，明白。

（四）发布 CIR 故障停用的调度命令

（1）点击调度命令终端左上角“新建调度命令”按钮，如图 7-8 所示。

图 7-8　新建调度命令

（2）点击“命令标题”尾部的下拉框，选择“CIR 故障”命令模板，或输入命令标题“CIR 故障”，如图 7-9 所示。

图 7-9　命令标题

（3）“命令正文”中出现命令模板，填写完成命令内容（图 7-10）。根据 D6921 次司机报告，因 D6921 次 CIR 故障，自接令时起，进路预告、调度命令信息无线传送功能停止使用。司机 GSM-R 手持终端号码：149××××××××。

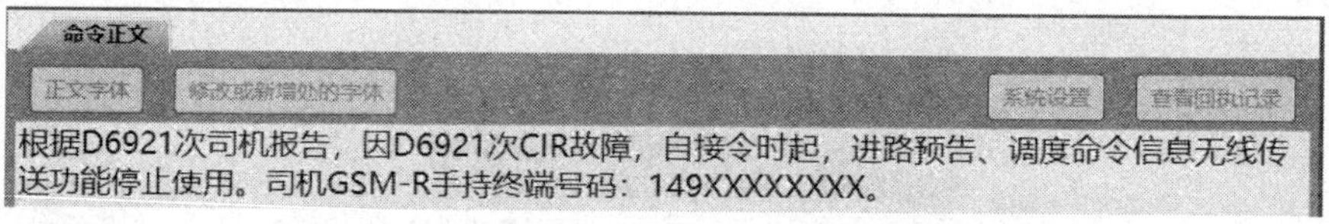

图 7-10　命令正文

（4）在受令列表中，选择要发送的单位“齐齐哈尔南站”“齐枢组台”，如图 7-11 所示。

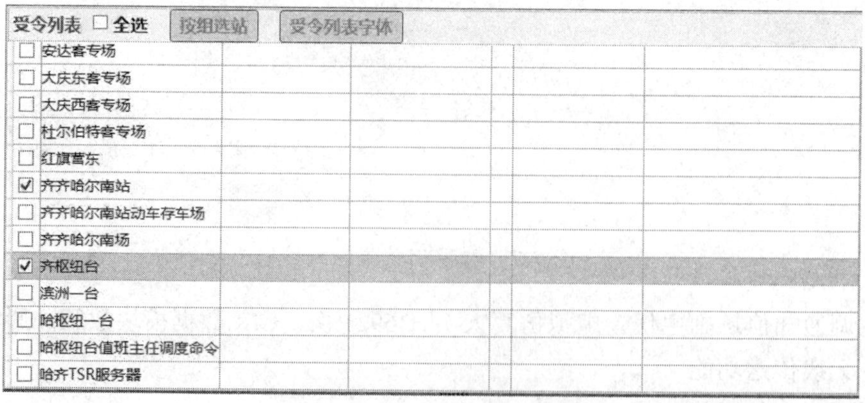

图 7-11　勾选受令单位

（5）在无线受令列表内点击“增加”，输入车次号“D6921”，再点击“查找机车”，如图7-12 所示。

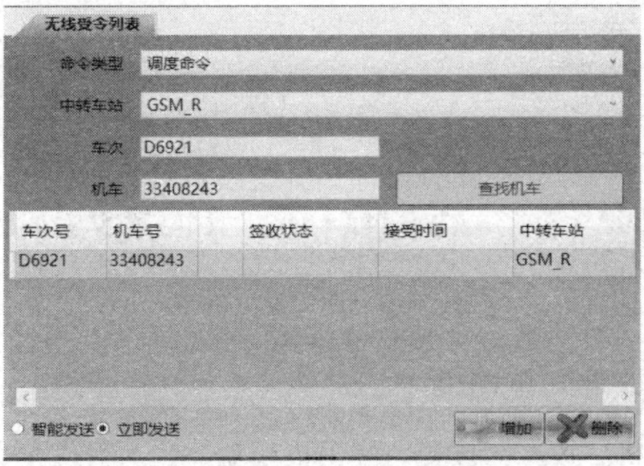

图 7-12 增加无线受令人

（6）点击“下达”，如图 7-13 所示。

图 7-13 点击下达

出现无线调令信息确认对话框，确认无误后，点击“否”，如图 7-14 所示。

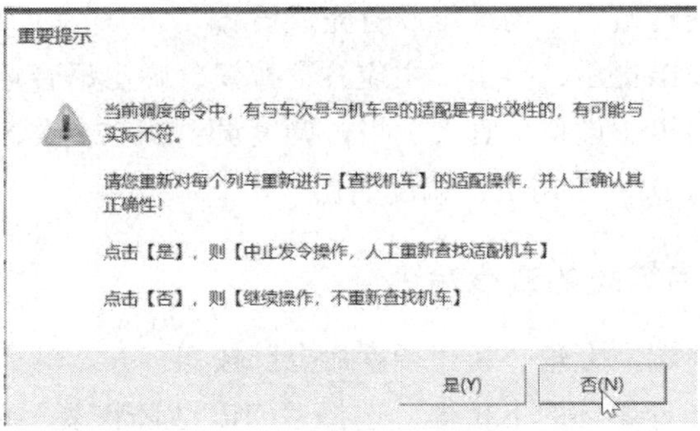

图 7-14 无线调令信息确认

（7）弹出对话框，确认受令人无误后，点击“是”，如图 7-15 所示。

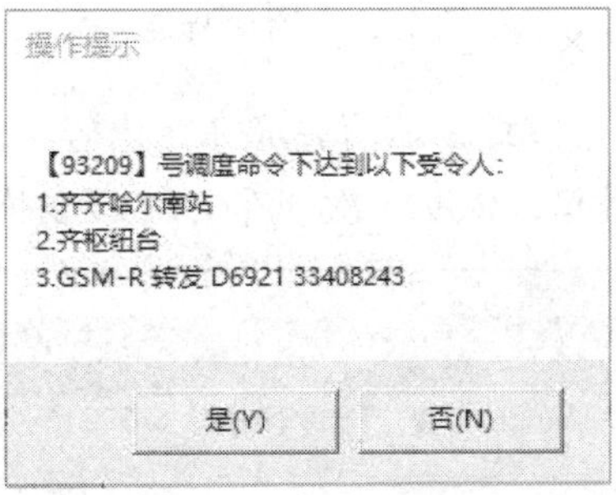

图 7-15 确认受令单位

调度命令下发完成，命令进入签收完成栏，车站及司机签收，如图 7-16 所示。

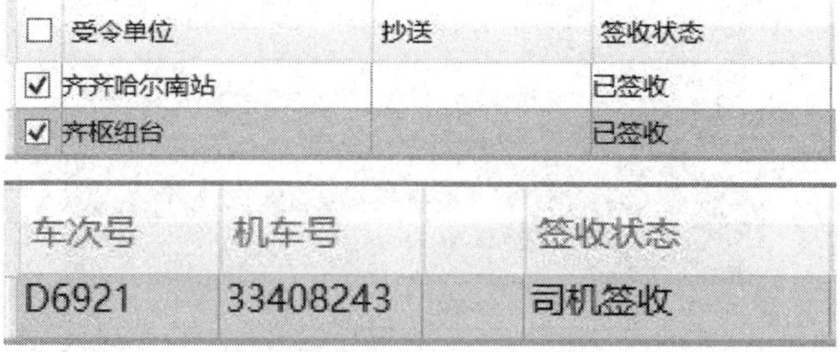

受令单位	抄送	签收状态
☑ 齐齐哈尔南站		已签收
☑ 齐枢纽台		已签收

车次号	机车号		签收状态
D6921	33408243		司机签收

图 7-16　命令发送完成

（五）调度员通知故障列车司机

（1）主调点击 FAS 机“拨号”按钮，弹出拨号盘，输入对应车次号，再依次点击“本务机司机”“拨号”。

（2）主调通知 D6921 次列车司机（虚拟仿真人）：根据 D6921 次司机报告，因 D6921 次列车 CIR 故障，自接令时起，进路预告、调度命令信息无线传送功能停止使用。司机 GSM-R 手持终端号码：149××××××××。调度命令：××号，调度员：××。

D6921 次列车司机回复：D6921 次，司机明白。

（六）故障列车司机报告

D6921 次列车进入安达站客专场维修设备完成后：

（1）FAS 机主应答发出提示，点击“主应答”按钮，弹出语音播报。

（2）D6921 次列车司机（虚拟仿真人）报告调度员：D6921 次，CIR 故障恢复。

（3）调度回复 D6921 次列车司机：调度明白。

（七）发布 CIR 故障恢复的调度命令

（1）点击调度命令终端左上角“新建调度命令”按钮。

（2）点击“命令标题”尾部的下拉框，选择“CIR 故障恢复”命令模板，或输入命令标题“CIR 故障恢复”，如图 7-17 所示。

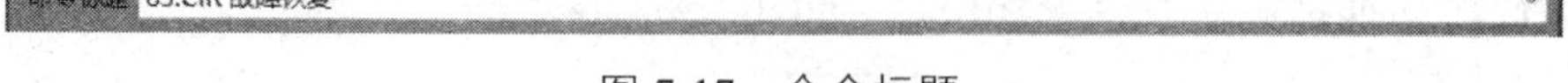

图 7-17　命令标题

（3）“命令正文”中出现命令模板，填写完成命令内容（图 7-18）：根据 D6921 次司机报告，CIR 故障已修复，自接令时起，D6921 次列车 CIR 设备恢复正常使用。

图 7-18　命令正文

（4）在受令列表中，选择要发送的单位“齐齐哈尔南站”“齐枢组台”，如图 7-19 所示。

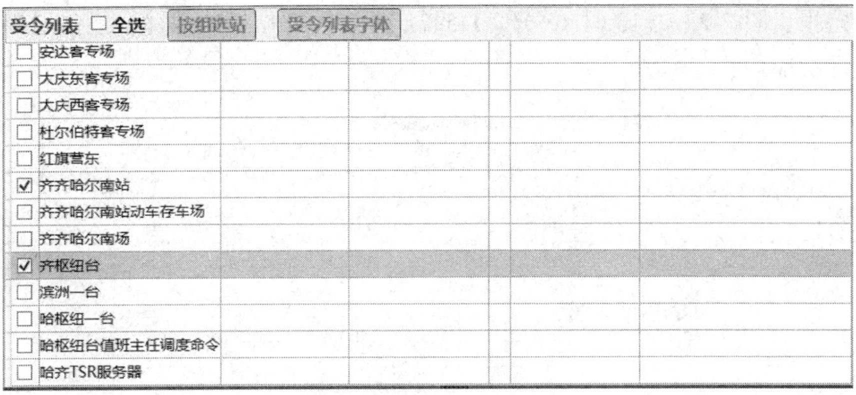

图 7-19　勾选受令单位

（5）在无线受令列表内点击“增加”，输入车次号“D6921”，再点击“查找机车”，如图 7-20 所示。

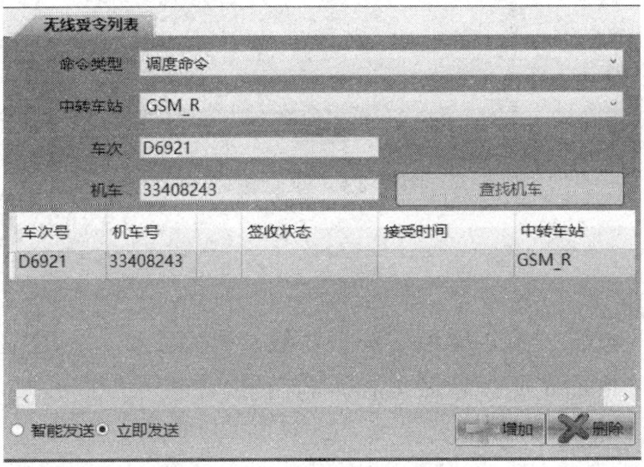

图 7-20　增加无线受令人

（6）点击“下达”；出现无线调令信息确认对话框，确认无误后，点击“否”；弹出对话框，确认受令人无误后，点击“是”。

（7）调度命令下发完成，命令进入签收完成栏，车站及司机签收，如图 7-21 所示。

图 7-21　命令发送完成

（八）填写铁路交通事故（故障）概况表（简称：安监报-1）

填记安监报（图 7-22）：13 时 15 分，D6921 次 CIR 数据模块故障，影响进路预告及调度命令无线传送功能。

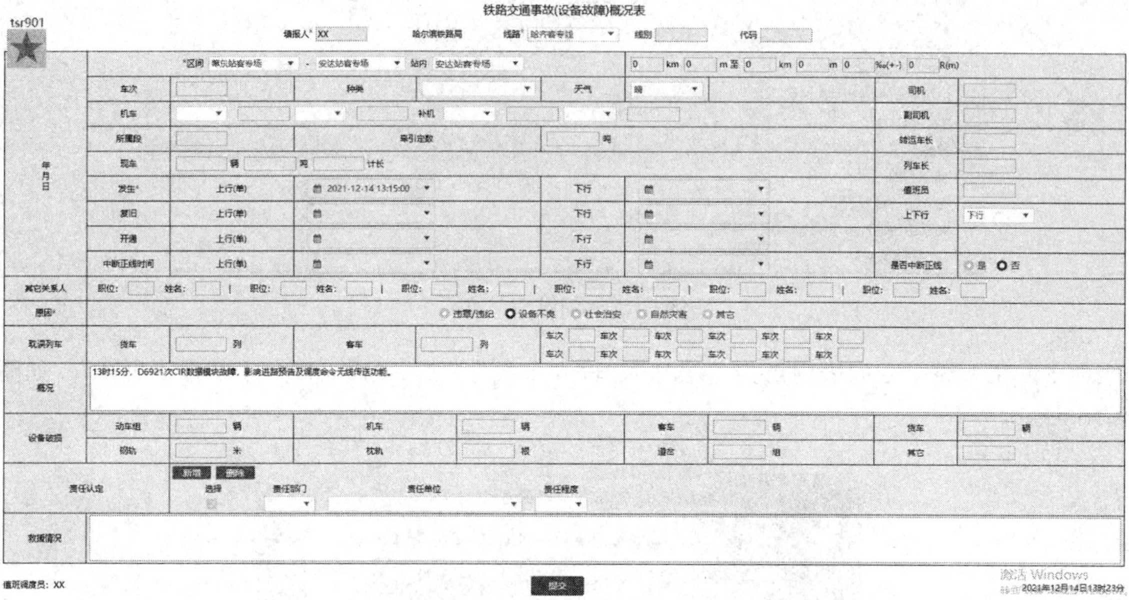

图 7-22　安监报-1

七、实验要求

（1）认真完成实验报告，报告要用实验报告纸，书写工整，按时上交。

（2）对思考题应能依据实验过程做出相应的回答。

八、思考题

（1）CIR 设备主要传输哪些信息至机车？

（2）人工办理接发车进路的注意事项是什么？

实验八
接触网挂异物应急处置实验

一、实验目的

（1）熟悉列车调度台、助理调度台界面设置和菜单管理功能。

（2）掌握高速铁路列车运行调整、高速铁路电气设备操作及相关辅助软件操作等列车调度指挥基本技能。

（3）熟悉《技规》所规定的处置故障流程及组织行车原则，采取合理的应急处置方案。

（4）熟练掌握接触网挂异物情况下相关规章制度及处置流程。

二、实验原理

司机在运行中发现本线或邻线接触网上挂有异物时，应立即采取措施并向列车调度员（车站值班员）汇报异物情况和故障地点，接触网挂异物的具体处置流程及要求如下：

（1）依据铁路《技规》第 387 条的规定，列车调度员（车站值班员）及时通知供电部门检查处理，在《行车设备检查登记簿》内登记，车站值班员报告列车调度员。列车调度员转报供电调度员。

（2）依据《技规》第 388 条的规定，本线挂有异物时，如异物情况不影响行车，司机按正常行车方式通过。本线降弓可以通过时，司机按降弓方式通过该地点，列车调度员向该线后续列车发布限速 160 km/h 降弓通过故障地点的调度命令（不设置列控限速），限速降弓位置原则上按司机汇报故障地点前后各 2 km 确定。不能降弓通过时司机应立即停车并报告，列车调度员（车站值班员）应立即通知本线后续列车停车，不得再向该区间放行列车。

（3）依据《技规》第 389 条的规定，邻线挂有异物时，如司机汇报邻线异物不能降弓通过，列车调度员（车站值班员）应立即通知邻线尚未经过该地点的列车停车，不得再向邻线该区间放行列车。如司机汇报邻线异物可降弓通过或异物情况不影响行车，邻线按第 388 条规定执行。

如司机汇报不能确定异物是否影响邻线行车，列车调度员应立即向邻线尚未经过该地点的首列列车司机发布口头指示限速 80 km/h 注意运行，限速位置原则上按司机汇报故障地点前后各 2 km 确定。司机应注意观察接触网设备状态。根据该司机确认情况，后续处理按第 388 条规定执行。

（4）依据《技规》第 390 条的规定，供电调度员接到报告后，应立即组织供电人员登乘本线或邻线列车巡视检查设备并处理。供电人员根据需要及时向列车调度员提出利用动车组列车运送人员处理故障的申请，列车调度员应及时安排。

供电部门检查处理后，列车调度员按供电部门登记的行车限制条件组织行车。故障处理完毕后，列车调度员根据供电部门在《行车设备检查登记簿》内的销记，恢复正常行车组织。

三、实验内容

列车调度台进行列车运行调整计划编制与下达，监控列车运行，调整到发线运用方案。进行调度命令编写、接收、审核与下达，及时处理所辖区段内的突发情况，列车调度员向基层运输站段下达的书面的命令；发布列控限速调度命令，以保障列车运行安全。

助理调度台进行特殊情况下的人工办理接发车进路，并根据现场实际情况，通过线路和道岔封锁与解锁、接触网有（无）电状态标记等操作，以人工控制设备状态的方式引导列车运行。辅助列车调度台完成调度命令编写、接收、审核；发布列控限速调度命令，以保障列车运行安全。

调监显示台进行列车运行监视，实时了解各车站和区间的设备使用情况、列车运行情况以做出科学合理的调度指挥决策。

电力牵引的动车组或电力机车依靠受电弓接收来自接触网的动力电支持运行，若接触网出现短路或受电弓短路等情况，都会导致在运行途中发生自动降弓情况。不明原因的自动降弓发生后，需要供电部门或随车机械师进行登顶作业（供电人员、随车机械师检查接触网及受电弓），检查接触网及受电弓情况。整个实验在了解供电臂、接触网、受电弓等设备原理，并熟悉列车调度台、助理调度台的操作模式，进行接触网挂异物情况下的调度指挥及应急场景处置。

（1）通知相关人员，报告值班副主任。

（2）填记《行车设备检查登记簿》。

（3）本线挂异物：降弓可以通过，向后续列车发布故标地点前后各 2 km 限速 160 km/h 降弓通过故障地点的调度命令（不设置列控限速）。

（4）供电部门检查处理后，按供电部门登记的行车限制条件组织行车。故障处理完毕后，根据供电部门在《行车设备检查登记簿》内的销记，恢复正常行车组织。

（5）调整运行图。

（6）向相关人员通报预计列车晚点时间或恢复运行时刻。

（7）填记安监报-1。

四、实验仪器、设备

列车调度台 1 台，含运行图终端系统、调度命令终端系统、列控限速管理系统。

助理调度台 1 台，含助调终端系统、调度命令终端系统、列控限速管理系统。

调监显示屏 1 台，含调度监督系统。

辅助系统 1 套，含自然灾害及异物侵限监测系统、FAS 机系统、电子行车设备检查登记簿、铁路交通事故（故障）概况表。

五、实验预设参数

接触网挂异物，加载场景为故障出现前若干分钟内的运行场景：

（1）计划图上，存在后续进入该区段的列车。

（2）在应急处置过程中，不使用非常站控模式。

（3）运行图已加载完成，阶段计划为 13:00—16:00。

（4）选定线路为某客专台。

（5）故障出现后的首列车车次号为 D6921，运行至杜尔伯特客专场至红旗营东站间下行线，后续首列列车为 D6923。

预设情况如图 8-1 所示。

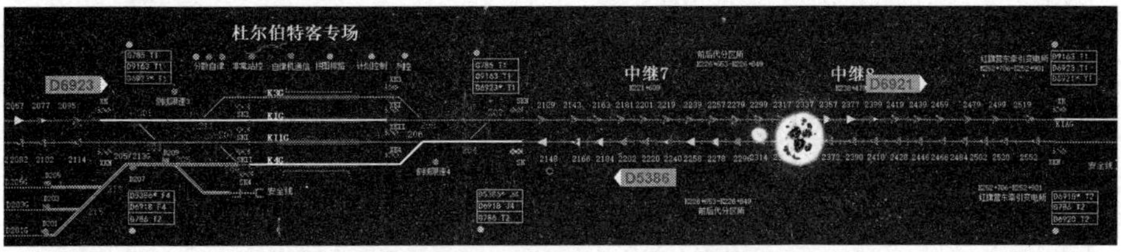

图 8-1　接触网挂异物预设情况

六、实验步骤

（一）故障列车司机报告

（1）FAS 机主应答发出提示，点击“主应答”按钮，如图 8-2 所示。

图 8-2　主应答按钮

（2）弹出语音播报，如图 8-3 所示。

图 8-3　语音告警

D6921 次列车司机（虚拟仿真人）报告调度员：D6921 次，14 时 00 分，运行至杜尔伯特客专场至红旗营东站间下行线 232 km 200 m 处，因接触网挂塑料袋，降弓通过，不影响邻线。

（3）调度回复 D6921 次列车司机：调度明白。

（二）发布临时降弓运行的调度命令

（1）点击调度命令终端左上角“新建调度命令”按钮，如图 8-4 所示。

图 8-4　新建调度命令

（2）点击“命令标题”尾部的下拉框，选择“列车需临时降弓运行”命令模板，或输入命令标题“降弓”，如图 8-5 所示。

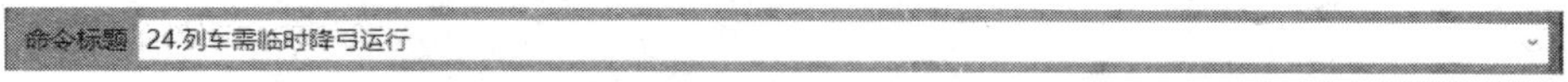

图 8-5　命令标题

（3）“命令正文”中出现命令模板，填写完成命令内容（图 8-6）：自接令时起，杜尔伯特客专场至红旗营东站间下行线 230 km 200 m 至 234 km 200 m 处，降弓限速 160 km/h 运行。

图 8-6　命令正文

（4）在无线受令列表内点击“增加”，输入车次号“D6923”，再点击“查找机车”，如图 8-7 所示。

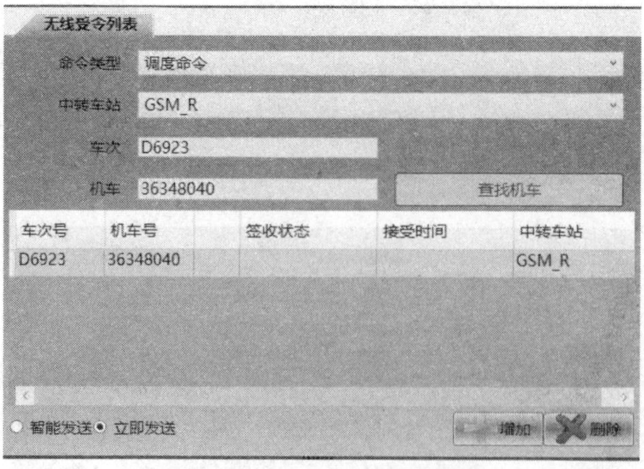

图 8-7　增加无线受令人

（5）点击“下达”，如图 8-8 所示。

图 8-8　点击下达

出现无线调令信息确认对话框，确认无误后，点击“否”，如图 8-9 所示。

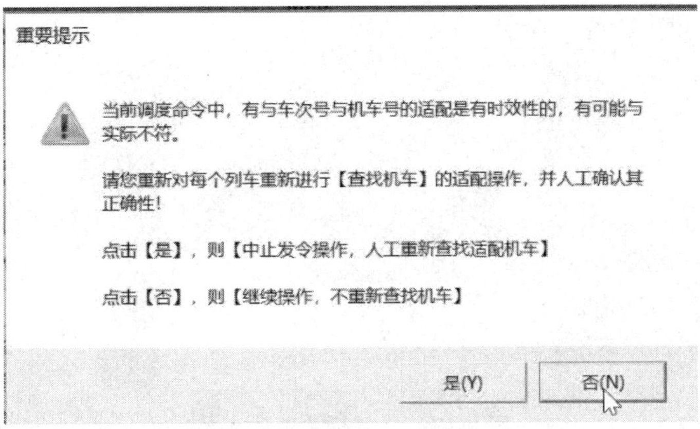

图 8-9　无线调令信息确认

（6）弹出对话框，确认受令人无误后，点击“是”，如图 8-10 所示。

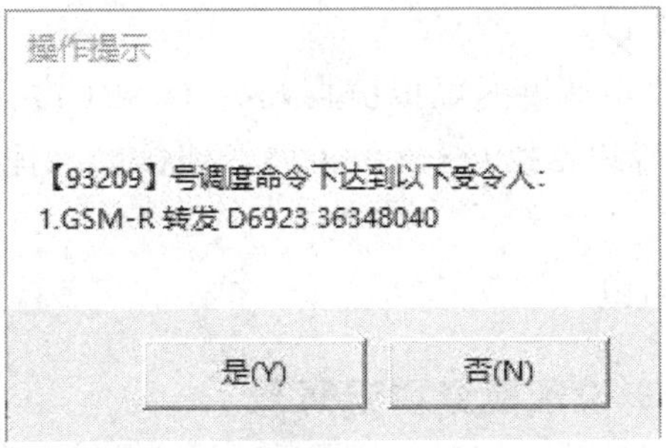

图 8-10　确认受令单位

调度命令下发完成，命令进入签收完成栏，司机签收，如图 8-11 所示。

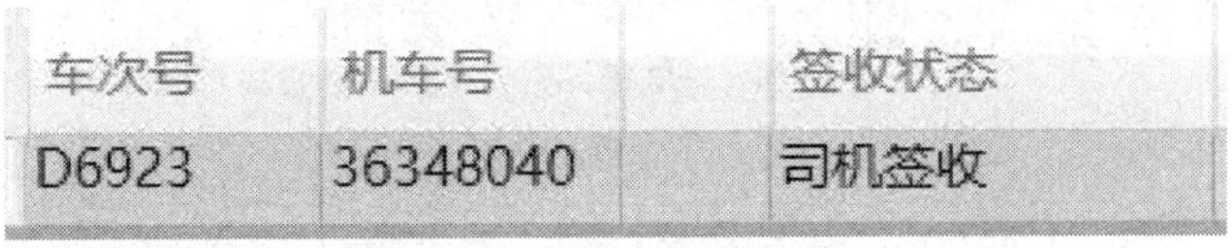

车次号	机车号	签收状态
D6923	36348040	司机签收

图 8-11　命令发送完成

（三）调度员通知值班副主任、供电部门

（1）主调依次点击 FAS 机主面板上的“值班副主任”“哈齐供电主调”按钮，如图 8-12 所示。

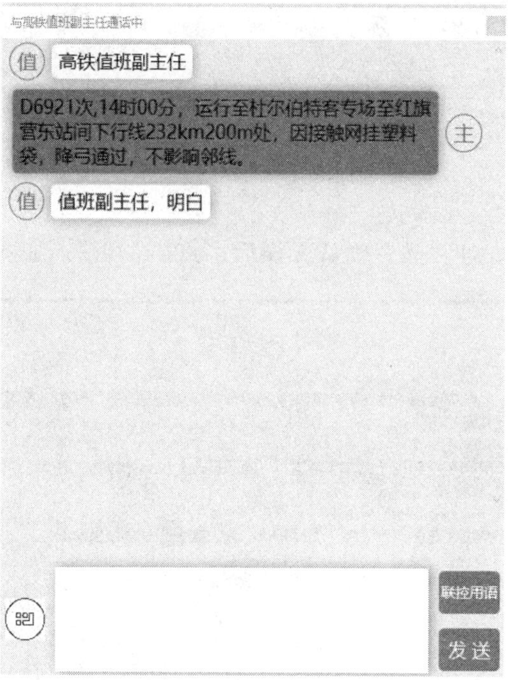

图 8-12　群呼相关单位人员

（2）主调通知值班副主任（虚拟仿真人）：D6921 次，14 时 00 分，运行至杜尔伯特客专场至红旗营东站间下行线 232 km 200 m 处，因接触网挂塑料袋，降弓通过，不影响邻线。

值班（副）主任回复：明白。

（3）主调通知调度所内供电调度（虚拟仿真人）：D6921 次，14 时 00 分，运行至杜尔伯特客专场至红旗营东站间下行线 232 km 200 m 处，因接触网挂塑料袋，降弓通过，不影响邻线。

供电调度回复：供电，明白。

（四）调度员登记《行车设备检查登记簿》

（1）调度员填写行检，如图 8-13 所示。D6921 次司机报告：运行至杜尔伯特客专场至红旗营东站间下行线 232 km 200 m 处，因接触网挂塑料袋，降弓通过，不影响邻线。

月 日	时 分	检查试验结果，所发现的不良及破损程度
1.12	10:14	D6921次司机报告：运行至杜尔伯特客专场至
		红旗营东站间下行线232km200m处，因接触
		网挂塑料袋，降弓通过，不影响邻线。
		列车调度员：XX

图 8-13　调度填写行检

（2）填写完成后，点击右下角“登记”按钮，如图 8-14 所示。

图 8-14　登记行检

（五）调整运行图并下达新计划

（1）主调调整后续受影响的上下行列车；调整完成后，点击“下计划”按钮，如图 8-15 所示。

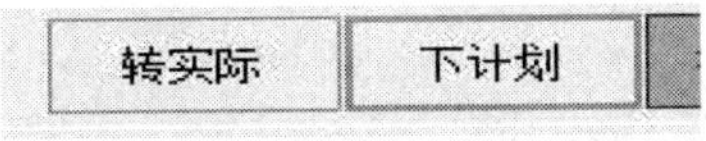

图 8-15　点击下计划

（2）弹出对话框，依次点击“检查计划”“发送”按钮，确认将新计划下达到管辖车站，如图 8-16 所示。

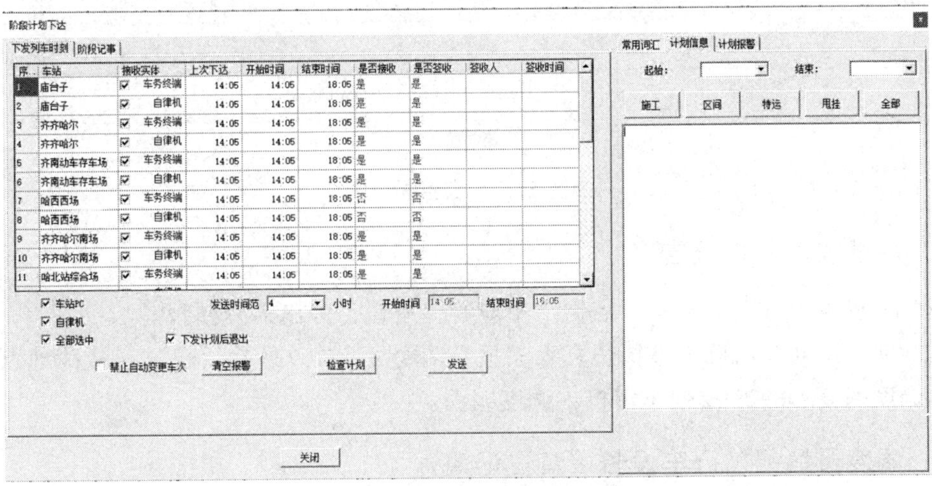

图 8-16　下达阶段计划到管辖车站

（六）调度员通知动车客服调度、齐齐哈尔南站、齐枢纽

（1）主调依次点击 FAS 机主面板上的“动车客服调度”“齐齐哈尔南站”“齐枢纽”按钮。

（2）主调通知动车客服调度（虚拟仿真人）：因接触网挂塑料袋影响，D6923 次预计晚点 × 分。

动车客服调度回复：客服，明白。

（3）主调通知齐齐哈尔南站（虚拟仿真人）：因接触网挂塑料袋影响，D6923 次预计晚点 × 分。

齐齐哈尔南站回复：齐齐哈尔南站，明白。

（4）主调通知齐枢纽（虚拟仿真人）：因接触网挂塑料袋影响，D6923 次预计晚点 × 分。

齐枢纽回复：齐枢纽，明白。

（七）填写铁路交通事故（故障）概况表（简称：安监报-1）

填记安监报（图 8-17）：14 时 00 分，D6921 次运行至杜尔伯特客专场至红旗营东站间下行线 232 km 200 m 处，因接触网挂塑料袋，降弓通过，不影响邻线。

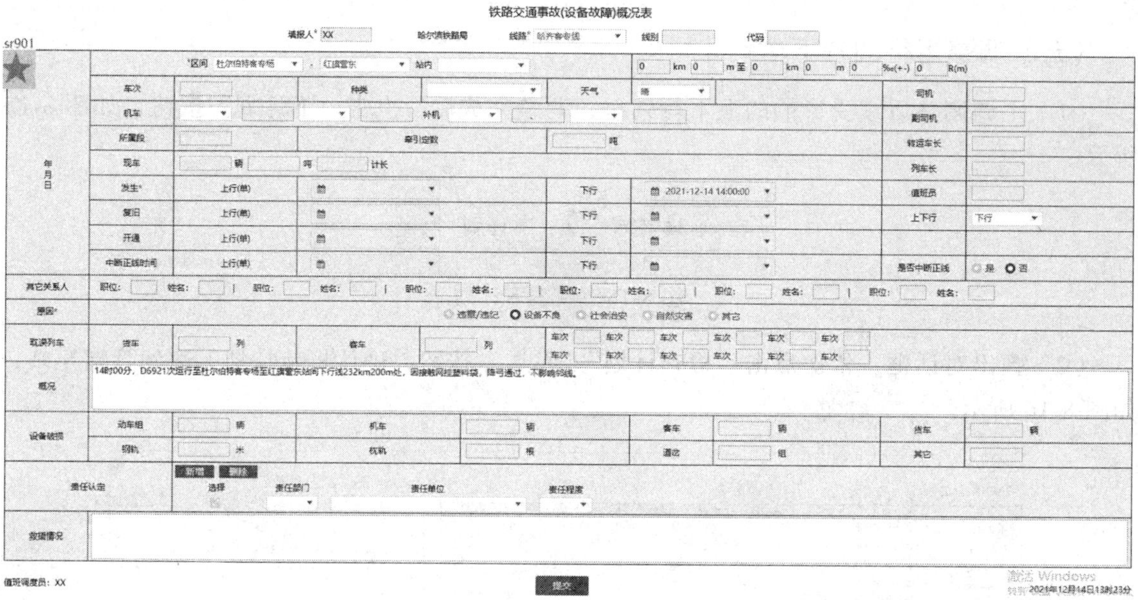

图 8-17　安监报-1

（八）后续列车司机报告

（1）FAS 机主应答发出提示，点击“主应答”按钮，弹出语音播报。

（2）D6923 次列车司机（虚拟仿真人）报告调度员：D6923 次，已通过故障地点。

（3）调度回复 D6923 次列车司机：调度明白。

（九）调度员销记《行车设备检查登记簿》

供电调度检查接触网后：

（1）供电调度（驻所联络员）在行车设备检查登记簿上销记并通过 FAS 机通知调度（图 8-18）：经网外检查未发现塑料袋，设备恢复正常，交付使用。

齐供电：××（驻所联络员登记签字）

列调：__________（列调登记签字）

月日	时分	破损及不良的原因，采用何种办法进行修理的。工作人员及车站值班员盖章
1.12	10:20	经网外检查未发现塑料袋，设备恢复正常，交付使用
		。
		齐电：XX
		列调：

图 8-18　供电销记行检

（2）调度员对供电调度在行检簿上的登记进行签认：选中该条登记信息，在“列调”后输入姓名，再点击页面下发的“签认”按钮，如图 8-19 所示。

图 8-19　签认信息

七、实验要求

（1）认真完成实验报告，报告要用实验报告纸，书写工整，按时上交。

（2）对思考题应能依据实验过程做出相应的回答。

八、思考题

（1）接触网挂异物的处置方式有哪些?

（2）人员登乘列车有哪些注意事项?

实验九

运行途中自动降弓应急处置实验

一、实验目的

（1）熟悉列车调度台、助理调度台界面设置和菜单管理功能。

（2）掌握高速铁路列车运行调整、高速铁路电气设备操作及相关辅助软件操作等列车调度指挥基本技能。

（3）熟悉《技规》所规定的处置故障流程及组织行车原则，采取合理的应急处置方案。

（4）熟练掌握列车运行途中不明原因自动降弓情况下相关规章制度及处置流程。

二、实验原理

列车在运行途中，因不明原因降弓的具体处置流程及要求如下：

（1）依据《技规》第 396 条的规定，列车在运行途中，因不明原因降弓，司机应立即切断主断路器并停车，同时查看降弓地点公里标，向列车调度员（车站值班员）报告，车站值班员报告列车调度员。列车调度员（车站值班员）应立即通知区间内后续列车停车，不再向该区间放行列车，列车调度员将降弓情况转报供电调度员。动车组列车随车机械师应根据故障信息记录，及时向司机反馈故障发生时间等信息，由司机报告列车调度员，列车调度员及时转报供电调度员。

（2）依据《技规》第 397 条的规定，列车调度员根据司机（动车组列车为随车机械师通过司机提出的）下车检查或登顶作业的请求，发布邻线列车限速 160 km/h 及以下调度命令；需登顶作业时，列车调度员还应通知该供电臂内的列车停车并降弓，与供电调度员办理接触网停电手续，得到供电调度员接触网已停电的通知后，发布准许登顶作业的调度命令。

（3）依据《技规》第 398 条的规定，司机在接到邻线列车限速 160 km/h 及以下调度命令已发布的口头指示后，下车检查（动车组列车为司机通知随车机械师下车检查）。司机根据准许登顶作业的调度命令和邻线列车限速 160 km/h 及以下调度命令已发布的口头指示登顶作业（动车组列车为司机通知随车机械师登顶作业）。

（4）依据《技规》第 399 条的规定，经检查处理，列车恢复运行后，司机应立即报告列车调度员，列车调度员应立即向本线尚未经过该地点的首列列车发布口头指示限速 80 km/h 注意运行，限速位置原则上按司机汇报故障地点前后各 2 km 确定。司机应注意观察接触网设备状态，发现影响行车异常情况时应立即停车并向列车调度员报告，列车调度员立即通知尚未经过异常地点的后续列车停车，不再向该区间放行列车，并立即通知供电部门检查处理，列车调度员按供电部门登记的行车限制条件组织行车。无异常时，司机在通过限速地点后立即向列车调度员报告，列车调度员根据司机确认无异常的报告组织后续列车正常运行。

（5）依据《技规》第 400 条的规定，供电调度员接到报告后，应立即组织供电人员登乘本线或邻线列车巡视检查设备。供电人员根据需要及时向列车调度员提出利用动车组列车运送人员处理故障的申请，列车调度员应及时安排。

三、实验内容

列车调度台进行列车运行调整计划编制与下达，监控列车运行。进行调度命令编写、接收、审核与下达，及时处理所辖区段内的突发情况，列车调度员向基层运输站段下达的书面的命令；发布列控限速调度命令，以保障列车运行安全。

助理调度台进行特殊情况下的人工办理接发车进路，并根据现场实际情况，通过线路和道岔封锁与解锁、接触网有（无）电状态标记等操作，以人工控制设备状态的方式引导列车运行。辅助列车调度台完成调度命令编写、接收、审核；发布列控限速调度命令，以保障列车运行安全。

调监显示台进行列车运行监视，实时了解各车站和区间的设备使用情况、列车运行情况以做出科学合理的调度指挥决策。

电力牵引的动车组或电力机车依靠受电弓接收来自接触网的动力电支持运行，若接触网出现短路或受电弓短路等情况，都会导致在运行途中自动降弓情况发生。不明原因的自动降弓发生后，需要供电部门或随车机械师进行登顶作业（供电人员、随车机械师检查接触网及受电弓），检查接触网及受电弓情况。整个实验在了解供电臂、接触网、受电弓等设备原理，并熟悉列车调度台、助理调度台的操作模式后，进行列车运行途中不明原因降弓情况下的调度指挥及应急场景处置。

（1）不再向该区间放行列车，并通知已进入区间的后续列车立即停车，及时取消后方站发车自触。

（2）向邻线尚未经过该地点的首列列车司机发布口头指示限速 80 km/h 注意运行，限速位置原则上按司机汇报故障地点前后各 2 km 确定。

（3）通知相关人员，报告值班副主任。

（4）根据司机下车检查或登顶作业的请求，发布邻线限速 160 km/h 及以下调度命令。

（5）向司机发布口头指示，邻线列车限速 160 km/h 及以下调度命令已发布，通知随车机械师下车检查。

（6）需登顶时，通知该供电臂内的列车停车并降弓，与供电调度办理接触网停电手续，得到接触网已停电的通知后，发布准许登顶作业的调度命令，并在 CTC 上设置停电标识。

（7）接到登顶检查完毕且具备送电条件后，与供电调度办理接触网送电手续。

（8）恢复运行后，向本线尚未经过该地点的首列列车发布口头指示，按司机汇报故障地点前后各 2 km 限速 80 km/h 注意运行。

（9）下车检查后情况：

① 如初步检查确认接触网正常，受电弓外观可见部分无明显异常或超限但未能判明降弓原因时，随车机械师要求司机换弓运行，按限速 160 km/h 运行至前方站。前方站为终点站，列车调度员应提前安排启动热备动车组替换，替换下的故障动车组限速 160 km/h 返回动车所进行处理。前方站为非终点站，随车机械师在停站后进一步检查确认，如确认受电弓外观整体状态正常或不影响运行安全时，以常速维持运行至终点站，列车调度员应提前安排启动热备动车组替换，替换下的故障动车组限速 160 km/h 返回动车所进行处理；如不能确认，必须登顶检查。

② 如检查发现受电弓轻微损坏，且无部件脱落危险时，随车机械师通知司机换弓后以不高于 120 km/h 的车速运行前方站停车，停车后下车进一步确认，如确认受电弓无脱落危险，通知司机限速 160 km/h 运行；如发现受电弓损坏部位有扩展趋势，必须登顶处理。

③ 如检查发现受电弓刮弓、损坏较严重，有部件脱落危险时，随车机械师应通知司机请求接触网停电进行登顶作业，对受损受电弓进行捆扎，处理完毕后通知司机使用良好受电弓正常运行。

④ 如登顶确认全部受电弓受损严重时，在所有受损受电弓捆扎完毕后，通知司机请求救援。

（10）绘制运行图标识，调整运行图。

（11）向相关人员通报预计列车晚点时间或恢复运行时刻。

（12）填记安监报-1。

四、实验仪器、设备

列车调度台 1 台，含运行图终端系统、调度命令终端系统、列控限速管理系统。

助理调度台 1 台，含助调终端系统、调度命令终端系统、列控限速管理系统。

调监显示屏 1 台，含调度监督系统。

辅助系统 1 套，含自然灾害及异物侵限监测系统、FAS 机系统、电子行车设备检查登记簿、铁路交通事故（故障）概况表。

五、实验预设参数

列车运行途中不明原因自动降弓，加载场景为故障出现前若干分钟内的运行场景：

（1）计划图上，存在后续进入该区段的列车。

（2）在应急处置过程中，不使用非常站控模式。

（3）运行图已加载完成，阶段计划为 13:00—16:00。

（4）选定线路为某客专台。

（5）故障列车车次号为 D9163，运行至肇东站客专场至安达站客专场间下行线。

预设情况如图 9-1 所示。

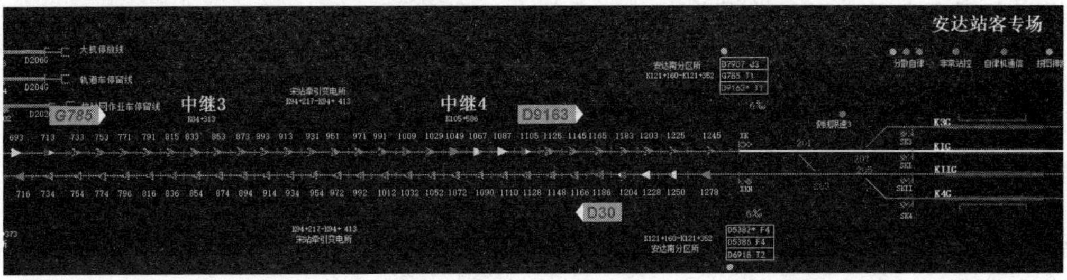

图 9-1　列车运行途中不明原因自动降弓预设情况

六、实验步骤

（一）故障列车司机报告

（1）FAS 机主应答发出提示，点击“主应答”按钮，如图 9-2 所示。

图 9-2　主应答按钮

（2）弹出语音播报，如图 9-3 所示。D9163 次列车司机（虚拟仿真人）报告调度员：D9163 次运行至肇东客专场至安达客专场间下行线，因受电弓不明原因自动降下，已断开主断路器，停于 113 km 800 m 处。

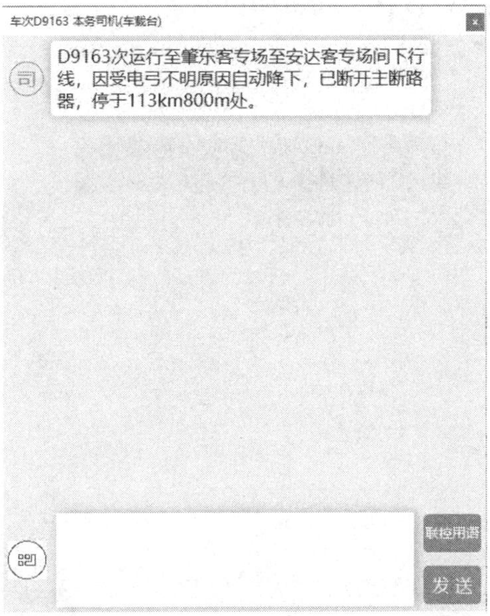

图 9-3　语音告警

（3）调度回复 D9163 次列车司机：调度明白。

（二）调度员通知即将进入该区段的本线列车司机

（1）主调点击 FAS 机“拨号”按钮，如图 9-4 所示。

图 9-4　拨号按钮

弹出拨号盘，输入对应车次号，如图 9-5 所示，再依次点击“本务机司机”“呼出”。

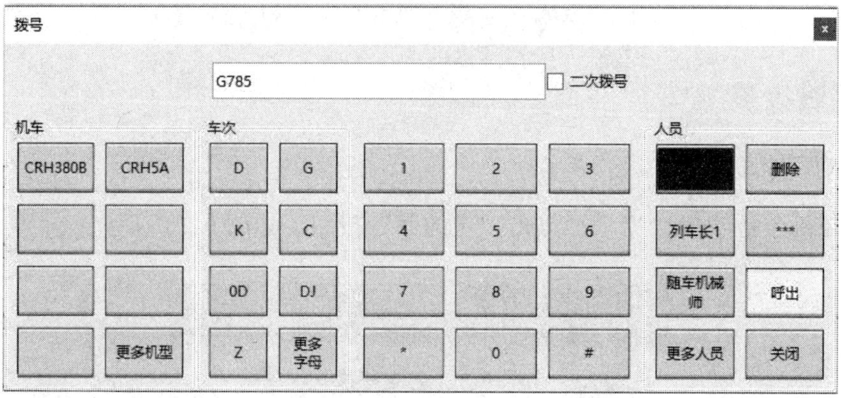

图 9-5　拨号

（2）弹出对话框，如图 9-6 所示。主调通知 G785 次列车司机（虚拟仿真人）：因前行 D9163 次列车运行中受电弓不明原因自动降下，G785 次立即停车。

G785 次列车司机回复：G785 次，司机明白。

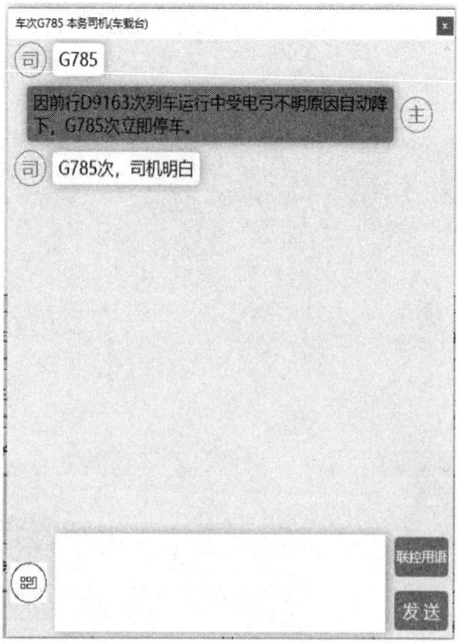

图 9-6　FAS 机通话

（三）调度员通知即将进入该区段的邻线列车司机

（1）主调点击 FAS 机“拨号”按钮，弹出拨号盘，输入对应车次号，再依次点击“本务机司机”“拨号”。

（2）主调通知 D30 次列车司机（虚拟仿真人）：因 D9163 次列车运行中受电弓不明原因自动降下，D30 次运行至安达客专场至肇东客专场间上行线 115 km 800 m 至 111 km 800 m 处限速 80 km/h 注意运行。

D30 次列车司机回复：D30 次，司机明白。

（四）取消 D7907 次列车在肇东站客专场发车自触

（1）在助调终端“选站面板”中选择“安达站客专场”，如图 9-7 所示。

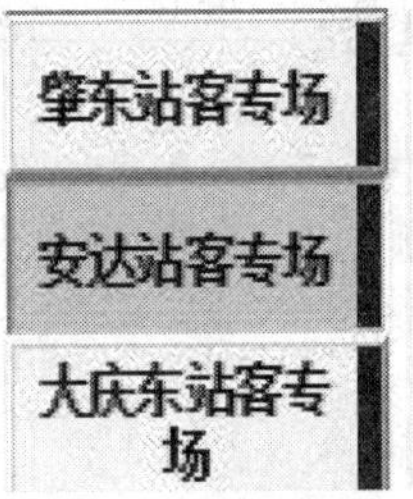

图 9-7　选择车站

（2）在页面下方“列车进路”序列表内，选中需要修改的 D7907 次列车发车信息栏，在列车对应的“自触”栏内，点击鼠标左键，出现下拉列表，如图 9-8 所示。

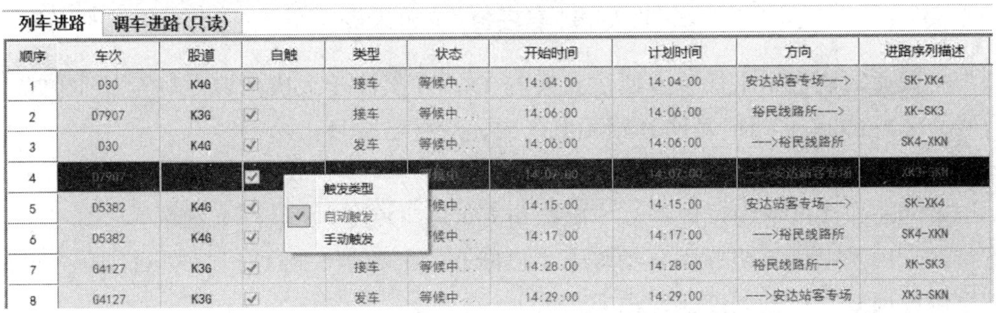

图 9-8　进路序列表内选中列车信息

（3）选择“手动触发”，D7907 次列车在车站的发车进路触发方式转换为手动，如图 9-9 所示。

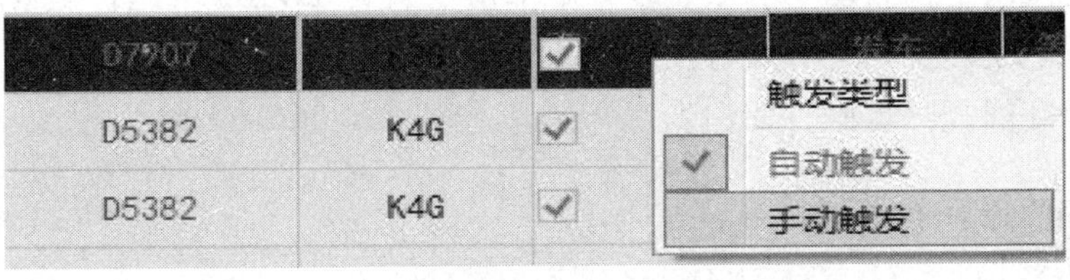

图 9-9　列车进路触发方式转换为“手动触发”

（五）调度员通知值班副主任、供电部门、动车调度及动车客服调度

（1）主调依次点击 FAS 机主面板上的“值班副主任”“哈齐供电主调”“动车调度”“动车客服调度”按钮，如图 9-10 所示。

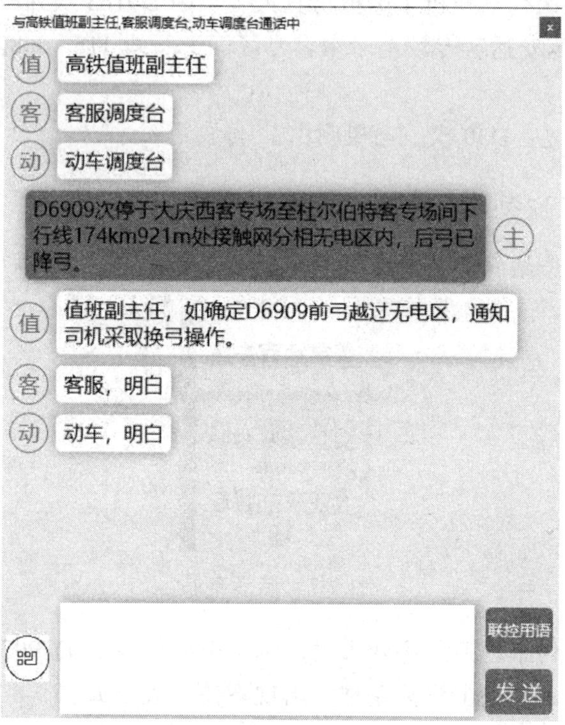

图 9-10　群呼相关单位人员

（2）主调通知值班副主任（虚拟仿真人）：D6909 次停于大庆西客专场至杜尔伯特客专场间下行线 174 km 921 m 处接触网分相无电区内，后弓已降弓。

值班副主任回复：明白。

（3）主调通知调度所内供电调度（虚拟仿真人）：D9163 次运行至肇东客专场至安达客专场间下行线，因受电弓不明原因自动降下，已断开主断路器、降弓，停于 113 km 800 m 处。

供电调度回复：供电调度，明白。

（4）主调通知调度所内动车调度（虚拟仿真人）：D9163 次运行至肇东客专场至安达客专场间下行线，因受电弓不明原因自动降下，已断开主断路器、降弓，停于 113 km 800 m 处。

动车调度回复：动调，明白。

（5）主调通知调度所内动车客服调度（虚拟仿真人）：D9163 次运行至肇东客专场至安达客专场间下行线，因受电弓不明原因自动降下，已断开主断路器、降弓，停于 113 km 800 m 处。

动车客服调度回复：客服，明白。

（六）故障列车司机报告

随车机械师进行简单检查后：

（1）FAS 机主应答发出提示，点击“主应答”按钮，弹出语音播报。

（2）D9163 次列车司机（虚拟仿真人）报告调度员：随车机械师通过受电弓视频监控装置确认受电弓外观状态，可见部位无明显异常、无脱落风险，换弓可正常运行，前方办客站下车重点检查。

（3）调度回复 D9163 次列车司机：调度明白。

（七）调度员通知故障列车司机

（1）主调点击 FAS 机“拨号”按钮，弹出拨号盘，输入对应车次号，再依次点击“本务机司机”“拨号”。

（2）主调通知 D9163 次列车司机（虚拟仿真人）：D9163 次恢复运行。

D9163 次列车司机回复：D9163 次，司机明白。

（八）调度员通知停在该区段的列车司机

（1）主调点击 FAS 机“拨号”按钮，弹出拨号盘，输入对应车次号，再依次点击“本务机司机”“拨号”。

（2）主调通知 G785 次列车司机（虚拟仿真人）：G785 次恢复运行。

G785 次列车司机回复：G785 次，司机明白。

（九）恢复 D7907 次列车在肇东站客专场发车自触

（1）在助调终端“选站面板”中选择“安达站客专场”。

（2）在页面下方“列车进路”序列表内，选中需要修改的 D7907 次列车发车信息栏，在列车对应的“自触”栏内，点击鼠标左键，出现下拉列表，如图 9-11 所示。

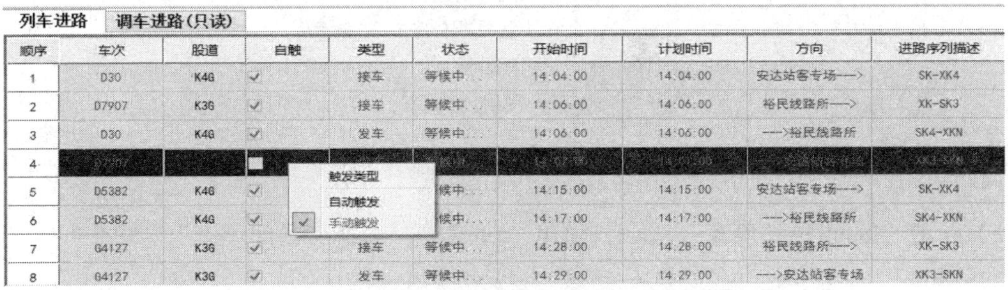

图 9-11　进路序列表内选中列车信息

（3）选择“自动触发”，D7907 次列车在车站的进路触发方式转换为自动，如图 9-12 所示。

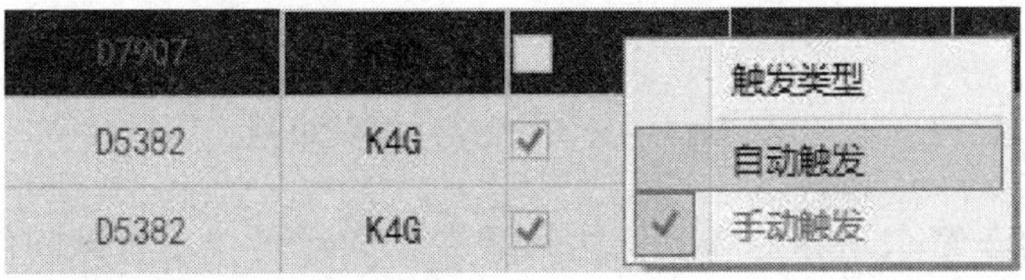

图 9-12　列车进路触发方式转换为“自动触发”

（十）调度员通知动车客服调度、齐齐哈尔南站

（1）主调依次点击 FAS 机主面板上的“动车客服调度”“齐齐哈尔南站”按钮。

（2）主调通知动车客服调度（虚拟仿真人）：D9163 次、G785 次预计晚 × 分。

动车客服调度回复：客服，明白。

（3）主调通知齐齐哈尔南站（虚拟仿真人）：D9163 次、G785 次预计晚 × 分。

齐齐哈尔南站回复：齐齐哈尔南站，明白。

（十一）绘制区间停车标识

（1）左键单击选中 D9163 次列车运行线肇东站客专场节点位置（车站与运行线交点），点击鼠标右键，弹出菜单栏，如图 9-13 所示。

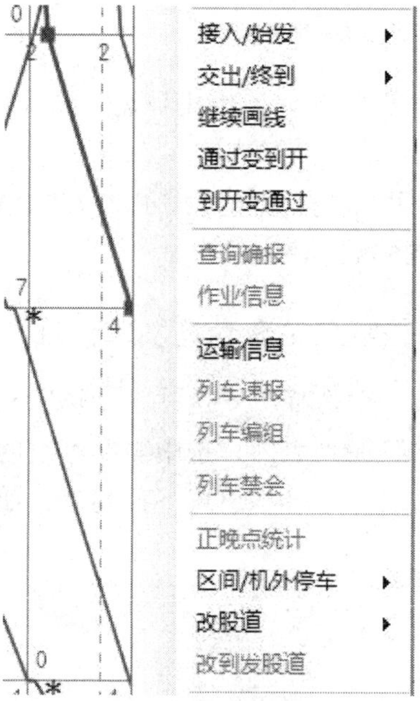

图 9-13　运行线右键菜单栏

（2）点击“区间/机外停车”选项，弹出二级菜单，选择“区间停车”，如图 9-14 所示。

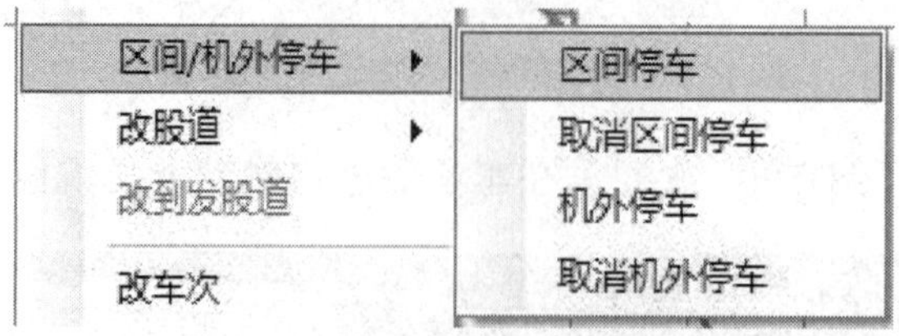

图 9-14　区间/机外停车菜单栏

（3）D9163 次列车肇东站客专场至安达站客专场间运行线下行区间停车绘制完成，如图 9-15 所示。

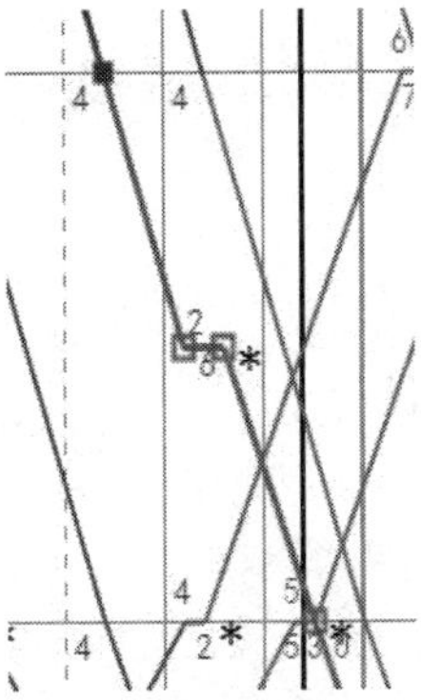

图 9-15　区间停车

（十二）绘制区间停车标识

（1）左键单击选中 G785 次列车运行线肇东站客专场节点位置（车站与运行线交点），点击鼠标右键，弹出菜单栏。

（2）点击“区间/机外停车”选项，弹出二级菜单，选择“区间停车”。

（3）G785 次列车肇东站客专场至安达站客专场间运行线下行区间停车绘制完成，如图 9-16 所示。

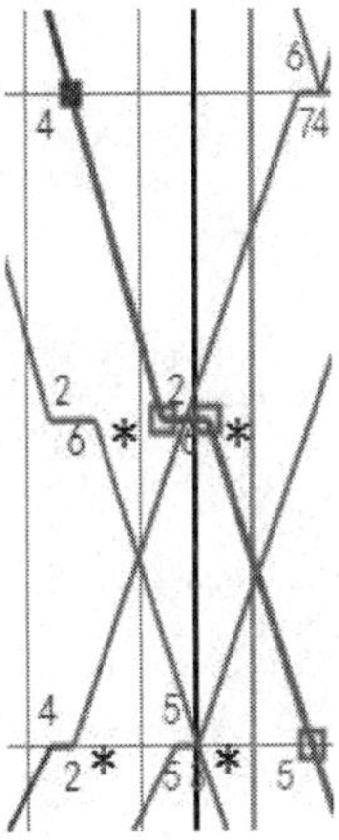

图 9-16　区间停车

（十三）调整运行图并下达新计划

（1）主调调整后续受影响的上下行列车；调整完成后，点击“下计划”按钮，如图 9-17 所示。

图 9-17　点击下计划

（2）弹出对话框，依次点击“检查计划”“发送”按钮，确认将新计划下达到管辖车站，如图 9-18 所示。

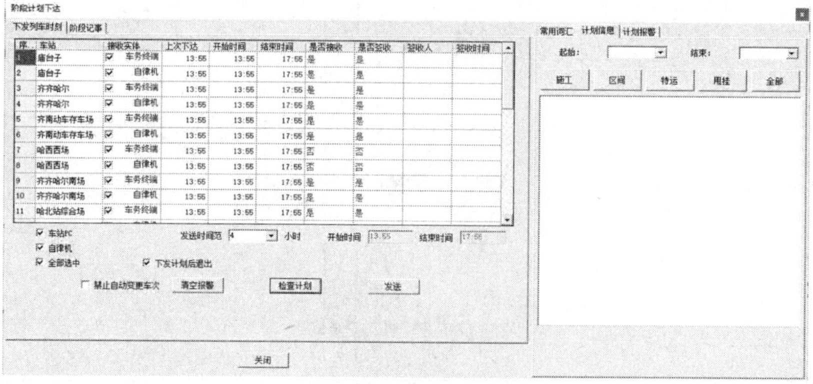

图 9-18　下达阶段计划到管辖车站

（十四）填写铁路交通事故（故障）概况表（简称：安监报-1）

填记安监报（图 9-19）：13 时 46 分，D9163 次运行至肇东客专场至安达客专场间下行线，因受电弓不明原因自动降下，已断开主断路器、降弓，停于 113 km 800 m 处。

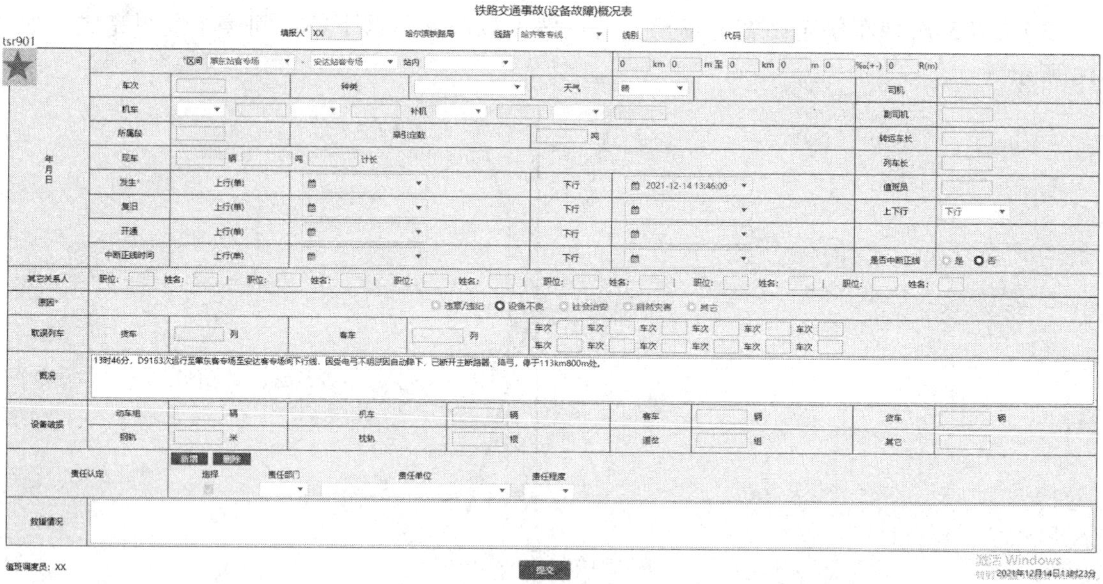

图 9-19　安监报-1

七、实验要求

（1）认真完成实验报告，报告要用实验报告纸，书写工整，按时上交。

（2）对思考题应能依据实验过程做出相应的回答。

八、思考题

（1）导致列车自动降弓的原因有哪些？

（2）登顶作业有哪些注意事项？

实验十

动车组空调失效应急处置实验

一、实验目的

（1）熟悉列车调度台、助理调度台界面设置和菜单管理功能。

（2）掌握高速铁路列车运行调整、高速铁路电气设备操作及相关辅助软件操作等列车调度指挥基本技能。

（3）熟悉《技规》所规定的处置故障流程及组织行车原则，采取合理的应急处置方案。

（4）熟练掌握动车组空调失效情况下相关规章制度及处置流程。

二、实验原理

动车组空调失效的具体处置流程及要求如下：

（1）依据铁路《技规》第403条的规定，空调失效超过20 min不能恢复但列车能够正常运行时，列车长可视情况通知司机向列车调度员提出在前方最近客运站停车的请求，列车调度员安排列车在前方最近客运站停车。列车在停车站安装好防护网、打开部分车门后，列车调度员根据司机的报告，向司机（救援时还包括救援司机）及沿途各站发布打开车门限速60 km/h（通过邻靠高站台的线路时限速40 km/h）运行的调度命令。

（2）依据《技规》第404条的规定，列车因故停车不能维持运行且空调失效超过20 min不能恢复时，列车长应及时与司机、随车机械师沟通，视情况做出打开车门决定，并通知司机转报列车调度员。

（3）依据《技规》第405条的规定，安装防护网、打开车门由列车长组织列车乘务员进行，司机、随车机械师配合。防护网的安装需在列车停车状态下进行，安装位置为运行方向左侧（非会车侧）车门处。防护网安装完毕，打开车门后，由列车长组织列车工作人员值守，直到车门关闭。列车长确认防护网安装牢固、看护到位后报告司机。

（4）依据《技规》第406条的规定，需要组织旅客下车或换乘其他列车时，应在车站站台进行。必须在站内不邻靠站台的线路或区间组织旅客下车或换乘时，需经铁路局集团公司主管运输副局长（总调度长）批准。

三、实验内容

列车调度台进行列车运行调整计划编制与下达，监控列车运行，调整到发线运用方案。进行调度命令编写、接收、审核与下达，及时处理所辖区段内的突发情况，列车调度员向基层运输站段下达的书面的命令；发布列控限速调度命令，以保障列车运行安全。

助理调度台进行特殊情况下的人工办理接发车进路，接发车进路主要包含接车进路、发车进路、通过进路等，并根据现场实际情况，以人工控制设备状态的方式引导列车运行。辅助列车调度台完成调度命令编写、接收、审核；发布列控限速调度命令，以保障列车运行安全。

调监显示台进行列车运行监视，实时了解各车站和区间的设备使用情况、列车运行情况以做出科学合理的调度指挥决策。

高速动车组均为密闭环境，其换气及车内温度调节均依靠空调系统完成。若动车组空调系统出现故障，会在短时间内导致车内温度迅速上升，甚至憋闷等情况，严重影响乘客的舒适性，严重时曾导致乘客损坏车内设备设施及车窗。因此，在发生动车组空调失效时，需要迅速组织应急处置。整个实验在熟悉列车调度台、助理调度台的操作模式后，进行动车组空调失效情况下的调度指挥及应急场景处置。

（1）通知相关人员，报告值班副主任。

（2）接到司机在前方最近客运站停车的请求后，安排在前方最近客运站停车。

（3）全列空调失效超过 20 min 但列车能够正常运行：

① 接到司机在前方最近客运站停车的请求后，安排在前方最近客运站停车。

② 根据司机在停车站安装好防护网、打开部分车门的报告，向司机及沿途各站发布打开车门限速 60 km/h（通过邻靠高站台的线路时限速 40 km/h）运行的命令。

③ 故障修复，向司机及沿途各站发布恢复正常行车的调度命令。

（4）调整运行图。

（5）向相关人员通报预计列车晚点时间或恢复运行时刻。

（6）填记安监报-1。

四、实验仪器、设备

列车调度台 1 台，含运行图终端系统、调度命令终端系统、列控限速管理系统。

助理调度台 1 台，含助调终端系统、调度命令终端系统、列控限速管理系统。

调监显示屏 1 台，含调度监督系统。

辅助系统 1 套，含自然灾害及异物侵限监测系统、FAS 机系统、电子行车设备检查登记簿、铁路交通事故（故障）概况表。

五、实验预设参数

动车组空调失效，加载场景为故障出现前若干分钟内的运行场景：

（1）在应急处置过程中，不使用非常站控模式。

（2）运行图已加载完成，阶段计划为 07:00—10:00。

（3）选定线路为某客专台。

（4）故障列车车次号为 D6909，运行至肇东站客专场至安达站客专场间下行线。

预设情况如图 10-1 所示。

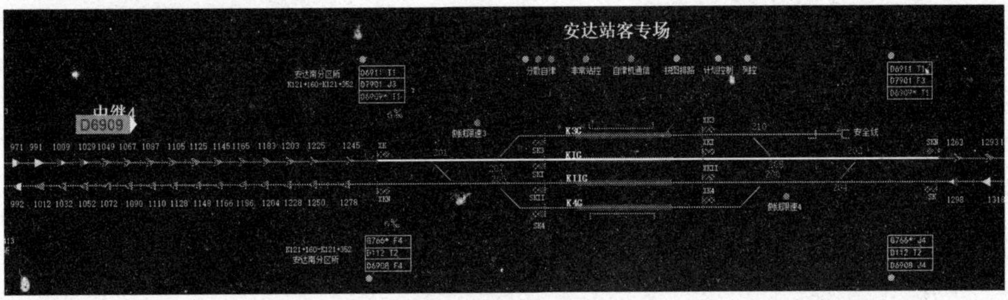

图 10-1　动车组空调失效预设情况

六、实验步骤

（一）故障列车司机报告

（1）FAS 机主应答发出提示，点击“主应答”按钮，如图 10-2 所示。

图 10-2　主应答按钮

（2）弹出语音播报，如图 10-3 所示。D6909 次列车司机（虚拟仿真人）报告调度员：D6909 次，因空调失效超 20 分钟，列车长请求安达客专场临时变更 3 道停车，安装防护网、打开部分车门后，运行至大庆西客专场。

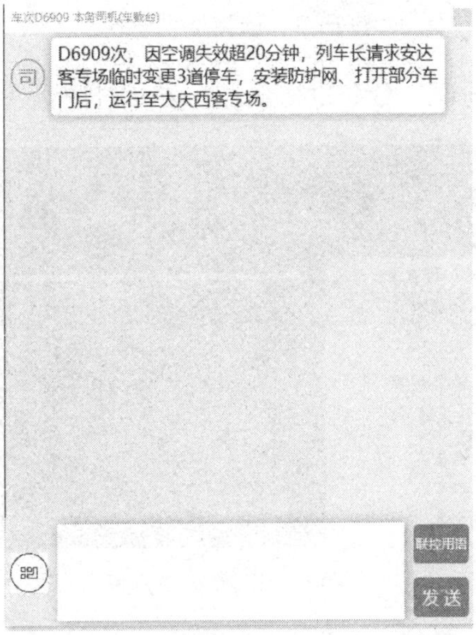

图 10-3　语音告警

（3）调度回复 D6909 次列车司机：调度明白。

（二）取消 D6909 次列车在安达站客专场发车进路

（1）在助调终端“选站面板”中选择“安达站客专场”，如图 10-4 所示。

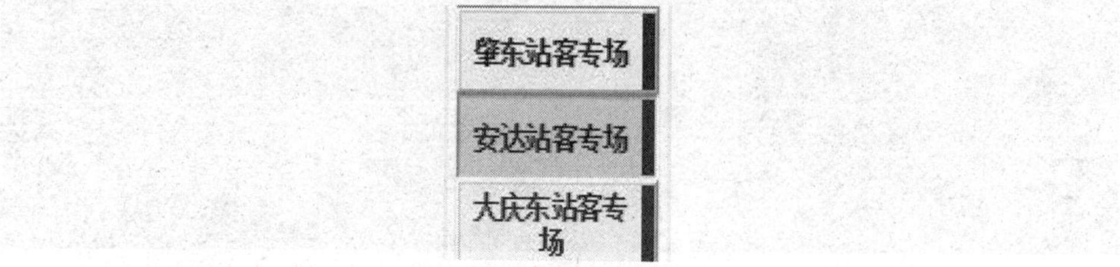

图 10-4 选择车站

（2）选择 D6909 次列车的发车进路始端信号机 XKI，点击鼠标右键，弹出菜单栏，如图 10-5 所示。

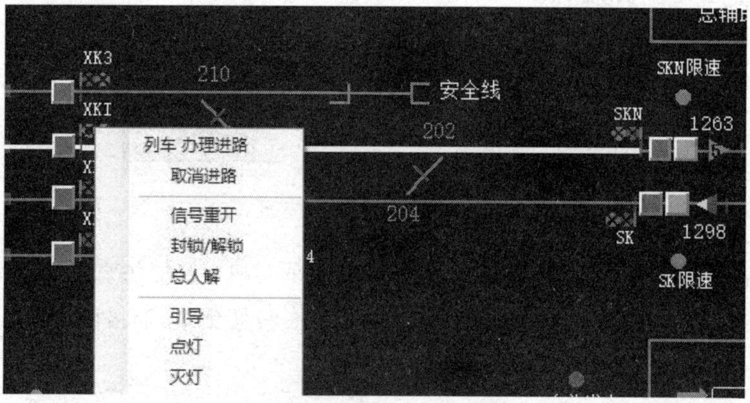

图 10-5 选择取消进路

（3）选择“取消进路”选项，命令执行成功，发车进路白色光带消失，如图 10-6 所示。

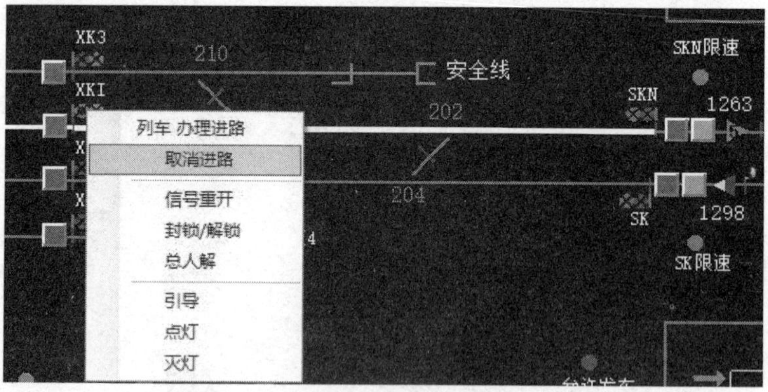

图 10-6 取消发车进路

（三）取消 D6909 次列车在安达站客专场接车进路

（1）在助调终端“选站面板”中选择“安达站客专场”。

（2）选择 D6909 次列车的接车进路始端信号机 XK，点击鼠标右键，弹出菜单栏，如图 10-7 所示。

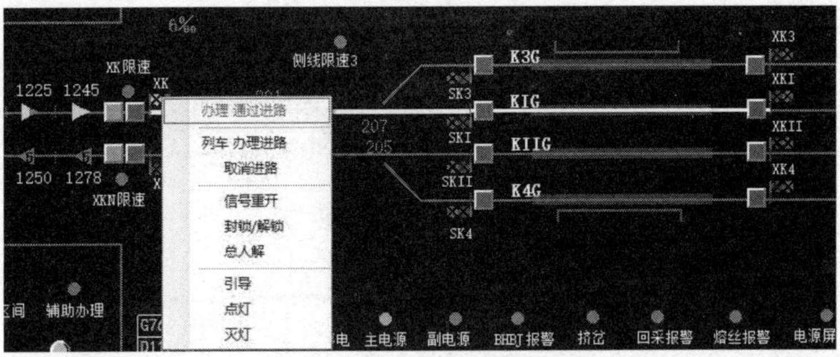

图 10-7 选择取消进路

（3）选择“取消进路”选项，命令执行成功，发车进路白色光带消失，如图 10-8 所示。

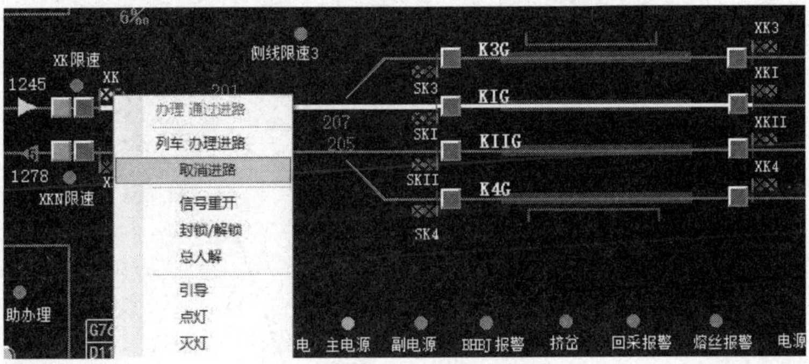

图 10-8 取消接车进路

（四）变更故障列车原股道

（1）左键单击选中 D6909 次列车运行线安达站客专场节点位置（车站与运行线交点），点击鼠标右键，弹出菜单栏，如图 10-9 所示。

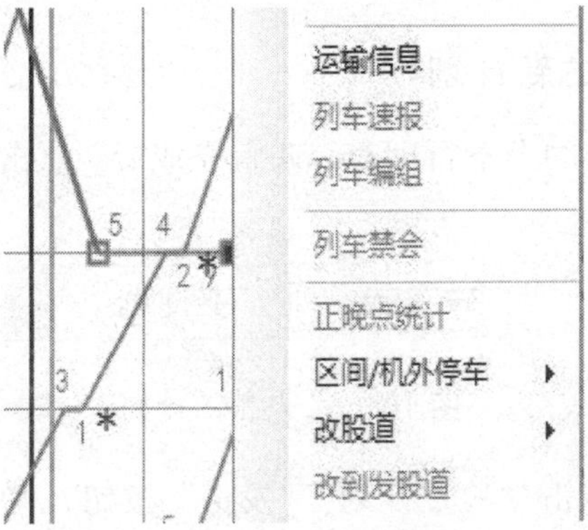

图 10-9 运行线右键菜单栏

（2）点击“改股道”选项，弹出二级菜单，选择 3G 股道，如图 10-10 所示。

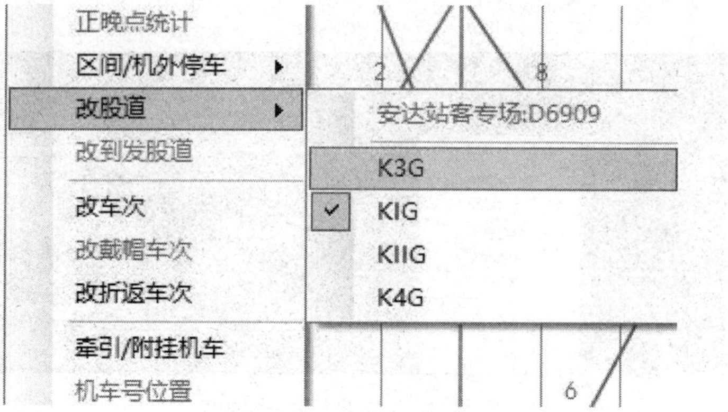

图 10-10　改股道菜单栏

（3）D6909 次列车安达站客专场间运行线变更股道完成，如图 10-11 所示。

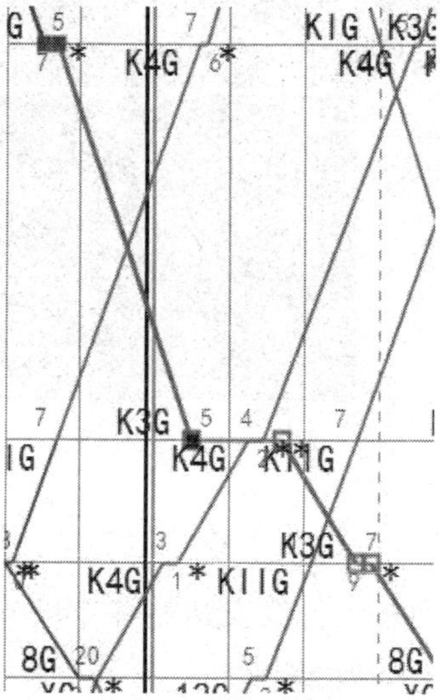

图 10-11　变更股道

（五）调整运行图并下达新计划

（1）主调调整后续受影响的上下行列车；调整完成后，点击“下计划”按钮，如图 10-12。

图 10-12　点击下计划

（2）弹出对话框，依次点击“检查计划”“发送”按钮，确认将新计划下达到管辖车站，如图 10-13 所示。

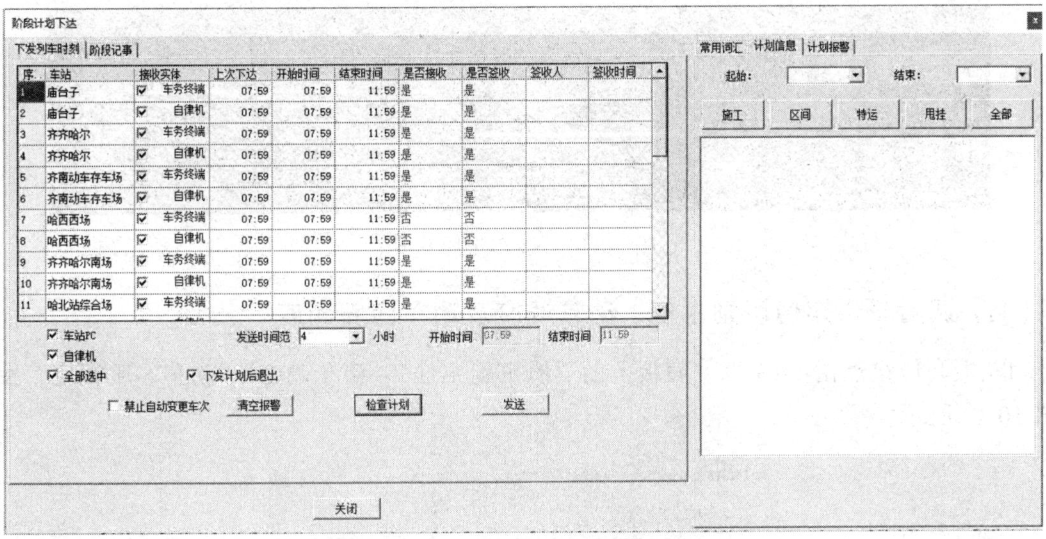

图 10-13　下达阶段计划到管辖车站

（六）安达站客专场人工触发 D6909 次列车接车进路

（1）在助调终端“选站面板”中选择“安达站客专场”。

（2）在页面下方“列车进路”序列表内，选中需要修改的 D6909 次列车接车信息栏，点击鼠标右键，出现下拉列表，如图 10-14 所示。

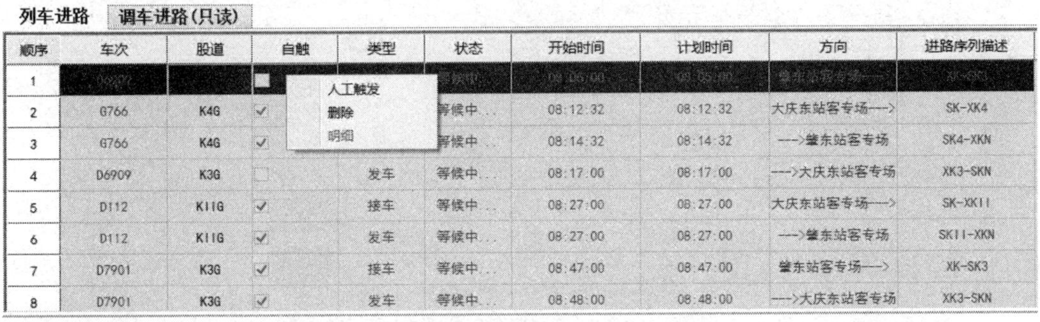

图 10-14　进路序列表内选中列车信息栏

（3）选择“人工触发”，D6909 次列车在车站的接车进路触发方式转换为人工提前执行，如图 10-15 所示。

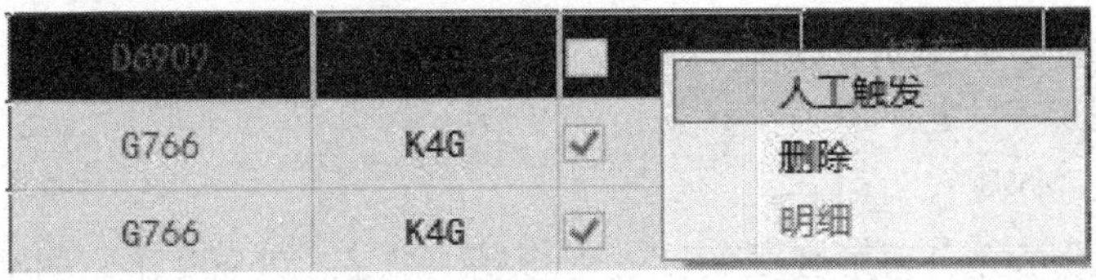

图 10-15　列车进路触发方式转换为“人工触发”

（4）站场图上接车进路排通，白光带点亮，如图 10-16 所示。

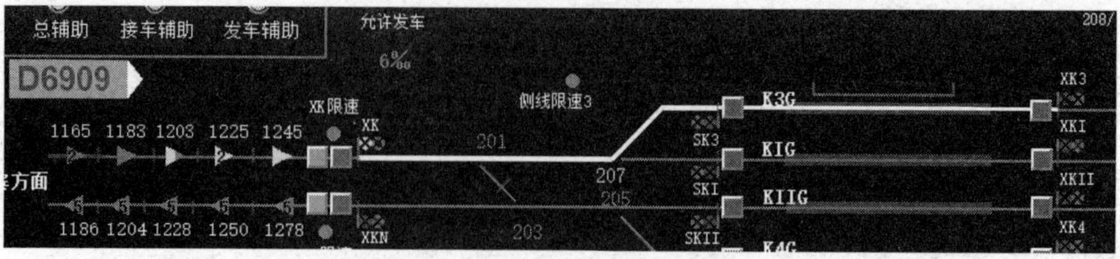

图 10-16　接车进路排通

（七）调度员通知值班副主任、动车调度及动车客服调度

（1）主调依次点击 FAS 机主面板上的“值班副主任”“动车调度”“动车客服调度”按钮，如图 10-17 所示。

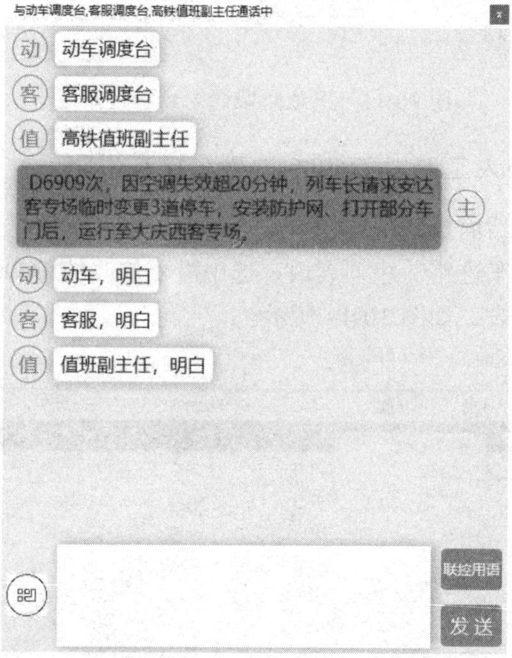

图 10-17　群呼相关单位人员

（2）主调通知值班副主任（虚拟仿真人）：D6909 次，因空调失效超 20 分钟，列车长请求安达客专场临时变更 3 道停车，安装防护网、打开部分车门后，运行至大庆西客专场。

值班副主任回复：明白。

（3）主调通知调度所内动车调度（虚拟仿真人）：D6909 次，因空调失效超 20 分钟，列车长请求安达客专场临时变更 3 道停车，安装防护网、打开部分车门后，运行至大庆西客专场。

动车调度回复：动调，明白。

（4）主调通知调度所内动车客服调度（虚拟仿真人）：D6909 次，因空调失效超 20 分钟，列车长请求安达客专场临时变更 3 道停车，安装防护网、打开部分车门后，运行至大庆西客专场。

动车客服调度回复：客服，明白。

（八）发布空调失效需打开部分车门限速运行的调度命令

（1）点击调度命令终端左上角“新建调度命令”按钮，如图 10-18 所示。

图 10-18　新建调度命令

（2）点击“命令标题”尾部的下拉框，选择“动车组列车空调失效需打开部分车门限速运行”命令模板，或输入命令标题“空调失效”，如图 10-19 所示。

图 10-19　命令标题

（3）“命令正文”中出现命令模板，填写完成命令内容（图 10-20）：D6909 次列车因空调失效打开部分车门限速 60 km/h 运行，通过邻靠高站台的线路所时限速 40 km/h 运行。

图 10-20　命令正文

（4）在受令列表中，选择要发送的车站“安达客专场”“大庆东客专场”“大庆西客专场”，如图 10-21 所示。

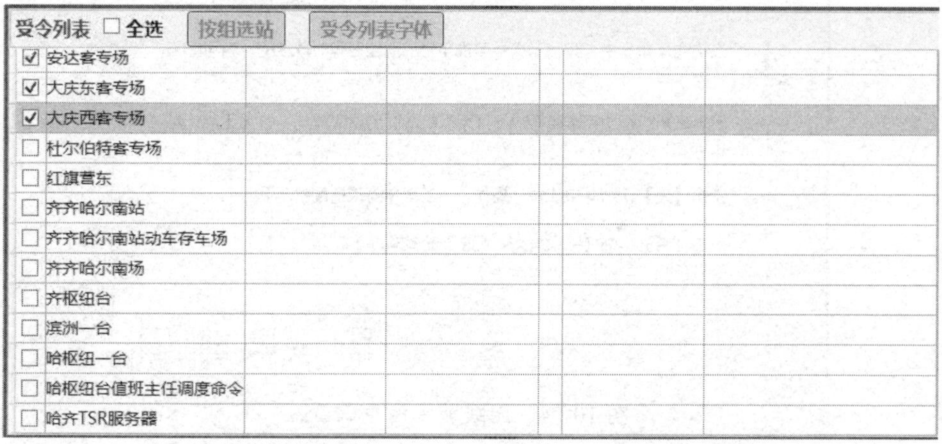

图 10-21　勾选受令单位

（5）在无线受令列表内点击“增加”，输入车次号“D6909”，再点击“查找机车”，如图10-22所示。

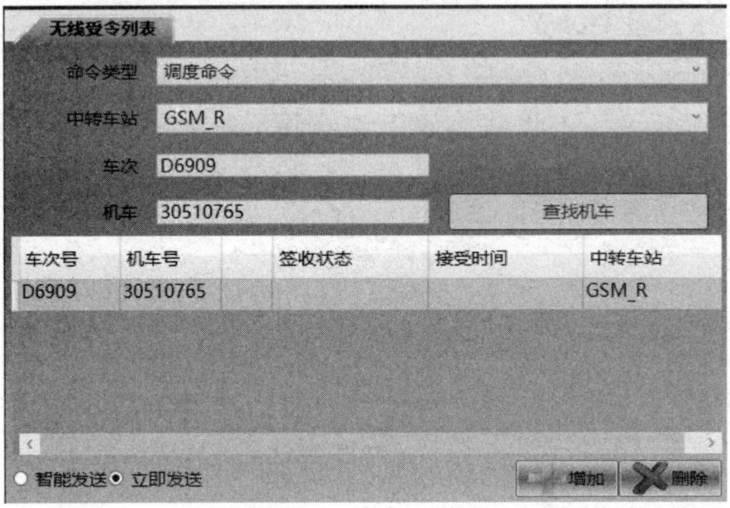

图 10-22　增加无线受令人

（6）点击“下达”，如图 10-23 所示。

图 10-23　点击下达

出现无线调令信息确认对话框，确认无误后，点击“否”，如图 10-24 所示。

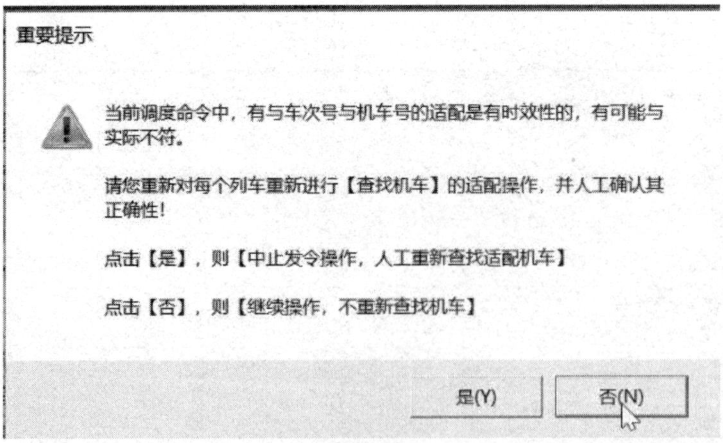

图 10-24　无线调令信息确认

（7）弹出对话框，确认受令人无误后，点击“是”，如图 10-25 所示。

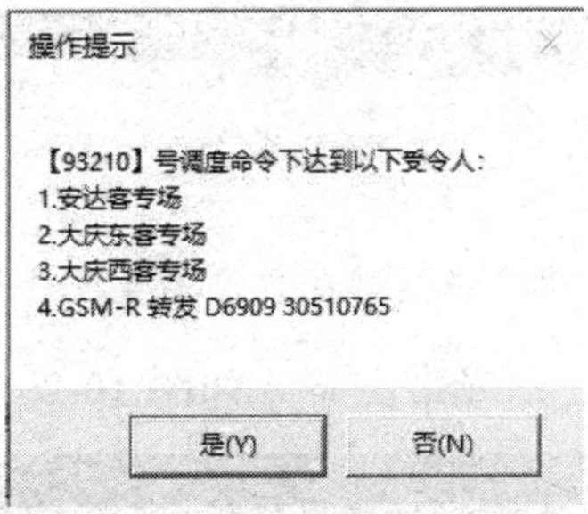

图 10-25　确认受令单位

调度命令下发完成，命令进入签收完成栏，车站及司机签收，如图 10-26 所示。

☐ 受令单位	抄送	签收状态
☑ 安达客专场		已签收
☑ 大庆东客专场		已签收
☑ 大庆西客专场		已签收

车次号	机车号	签收状态
D6909	30510765	司机签收

图 10-26　命令发送完成

（九）故障列车司机报告

D6909 次列车进入安达站客专场停稳后，安装防护网：

（1）FAS 机主应答发出提示，点击“主应答”按钮，弹出语音播报。

（2）D6909 次列车司机（虚拟仿真人）报告调度员：D6909 次，防护网安装完毕，请求开车。

（3）调度回复 D6909 次列车司机：调度明白。

（十）安达站客专场人工触发 D6909 次列车发车进路

（1）在助调终端“选站面板”中选择“安达站客专场”。

（2）在页面下方“列车进路”序列表内，选中需要修改的 D6909 次列车发车信息栏，点击鼠标右键，出现下拉列表，如图 10-27 所示。

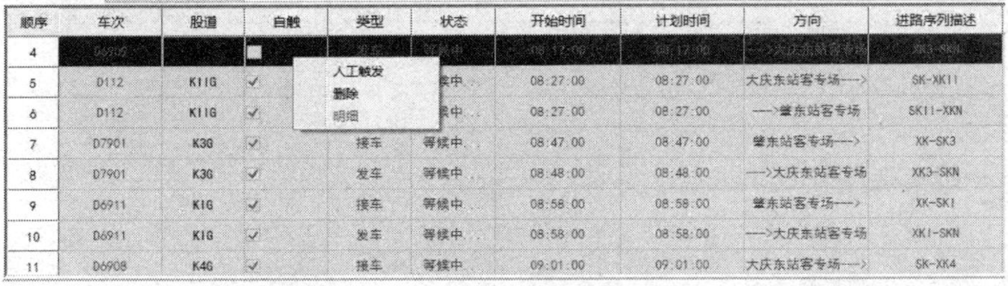

顺序	车次	股道	自触	类型	状态	开始时间	计划时间	方向	进路序列描述
4	D6909	[illegible]	☐	发车	等候中	08:17:00	08:17:00	——>大庆东站客专场	XK3-SKN
5	D112	K11G	✓	[illegible]	…候中	08:27:00	08:27:00	大庆东站客专场——>	SK-XK11
6	D112	K11G	✓	[illegible]	…候中	08:27:00	08:27:00	——>肇东站客专场	SK11-XKN
7	D7901	K3G	✓	接车	等候中	08:47:00	08:47:00	肇东站客专场——>	XK-SK3
8	D7901	K3G	✓	发车	等候中	08:48:00	08:48:00	——>大庆东站客专场	XK3-SKN
9	D6911	K1G	✓	接车	等候中	08:58:00	08:58:00	肇东站客专场——>	XK-SK1
10	D6911	K1G	✓	发车	等候中	08:58:00	08:58:00	——>大庆东站客专场	XK1-SKN
11	D6908	K4G	✓	接车	等候中	09:01:00	09:01:00	大庆东站客专场——>	SK-XK4

图 10-27　进路序列表内选中列车信息

（3）选择“人工触发”，D6909 次列车在车站的发车进路触发方式转换为人工提前执行，如图 10-28 所示。

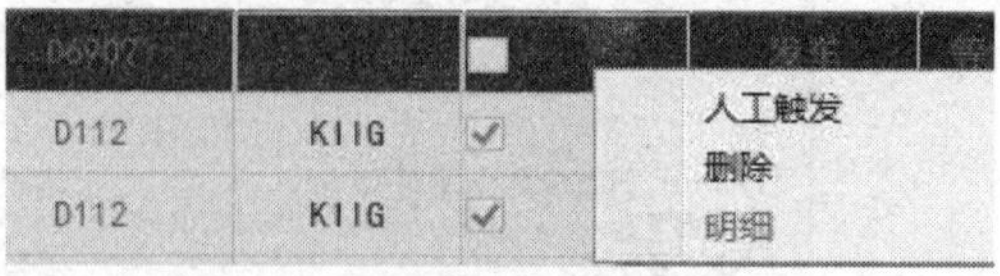

图 10-28　列车进路触发方式转换为“人工触发”

（4）站场图上发车进路排通，白光带点亮，如图 10-29 所示。

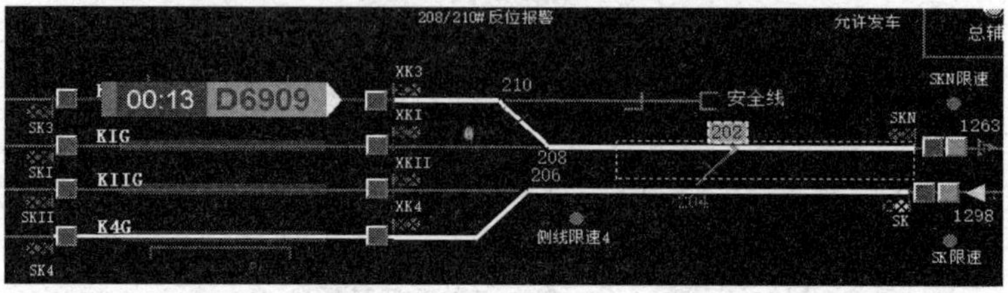

图 10-29　发车进路排通

（十一）调度员通知动车客服调度、齐齐哈尔南站、齐枢组

（1）主调依次点击 FAS 机主面板上的“动车客服调度”“齐齐哈尔南站”“齐枢组”按钮。

（2）主调通知动车客服调度（虚拟仿真人）：D6909 次预计晚点 × 分。

动车客服调度回复：客服，明白。

（3）主调通知齐齐哈尔南站（虚拟仿真人）：D6909 次预计晚点 × 分。

齐齐哈尔南站回复：齐齐哈尔南站，明白。

（4）主调通知齐枢组（虚拟仿真人）：D6909 次预计晚点 × 分。

齐枢组回复：齐枢组，明白。

（十二）填写铁路交通事故（故障）概况表（简称：安监报-1）

填记安监报（图 10-30）：7 时 56 分，D6909 次因空调失效超 20 分钟，列车长请求安达客专场临时变更 3 道停车，安装防护网、打开部分车门后，运行至大庆西客专场。

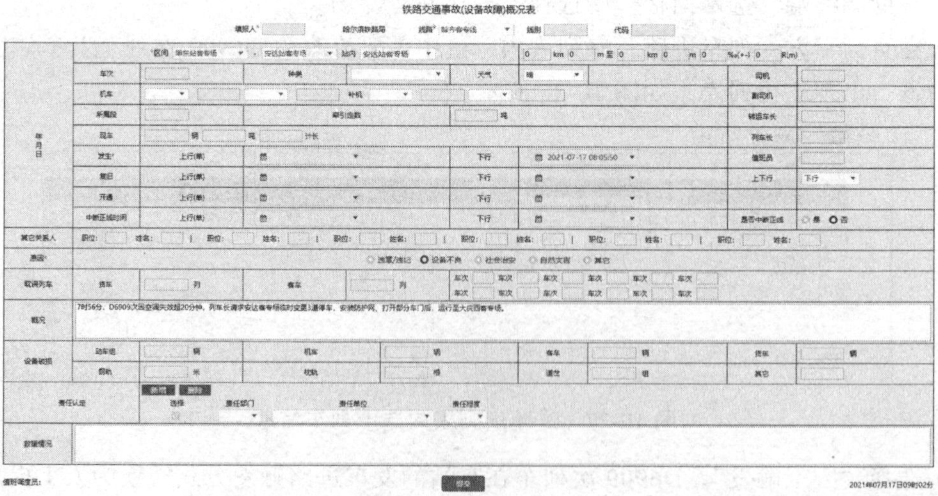

图 10-30　安监报-1

七、实验要求

（1）认真完成实验报告，报告要用实验报告纸，书写工整，按时上交。

（2）对思考题应能依据实验过程做出相应的回答。

八、思考题

（1）若空调失效超过 20 min 不处理，会导致哪些后续事故或故障？

（2）安装防护网有哪些注意事项？

实验十一 运行途中转向架监测故障应急处置实验

一、实验目的

（1）熟悉列车调度台、助理调度台界面设置和菜单管理功能。

（2）掌握高速铁路列车运行调整、高速铁路电气设备操作及相关辅助软件操作等列车调度指挥基本技能。

（3）熟悉《技规》所规定的处置故障流程及组织行车原则，采取合理的应急处置方案。

（4）熟练掌握动车组运行途中转向架监测故障情况下相关规章制度及处置流程。

二、实验原理

依据铁路《技规》第 407 条的规定，动车组运行途中转向架监测故障的具体处置流程及要求如下：

发现或接到转向架监测故障、车辆下部异音、异状的通知时，司机（列车工作人员）应立即采取紧急停车措施，司机向列车调度员（车站值班员）报告，车站值班员报告列车调度员。列车调度员（车站值班员）应立即通知区间内后续列车停车，不再向该区间放行列车。司机在接到列车调度员已发布邻线列车限速 160 km/h 及以下调度命令的口头指示后，通知随车机械师下车检查处理。随车机械师检查后，需要限速运行时，通知司机限速要求，司机报告列车调度员（车站值班员）后，按限速要求运行。不能继续运行时，及时请求救援。

三、实验内容

列车调度台进行列车运行调整计划编制与下达，监控列车运行。进行调度命令编写、接收、审核与下达，及时处理所辖区段内的突发情况，列车调度员向基层运输站段下达的书面的命令；发布列控限速调度命令，以保障列车运行安全。

助理调度台进行特殊情况下的人工办理接发车进路，并根据现场实际情况，以人工控制设备状态的方式引导列车运行。辅助列车调度台完成调度命令编写、接收、审核；发布列控限速调度命令，以保障列车运行安全。

调监显示台进行列车运行监视，实时了解各车站和区间的设备使用情况、列车运行情况以做出科学合理的调度指挥决策。

高速动车组走行部转向架均设有红外线监测设备，保证高速行驶的列车安全。若动车组转向架出现故障，严重时会导致列车脱轨事故发生。因此，在发生动车组转向架监测设备报警时，需要立即停车，进行列车走行部检查。若为设备误报警，则可以在简单检查维修后继续运营。整个实验在熟悉列车调度台、助理调度台的操作模式后，进行动车组转向架监测故障情况下的调度指挥及应急场景处置。

（1）不再向该区间放行列车，并通知已进入区间的后续列车立即停车，及时取消后方站发车自触。

（2）通知相关人员，报告值班副主任。

（3）根据司机下车检查的请求，发布邻线限速 160 km/h 及以下调度命令。

（4）向司机发布口头指示，邻线列车限速 160 km/h 及以下调度命令已发布，通知随车机械师下车检查。

（5）经检查，需限速时，按随车机械师要求限速运行。

（6）绘制运行图标识。

（7）调整运行图。

（8）向相关人员通报预计列车晚点时间或恢复运行时刻。

（9）填记安监报-1。

四、实验仪器、设备

列车调度台 1 台，含运行图终端系统、调度命令终端系统、列控限速管理系统。

助理调度台 1 台，含助调终端系统、调度命令终端系统、列控限速管理系统。

调监显示屏 1 台，含调度监督系统。

辅助系统 1 套，含自然灾害及异物侵限监测系统、FAS 机系统、电子行车设备检查登记簿、铁路交通事故（故障）概况表。

五、实验预设参数

动车组运行途中转向架监测故障，加载场景为故障出现前若干分钟内的运行场景：

（1）计划图上，存在后续进入该区段的列车。

（2）在应急处置过程中，不使用非常站控模式。

（3）运行图已加载完成，阶段计划为 10:00—13:00。

（4）选定线路为某客专台。

（5）故障列车车次号为 G1246，运行至安达站客专场至肇东站客专场间上行线。

预设情况如图 11-1 所示。

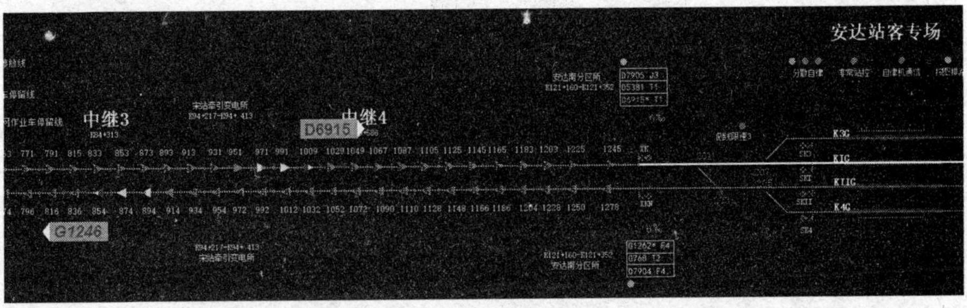

图 11-1　动车组运行途中转向架监测故障预设情况

六、实验步骤

（一）故障列车司机报告

（1）FAS 机主应答发出提示，点击“主应答”按钮，如图 11-2 所示。

图 11-2 主应答按钮

（2）弹出语音播报，如图 11-3 所示。G1246 次列车司机（虚拟仿真人）报告调度员：G1246 次运行至安达客专场至肇东客专场间上行线 84 km 400 m 处，因转向架监测故障，停于 83 km 400 m 处。

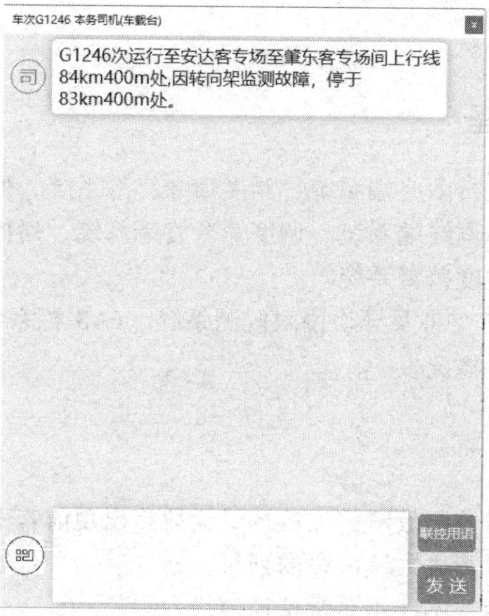

图 11-3 语音告警

（3）调度回复 G1246 次列车司机：调度明白。

（二）取消 G1262 次列车在安达站客专场发车自触

（1）在助调终端“选站面板”中选择“安达站客专场”，如图 11-4 所示。

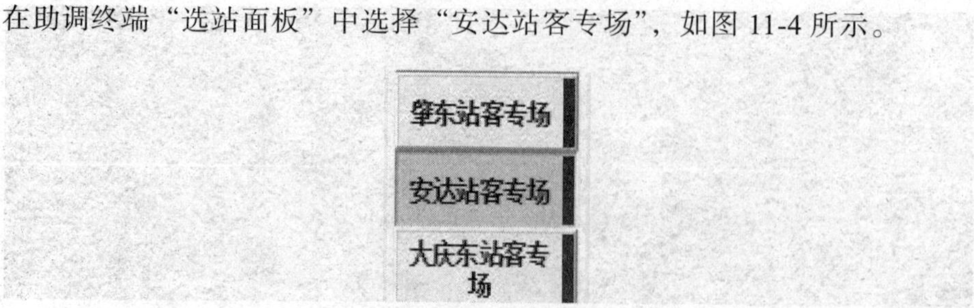

图 11-4 选择车站

（2）在页面下方“列车进路”序列表内，选中需要修改的 G1262 次列车发车信息栏，在列车对应的“自触”栏内，点击鼠标左键，出现下拉列表，如图 11-5 所示。

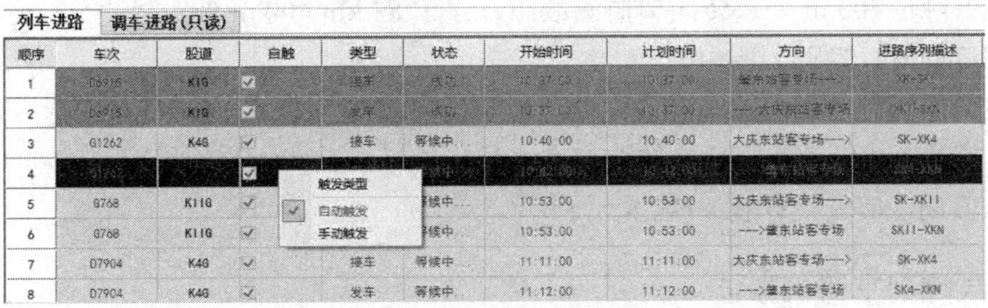

图 11-5　进路序列表内选中列车信息

（3）选择“手动触发”，G1262 次列车在车站的发车进路触发方式转换为手动，如图 11-6 所示。

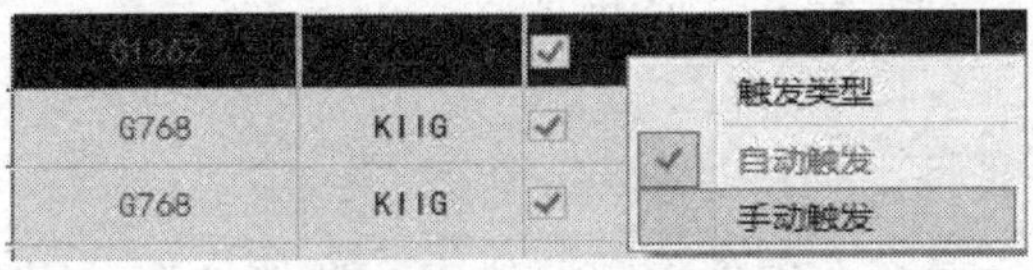

图 11-6　列车进路触发方式转换为“手动触发”

（三）调度员通知值班副主任、动车调度及动车客服调度

（1）主调依次点击 FAS 机主面板上的“值班副主任”“动车调度”“动车客服调度”按钮，如图 11-7 所示。

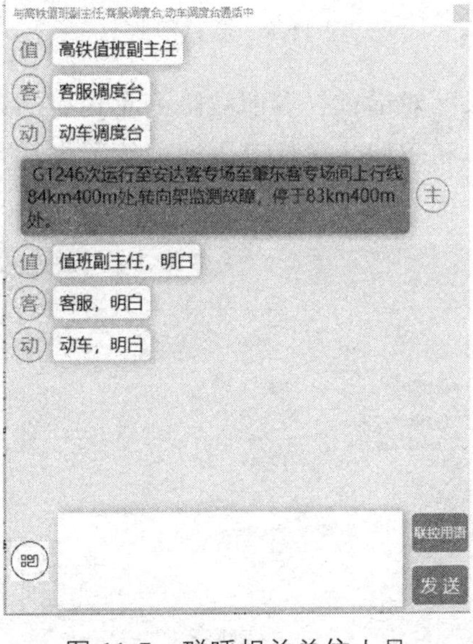

图 11-7　群呼相关单位人员

（2）主调通知值班副主任（虚拟仿真人）：G1246 次运行至安达客专场至肇东客专场间上行线 84 km 400 m 处，转向架监测故障，停于 83 km 400 m 处。

值班副主任回复：明白。

（3）主调通知调度所内动车调度（虚拟仿真人）：G1246 次运行至安达客专场至肇东客专场间上行线 84 km 400 m 处，转向架监测故障，停于 83 km 400 m 处。

动车调度回复：动调，明白。

（4）主调通知调度所内动车客服调度（虚拟仿真人）：G1246 次运行至安达客专场至肇东客专场间上行线 84 km 400 m 处，转向架监测故障，停于 83 km 400 m 处。

动车客服调度回复：客服，明白。

（四）故障列车司机报告

（1）FAS 机主应答发出提示，点击“主应答”按钮，弹出语音播报。

（2）G1246 次列车司机（虚拟仿真人）报告调度员：G1246 次随车机械师，申请下车检查，邻线限速 160 km/h。

（3）调度回复 G1246 次列车司机：调度明白。

（五）发布列控限速命令

（1）助调点击调度命令端右下角列控限速栏内“新建列控”，如图 11-8 所示。

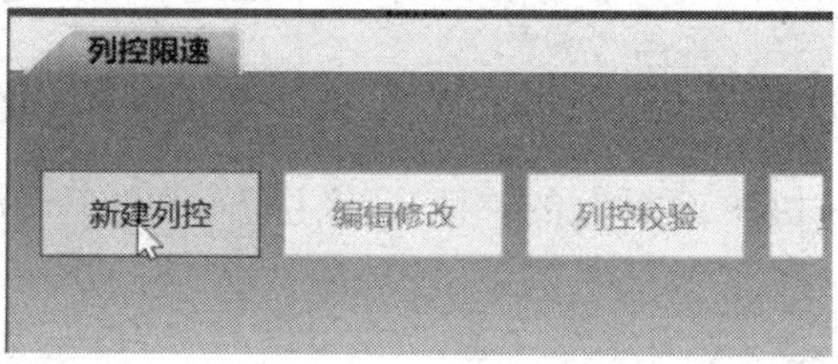

图 11-8　新建列控

（2）弹出“限速命令输入”对话框，参照故障列车司机的请求上道检查信息，输入“限速原因”“命令类型”“线路”和起始公里标及限速值等数据后点击“确认”按钮，如图 11-9 所示。

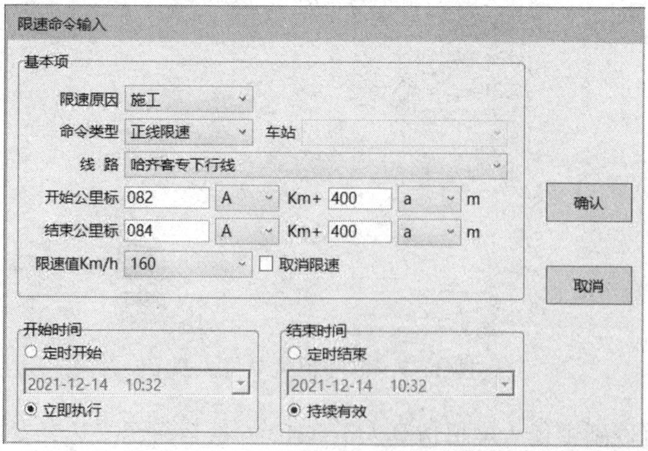

图 11-9　限速命令输入

限速原因：施工。

线路：哈齐客专下行线。

起始公里标：K82 + 400 至 K84 + 400。

限速值：160 km/h。

（3）弹出校验提示对话框，点击“确定”以后，主调调度命令端弹出“限速命令校验”对话框，对数据进行再一次输入，点击“确认”按钮，如图 11-10 所示。

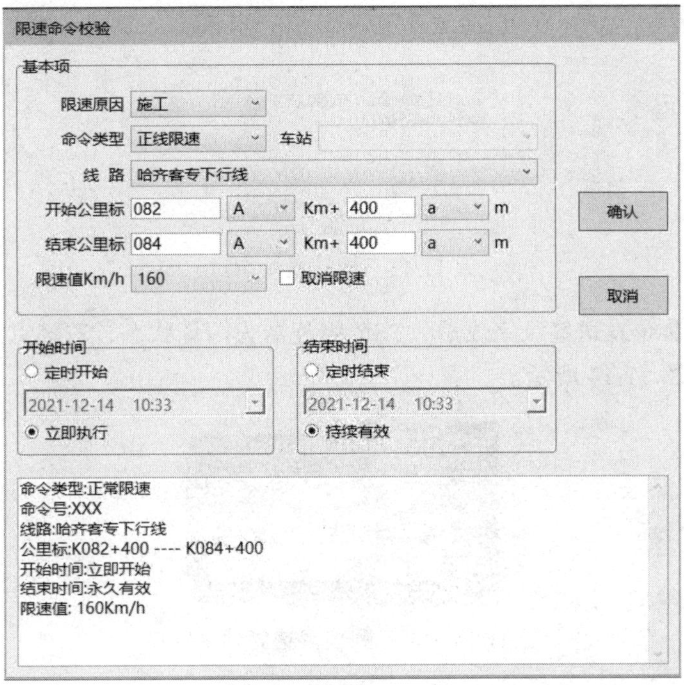

图 11-10　限速命令校验

（4）弹出提示框点击确定，返回主页面。受令列表内，系统自动勾选“哈齐 TSR 服务器”，如图 11-11 所示。

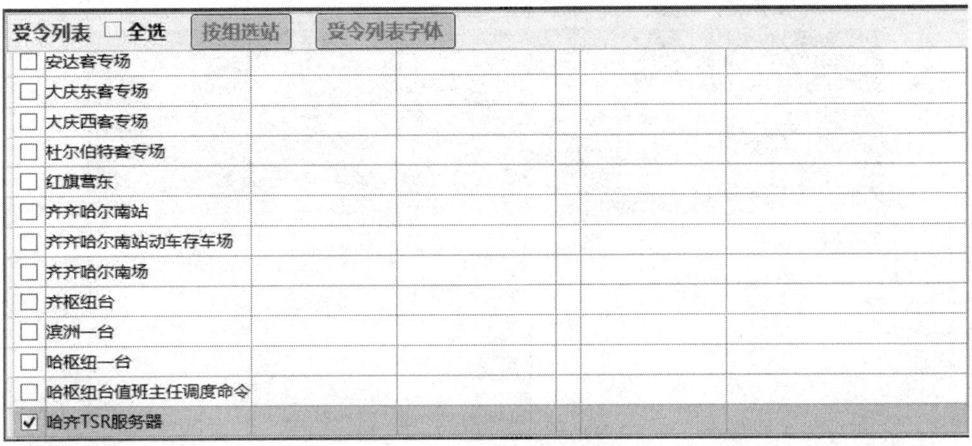

图 11-11　勾选受令单位

点击“下达”按钮，如图 11-12 所示。

图 11-12　点击下达

（5）出现对话框，确认无误后，点击“是”，如图 11-13 所示，调度命令下发。

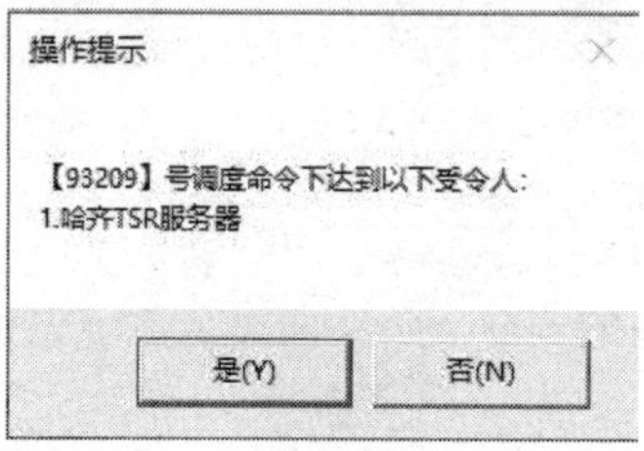

图 11-13　确认受令单位

（6）列控限速命令发送签收完成后，TSR 服务器为闪烁状态，右键点击 TSR 图标，选择“显示主窗口”，如图 11-14 所示。

图 11-14　显示列控限速管理主窗口

（7）灰色底色为已拟定命令，选中该条灰色命令，单击下方“激活校验”按钮，对该命令进行激活操作，如图 11-15 所示。

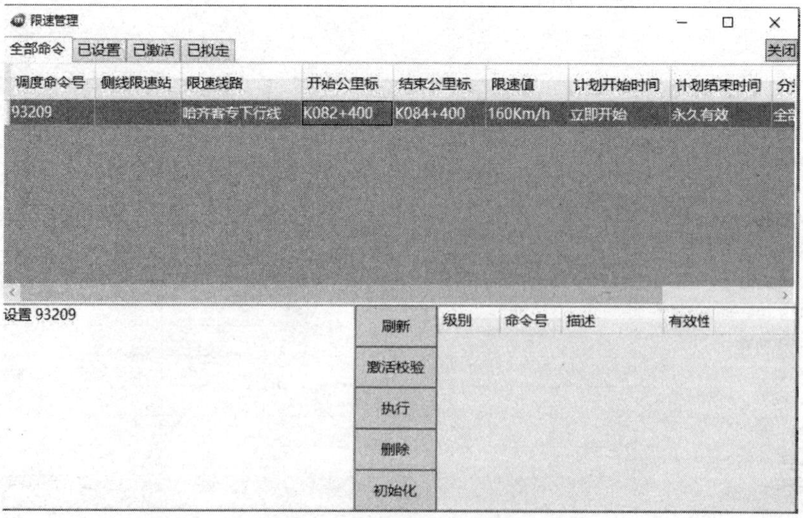

图 11-15　命令激活

（8）命令底色变为绿色，进入“已激活”栏内；再次选中该条命令，单击下方“执行”按钮，如图 11-16 所示。

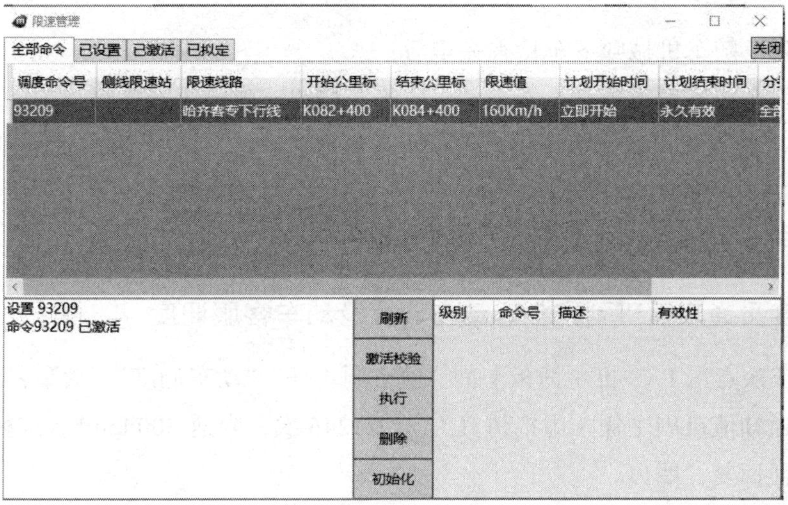

图 11-16　命令执行

（9）命令底色变为黄色，进入“已设置”栏内，表明该条命令已完全设置成功，TSRS 内正在执行该限速命令。设置成功后显示如图 11-17 所示。

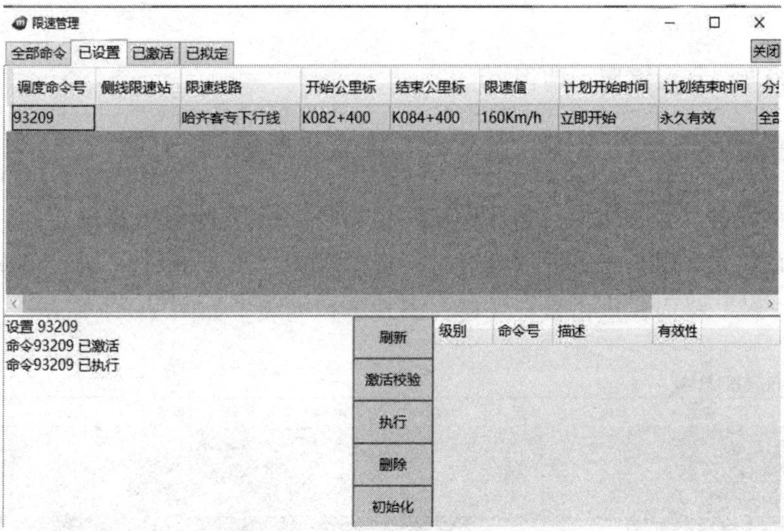

图 11-17　限速命令设置成功

（六）调度员通知故障列车司机

（1）主调点击 FAS 机“拨号”按钮，弹出拨号盘，输入对应车次号，再依次点击“本务机司机”“拨号”。

（2）主调通知 G1246 次列车司机（虚拟仿真人）：G1246 次，邻线限速命令已发布，准许随车机械师下车作业。

G1246 次列车司机回复：G1246 次，司机明白。

（七）故障列车司机报告

G1246 次列车随车机械师下车检查完毕后：

（1）FAS 机主应答发出提示，点击“主应答”按钮，弹出语音播报。

（2）G1246 次列车司机（虚拟仿真人）报告调度员：G1246 次随车机械师已上车，限速 200 km/h，运行至哈西东场。

（3）调度回复 G1246 次列车司机：调度明白。

（八）调度员通知值班副主任、动车调度及动车客服调度

（1）主调依次点击 FAS 机主面板上的“值班副主任”“动车调度”“动车客服调度”按钮。

（2）主调通知值班副主任（虚拟仿真人）：G1246 次，限速 200 km/h，运行至哈西东场。

值班副主任回复：明白。

（3）主调通知调度所内动车调度（虚拟仿真人）：G1246 次，限速 200 km/h，运行至哈西东场。

动车调度回复：动调，明白。

（4）主调通知调度所内动车客服调度（虚拟仿真人）：G1246 次，限速 200 km/h，运行至哈西东场。

动车客服调度回复：客服，明白。

（九）恢复 G1262 次列车在安达站客专场发车自触

（1）在助调终端“选站面板”中选择“安达站客专场”。

（2）在页面下方“列车进路”序列表内，选中需要修改的 G1262 次列车发车信息栏，在列车对应的“自触”栏内，点击鼠标左键，出现下拉列表，如图 11-18 所示。

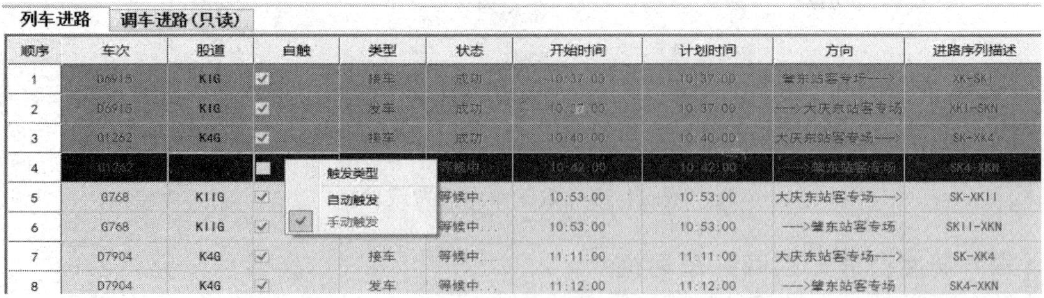

图 11-18　进路序列表内选中列车信息

（3）选择“自动触发”，G1262 次列车在车站的进路触发方式转换为自动，如图 11-19 所示。

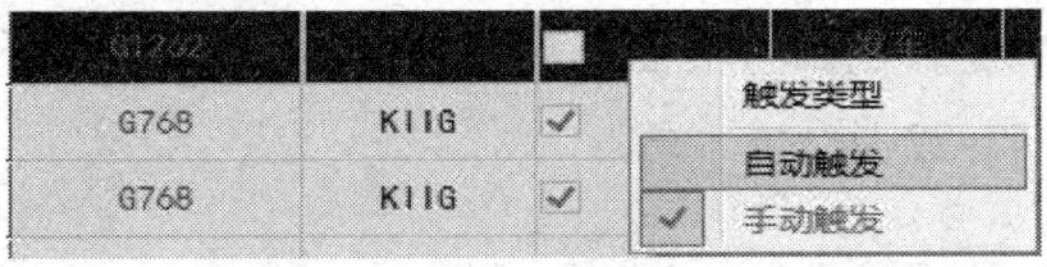

图 11-19　列车进路触发方式转换为“自动触发”

（十）发布取消列控限速命令

（1）助调点击调度命令端右下角列控限速栏内“新建列控”。

（2）弹出“限速命令输入”对话框，输入前发列控限速命令“限速原因”“命令类型”“线路”及起始公里标等数据，并勾选“取消列控”，点击“确认”按钮，如图 11-20 所示。

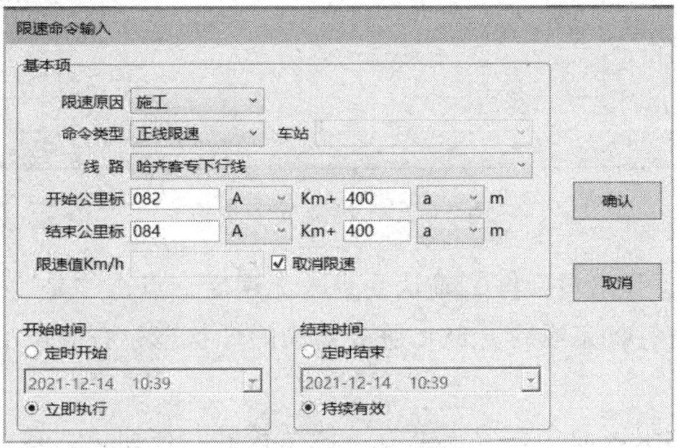

图 11-20　限速命令输入

（3）弹出校验提示对话框，点击“确定”以后，主调调度命令端弹出“限速命令校验”对话框，对数据进行再一次输入，点击“确认”按钮，如图 11-21 所示。

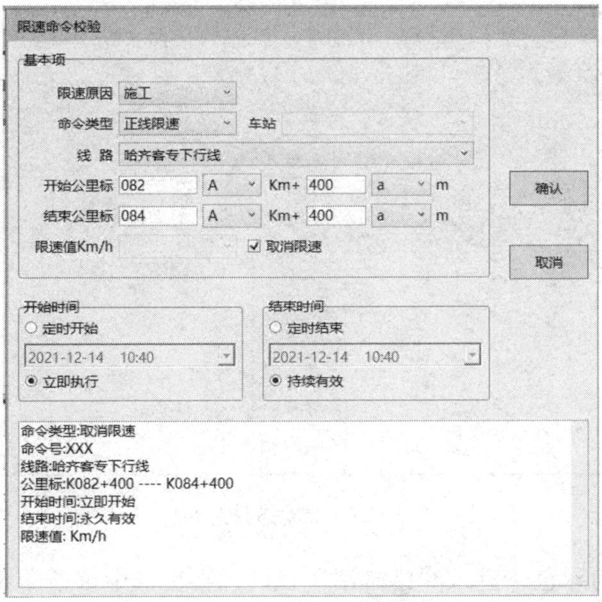

图 11-21　限速命令校验

（4）弹出提示框点击确定，返回主页面。受令列表内，系统自动勾选“哈齐 TSR 服务器”，点击“下达”按钮，如图 11-22 所示。

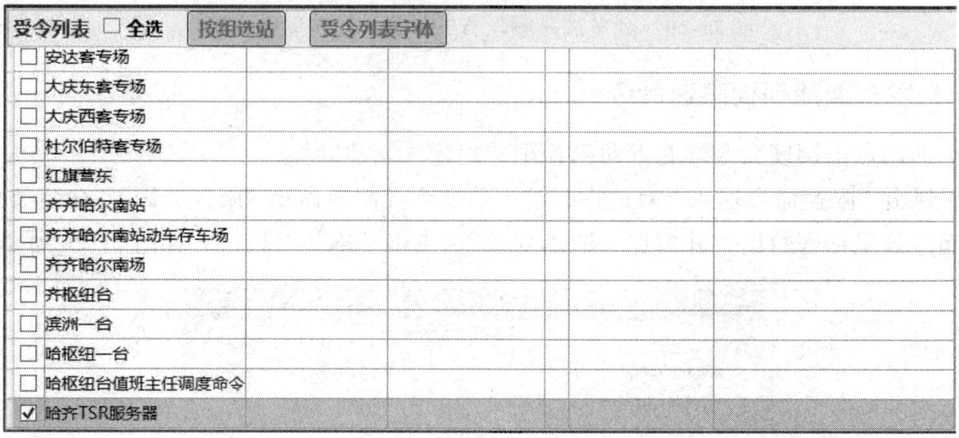

图 11-22　勾选受令单位

（5）点击“下达”，弹出对话框，确认受令人无误后，点击“是”。

列控限速命令发送签收完成后，TSR 服务器为闪烁状态，右键点击 TSR 图标，选择“显示主窗口”。

（6）选中该条取消限速命令，单击下方“激活校验”按钮，对该命令进行激活操作，如图 11-23 所示。

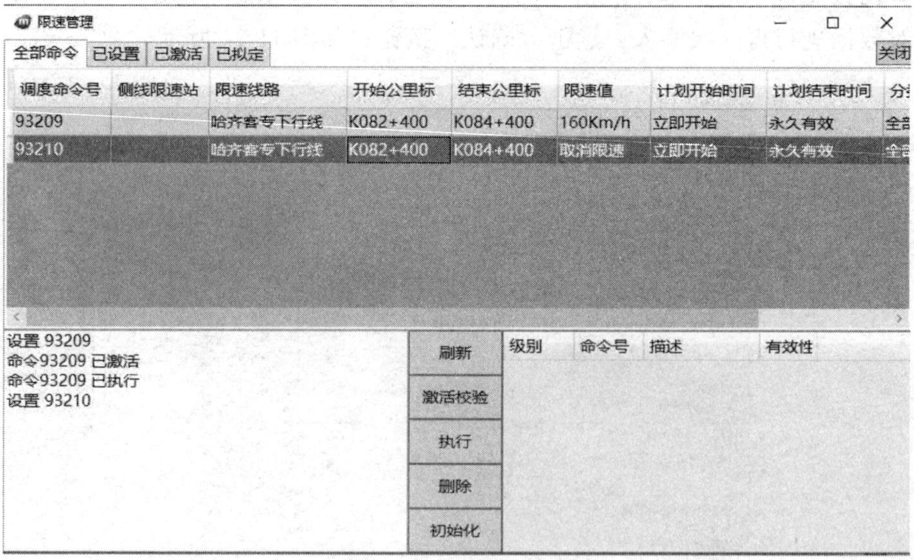

图 11-23　激活列控限速

（7）命令底色变为绿色，进入“已激活”栏内；再次选中该条命令，单击下方“执行”按钮，如图 11-24 所示。

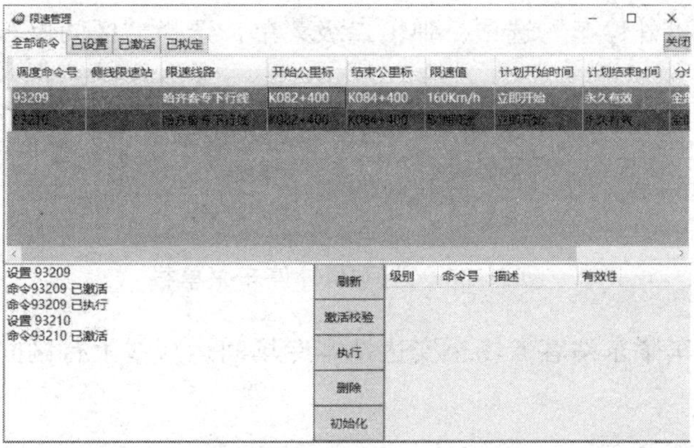

图 11-24　执行列控限速

（8）执行完成后，对应限速命令消失。

完成后线路图上对应的限速命令指示消失。

（十一）调度员通知动车客服调度、哈尔滨站、哈枢纽一台

（1）主调依次点击 FAS 机主面板上的“动车客服调度”“哈站”“枢纽一台”按钮。

（2）主调通知动车客服调度（虚拟仿真人）：因动车组故障影响，G1246 次预计晚点 × 分。

动车客服调度回复：客服，明白。

（3）主调通知哈站（虚拟仿真人）：因动车组故障影响，G1246 次预计晚点 × 分。

哈站回复：哈站，明白。

（4）主调通知枢纽一台（虚拟仿真人）：因动车组故障影响，G1246 次预计晚点 × 分。

枢纽一台回复：枢纽一台，明白。

（十二）绘制区间停车标识

（1）左键单击选中 G1246 次列车运行线安达站客专场节点位置（车站与运行线交点），点击鼠标右键，弹出菜单栏，如图 11-25 所示。

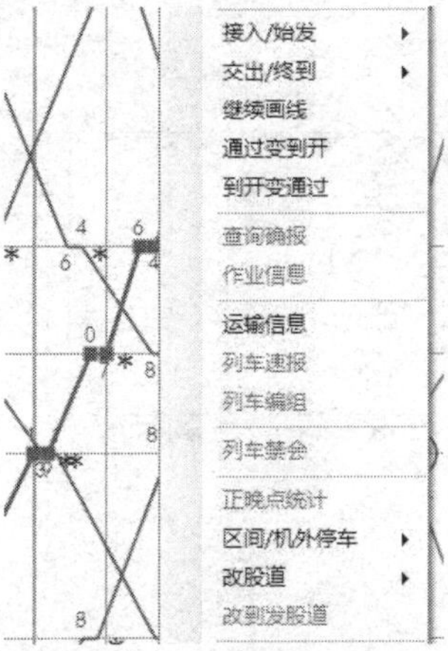

图 11-25　运行线右键菜单栏

（2）点击“区间/机外停车”选项，弹出二级菜单，选择“区间停车”，如图 11-26 所示。

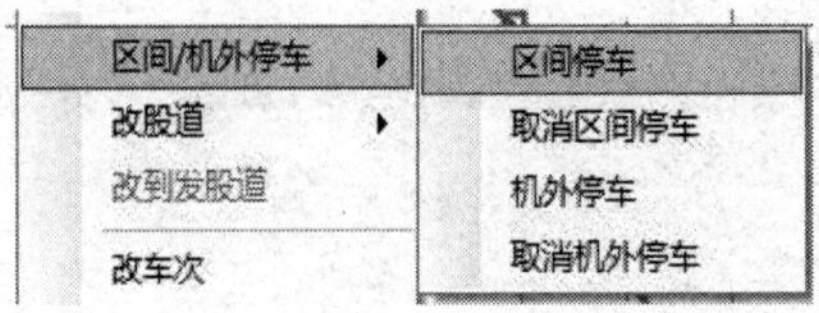

图 11-26　区间/机外停车菜单栏

（3）G1246 次列车肇东站客专场至安达站客专场间运行线上行区间停车绘制完成，如图 11-27 所示。

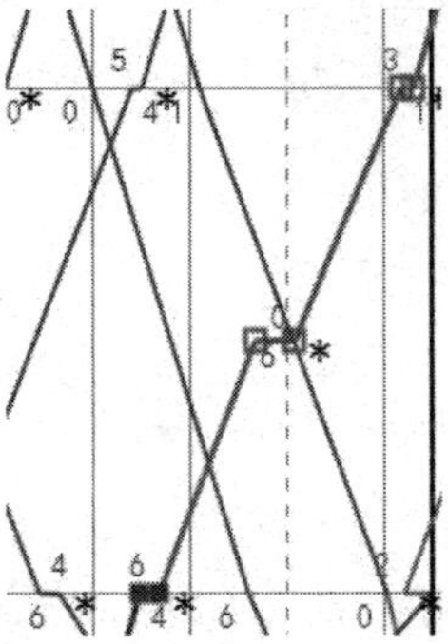

图 11-27　区间停车

（十三）调整运行图并下达新计划

（1）主调调整后续受影响的上下行列车；调整完成后，点击“下计划”按钮，如图 11-28 所示。

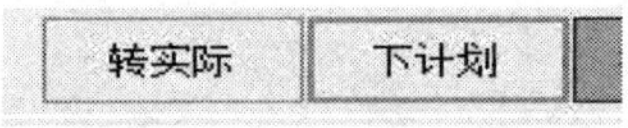

图 11-28　点击下计划

（2）弹出对话框，依次点击“检查计划”“发送”按钮，确认将新计划下达到管辖车站，如图 11-29 所示。

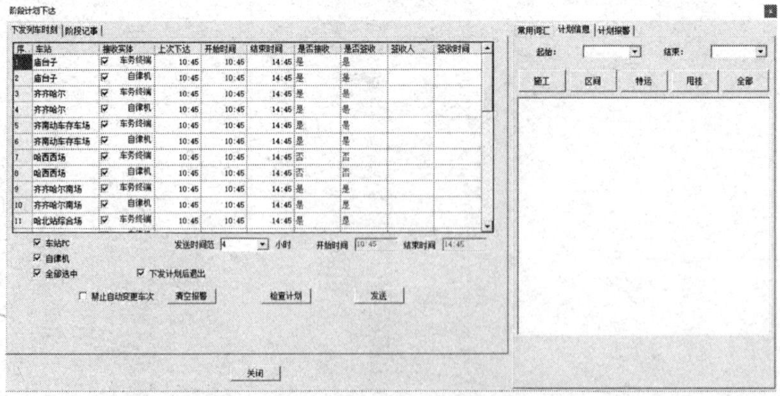

图 11-29　下达阶段计划到管辖车站

(十四）填写铁路交通事故（故障）概况表（简称：安监报-1）

填记安监报（图 11-30）：10 时 30 分，G1246 次运行至安达客专场至肇东客专场间上行线 84 km 400 m 处，转向架监测故障，停于 83 km 400 m 处。

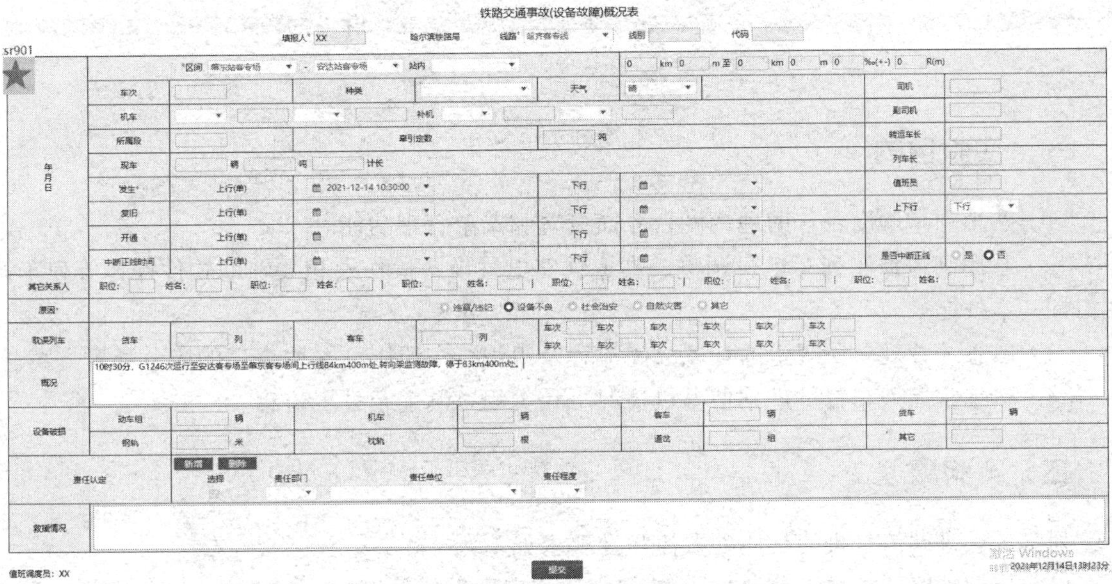

图 11-30　安监报-1

七、实验要求

（1）认真完成实验报告，报告要用实验报告纸，书写工整，按时上交。

（2）对思考题应能依据实验过程做出相应的回答。

八、思考题

（1）导致转向架故障的原因有哪些？

实验十二 列车冒进进站信号机应急处置实验

一、实验目的

（1）熟悉列车调度台、助理调度台界面设置和菜单管理功能。

（2）掌握高速铁路列车运行调整、高速铁路电气设备操作及相关辅助软件操作等列车调度指挥基本技能。

（3）熟悉《技规》所规定的处置故障流程及组织行车原则，采取合理的应急处置方案。

（4）熟练掌握列车冒进进站信号机情况下相关规章制度及处置流程。

二、实验原理

列车冒进进站信号机的具体处置流程及要求如下：

（1）依据铁路《技规》第 420 条的规定，列车冒进信号机后，司机应立即停车报告列车调度员（车站值班员），并不得擅自动车，车站值班员报告列车调度员。列车调度员（车站值班员）接到司机冒进进站（接车进路）信号机报告后，立即通知已进入区间的后续列车停车，不再向该区间放行列车。

（2）依据《技规》第 421 条的规定，列车冒进进站（接车进路）、出站（发车进路）信号机时，列车调度员（车站控制时为车站值班员）得到报告后，在确认列车具备动车条件时，按以下规定处理：

① 列车冒进进站（接车进路）信号机时，列车调度员（车站控制时为车站值班员）在确认接车进路准备妥当和列车运行条件具备后，使用列车无线调度通信设备通知司机进站。

② 列车冒进出站（发车进路）信号机时，列车调度员（车站控制时为车站值班员）应在具备条件后，布置列车后退。但对出发或通过列车，列车调度员（车站控制时为车站值班员）根据实际情况，可在确认发车进路准备妥当、第一个闭塞分区空闲（自动站间闭塞区段为区间空闲）、列车运行条件具备后，使用列车无线调度通信设备通知司机继续运行。

三、实验内容

列车调度台进行列车运行调整计划编制与下达，监控列车运行。进行调度命令编写、接收、审核与下达，及时处理所辖区段内的突发情况，列车调度员向基层运输站段下达的书面的命令；发布列控限速调度命令，以保障列车运行安全。

助理调度台进行特殊情况下的人工办理接发车进路，并根据现场实际情况，以人工控制设备状态或调度命令的方式引导列车运行。辅助列车调度台完成调度命令编写、接收、审核；

发布列控限速调度命令，以保障列车运行安全。

调监显示台进行列车运行监视，实时了解各车站和区间的设备使用情况、列车运行情况以做出科学合理的调度指挥决策。

列车在进站前由系统自动排列接车进路，此时进路亮白色光带，进站信号机亮绿灯。在列车运行至进站信号机前，可能出现信号灯突变红灯或绿灯灯丝熔断等故障，此时会传输至车载设备上变为禁止信号，列控系统进入紧急制动状态。但因为列车在一定的运行速度下紧急制动距离较长，会导致列车冲过进站信号机，停于进站方向咽喉区内。整个实验在熟悉列车调度台、助理调度台的操作模式后，进行列车冒进进站信号机情况下的调度指挥及应急场景处置。

（1）不再向该区间放行列车，并通知已进入区间的后续列车立即停车，及时取消后方站发车自触。

（2）通知相关人员，报告值班副主任。

（3）需上道检查、处理设备故障时，根据设备管理单位在《行车设备检查登记簿》内的登记申请，及时发布本线封锁、邻线限速 160 km/h 及以下的调度命令后，准许上道检查。

（4）冒进进站信号机且具备动车条件时，确认接车进路准备妥当和列车运行条件具备后，使用 FAS 电话通知司机进站。

（5）绘制运行图标识。

（6）调整运行图。

（7）向相关人员通报预计列车晚点时间或恢复运行时刻。

（8）填记安监报-1。

四、实验仪器、设备

列车调度台 1 台，含运行图终端系统、调度命令终端系统、列控限速管理系统。

助理调度台 1 台，含助调终端系统、调度命令终端系统、列控限速管理系统。

调监显示屏 1 台，含调度监督系统。

辅助系统 1 套，含自然灾害及异物侵限监测系统、FAS 机系统、电子行车设备检查登记簿、铁路交通事故（故障）概况表。

五、实验预设参数

列车冒进进站信号机，加载场景为故障出现前若干分钟内的运行场景：

（1）计划图上，存在后续进入该区段的列车。

（2）在应急处置过程中，不使用非常站控模式。

（3）运行图已加载完成，阶段计划为 06:00—09:00。

（4）选定线路为某客专台。

（5）故障出现后的首列车车次号为 D6902，即将进入安达站客专场。

预设情况如图 12-1 所示。

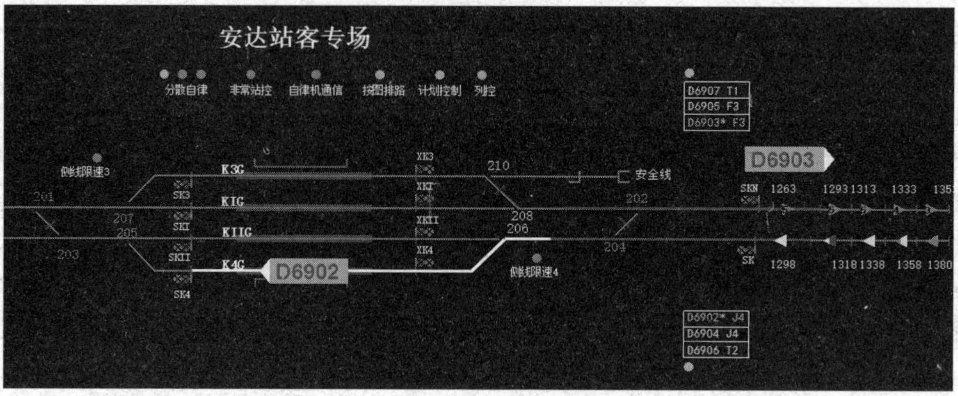

图 12-1　列车冒进进站信号机预设情况

六、实验步骤

（一）信号非正常关闭故障报警

（1）助调终端（图 12-2）弹出告警窗口，并发出告警提示音，提示：安达站客专场，信号非正常关闭。

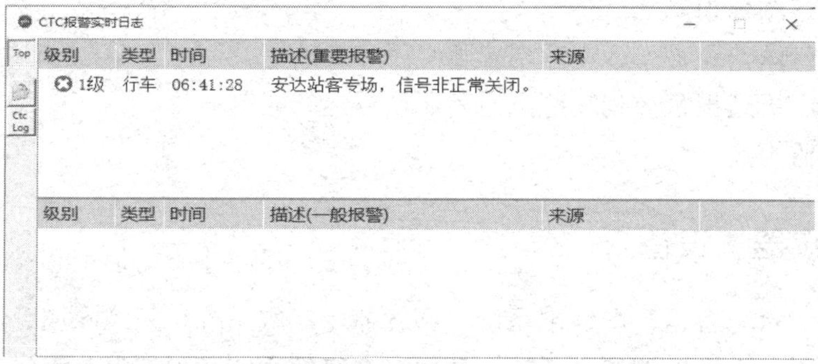

图 12-2　告警窗口

（2）调度点击“确定”，告警信息窗口消失。

（二）列车司机报告

（1）FAS 机主应答发出提示，点击“主应答”按钮，如图 12-3 所示。

图 12-3　主应答按钮

（2）弹出语音播报，如图 12-4 所示。

D6902 次列车司机（虚拟仿真人）报告调度员：D6902 次，6 时 41 分，越过安达客专场关闭的进站信号机，紧急制动停于安达客专场 127 km 620 m 处。

图 12-4　语音告警

（3）调度回复 D6902 次列车司机：调度明白。

（三）取消 D6904 次列车在大庆东站客专场发车自触

（1）在助调终端“选站面板”中选择“大庆东站客专场”，如图 12-5 所示。

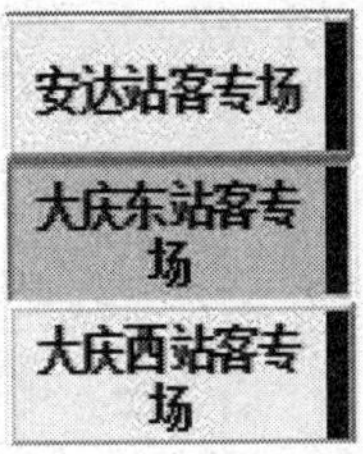

图 12-5　选择车站

（2）在页面下方“列车进路”序列表内，选中需要修改的 D6904 次列车发车信息栏在列车对应的“自触”栏内，点击鼠标左键，出现下拉列表，如图 12-6 所示。

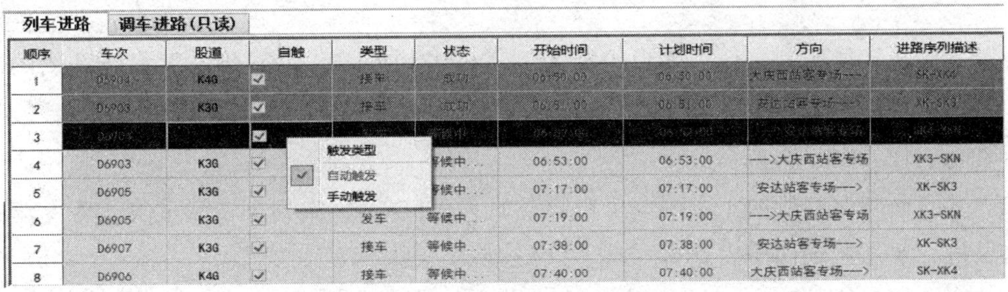

图 12-6　进路序列表内选中列车信息

（3）选择“手动触发”，D6904 次列车在车站的发车进路触发方式转换为手动，如图 12-7 所示。

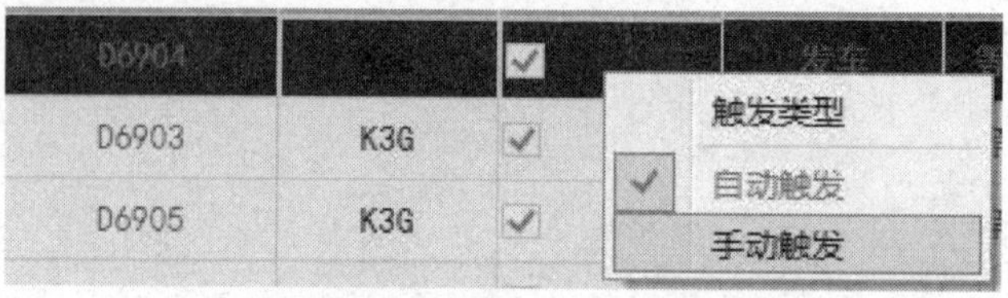

图 12-7　列车进路触发方式转换为“手动触发”

（四）调度员通知值班副主任、工务部门、电务部门、动车调度、动车客服调度及车站应急值守人员

（1）主调依次点击 FAS 机主面板上的“值班副主任”“工务调度”“电务调度”“动车调度”“动车客服调度”“安达站客专场”按钮，如图 12-8 所示。

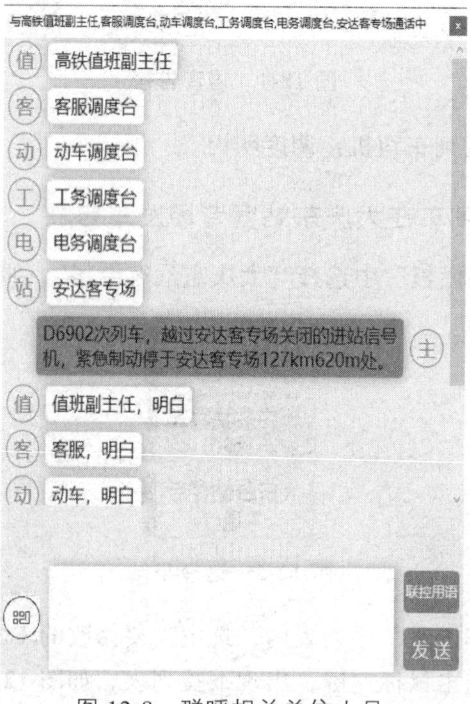

图 12-8　群呼相关单位人员

（2）主调通知值班副主任（虚拟仿真人）：D6902 次列车，越过安达客专场关闭的进站信号机，紧急制动停于安达客专场 127 km 620 m 处。

值班副主任回复：明白。

（3）主调通知调度所内工务调度（虚拟仿真人）：D6902 次列车，越过安达客专场关闭的进站信号机，紧急制动停于安达客专场 127 km 620 m 处。

工务调度回复：工务，明白。

（4）主调通知调度所内电务调度（虚拟仿真人）：D6902 次列车，越过安达客专场关闭的进站信号机，紧急制动停于安达客专场 127 km 620 m 处。

电务调度回复：电务，明白。

（5）主调通知调度所内动车调度（虚拟仿真人）：D6902 次列车，越过安达客专场关闭的进站信号机，紧急制动停于安达客专场 127 km 620 m 处。

动车调度回复：动调，明白。

（6）主调通知调度所内动车客服调度（虚拟仿真人）：D6902 次列车，越过安达客专场关闭的进站信号机，紧急制动停于安达客专场 127 km 620 m 处。

动车客服调度回复：客服，明白。

（7）主调通知安达站客专场应急值守人员（虚拟仿真人）：D6902 次列车，越过安达客专场关闭的进站信号机，紧急制动停于安达客专场 127 km 620 m 处。

车站应急值守人员回复：安达站客专场，明白。

（五）调度员登记并签认《行车设备检查登记簿》

（1）调度员填写行检，如图 12-9 所示。

CTC 报警：安达客专场信号非正常关闭。

列调：__________（列调登记签字）

月日	时分	检查试验结果，所发现的不良及破损程度
1.12	6:44	CTC报警：安达客专场信号非正常关闭。
		列车调度员：XX

图 12-9　调度填写行检

（2）填写完成后，点击右下角“登记”按钮，如图 12-10 所示。

图 12-10　登记行检

（3）工务调度（驻所联络员）在行车设备检查登记簿上登记并通过 FAS 机通知调度（图 12-11）：因 D6902 次列车安达站客专场冒进进站信号机，庆工 3 人请求上道检查，作业范围：安达站客专场 SK 信号机至 XK4 信号机间线路（相对正线里程：哈齐客专上行线 127 km 860 m 至 127 km 435 m），作业地点封锁，邻线列车限速 160 km/h。

庆工：× ×（驻所联络员登记签字）

列调：__________（列调登记签字）

1.12	6:45	工务登记：因D6902次安达站客专场冒进进站
		信号机，庆工3人请求上道检查，作业范围：
		安达站客专场SK信号机至XK4信号机间线路（
		相对正线里程：哈齐客专上行127km860m至
		127km435m），作业地点封锁，邻线列车限
		速160km/h。
		庆工：XX
		列调：

图 12-11　工务登记行检

（4）调度员对工务调度在行检簿上的登记进行签认：选中该条登记信息，在“列调”后输入姓名，再点击页面下发的“签认”按钮，如图 12-12 所示。

签认

图 12-12　签认信息

（5）电务调度（驻所联络员）在行车设备检查登记簿上登记并通过 FAS 机通知调度（图 12-13）：因 D6902 次列车安达站客专场冒进进站信号机，齐电 2 人请求上道检查，作业范围：安达站客专场 SK 信号机至 XK4 信号机间线路（相对正线里程：哈齐客专上行线 127 km 860 m 至 127 km 435 m），作业地点封锁，邻线列车限速 160 km/h。

齐电：××（驻所联络员登记签字）

列调：__________（列调登记签字）

1.12	6:45	电务登记：因D6902次安达站客专场冒进进站
		信号机，齐电2人请求上道检查，作业范围：
		安达站客专场SK信号机至XK4信号机间线路（
		相对正线里程：哈齐客专上行127km860m至
		127km435m），作业地点封锁，邻线列车限
		速160km/h。
		齐电：XX
		列调：

图 12-13　电务登记行检

（6）调度员对电务调度在行检簿上的登记进行签认：选中该条登记信息，在“列调”后输入姓名，再点击页面下发的“签认”按钮。

（六）发布列控限速命令

（1）助调点击调度命令端右下角列控限速栏内“新建列控”，如图 12-14 所示。

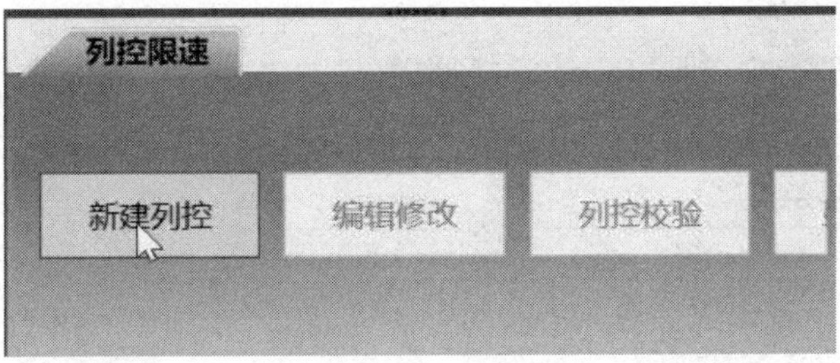

图 12-14　新建列控

（2）弹出“限速命令输入”对话框，参照工务部门、电务部门在行车设备检查登记簿上登记的作业范围，输入“限速原因”“命令类型”“线路”和起始公里标及限速值等数据后点击“确认”按钮，如图 12-15 所示。

限速原因：上道作业。

线路：哈齐客专下行线。

起始公里标：K126 + 435 至 K128 + 860。

限速值：160 km/h。

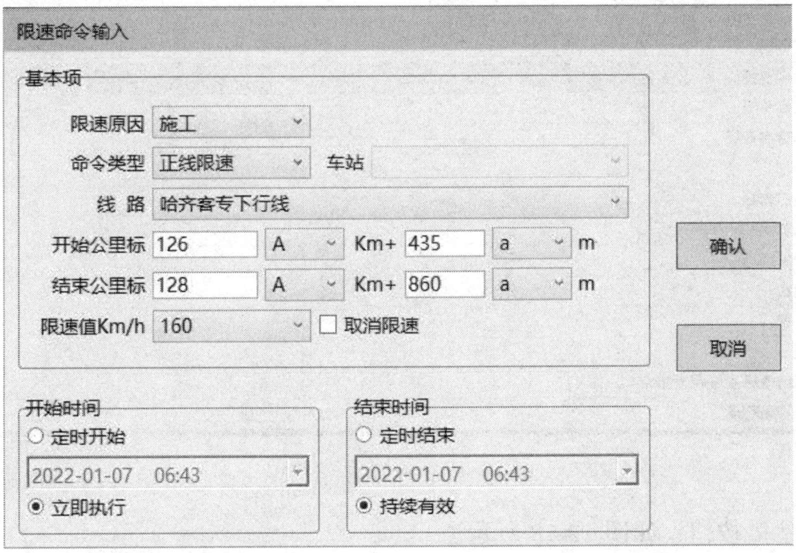

图 12-15　限速命令输入

（3）弹出校验提示对话框，点击“确定”以后，主调调度命令端弹出“限速命令校验”对话框，对数据进行再一次输入，点击“确认”按钮，如图 12-16 所示。

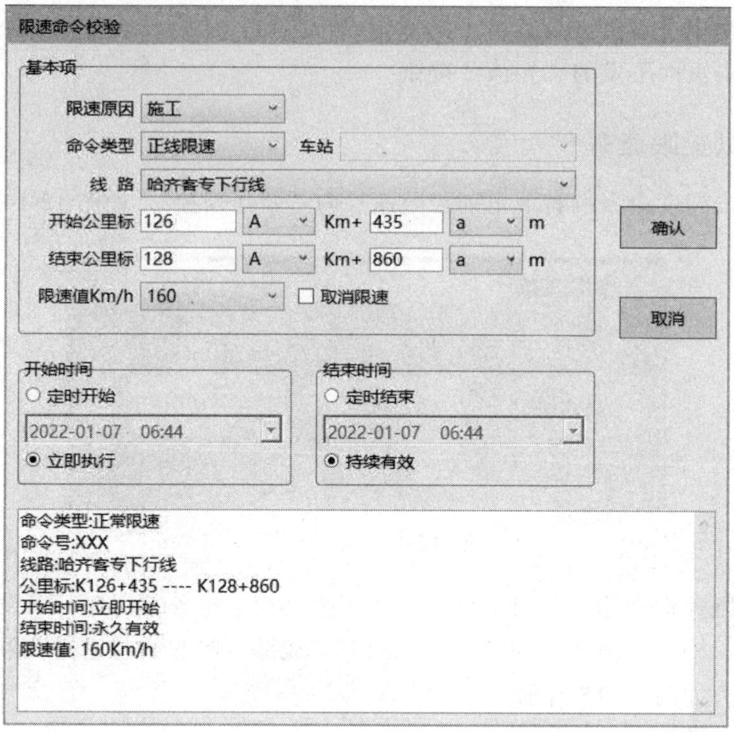

图 12-16 限速命令校验

（4）弹出提示框点击确定，返回主页面，在受令列表内系统自动勾选“哈齐 TSR 服务器”，选择要发送的车站“安达客专场”“大庆东客专场”，如图 12-17 所示。

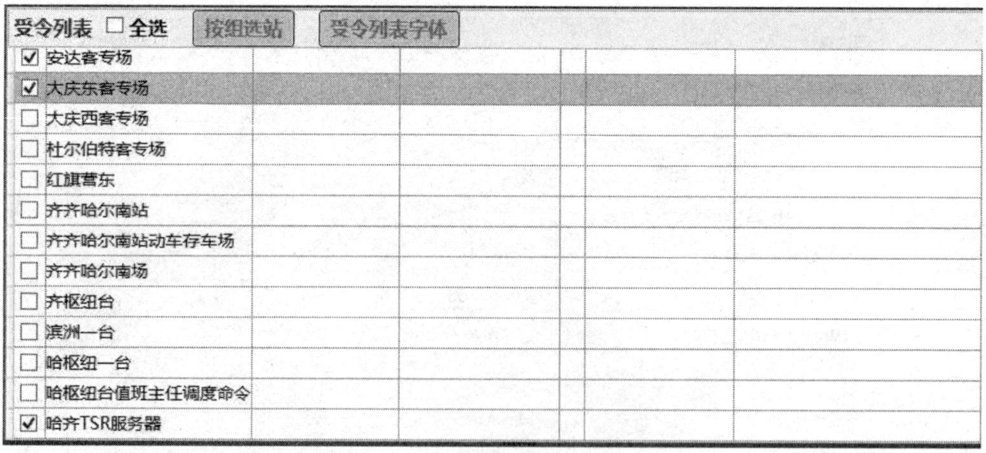

图 12-17 勾选受令单位

点击“下达”按钮，如图 12-18 所示。

图 12-18 点击下达

（5）出现对话框，确认无误后，点击“是”，如图 12-19 所示，调度命令下发。

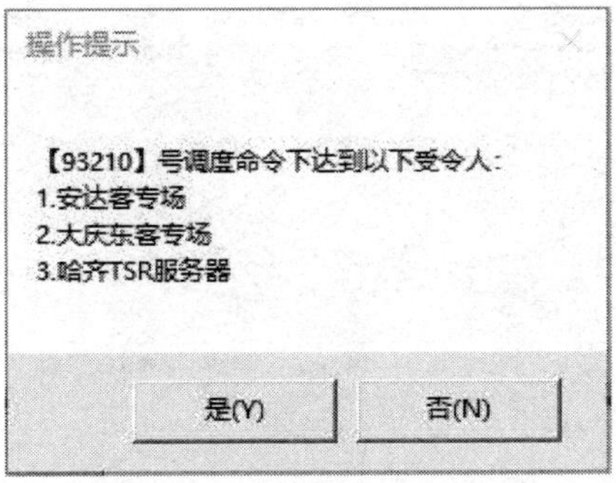

图 12-19　确认受令单位

（6）列控限速命令发送签收完成后，TSR 服务器为闪烁状态，右键点击 TSR 图标，选择“显示主窗口”，如图 12-20 所示。

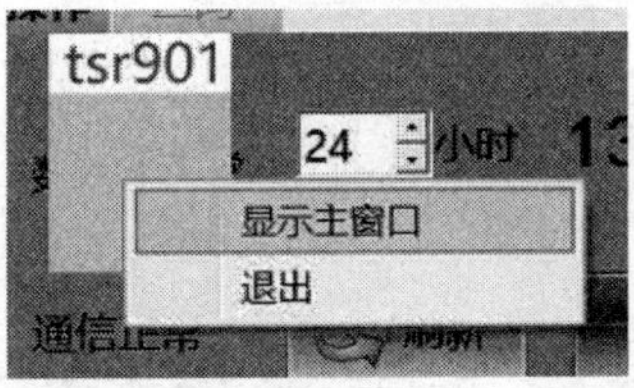

图 12-20　显示列控限速管理主窗口

（7）灰色底色为已拟定命令，选中该条灰色命令，单击下方“激活校验”按钮，对该命令进行激活操作，如图 12-21 所示。

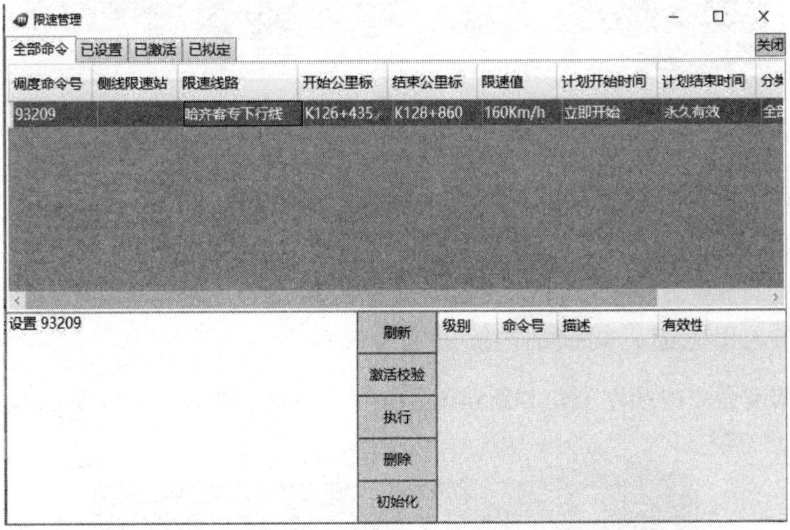

图 12-21　命令激活

（8）命令底色变为绿色，进入“已激活”栏内；再次选中该条命令，单击下方“执行”按钮，如图 12-22 所示。

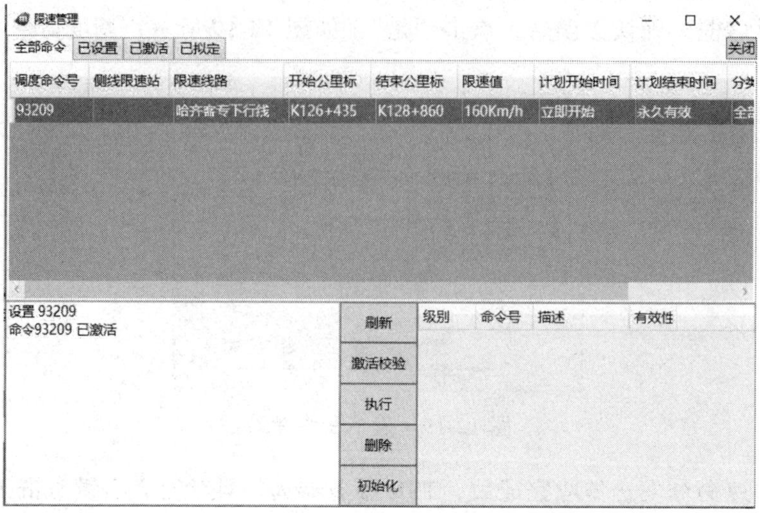

图 12-22 命令执行

（9）命令底色变为黄色，进入“已设置”栏内，表明该条命令已完全设置成功，TSRS 内正在执行该限速命令。设置成功后显示如图 12-23 所示。

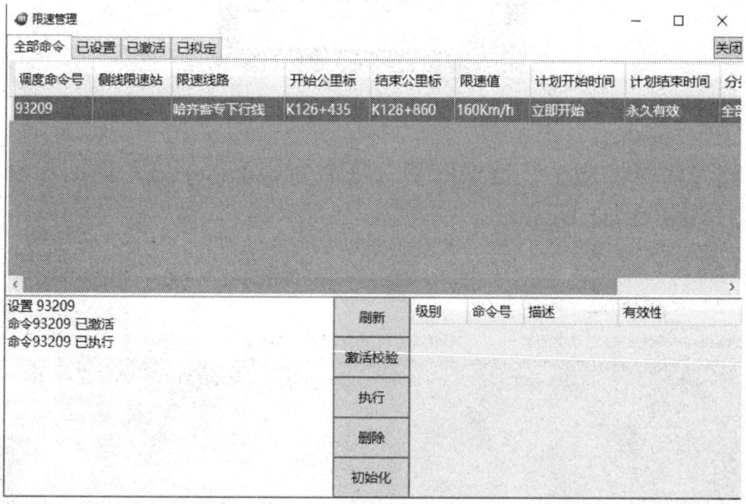

图 12-23 限速命令设置成功

（七）发布人员上道、封锁站内股道的调度命令

（1）点击调度命令终端左上角“新建调度命令”按钮，如图 12-24 所示。

图 12-24 新建调度命令

（2）点击“命令标题”处，输入命令标题“上道作业”，如图 12-25 所示。

图 12-25　命令标题

（3）“命令正文”中出现命令模板，填写完成命令内容（图 12-26）：驻所联络员转大庆工务段作业负责人××及齐齐哈尔电务段作业负责人××自接令时起，安达客专场 SK 信号机至 XK4 信号机间线路封锁，准许庆工 3 人，齐电 2 人上道进行检查作业。

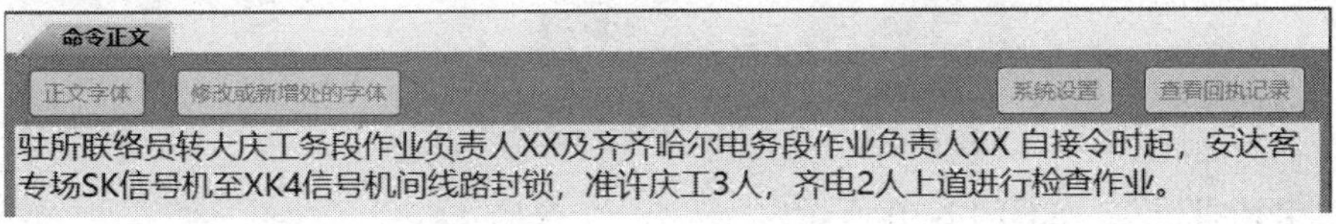

图 12-26　命令正文

（4）在受令列表中，选择要发送的车站“安达客专场”，如图 12-27 所示。

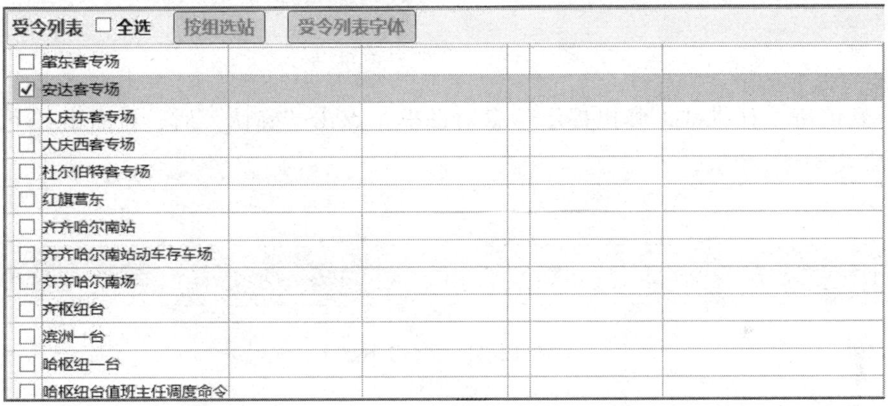

图 12-27　勾选受令单位

（5）在无线受令列表内点击“增加”，输入车次号“D6902”，再点击“查找机车”，如图 12-28 所示。

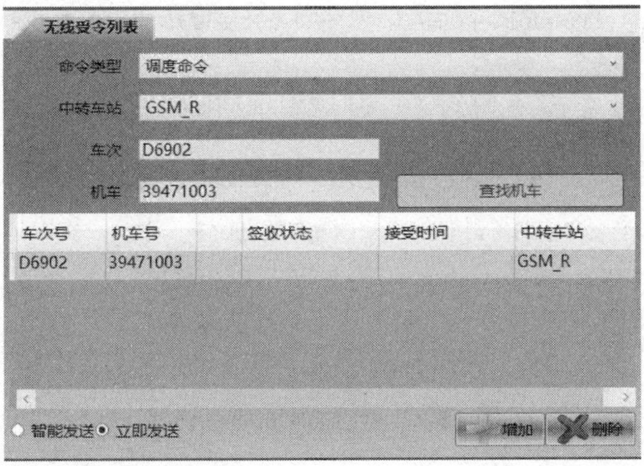

图 12-28　增加无线受令人

（6）勾选“需值班主任授权”，如图 12-29 所示。

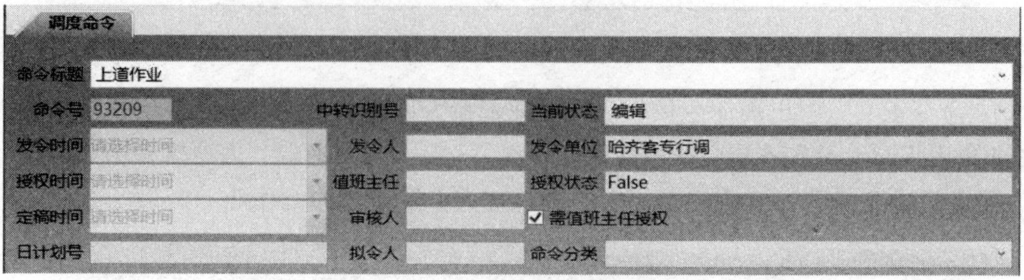

图 12-29 值班主任授权

点击“申请批准”，如图 12-30 所示。

图 12-30 点击申请批准

（7）得到值班主任批准，弹出提示信息对话框，点击“确认”后，再点击“下达”，如图 12-31 所示。

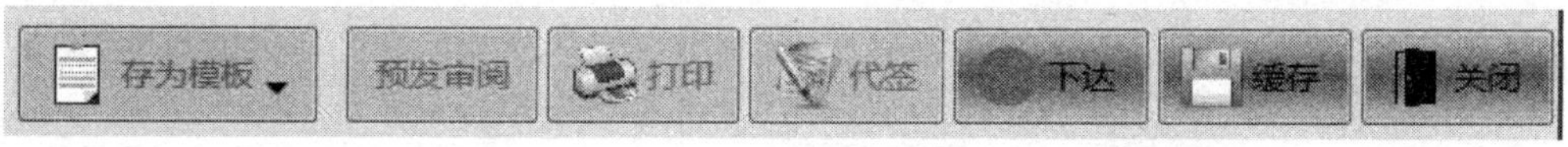

图 12-31 点击下达

出现无线调令信息确认对话框，确认无误后，点击“否”，如图 12-32 所示。

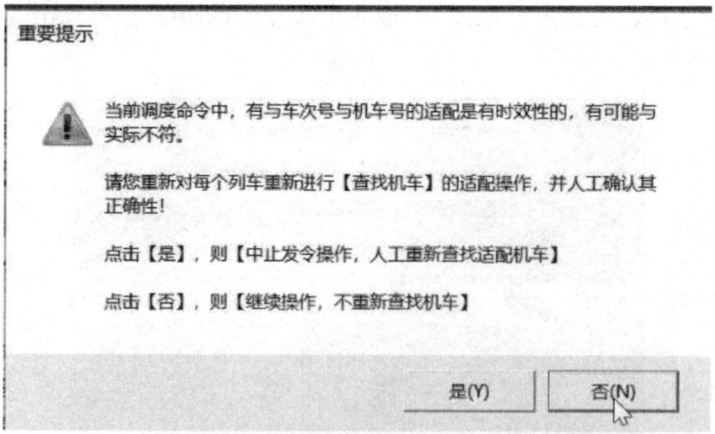

图 12-32 无线调令信息确认

（8）弹出对话框，确认受令人无误后，点击“是”，如图 12-33 所示。

图 12-33　确认受令单位

调度命令下发完成，命令进入签收完成栏，车站及司机签收，如图 12-34 所示。

受令单位	抄送	签收状态
☑ 安达客专场		已签收
☑ 哈枢纽台值班主任调度命令		已签收

车次号	机车号	签收状态
D6902	39471003	司机签收

图 12-34　命令发送完成

（八）对施工作业影响区间进行封锁操作

（1）在助调终端“选站面板”中选择“安达站客专场”。

（2）在安达站客专场至大庆东站客专场间上行区间任意闭塞分区股道上点击右键，弹出菜单栏，如图 12-35 所示，选择“封锁（解锁）”操作。

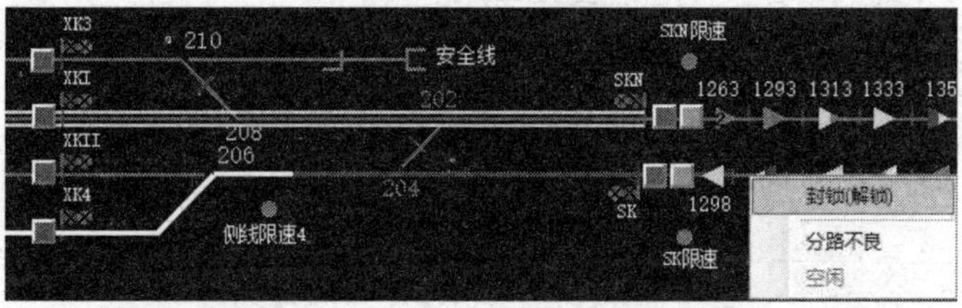

图 12-35　选择封锁（解锁）

（3）弹出输入密码对话框，输入“1234”，如图 12-36 所示。

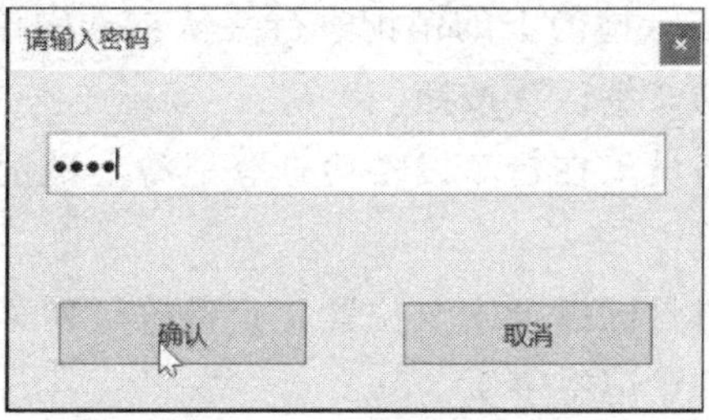

图 12-36　输入密码

（4）区间股道变为紫色闪烁光带，区间封锁完成，如图 12-37 所示。

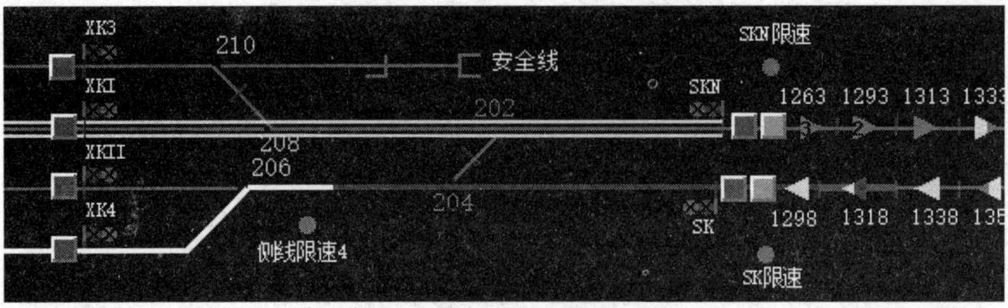

图 12-37　区间封锁

（九）调度员销记《行车设备检查登记簿》

故障检修完成后：

（1）工务调度（驻所联络员）在行车设备检查登记簿上销记并通过 FAS 机通知调度（图 12-38）：经检查设备正常，人员机具已撤至安全位置，具备放行列车条件，请求开通。

庆工：× ×（驻所联络员登记签字）

列调：__________（列调登记签字）

月 日	时 分	破损及不良的原因，采用何种办法进行修理的。工作人员及车站值班员盖章
1.12	6:50	工务销记：经检查设备正常，人员机具已撤至安全位
		置，具备放行列车条件，请求开通。
		庆工：XX
		列调：

图 12-38　工务登记行检

（2）调度员对工务调度在行检簿上的销记进行签认：选中该条登记信息，在“列调”后输入姓名，再点击页面下发的“签认”按钮。

（3）电务调度（驻所联络员）在行车设备检查登记簿上销记并通过 FAS 机通知调度（图 12-39）：

经检查设备正常，人员机具已撤至安全位置，具备放行列车条件，请求开通。

齐电：× ×（驻所联络员登记签字）

列调：__________（列调登记签字）

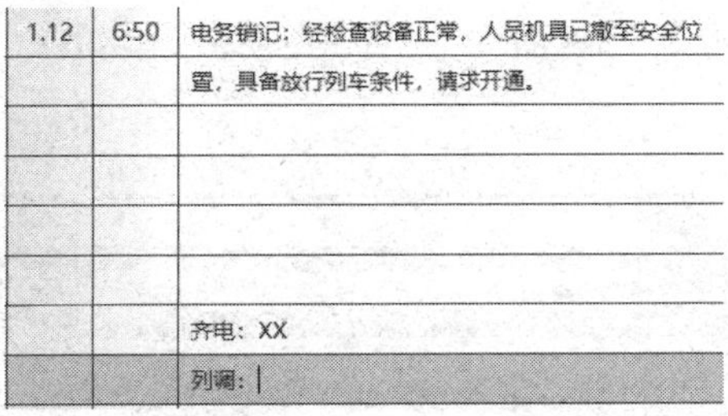

图 12-39　电务登记行检

（4）调度员对电务调度在行检簿上的销记进行签认：选中该条登记信息，在“列调”后输入姓名，再点击页面下发的“签认”按钮。

（十）发布开通站内股道的调度命令

（1）点击调度命令终端左上角“新建调度命令”按钮。

（2）点击“命令标题”尾部的下拉框，选择“封锁站内线路施工、维修作业完毕后开通”命令模板，或输入命令标题“下道作业”，如图 12-40 所示。

图 12-40　命令标题

（3）“命令正文”中出现命令模板，填写完成命令内容（图 12-41）：驻所联络员转大庆工务段作业负责人××及齐齐哈尔电务段作业负责人××根据驻所联络员报告，安达客专场 SK 信号机至 XK4 信号机间线路作业完毕，人员机具已撤至安全位置，自接令时起，安达客专场 SK 信号机至 XK4 信号机间线路开通。

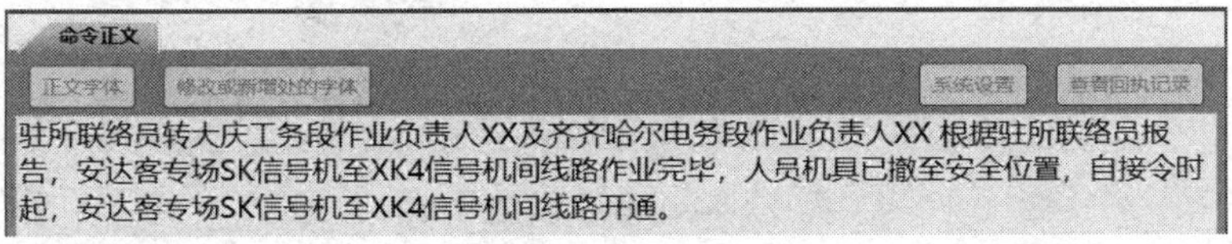

图 12-41　命令正文

（4）在受令列表中，选择要发送的车站“安达客专场”，如图 12-42 所示。

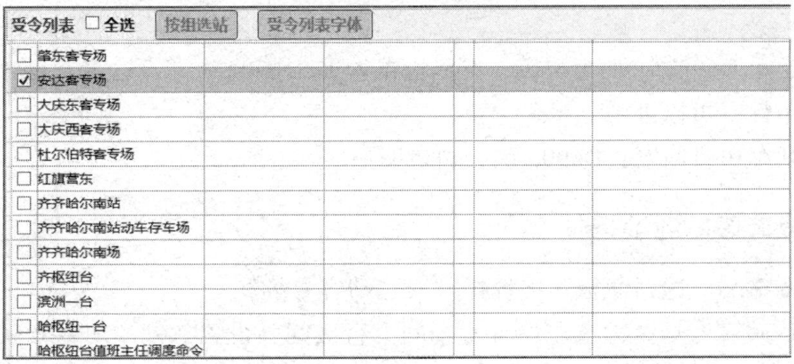

图 12-42　勾选受令单位

（5）在无线受令列表内点击“增加”，输入车次号“D6902”，再点击“查找机车”，如图 12-43 所示。

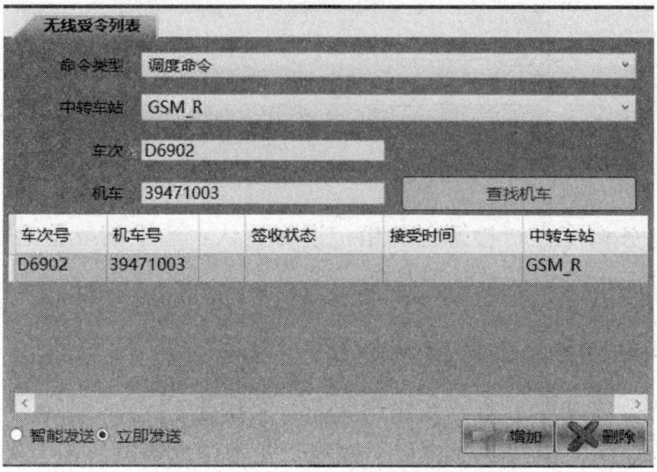

图 12-43　增加无线受令人

（6）点击“下达”；出现无线调令信息确认对话框，确认无误后，点击“否”。

（7）弹出对话框，确认受令人无误后，点击“是”；调度命令下发完成，命令进入签收完成栏，车站及司机签收，如图 12-44 所示。

图 12-44　命令发送完成

（十一）调度员通知列车司机

（1）主调点击 FAS 机“拨号”按钮，弹出拨号盘，输入对应车次号，再依次点击“本务机司机”“拨号”。

（2）主调通知 D6902 次列车司机（虚拟仿真人）：D6902 次，安达客专场 4 道接车进路好了，具备运行条件，可以进站。

D6902 次列车司机回复：D6902 次，司机明白。

（十二）取消区间封锁操作

（1）在助调终端“选站面板”中选择“安达站客专场”。

（2）在安达站客专场至大庆东站客专场间上行区间已设置封锁的闭塞分区股道上点击右键，弹出菜单栏，如图 12-45 所示，选择“封锁（解锁）”操作。

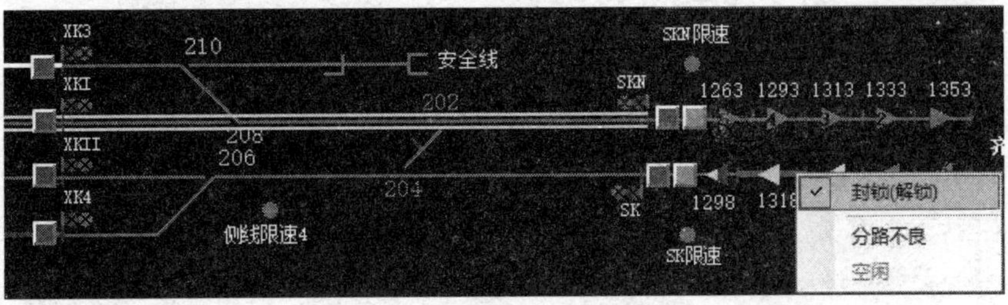

图 12-45　选择封锁（解锁）

（3）弹出输入密码对话框，输入“1234”。

（4）区间股道紫色闪烁光带消失，取消区间封锁完成。

（十三）恢复 D6904 次列车在大庆东站客专场发车自触

（1）在助调终端“选站面板”中选择“大庆东站客专场”。

（2）在页面下方“列车进路”序列表内，选中需要修改的 D6904 次列车发车信息栏，在列车对应的“自触”栏内，点击鼠标左键，出现下拉列表，如图 12-46 所示。

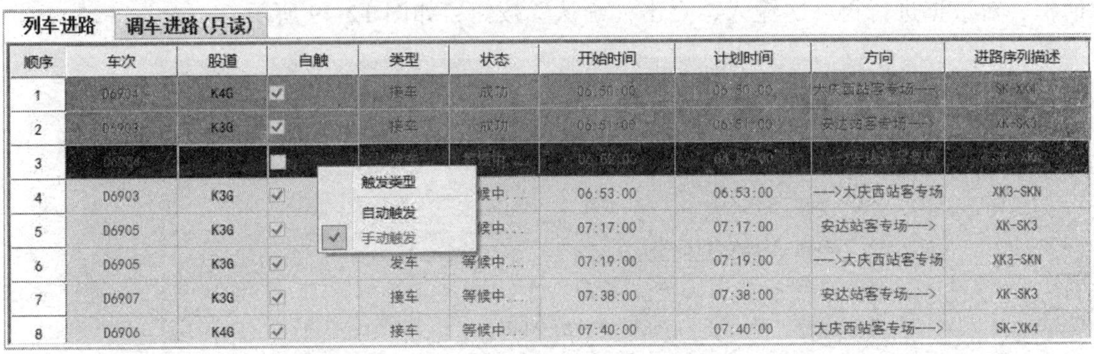

列车进路　调车进路(只读)

顺序	车次	股道	自触	类型	状态	开始时间	计划时间	方向	进路序列描述
1	D6904	K4G	✓	接车	成功	06:50:00	06:50:00	大庆西站客专场—->	SK-XK4
2	D6903	K3G	✓	接车	成功	06:51:00	06:51:00	安达站客专场—->	XK-SK3
3	[illegible]			[illegible]	[illegible]	[illegible]	[illegible]	[illegible]	[illegible]
4	D6903	K3G	✓		等候中...	06:53:00	06:53:00	—->大庆西站客专场	XK3-SKN
5	D6905	K3G	✓		等候中...	07:17:00	07:17:00	安达站客专场—->	XK-SK3
6	D6905	K3G	✓	发车	等候中...	07:19:00	07:19:00	—->大庆西站客专场	XK3-SKN
7	D6907	K3G	✓	接车	等候中...	07:38:00	07:38:00	安达站客专场—->	XK-SK3
8	D6906	K4G	✓	接车	等候中...	07:40:00	07:40:00	大庆西站客专场—->	SK-XK4

图 12-46　进路序列表内选中列车信息

（3）选择“自动触发”，D6904 次列车在车站的进路触发方式转换为自动，如图 12-47 所示。

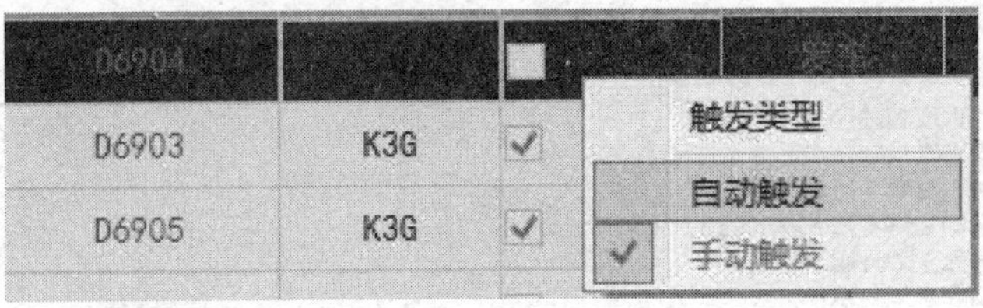

图 12-47　列车进路触发方式转换为“自动触发”

（十四）发布取消列控限速命令

（1）助调点击调度命令端右下角列控限速栏内“新建列控”。

（2）弹出“限速命令输入”对话框，输入前发列控限速命令“限速原因”“命令类型”“线路”及起始公里标等数据，并勾选“取消限速”，点击“确认”按钮，如图 12-48 所示。

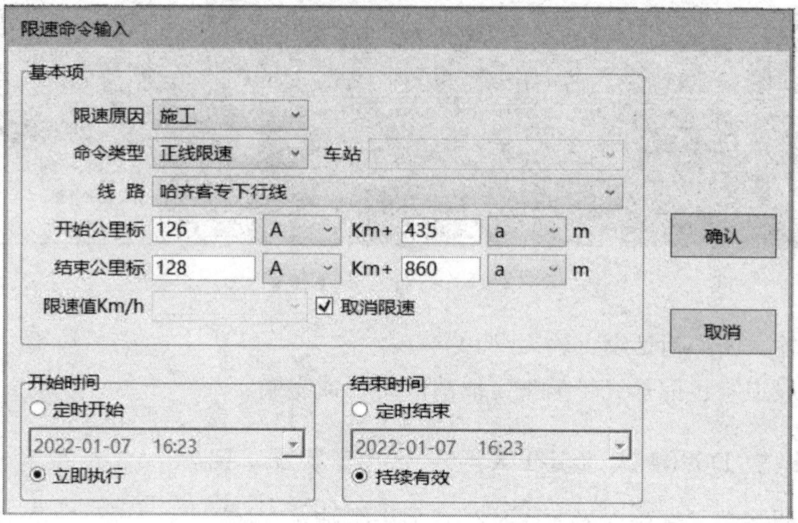

图 12-48　限速命令输入

（3）弹出校验提示对话框，点击“确定”以后，主调调度命令端弹出“限速命令校验”对话框，对数据进行再一次输入，点击“确认”按钮，如图 12-49 所示。

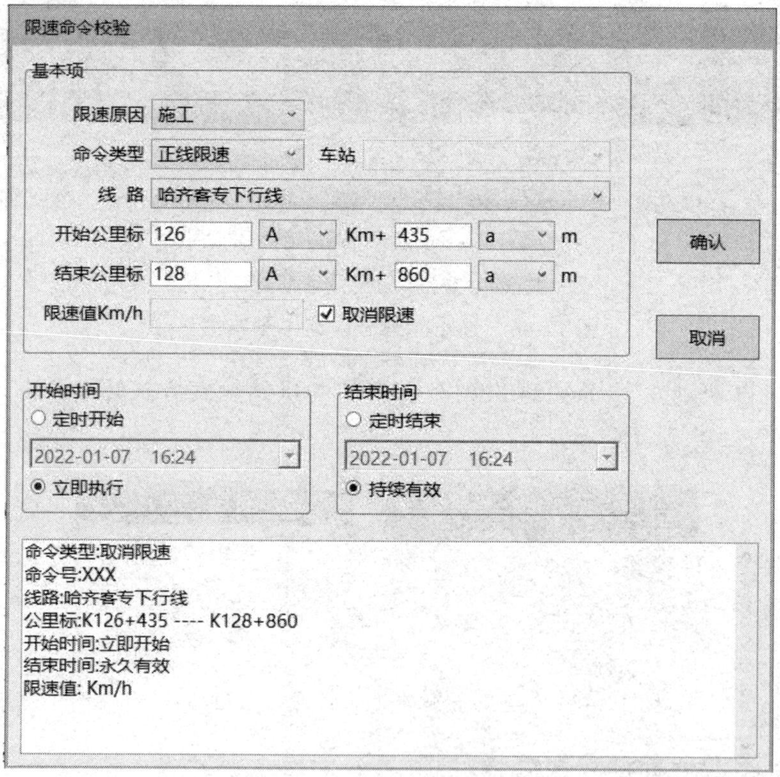

图 12-49　限速命令校验

（4）弹出提示框点击“确定”，返回主页面。受令列表内，系统自动勾选“TSR 服务器”，选择要发送的车站“安达客专场”“大庆东客专场”，点击“下达”按钮，如图 12-50 所示。

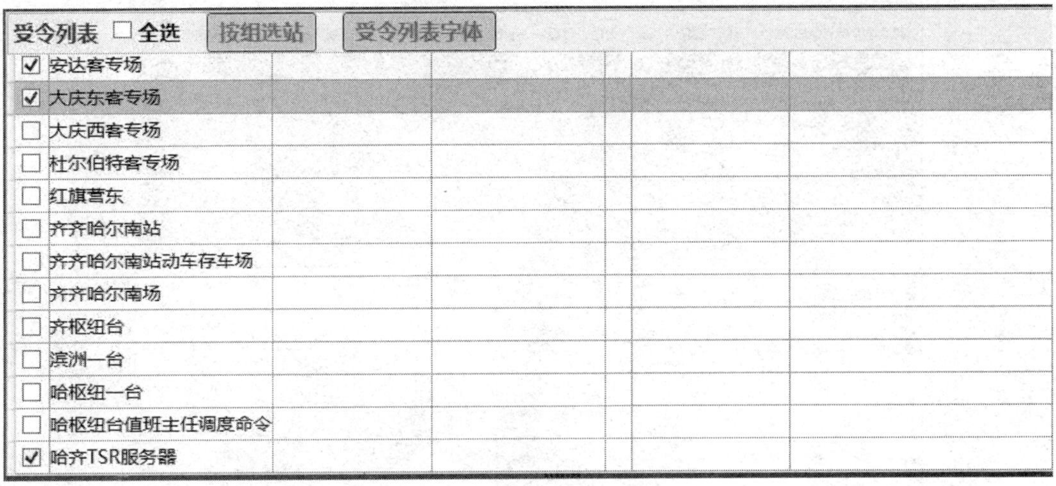

图 12-50　勾选受令单位

（5）点击“下达”，弹出对话框，确认受令人无误后，点击“是”。列控限速命令发送签收完成后，TSR 服务器为闪烁状态，右键点击 TSR 图标，选择“显示主窗口”。

（6）选中该条取消限速命令，单击下方“激活校验”按钮，对该命令进行激活操作，如图 12-51 所示。

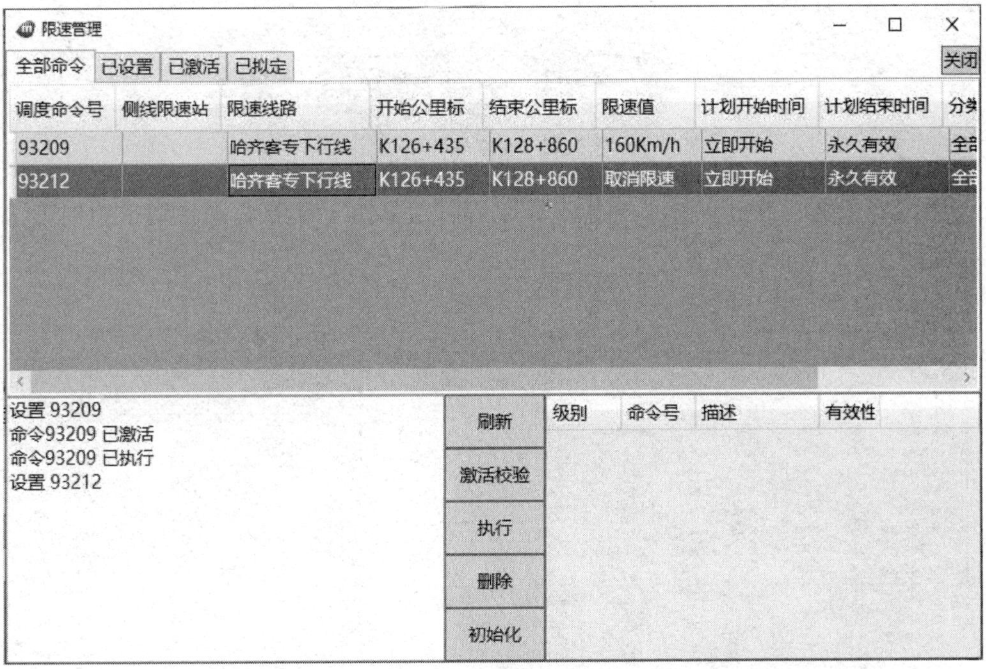

图 12-51　激活列控限速

（7）命令底色变为绿色，进入“已激活”栏内；再次选中该条命令，单击下方“执行”按钮，如图 12-52 所示。

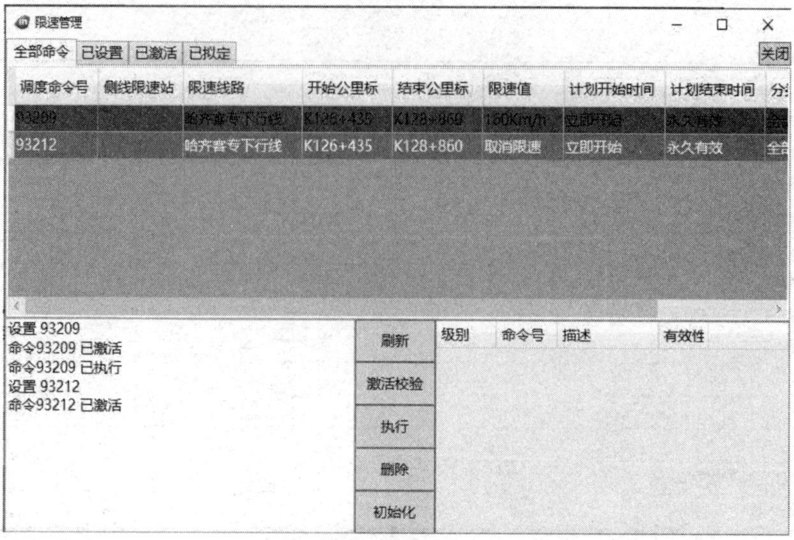

图 12-52　执行列控限速

（8）执行完成后，对应限速命令消失；完成后线路图上对应的限速命令指示消失。

（十五）调整运行图并下达新计划

（1）主调调整后续受影响的上下行列车；调整完成后，点击“下计划”按钮，如图 12-53 所示。

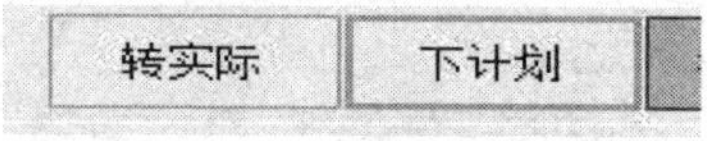

图 12-53　点击下计划

（2）弹出对话框，依次点击“检查计划”“发送”按钮，确认将新计划下达到管辖车站，如图 12-54 所示。

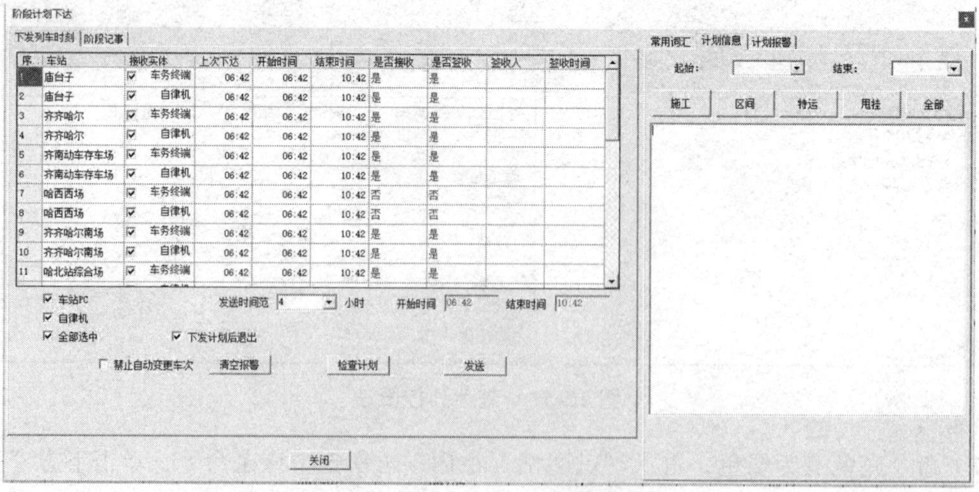

图 12-54　下达阶段计划到管辖车站

（十六）调度员通知动车客服调度、哈尔滨站、哈枢纽一台

（1）主调依次点击 FAS 机主面板上的“动车客服调度”“哈站”“枢纽一台”按钮。

（2）主调通知动车客服调度（虚拟仿真人）：因设备故障影响，D6902 次预计晚点 × 分。

动车客服调度回复：客服，明白。

（3）主调通知哈站（虚拟仿真人）：因设备故障影响，D6902 次预计晚点 × 分。

哈站回复：哈站，明白。

（4）主调通知枢纽一台（虚拟仿真人）：因设备故障影响，D6902 次预计晚点 × 分。

枢纽一台回复：枢纽一台，明白。

（十七）绘制站内封锁标识

（1）点击运行图菜单栏内的“绘图”下拉菜单，选择“站内封锁”选项，如图 12-55 所示。

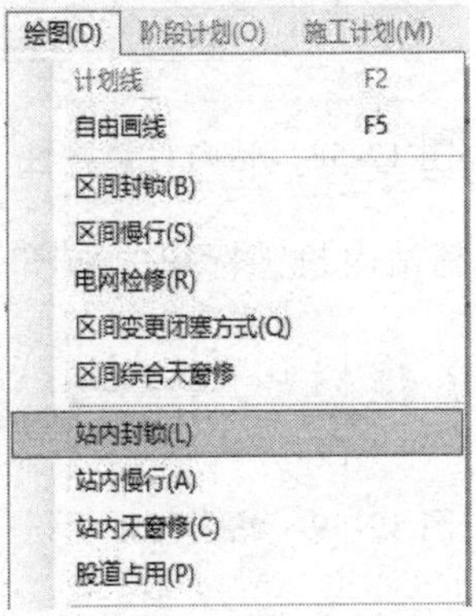

图 12-55　选择绘制站内封锁标识

（2）单击该按钮，将鼠标移至安达站客专场，选中封锁开始时间，按压左键，向右拖至封锁结束时间，松开鼠标左键，如图 12-56 所示。

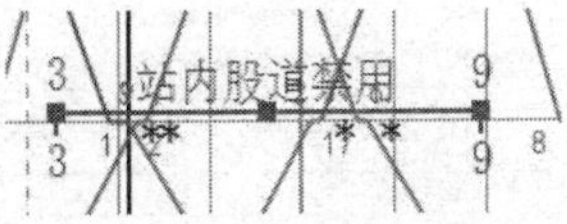

图 12-56　绘制标识

（3）选中封锁标识，单击鼠标右键，弹出菜单栏，点击“属性”，如图 12-57 所示。

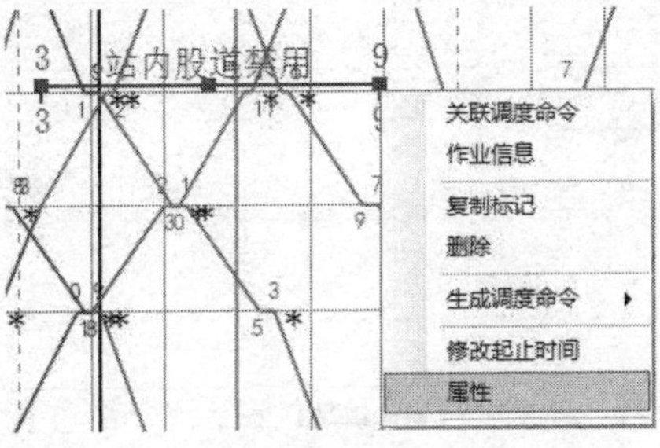

图 12-57　站内标识右键菜单栏

（4）弹出对话框，分别在“封锁原因”“文字位置”等下拉列表框选择相应条件，并在封锁范围内勾选封锁的股道，如图 12-58 所示。

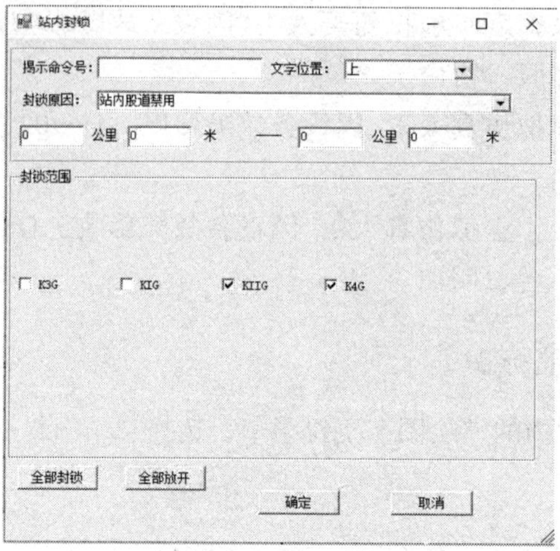

图 12-58　站内封锁属性

（5）点击“确定”按钮完成绘制站内封锁标识，如图 12-59 所示。

图 12-59　站内封锁标识

（十八）填写铁路交通事故（故障）概况表（简称：安监报-1）

填记安监报（图 12-60）：6 时 41 分，D6902 次，越过安达客专场关闭的进站信号机，紧急制动停于安达客专场 127 km 620 m 处。

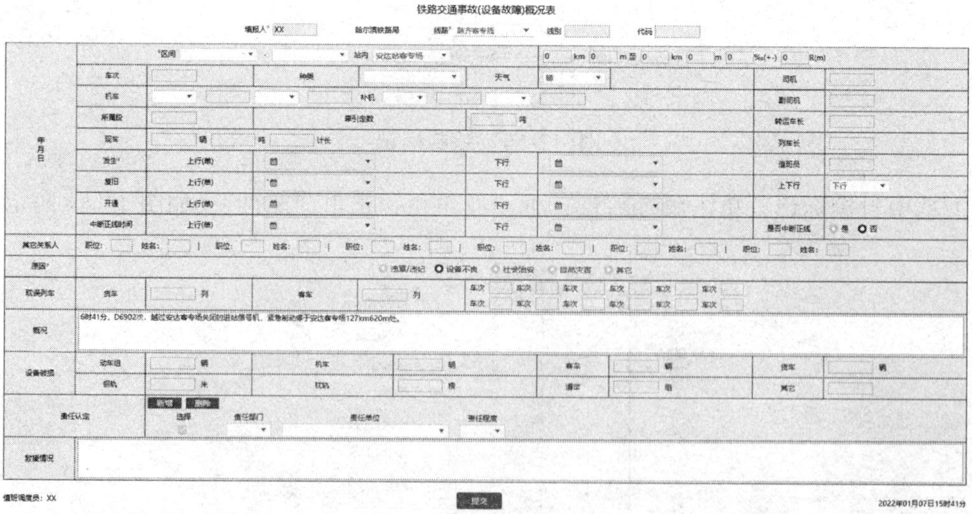

图 12-60　安监报-1

七、实验要求

（1）认真完成实验报告，报告要用实验报告纸，书写工整，按时上交。

（2）对思考题应能依据实验过程做出相应的回答。

八、思考题

（1）导致列车冒进信号机的原因有哪些？

（2）冒进进站信号机后如何进行后续接车处理？

实验十三
列车运行途中晃车应急处置实验

一、实验目的

（1）熟悉列车调度台、助理调度台界面设置和菜单管理功能。

（2）掌握高速铁路列车运行调整、高速铁路电气设备操作及相关辅助软件操作等列车调度指挥基本技能。

（3）熟悉《技规》所规定的处置故障流程及组织行车原则，采取合理的应急处置方案。

（4）熟练掌握列车运行途中晃车情况下相关规章制度及处置流程。

二、实验原理

列车运行途中晃车的具体处置流程及要求如下：

（1）依据铁路《技规》第 422 条的规定，运行途中列车司机发现晃车时，应立即减速运行并向列车调度员（车站值班员）报告晃车地点及晃车时列车运行速度，待本列无异常状况后恢复常速运行。车站值班员报告列车调度员。

（2）依据《技规》第 423 条的规定，晃车时列车运行速度为 160 km/h 以下时，列车调度员（车站值班员）立即通知已进入区间的后续列车停车，不再向该区间放行列车，通知工务部门。列车调度员根据工务部门上道检查的申请，及时发布本线封锁、邻线限速 160 km/h 及以下的调度命令后，准许上道检查。工务检查设备后，根据现场具体情况，确定列车放行条件。

（3）依据《技规》第 424 条的规定，晃车时列车运行速度为 160 km/h 及以上时，列车调度员应向后续首列发布限速 120 km/h 的调度命令，限速位置按司机汇报的晃车地点前后各 1 km 确定。列车通过晃车地点后，司机应立即向列车调度员报告运行情况。若仍晃车，列车调度员立即通知已进入区间的后续列车停车，不再向该区间放行列车，通知工务部门，根据工务部门上道检查的申请，及时发布本线封锁、邻线限速 160 km/h 及以下的调度命令后，准许上道检查；工务检查设备后，根据现场具体情况，确定列车放行条件。若不再晃车，则按 160 km/h、250 km/h、常速逐级逐列提速。

在逐级逐列提速的过程中，再次发生晃车时，列车调度员应立即通知已进入区间的后续列车停车，不再向该区间放行列车，通知工务部门，根据工务部门上道检查的申请，及时发布本线封锁、邻线限速 160 km/h 及以下的调度命令后，准许上道检查。工务检查设备后，根据现场具体情况，确定列车放行条件。

三、实验内容

列车调度台进行列车运行调整计划编制与下达，监控列车运行。进行调度命令编写、接收、审核与下达，及时处理所辖区段内的突发情况，列车调度员向基层运输站段下达的书面的命令；发布列控限速调度命令，以保障列车运行安全。

助理调度台进行特殊情况下的人工办理接发车进路，并根据现场实际情况，以人工控制设备状态或无线通信联络的方式引导列车运行。辅助列车调度台完成调度命令编写、接收、审核；发布列控限速调度命令，以保障列车运行安全。

调监显示台进行列车运行监视，实时了解各车站和区间的设备使用情况、列车运行情况以做出科学合理的调度指挥决策。

导致列车运行途中晃车的情况很多，如路基问题、轨道上附有异物、天气原因、发生自然灾害等，也可能是列车自身设备故障导致的车身晃动。整个实验在熟悉列车调度台、助理调度台的操作模式后，进行列车运行途中晃车的调度指挥及应急场景处置。

（1）通知相关人员，报告值班副主任。

（2）填记《行车设备检查登记簿》。

（3）晃车时运行速度为 160 km/h 及以上：

① 向后续首列发布晃车地点前后各 1 km 限速 120 km/h 调度命令。

② 不再晃车，按 160 km/h、250 km/h、常速逐级逐列提速。

（4）调整运行图。

（5）向相关人员通报预计列车晚点时间或恢复运行时刻。

（6）填记安监报-1。

四、实验仪器、设备

列车调度台 1 台，含运行图终端系统、调度命令终端系统、列控限速管理系统。

助理调度台 1 台，含助调终端系统、调度命令终端系统、列控限速管理系统。

调监显示屏 1 台，含调度监督系统。

辅助系统 1 套，含自然灾害及异物侵限监测系统、FAS 机系统、电子行车设备检查登记簿、铁路交通事故（故障）概况表。

五、实验预设参数

列车运行途中晃车，加载场景为故障出现前若干分钟内的运行场景：

（1）计划图上，存在后续进入该区段的列车。

（2）在应急处置过程中，不使用非常站控模式。

（3）运行图已加载完成，阶段计划为 13:00—16:00。

（4）选定线路为某客专台。

（5）发生晃车的列车车次号为 D6921，运行至安达站客专场至大庆东站客专场间下行线。

预设情况如图 13-1 所示。

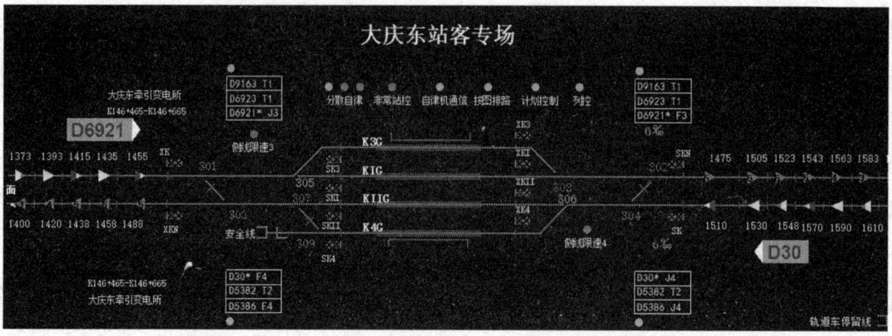

图 13-1　列车运行途中晃车预设情况

六、实验步骤

（一）首列列车司机报告

（1）FAS 机主应答发出提示，点击“主应答”按钮，如图 13-2 所示。

图 13-2　主应答按钮

（2）弹出语音播报，如图 13-3 所示。

D6921 次列车司机（虚拟仿真人）报告调度员：D6921 次，13 时 27 分，运行至安达客专场至大庆东客专场间下行线 137 km 300 m 至 138 km 300 m 处晃车，运行速度为 169 km/h。

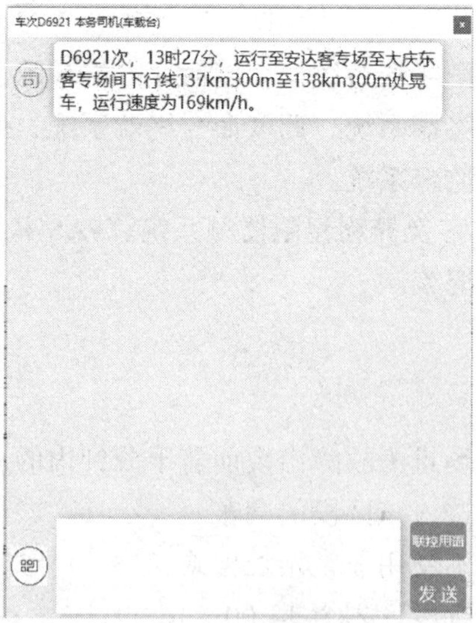

图 13-3　语音告警

（3）调度回复 D6921 次列车司机：调度明白。

（二）调度员通知值班副主任、工务部门

（1）主调依次点击 FAS 机主面板上的“值班副主任”“工务调度”按钮，如图 13-4 所示。

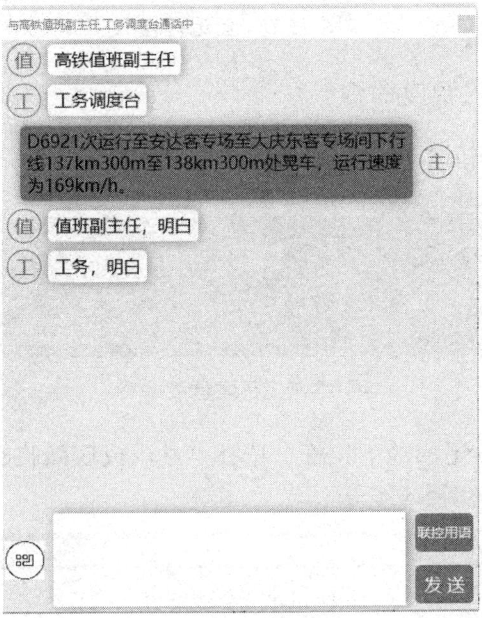

图 13-4　群呼相关单位人员

（2）主调通知值班副主任（虚拟仿真人）：D6921 次运行至安达客专场至大庆东客专场间下行线 137 km 300 m 至 138 km 300 m 处晃车，运行速度为 169 km/h。

值班主任回复：明白。

（3）主调通知调度所内工务调度（虚拟仿真人）：D6921 次运行至安达客专场至大庆东客专场间下行线 137 km 300 m 至 138 km 300 m 处晃车，运行速度为 169 km/h。

工务调度回复：工务，明白。

（三）调度员登记《行车设备检查登记簿》

（1）调度员填写行检，如图 13-5 所示。D6921 次司机报告：运行至安达客专场至大庆东客专场间下行线 137 km 300 m 至 138 km 300 m 处晃车，运行速度为 169 km/h。

列调：____________（列调登记签字）

月日	时分	检查试验结果，所发现的不良及破损程度
12.14	13:30	D6921次司机报告：运行至安达客专场至大
		庆东客专场间下行线137km300m至138km3
		00m处晃车，运行速度为169km/h。
		列车调度员：XX

图 13-5　调度填写行检

（2）填写完成后，点击右下角“登记”按钮，如图 13-6 所示。

图 13-6　登记行检

（四）发布临时限速的调度命令

（1）点击调度命令终端左上角“新建调度命令”按钮，如图 13-7 所示。

图 13-7　新建调度命令

（2）点击“命令标题”尾部的下拉框，选择“站内或区间临时限速”命令模板，或输入命令标题“临时限速”，如图 13-8 所示。

图 13-8　命令标题

（3）“命令正文”中出现命令模板，填写完成命令内容（图 13-9）：D6923 次列车因线路晃车，安达客专场至大庆东客专场间下行线 136 km 300 m 至 139 km 300 m 处限速 120 km/h。

图 13-9　命令正文

（4）在无线受令列表内点击“增加”，输入车次号“D6923”，再点击“查找机车”，如图 13-10 所示。

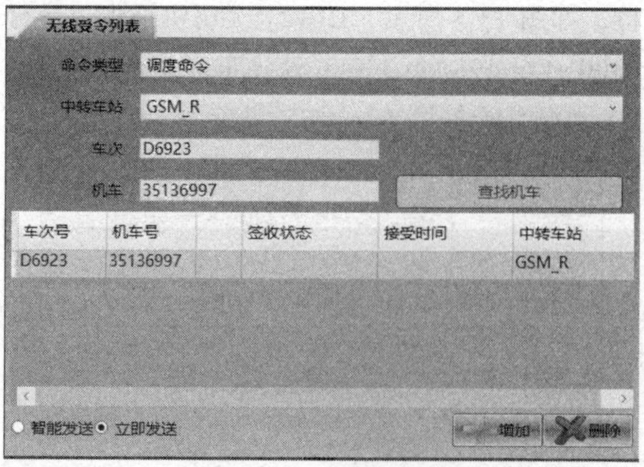

图 13-10　增加无线受令人

（5）点击“下达”，如图 13-11 所示。

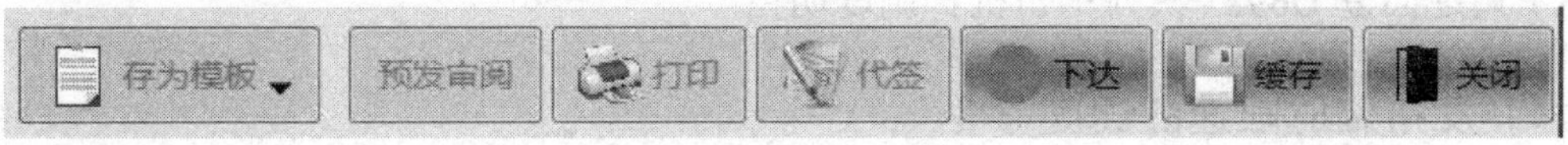

图 13-11　点击下达

出现无线调令信息确认对话框，确认无误后，点击“否”，如图 13-12 所示。

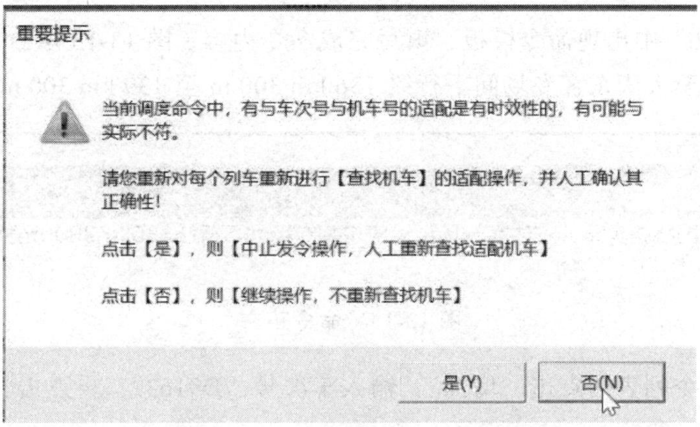

图 13-12　无线调令信息确认

（6）弹出对话框，确认受令人无误后，点击“是”，如图 13-13 所示。

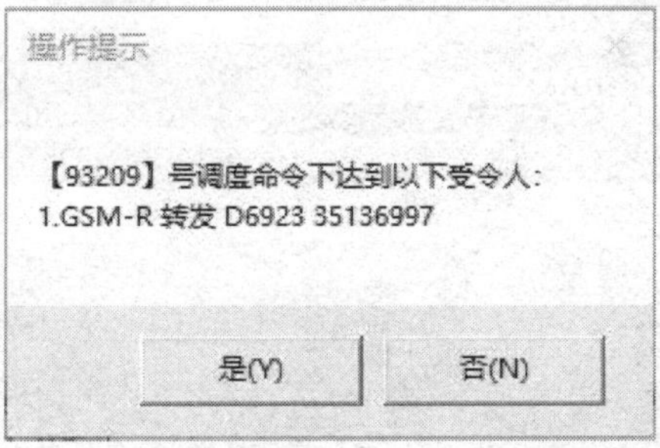

图 13-13　确认受令单位

调度命令下发完成，命令进入签收完成栏，司机签收，如图 13-14 所示。

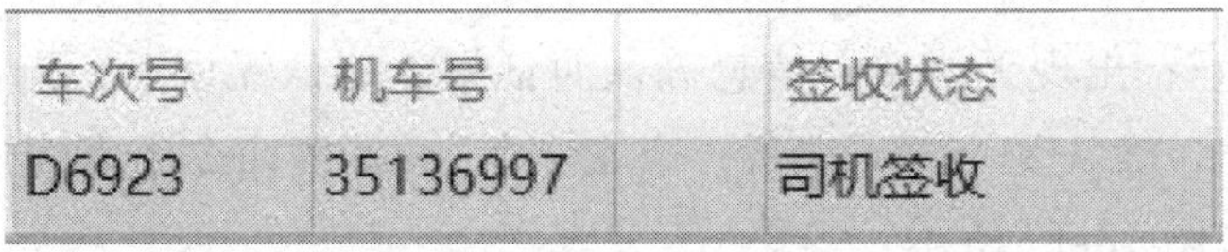

车次号	机车号		签收状态
D6923	35136997		司机签收

图 13-14　命令发送完成

（五）第二列列车司机报告

D6923 次列车通过晃车地点后：

（1）FAS 机主应答发出提示，点击“主应答”按钮，弹出语音播报。

（2）D6923 次列车司机（虚拟仿真人）报告调度员：D6923 次，限速地点运行正常。

（3）调度回复 D6923 次列车司机：调度明白。

（六）发布临时限速的调度命令

（1）点击调度命令终端左上角“新建调度命令”按钮。

（2）点击“命令标题”尾部的下拉框，选择“站内或区间临时限速”命令模板，或输入命令标题“限速”。

（3）“命令正文”中出现命令模板，填写完成命令内容（图 13-15）：D9163 次列车因线路晃车，安达客专场至大庆东客专场间下行线 136 km 300 m 至 139 km 300 m 处限速 160 km/h。

图 13-15　命令正文

（4）在无线受令列表内点击“增加”，输入车次号“D9163”，再点击“查找机车”，如图 13-16 所示。

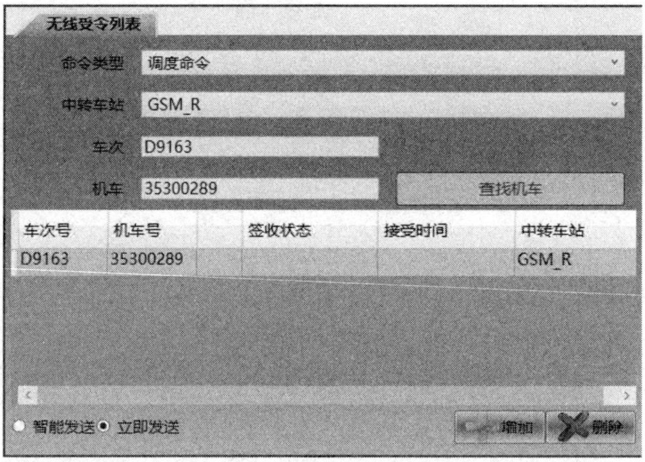

图 13-16　增加无线受令人

（5）点击“下达”；出现无线调令信息确认对话框，确认无误后，点击“否”。

（6）弹出对话框，确认受令人无误后，点击“是”；调度命令下发完成，命令进入签收完成栏，司机签收，如图 13-17 所示。

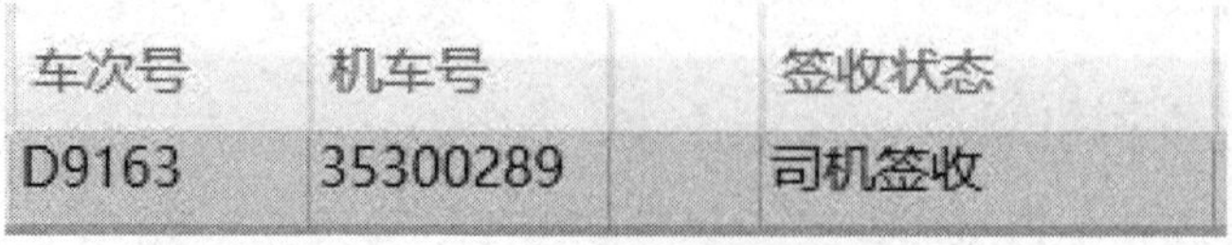

图 13-17　命令发送完成

（七）第三列列车司机报告

D9163 次列车通过晃车地点后：

（1）FAS 机主应答发出提示，点击“主应答”按钮，弹出语音播报。

（2）D9163 次列车司机（虚拟仿真人）报告调度员：D9163 次，限速地点运行正常。

（3）调度回复 D9163 次列车司机：调度明白。

（八）发布临时限速的调度命令

（1）点击调度命令终端左上角“新建调度命令”按钮。

（2）点击“命令标题”尾部的下拉框，选择“站内或区间临时限速”命令模板，或输入命令标题“限速”。

（3）“命令正文”中出现命令模板，填写完成命令内容（图 13-18）：G785 次列车因线路晃车，安达客专场至大庆东客专场间下行线 136 km 300 m 至 139 km 300 m 处限速 250 km/h。

图 13-18　命令正文

（4）在无线受令列表内点击“增加”，输入车次号“G785”，再点击“查找机车”，如图 13-13 所示。

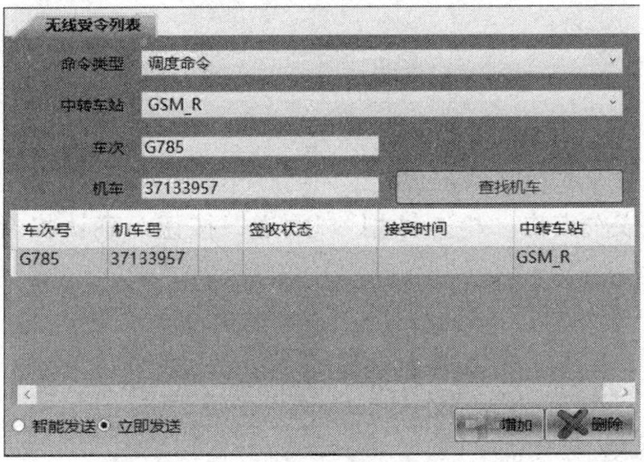

图 13-19　增加无线受令人

（5）点击“下达”出现无线调令信息确认对话框，确认无误后，点击“否”。

（6）弹出对话框，确认受令人无误后，点击“是”；调度命令下发完成，命令进入签收完成栏，司机签收，如图 13-20 所示。

车次号	机车号	签收状态
G785	37133957	司机签收

图 13-20　命令发送完成

（九）第四列列车司机报告

G785 次列车通过晃车地点后：

（1）FAS 机主应答发出提示，点击“主应答”按钮，弹出语音播报。

（2）G785 次列车司机（虚拟仿真人）报告调度员：G785 次，限速地点运行正常。

（3）调度回复 G785 次列车司机：调度明白。

（十）调度员通知动车客服调度、齐齐哈尔南站、齐枢纽

（1）主调依次点击 FAS 机主面板上的“动车客服调度”“齐齐哈尔南站”“齐枢纽”按钮。

（2）主调通知动车客服调度（虚拟仿真人）：因晃车限速影响，D6923 次、D9163 次预计晚点 × 分。

动车客服调度回复：客服，明白。

（3）主调通知齐齐哈尔南站（虚拟仿真人）：因晃车限速影响，D6923 次、D9163 次预计晚点 × 分。

齐齐哈尔南站回复：齐齐哈尔南站，明白。

（4）主调通知齐枢纽（虚拟仿真人）：因晃车限速影响，D6923 次、D9163 次预计晚点 × 分。

齐枢纽回复：齐枢纽，明白。

（十一）调整运行图并下达新计划

（1）主调调整后续受影响的上下行列车；调整完成后，点击“下计划”按钮，如图 13-21 所示。

图 13-21　点击下计划

（2）弹出对话框，依次点击“检查计划”“发送”按钮，确认将新计划下达到管辖车站，如图 13-22 所示。

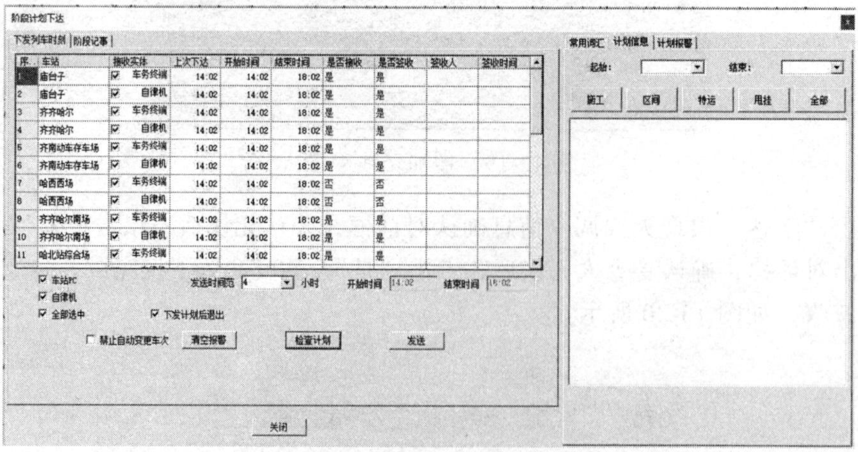

图 13-22　下达阶段计划到管辖车站

（十二）填写铁路交通事故（故障）概况表（简称：安监报-1）

填记安监报（图 13-23）：13 时 27 分，D6921 次运行至安达客专场至大庆东客专场间下行线 137 km 300 m 至 138 km 300 m 处晃车，运行速度为 169 km/h。

图 13-23　安监报-1

七、实验要求

（1）认真完成实验报告，报告要用实验报告纸，书写工整，按时上交。

（2）对思考题应能依据实验过程做出相应的回答。

八、思考题

（1）导致列车运行途中晃车的原因有哪些？

（2）逐级提速有哪些注意事项？

实验十四
列车停在接触网分相无电区应急处置实验

一、实验目的

（1）熟悉列车调度台、助理调度台界面设置和菜单管理功能。

（2）掌握高速铁路列车运行调整、高速铁路电气设备操作及相关辅助软件操作等列车调度指挥基本技能。

（3）熟悉《技规》所规定的处置故障流程及组织行车原则，采取合理的应急处置方案。

（4）熟练掌握列车停在接触网分相无电区的相关规章制度及处置流程。

二、实验原理

列车停在接触网分相无电区的具体处置流程及要求如下：

（1）依据铁路《技规》第 425 条的规定，电力机车牵引的列车和动车组列车停在接触网分相无电区不能继续运行时，司机应立即降弓，并报告列车调度员（车站值班员），车站值班员报告列车调度员。列车调度员（车站值班员）立即通知已进入区间的后续列车停车，不再向该区间放行列车。

（2）依据《技规》第 426 条的规定，具备采用换弓、退行闯分相等方式自救时，司机应准确报告电力机车（动车组）停车位置，由列车调度员、供电调度员、机车调度员（动车司机调度员）共同根据电力机车（动车组）类型、停车位置、牵引供电设备状况等确定自救方案，组织自救。

（3）依据《技规》第 427 条的规定，不具备自救条件时，按以下规定处理：

① 具备向中性区远动送电时，可在该分相后方接触网供电臂办理停电后，由列车调度员向供电调度员办理向中性区远动送电手续，通知停在该分相的列车升弓，待该列车驶出分相区后，再通知供电调度员恢复原供电方式并向后方接触网供电臂送电，恢复后续列车正常运行。

② 不具备向中性区远动送电时，列车调度员发布邻线限速 160 km/h 及以下的调度命令，司机组织相关人员按规定对列车进行防护，并确认列车前、后方接触网无电区长度，向列车调度员报告。列车调度员根据司机有关前、后方接触网无电区长度的报告，确定救援方案，组织救援。

三、实验内容

列车调度台进行列车运行调整计划编制与下达，监控列车运行。进行调度命令编写、接收、审核与下达，及时处理所辖区段内的突发情况，列车调度员向基层运输站段下达的书面的命令；发布列控限速调度命令，以保障列车运行安全。

助理调度台进行特殊情况下的人工办理接发车进路，并根据现场实际情况，以人工控制设备状态或调度命令的方式引导列车运行。辅助列车调度台完成调度命令编写、接收、审核；发布列控限速调度命令，以保障列车运行安全。

调监显示台进行列车运行监视，实时了解各车站和区间的设备使用情况、列车运行情况以做出科学合理的调度指挥决策。

高速铁路接触网由若干供电臂提供动力电，在供电臂之间存在一个分相无电区，保证不同供电臂之间不会发生短路情况。分相无电区的长短因各线路的实际情况而不同，短则几百米，长则一公里以上。且分相无电区设置位置因变电所位置及可供电力范围而定，因而分相无电区可能设置于坡道上。因此，列车停在接触网分相无电区时有发生，此时根据分相实际情况，可采取列车退行，获得较大加速度后闯分相的方式通过，或者换升仍处于无电区范围外的后方受电弓方式通过无电区。整个实验在熟悉列车调度台、助理调度台的操作模式后，进行列车停在接触网分相无电区的调度指挥及应急场景处置。

（1）不再向该区间放行列车，并通知已进入区间的后续列车立即停车，及时取消后方站发车自触。

（2）通知相关人员，报告值班副主任。

（3）具备采用换弓、退行闯分相等方式自救时，与相关人员确定自救方案，组织自救。

（4）绘制运行图标识。

（5）调整运行图。

（6）向相关人员通报预计列车晚点时间或恢复运行时刻。

（7）填记安监报-1。

四、实验仪器、设备

列车调度台 1 台，含运行图终端系统、调度命令终端系统、列控限速管理系统。

助理调度台 1 台，含助调终端系统、调度命令终端系统、列控限速管理系统。

调监显示屏 1 台，含调度监督系统。

辅助系统 1 套，含自然灾害及异物侵限监测系统、FAS 机系统、电子行车设备检查登记簿、铁路交通事故（故障）概况表。

五、实验预设参数

列车停在接触网分相无电区，加载场景为故障出现前若干分钟内的运行场景：

（1）计划图上，存在后续进入该区段的列车。

（2）在应急处置过程中，不使用非常站控模式。

（3）运行图已加载完成，阶段计划为 08:00—11:00。

（4）选定线路为某客专台。

（5）故障列车车次号为 D6909，运行至大庆西站客专场至杜尔伯特客专场间下行线。

预设情况如图 14-1 所示。

图 14-1　列车停在接触网分相无电区预设情况

六、实验步骤

（一）故障列车司机报告

（1）FAS 机主应答发出提示，点击“主应答”按钮，如图 14-2 所示。

图 14-2　主应答按钮

（2）弹出语音播报，如图 14-3 所示。D6909 次列车司机（虚拟仿真人）报告调度员：8 时 27 分，D6909 次停于大庆西客专场至杜尔伯特客专场间下行线 174 km 921 m 处接触网分相无电区内，后弓已降弓。

图 14-3　语音告警

（3）调度回复 D6909 次列车司机：调度明白。

（二）取消 D6911 次列车在大庆西站客专场发车自触

（1）在助调终端“选站面板”中选择“大庆西站客专场”，如图 14-4 所示。

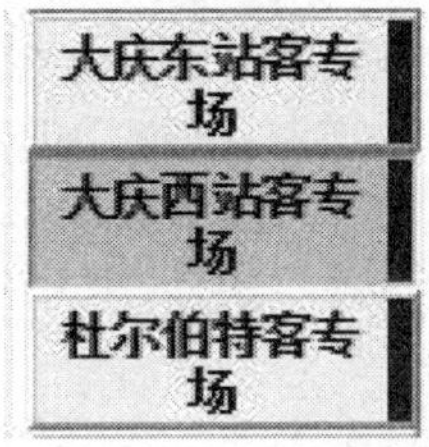

图 14-4　选择车站

（2）在页面下方“列车进路”序列表内，选中需要修改的 D6911 次列车发车信息栏，在列车对应的“自触”栏内，点击鼠标左键，出现下拉列表，如图 14-5 所示。

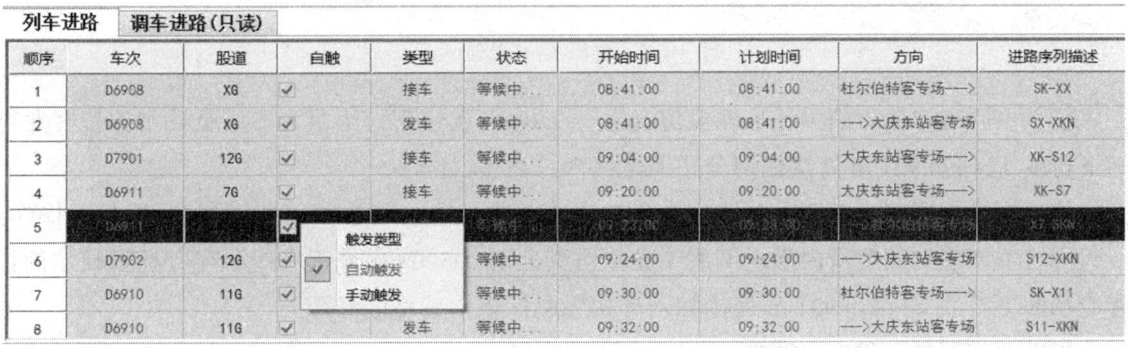

图 14-5　进路序列表内选中列车信息

（3）选择“手动触发”，D6911 次列车在车站的发车进路触发方式转换为手动，如图 14-6 所示。

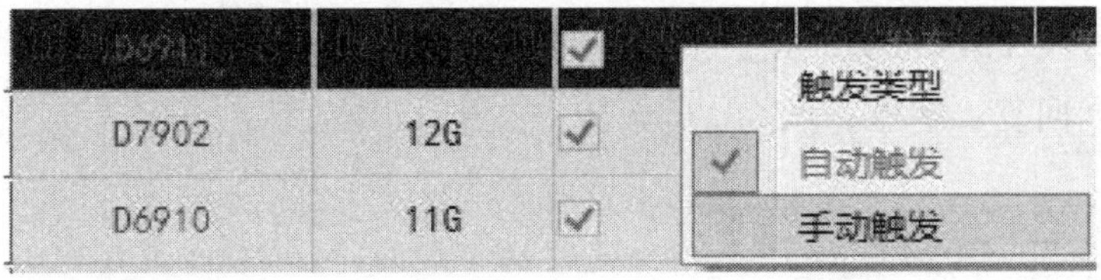

图 14-6　列车进路触发方式转换为“手动触发”

（三）调度员通知值班副主任、供电部门、动车调度及动车客服调度

（1）主调依次点击 FAS 机主面板上的“值班副主任”“哈齐供电主调”“动车调度”“动车客服调度”按钮，如图 14-7 所示。

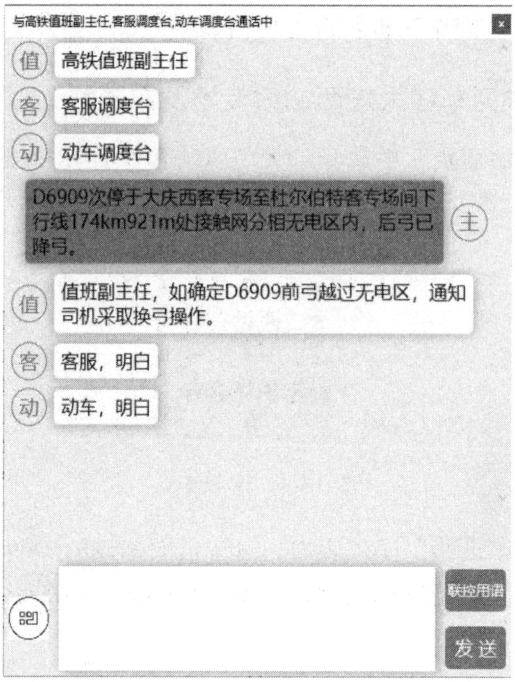

图 14-7　群呼相关单位人员

（2）主调通知值班副主任（虚拟仿真人）：D6909 次停于大庆西客专场至杜尔伯特客专场间下行线 174 km 921 m 处接触网分相无电区内，后弓已降弓。

值班副主任回复：值班副主任，如确定 D6909 前弓越过无电区，通知司机采取换弓操作。

（3）主调通知调度所内供电调度（虚拟仿真人）：D6909 次停于大庆西客专场至杜尔伯特客专场间下行线 174 km 921 m 处接触网分相无电区内，后弓已降弓。

供电调度回复：供电，明白。

（4）主调通知调度所内动车调度（虚拟仿真人）：D6909 次停于大庆西客专场至杜尔伯特客专场间下行线 174 km 921 m 处接触网分相无电区内，后弓已降弓。

动车调度回复：动调，明白。

（5）主调通知调度所内动车客服调度（虚拟仿真人）：D6909 次停于大庆西客专场至杜尔伯特客专场间下行线 174 km 921 m 处接触网分相无电区内，后弓已降弓。

动车客服调度回复：客服，明白。

（四）调度员通知故障列车司机

（1）主调点击 FAS 机“拨号”按钮，如图 14-8 所示。

图 14-8　拨号按钮

（2）弹出语音播报，如图 14-9 所示。主调通知 D6909 次列车司机（虚拟仿真人）：D6909 次确定前弓越过无电区，可采取换弓操作，具备条件后可以开车。

D6909 次列车司机回复：D6909 次前弓已越过无电区，换弓开车司机明白。

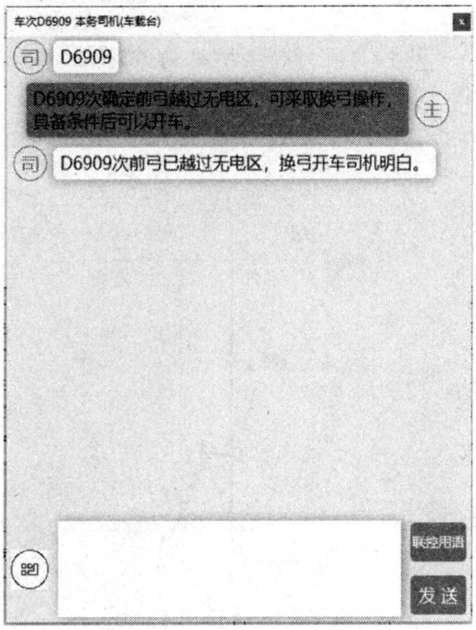

图 14-9　FAS 机通话

（五）绘制区间停车

（1）鼠标左键单击选中 D6909 次列车运行线，选中节点位置（车站与运行线交点），点击鼠标右键，弹出菜单栏，如图 14-10 所示。

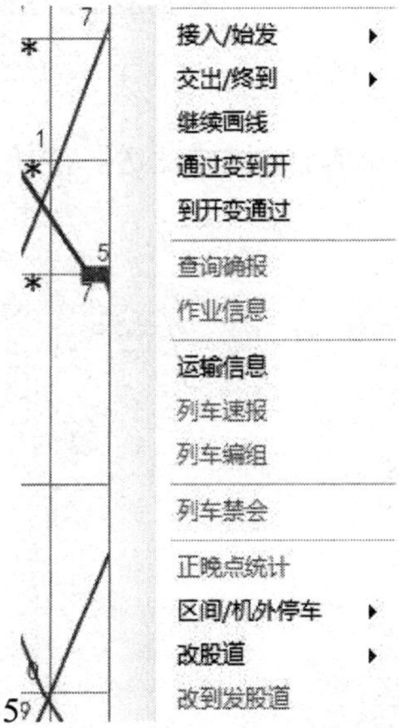

图 14-10　运行线右键菜单栏

（2）点击“区间/机外停车”选项，弹出二级菜单，选择“区间停车”，如图 14-11 所示。

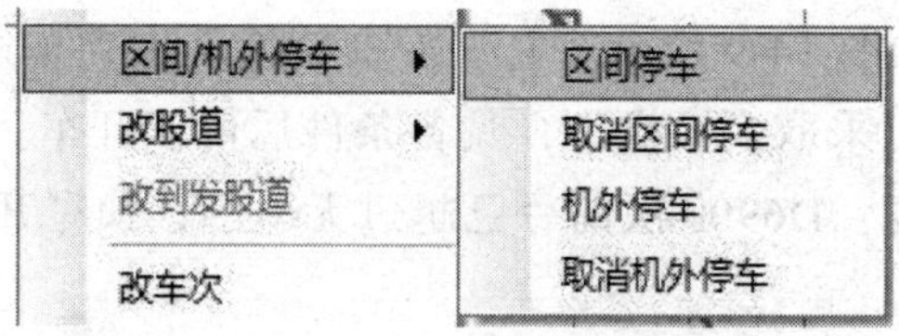

图 14-11　区间/机外停车菜单栏

（3）D6909 次列车肇东站客专场至安达站客专场间运行线上行区间停车绘制完成，如图 14-12 所示。

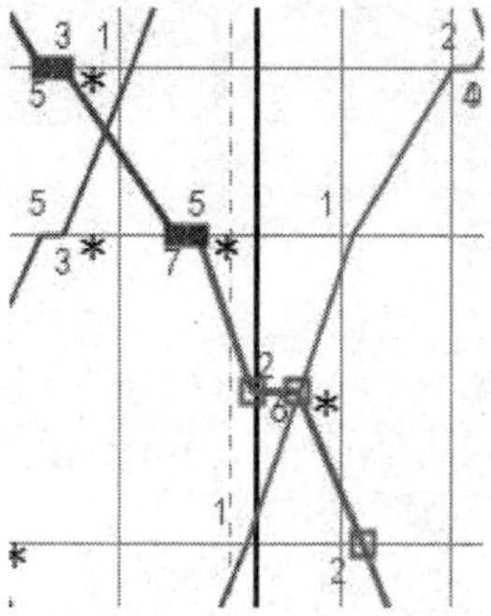

图 14-12　区间停车

（六）调整运行图并下达新计划

（1）主调调整后续受影响的上下行列车；调整完成后，点击“下计划”按钮，如图 14-13 所示。

图 14-13　点击下计划

（2）弹出对话框，依次点击“检查计划”“发送”按钮，确认将新计划下达到管辖车站，如图 14-14 所示。

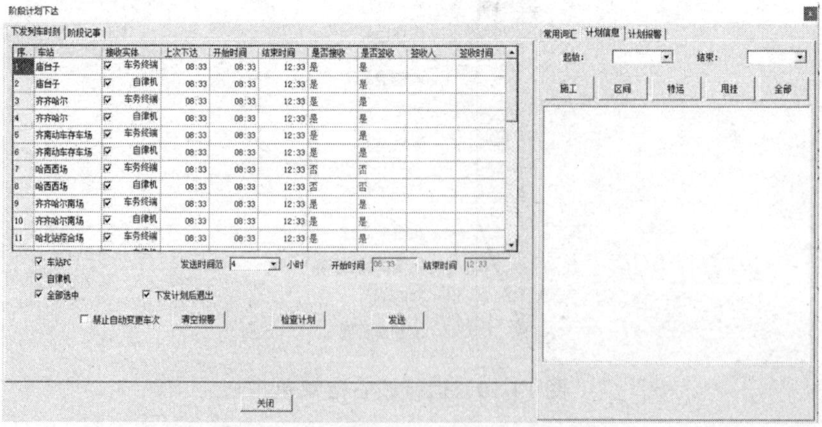

图 14-14　下达阶段计划到管辖车站

（七）恢复 D6911 次列车在大庆西站客专场发车自触

（1）在助调终端“选站面板”中选择“大庆西站客专场”。

（2）在页面下方“列车进路”序列表内，选中需要修改的 D6911 次列车发车信息栏，在列车对应的“自触”栏内，点击鼠标左键，出现下拉列表，如图 14-15 所示。

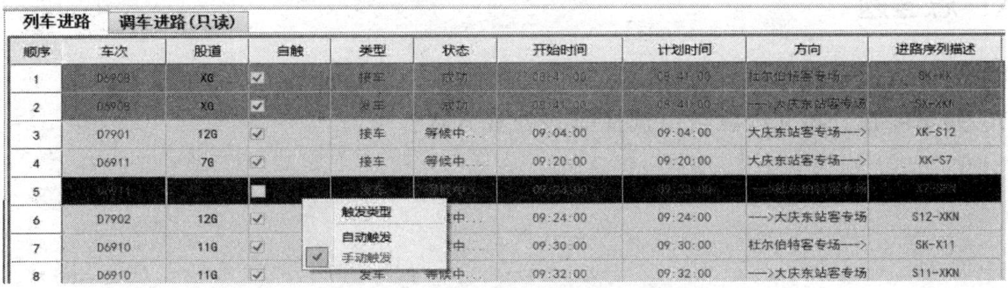

图 14-15　进路序列表内选中列车信息

（3）选择“自动触发”，D6911 次列车在车站的进路触发方式转换为自动，如图 14-16 所示。

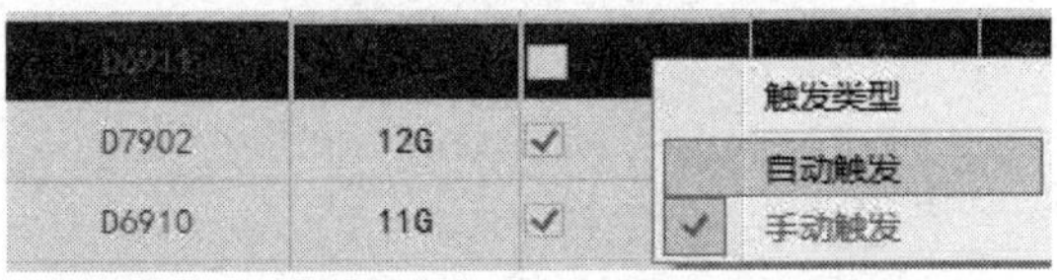

图 14-16　列车进路触发方式转换为“自动触发”

（八）填写铁路交通事故（故障）概况表（简称：安监报-1）

填记安监报（图 14-17）：8 时 27 分，D6909 次停于大庆西客专场至杜尔伯特客专场间下行线 174 km 921 m 处接触网分相无电区内，换弓后开车，影响 D6909 次区间停车 × 分。

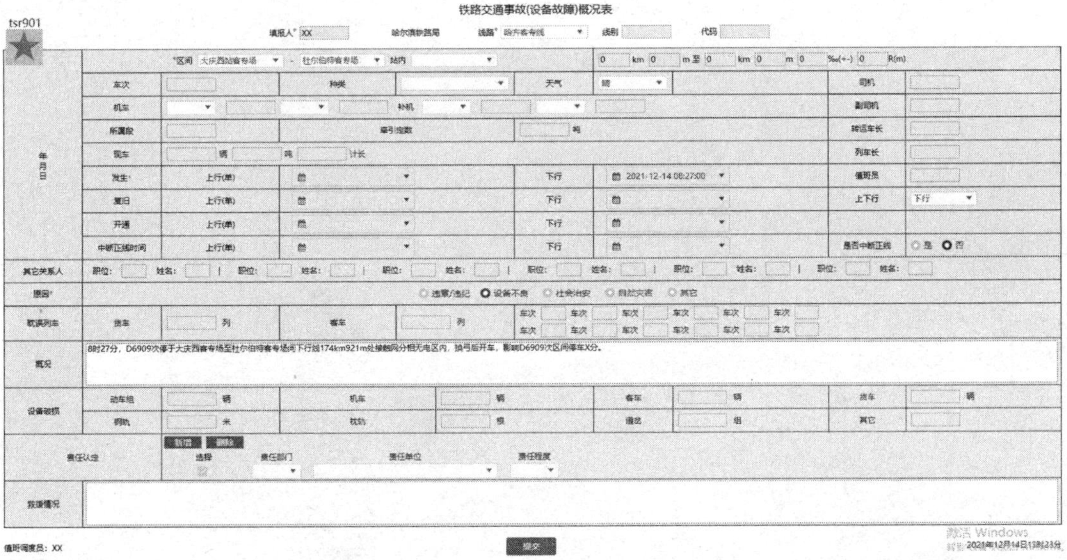

图 14-17　安监报-1

七、实验要求

（1）认真完成实验报告，报告要用实验报告纸，书写工整，按时上交。
（2）对思考题应能依据实验过程做出相应的回答。

八、思考题

（1）为什么设置接触网分相无电区？
（2）列车停在分相无电区可以选择哪些处置方式？

实验十五
列车碰撞异物应急处置实验

一、实验目的

（1）熟悉列车调度台、助理调度台界面设置和菜单管理功能。

（2）掌握高速铁路列车运行调整、高速铁路电气设备操作及相关辅助软件操作等列车调度指挥基本技能。

（3）熟悉《技规》所规定的处置故障流程及组织行车原则，采取合理的应急处置方案。

（4）熟练掌握列车碰撞异物情况下相关规章制度及处置流程。

二、实验原理

列车碰撞异物的具体处置流程及要求如下：

（1）依据铁路《技规》第 428 条的规定，列车运行中碰撞异物影响行车安全时，司机应立即采取停车措施，并向列车调度员（车站值班员）报告碰撞异物地点、碰撞异物情况及停车地点，动车组列车司机还应通知随车机械师。车站值班员报告列车调度员。列车调度员（车站值班员）立即通知本线已进入区间的后续列车停车，不再向该区间放行列车。需下车检查时，列车调度员根据司机请求及时发布邻线限速 160 km/h 及以下的调度命令，司机在接到列车调度员已发布相关调度命令的口头指示后，下车检查（动车组列车为通知随车机械师下车检查）。

① 经检查列车可以继续运行时，恢复运行（动车组列车按随车机械师的要求运行），司机向列车调度员报告检查情况。如检查未发现异常情况，列车调度员向本线后续首列发布口头指示限速 160 km/h 运行，限速位置按碰撞异物地点前后各 2 km 确定，列车司机应加强瞭望，确认线路和接触网有无异常状态，在通过限速地点后立即向列车调度员报告，列车调度员在得到司机无异常的报告后，组织本线后续列车恢复正常运行；有影响行车异常情况时，列车调度员根据司机报告，扣停后续列车或组织后续列车限速运行，及时通知有关部门按规定上道检查处理。

② 经下车检查确认不能继续运行时应及时请求救援，并按规定进行防护。

（2）依据《技规》第 429 条的规定，碰撞异物侵入邻线影响邻线行车安全时，列车调度员（车站值班员）接到报告后，应立即通知邻线尚未经过该地点的列车停车，不再向邻线该区间放行列车，并通知有关部门按规定上道检查处理。

（3）依据《技规》第 430 条的规定，碰撞异物情况不明，不能确定是否影响邻线时，列车调度员接到报告后,应立即向邻线尚未经过该地点的首列发布口头指示限速 160 km/h 运行，限速位置按碰撞异物地点前后各 2 km 确定。

邻线首列列车司机应加强瞭望，确认线路和接触网有无异常状态，在通过限速地点后立即向列车调度员报告，列车调度员在得到司机无异常的报告后，组织邻线后续列车正常运行。有影响行车异常情况时，列车调度员根据司机报告，扣停后续列车或组织后续列车限速运行，及时通知有关部门按规定上道检查处理。

（4）依据《技规》第 431 条的规定，工务、电务、供电部门应利用天窗时间对碰撞异物地点前后 2 km 范围内的设备进行重点检查。

三、实验内容

列车调度台进行列车运行调整计划编制与下达，监控列车运行，调整到发线运用方案。进行调度命令编写、接收、审核与下达，及时处理所辖区段内的突发情况，列车调度员向基层运输站段下达的书面的命令；发布列控限速调度命令，以保障列车运行安全。

助理调度台进行特殊情况下的人工办理接发车进路，接发车进路主要包含接车进路、发车进路、通过进路等，并根据现场实际情况，通过线路和道岔封锁与解锁等操作，以人工控制设备状态的方式引导列车运行。辅助列车调度台完成调度命令编写、接收、审核；发布列控限速调度命令，以保障列车运行安全。

调监显示台进行列车运行监视，实时了解各车站和区间的设备使用情况、列车运行情况以做出科学合理的调度指挥决策。

列车运行过程中，可能会发生碰撞，碰撞物可能为飞鸟、牲畜或掉落在轨行区中的小型异物。此类碰撞不会造成列车脱轨等高危事件发生，但是会造成车头位置不同程度的破损，发生紧急制动，同时异物可能会飞溅至邻线，影响邻线列车的正常运行。整个实验在熟悉列车调度台、助理调度台的操作模式后，进行列车碰撞异物情况下的调度指挥及应急场景处置。

（1）不再向该区间放行列车，并通知已进入区间的后续列车立即停车，及时取消后方站发车自触。

（2）通知相关人员，报告值班副主任。

（3）根据司机下车检查的请求，发布邻线限速 160 km/h 及以下调度命令。

（4）向司机发布口头指示，邻线列车限速 160 km/h 及以下调度命令已发布，通知随车机械师下车检查。

（5）碰撞异物影响邻线或不确定是否影响邻线：

① 不能确定是否影响邻线时，应立即向邻线尚未经过该地点的首列发布口头指示限速 160 km/h 运行，限速位置按碰撞异物地点前后各 2 km 确定；

② 邻线首列司机应确认线路和接触网有无异常状态，通过限速地点得到司机无异常的报告后，组织邻线后续列车正常运行。

（6）通知工务、电务、供电部门利用天窗时间对碰撞异物地点前后 2 km 范围内进行重点检查。

（7）绘制运行图标识。

（8）调整运行图。

（9）向相关人员通报预计列车晚点时间或恢复运行时刻。
（10）填记安监报-1。

四、实验仪器、设备

列车调度台 1 台，含运行图终端系统、调度命令终端系统、列控限速管理系统。

助理调度台 1 台，含助调终端系统、调度命令终端系统、列控限速管理系统。

调监显示屏 1 台，含调度监督系统。

辅助系统 1 套，含自然灾害及异物侵限监测系统、FAS 机系统、电子行车设备检查登记簿、铁路交通事故（故障）概况表。

五、实验预设参数

列车碰撞异物，加载场景为故障出现前若干分钟内的运行场景：
（1）计划图上，存在后续进入该区段的列车。
（2）在应急处置过程中，不使用非常站控模式。
（3）运行图已加载完成，阶段计划为 12:00—15:00。
（4）选定线路为某客专台。
（5）故障列车车次号为 D7906，运行至安达站客专场至肇东站客专场间上行线。
预设情况如图 15-1 所示。

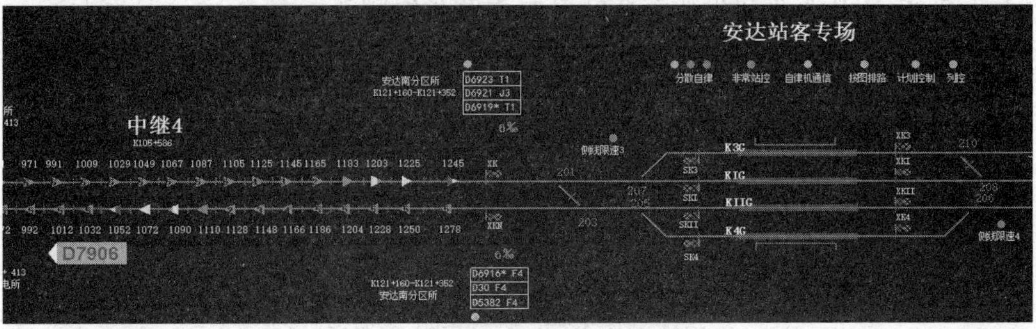

图 15-1　列车碰撞异物预设情况

六、实验步骤

（一）故障列车司机报告

（1）FAS 机主应答发出提示，点击“主应答”按钮，如图 15-2 所示。

图 15-2　主应答按钮

（2）弹出语音播报，如图 15-3 所示。D7906 次列车司机（虚拟仿真人）报告调度员：D7906

次，12 时 42 分，运行至安达客专场至肇东客专场间上行线 104 km 200 m 处碰撞异物，使用紧急制动停于 103 km 200 m 处，不确定是否影响邻线。

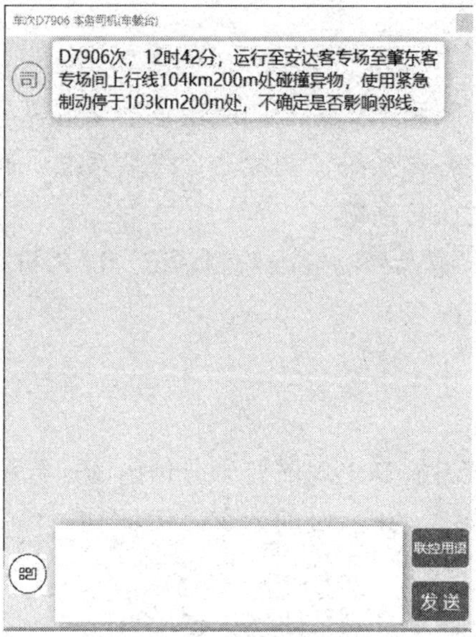

图 15-3　语音告警

（3）调度回复 D7906 次列车司机：调度明白。

（二）取消 D6916 次列车在安达站客专场发车自触

（1）在助调终端“选站面板”中选择“安达站客专场”，如图 15-4 所示。

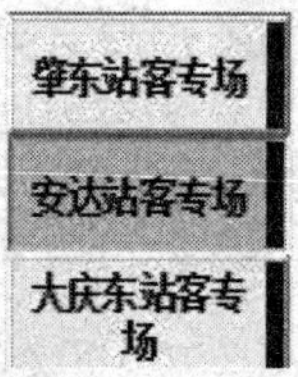

图 15-4　选择车站

（2）在页面下方“列车进路”序列表内，选中需要修改的 D6916 次列车发车信息栏，在列车对应的“自触”栏内，点击鼠标左键，出现下拉列表，如图 15-5 所示。

顺序	车次	股道	自触	类型	状态	开始时间	计划时间	方向	进路序列描述
1	D6916	K4G	✓	接车	等候中...	12:52:00	12:52:00	大庆东站客专场—>	SK-XK4
2			✓						
3	D6919	K1G	✓		中...	12:58:00	12:58:00	肇东站客专场—>	XK-SK1
4	D6919	K1G	✓		中...	12:58:00	12:58:00	—>大庆东站客专场	XK1-SKN
5	D6921	K3G	✓	接车	等候中...	13:20:00	13:20:00	肇东站客专场—>	XK-SK3
6	D6921	K3G	✓	发车	等候中...	13:21:00	13:21:00	—>大庆东站客专场	XK3-SKN
7	D6923	K1G	✓	接车	等候中...	13:34:00	13:34:00	肇东站客专场—>	XK-SK1
8	D6923	K1G	✓	发车	等候中...	13:34:00	13:34:00	—>大庆东站客专场	XK1-SKN

图 15-5　进路序列表内选中列车信息

（3）选择“手动触发”，D6916 次列车在车站的发车进路触发方式转换为手动，如图 15-6 所示。

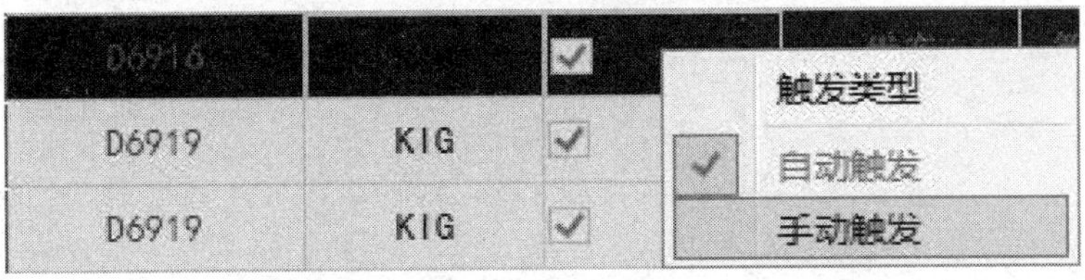

图 15-6　列车进路触发方式转换为“手动触发”

（三）调度员通知即将进入该区段的邻首列列车司机

（1）主调点击 FAS 机“拨号”按钮，如图 15-7 所示。

图 15-7　拨号按钮

弹出拨号盘，输入对应车次号，如图 15-8 所示，再依次点击“本务机司机”“拨号”。

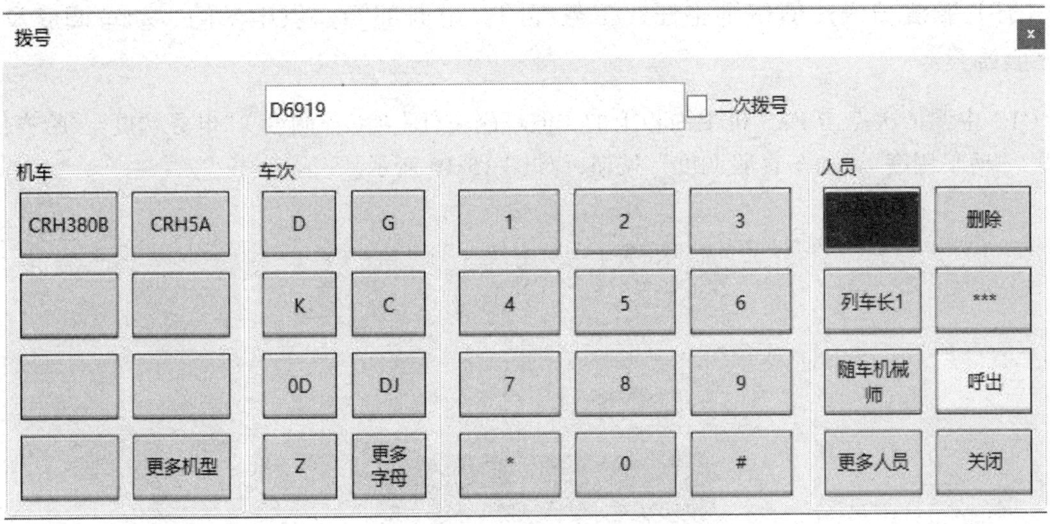

图 15-8　拨号

（2）弹出对话框，如图 15-9 所示。主调通知 D6919 次列车司机（虚拟仿真人）：D6919 次，因 D7906 次碰撞异物，D6919 次运行至肇东客专场至安达客专场间下行线 102 km 200 m 至 106 km 200 m 处，限速 160 km/h，加强瞭望。

D6919 次列车司机回复：D6919 次，司机明白。

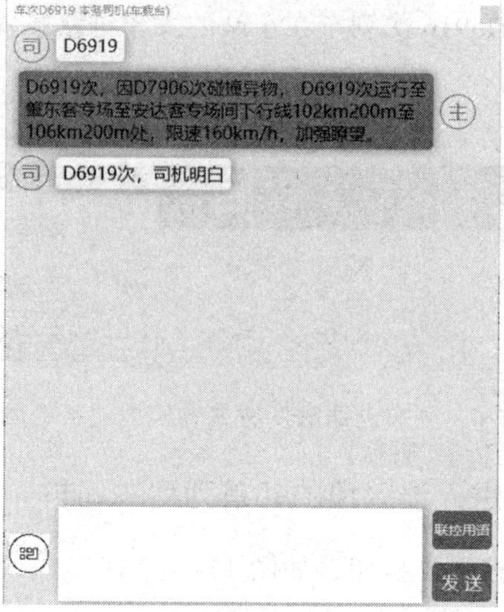

图 15-9 FAS 机通话

（四）邻线首列列车司机报告

（1）FAS 机主应答发出提示，点击“主应答”按钮，弹出语音播报。

（2）D6919 次列车司机（虚拟仿真人）报告调度员：D6919 次已降至规定速度。

（3）调度回复 D6919 次列车司机：调度明白。

（五）调度员通知值班副主任、工务部门、电务部门、供电部门、动车调度及动车客服调度

（1）主调依次点击 FAS 机主面板上的“值班副主任”“工务调度”“电务调度”“哈齐供电主调”“动车调度”“动车客服调度”按钮，如图 15-10 所示。

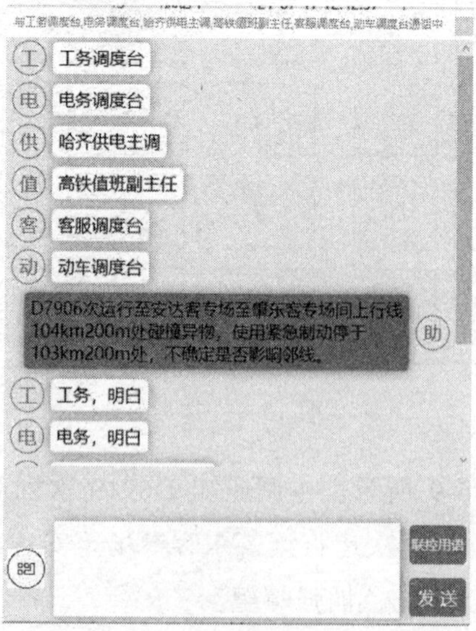

图 15-10 群呼相关单位人员

（2）主调通知值班副主任（虚拟仿真人）：D7906 次运行至安达客专场至肇东客专场间上行线 104 km 200 m 处碰撞异物，使用紧急制动停于 103 km 200 m 处，不确定是否影响邻线。

值班副主任回复：明白。

（3）主调通知调度所内工务调度（虚拟仿真人）：D7906 次运行至安达客专场至肇东客专场间上行线 104 km 200 m 处碰撞异物，使用紧急制动停于 103 km 200 m 处，不确定是否影响邻线。

工务调度回复：工务，明白。

（4）主调通知调度所内电务调度（虚拟仿真人）：D7906 次运行至安达客专场至肇东客专场间上行线 104 km 200 m 处碰撞异物，使用紧急制动停于 103 km 200 m 处，不确定是否影响邻线。

电务调度回复：电务，明白。

（5）主调通知调度所内供电调度（虚拟仿真人）：D7906 次运行至安达客专场至肇东客专场间上行线 104 km 200 m 处碰撞异物，使用紧急制动停于 103 km 200 m 处，不确定是否影响邻线。

供电调度回复：供电，明白。

（6）主调通知调度所内动车调度（虚拟仿真人）：D7906 次运行至安达客专场至肇东客专场间上行线 104 km 200 m 处碰撞异物，使用紧急制动停于 103 km 200 m 处，不确定是否影响邻线。

动车调度回复：动调，明白。

（7）主调通知调度所内动车客服调度（虚拟仿真人）：D7906 次运行至安达客专场至肇东客专场间上行线 104 km 200 m 处碰撞异物，使用紧急制动停于 103 km 200 m 处，不确定是否影响邻线。

动车客服调度回复：客服，明白。

（六）故障列车司机报告

（1）FAS 机主应答发出提示，点击“主应答”按钮，弹出语音播报。

（2）D7906 次列车司机（虚拟仿真人）报告调度员：D7906 次，随车机械师申请下车检查，邻线限速 160 km/h。

（3）调度回复 D7906 次列车司机：调度明白。

（七）发布列控限速命令

（1）助调点击调度命令端右下角列控限速栏内“新建列控”，如图 15-11 所示。

图 15-11　新建列控

（2）弹出“限速命令输入”对话框，参照故障列车司机的请求上道检查信息，输入“限速原因”“命令类型”“线路”以及起始公里标、限速值等数据后点击“确认”按钮，如图 15-12 所示。

限速原因：施工。

线路：哈齐客专下行线。

起始公里标：K102 + 200 至 K104 + 200。

限速值：160 km/h。

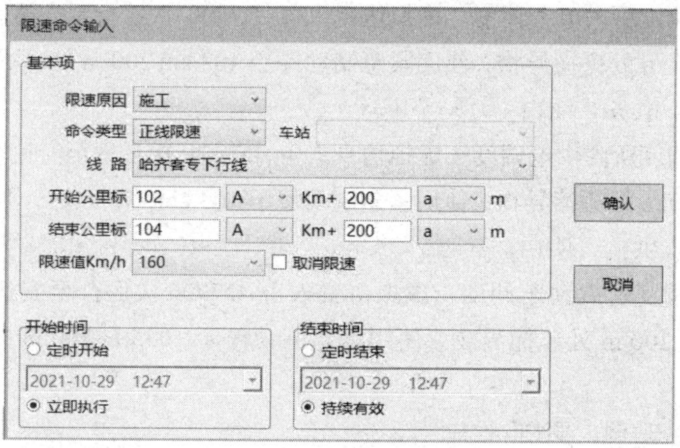

图 15-12 限速命令输入

（3）弹出校验提示对话框，点击“确定”以后，主调调度命令端弹出“限速命令校验”对话框，对数据进行再一次输入，点击“确认”按钮，如图 15-13 所示。

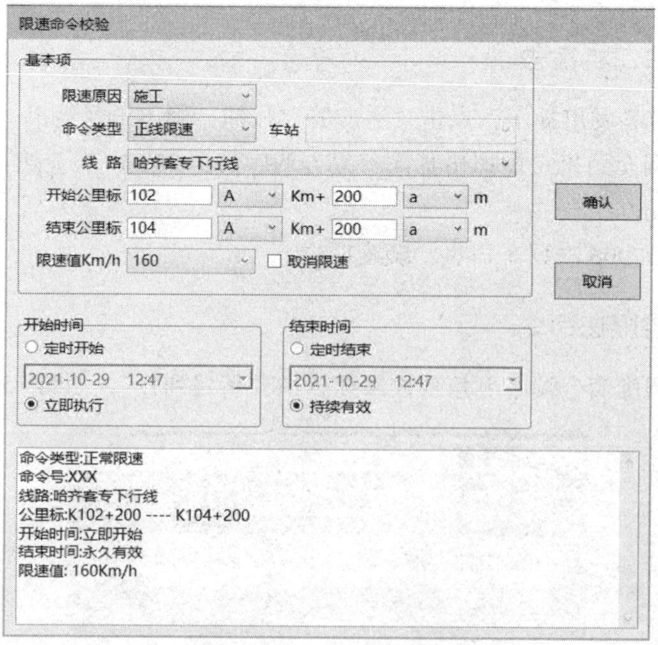

图 15-13 限速命令校验

（4）弹出提示框点击确定，返回主页面。在无线受令列表内点击“增加”，输入车次号“D6919”，再点击“查找机车”，如图 15-14 所示。

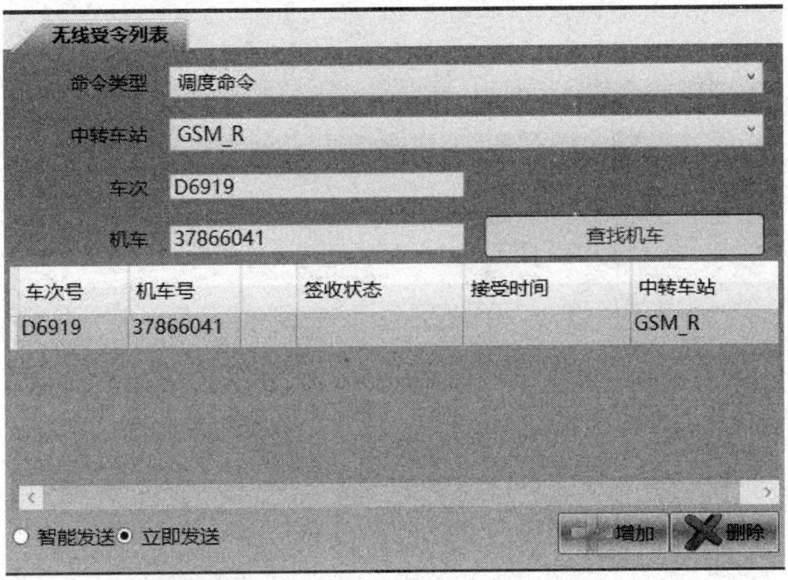

图 15-14　增加无线受令人

（5）受令列表内，系统自动勾选“哈齐 TSR 服务器”，如图 15-15 所示。

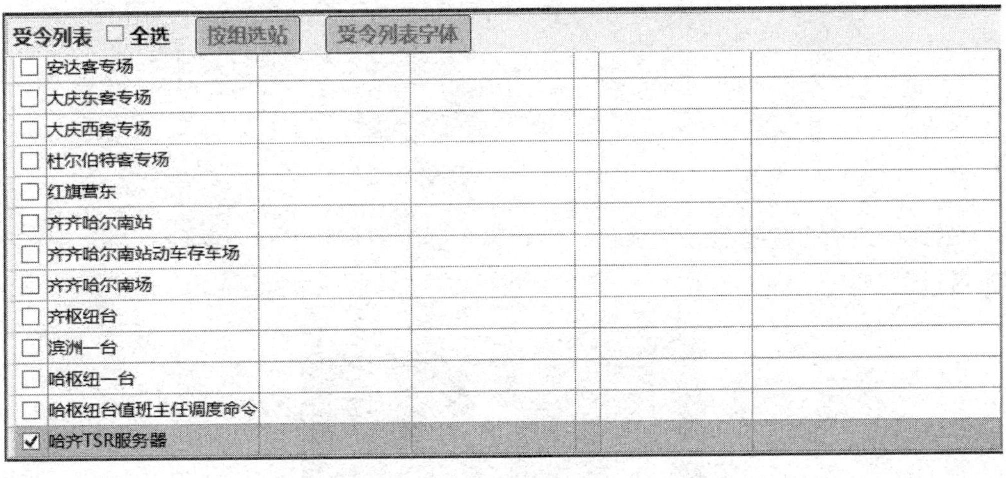

图 15-15　勾选受令单位

点击“下达”按钮，如图 15-16 所示。

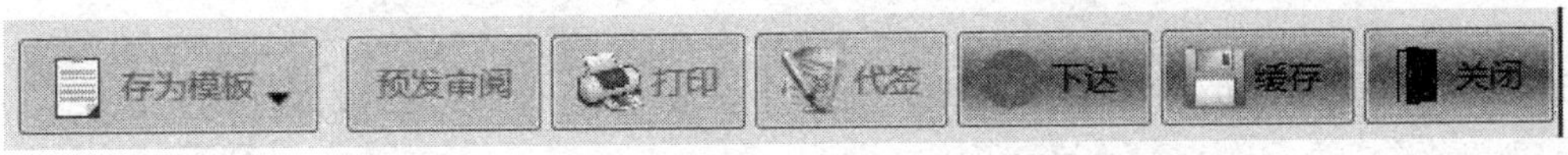

图 15-16　点击下达

出现无线调令信息确认对话框，确认无误后，点击“否”，如图 15-17 所示。

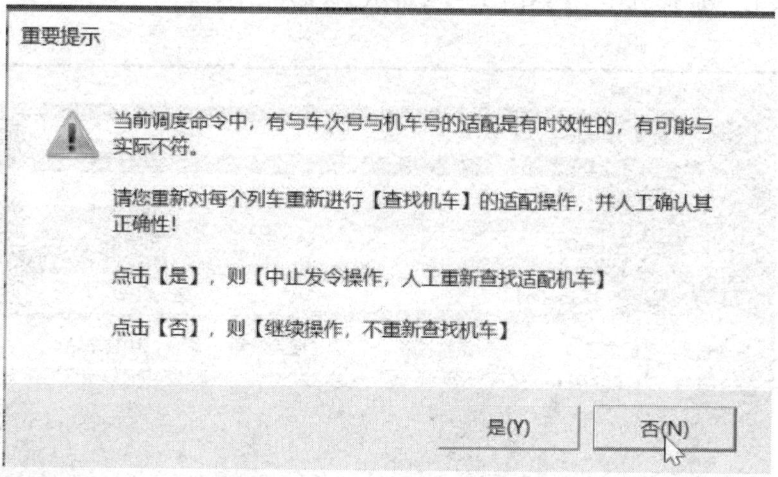

图 15-17　无线调令信息确认

弹出对话框，确认受令人无误后，点击“是”，如图 15-18 所示。

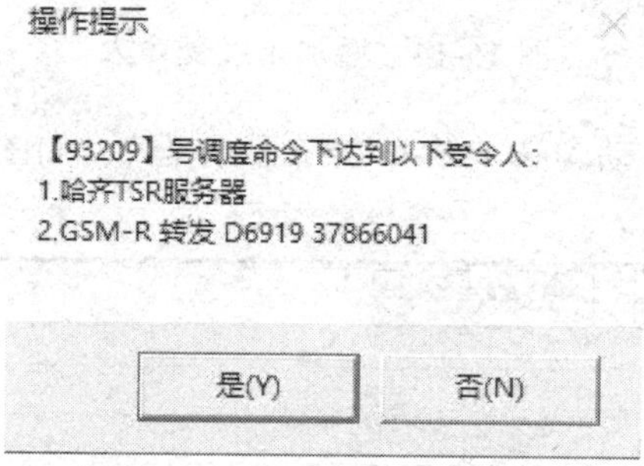

图 15-18　确认受令单位

（6）列控限速命令发送签收完成后，TSR 服务器为闪烁状态，右键点击 TSR 图标，选择“显示主窗口”，如图 15-19 所示。

图 15-19　显示列控限速管理主窗口

（7）灰色底色为已拟定命令，选中该条灰色命令，单击下方“激活校验”按钮，对该命令进行激活操作，如图 15-20 所示。

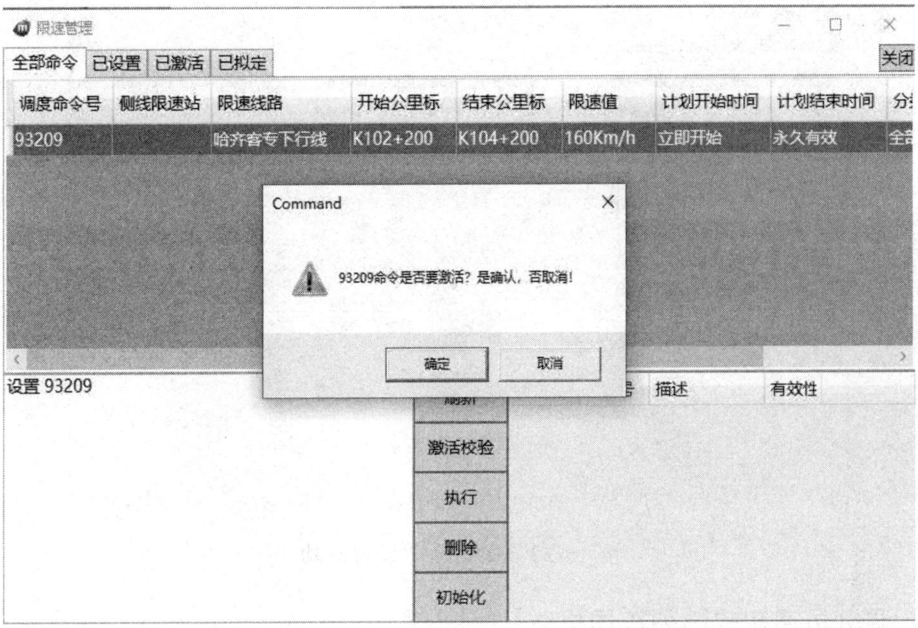

图 15-20　命令激活

（8）命令底色变为绿色，进入“已激活”栏内；再次选中该条命令，单击下方“执行”按钮，如图 15-21 所示。

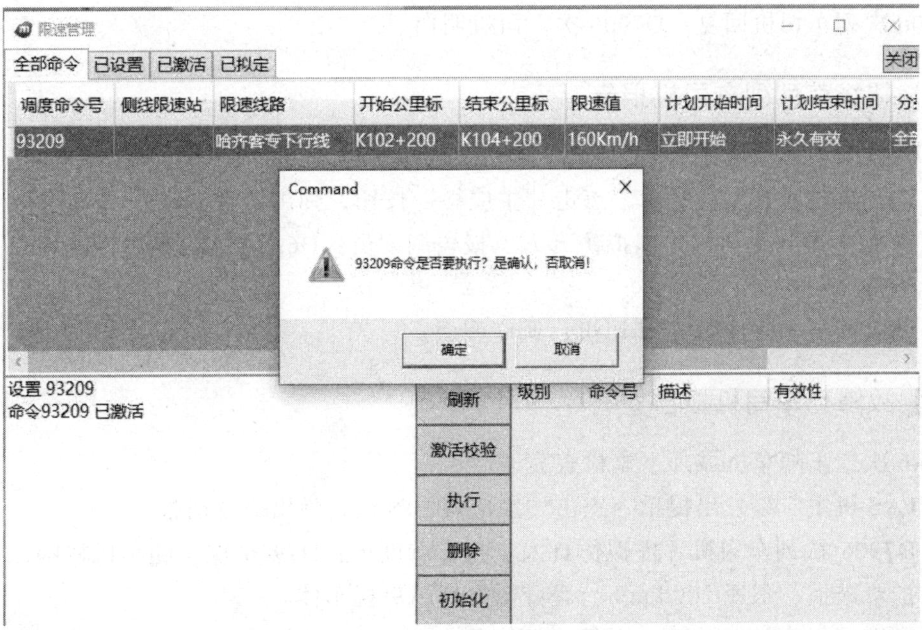

图 15-21　命令执行

（9）命令底色变为黄色，进入“已设置”栏内，表明该条命令已完全设置成功，TSRS 内正在执行该限速命令。设置成功后显示如图 15-22 所示。

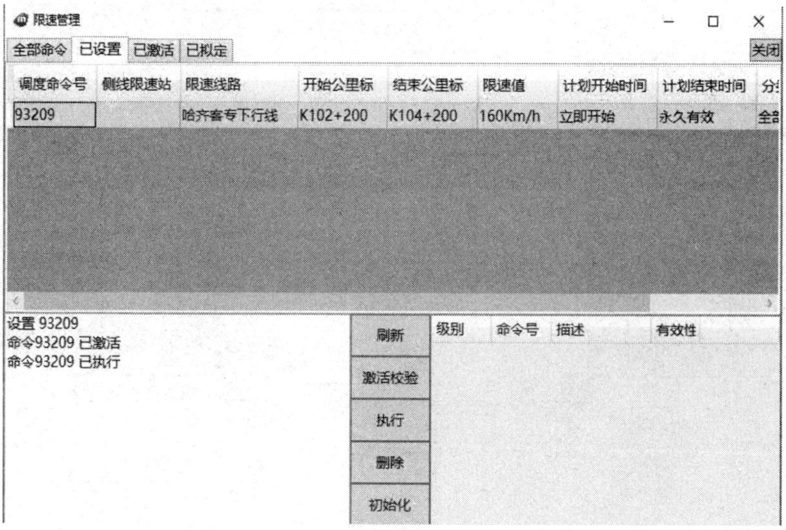

图 15-22　限速命令设置成功

（八）调度员通知故障列车司机

（1）主调点击 FAS 机“拨号”按钮，弹出拨号盘，输入对应车次号，再依次点击“本务机司机”“拨号”。

（2）主调通知 D7906 次列车司机（虚拟仿真人）：D7906 次，邻线限速命令已发布，准许随车机械师下车作业。

D7906 次列车司机回复：D7906 次，司机明白。

（九）邻线首列列车司机报告

D6919 次列车通过碰撞点后：

（1）FAS 机主应答发出提示，点击“主应答”按钮，弹出语音播报。

（2）D6919 次列车司机（虚拟仿真人）报告调度员：D6919 次已越过限速地点，线路及接触网无异常。

（3）调度回复 D6919 次列车司机：调度明白。

（十）故障列车司机报告

G1246 次列车随车机械师下车检查完毕后：

（1）FAS 机主应答发出提示，点击“主应答”按钮，弹出语音播报。

（2）D7906 次列车司机（虚拟仿真人）报告调度员：D7906 次，随车机械师已上车，发现头部防护罩破损，限速 200 km/h，运行至终到站更换车体。

（3）调度回复 D7906 次列车司机：调度明白。

（十一）调度员通知值班副主任、动车调度及动车客服调度

（1）主调依次点击 FAS 机主面板上的“值班副主任”“动车调度”“动车客服调度”按钮。

（2）主调通知值班副主任（虚拟仿真人）：D7906 次头部防护罩破损，限速 200 km/h，运行至终到站更换车体。

值班副主任回复：明白。

（3）主调通知调度所内动车调度（虚拟仿真人）：D7906 次头部防护罩破损，限速 200 km/h，运行至终到站更换车体。

动车调度回复：动调，明白。

（4）主调通知调度所内动车客服调度（虚拟仿真人）：D7906 次头部防护罩破损，限速 200 km/h，运行至终到站更换车体。

动车客服调度回复：客服，明白。

（十二）恢复 D6916 次列车在安达站客专场发车自触

（1）在助调终端“选站面板”中选择“安达站客专场”。

（2）在页面下方“列车进路”序列表内，选中需要修改的 D6916 次列车发车信息栏，在列车对应的“自触”栏内，点击鼠标左键，出现下拉列表，如图 15-23 所示。

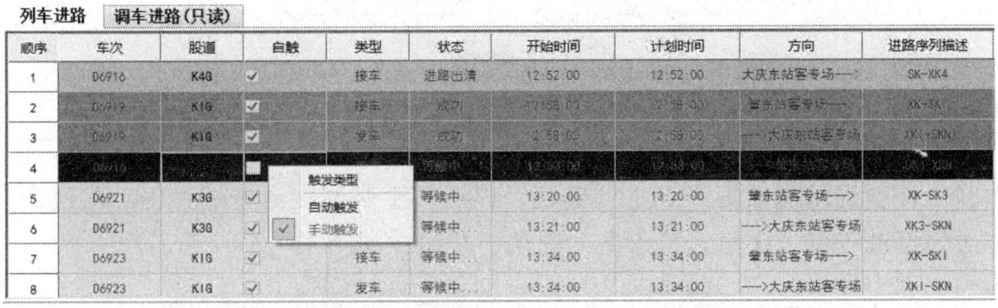

图 15-23　进路序列表内选中列车信息

（3）选择“自动触发”，D6916 次列车在车站的进路触发方式转换为自动，如图 15-24 所示。

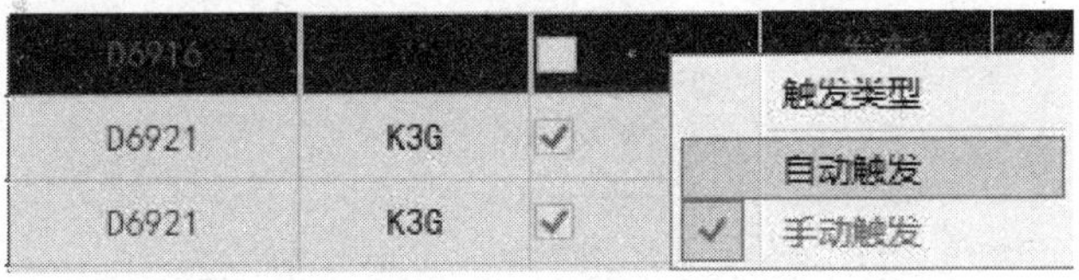

图 15-24　列车进路触发方式转换为“自动触发”

（十三）调度员通知本线首列列车司机

（1）主调点击 FAS 机“拨号”按钮，弹出拨号盘，输入对应车次号，再依次点击“本务机司机”“拨号”。

（2）主调通知 D6916 次列车司机（虚拟仿真人）：D6916 次，因 D7906 次区间碰撞异物，D6916 次运行至安达客专场至肇东客专场间上行线 106 km 200 m 至 102 km 200 m 处限速 160 km/h。

D6916 次列车司机回复：D6916 次，司机明白。

（十四）发布取消列控限速命令

（1）助调点击调度命令端右下角列控限速栏内“新建列控”。

（2）弹出“限速命令输入”对话框，输入前发列控限速命令“限速原因”“命令类型”“线路”及起始公里标等数据，并勾选“取消限速”，点击“确认”按钮，如图 15-25 所示。

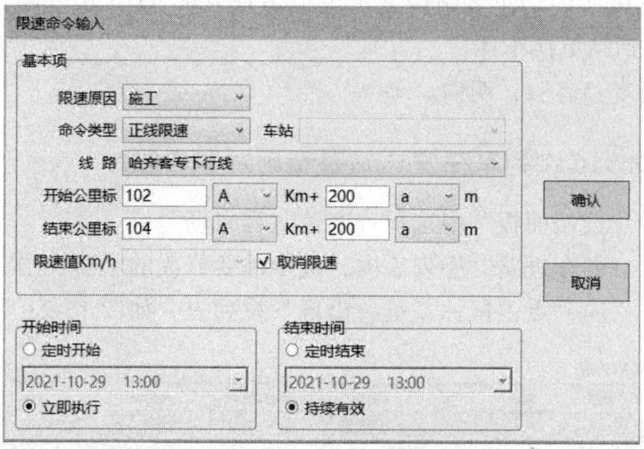

图 15-25　限速命令输入

（3）弹出校验提示对话框，点击“确定”以后，主调调度命令端弹出“限速命令校验”对话框，对数据进行再一次输入，点击“确认”按钮，如图 15-26 所示。

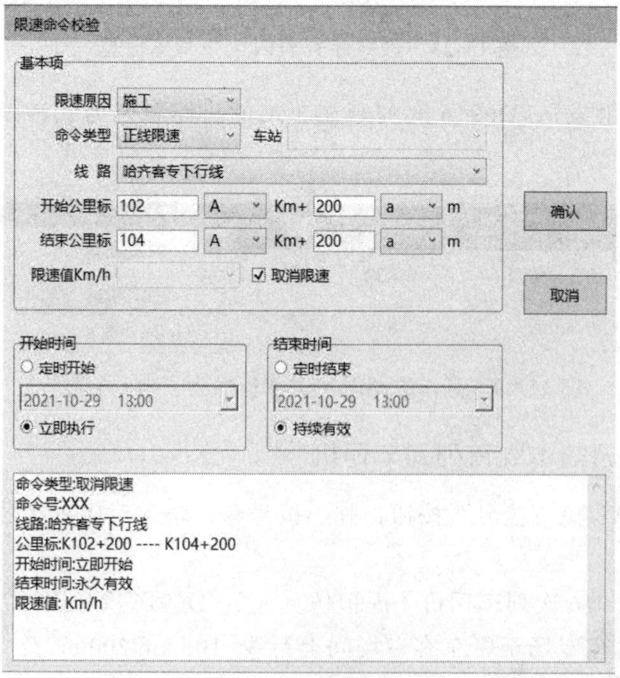

图 15-26　限速命令校验

（4）弹出提示框点击“确定”，返回主页面。受令列表内，系统自动勾选“哈齐 TSR 服务器”，点击“下达”按钮，如图 15-27 所示。

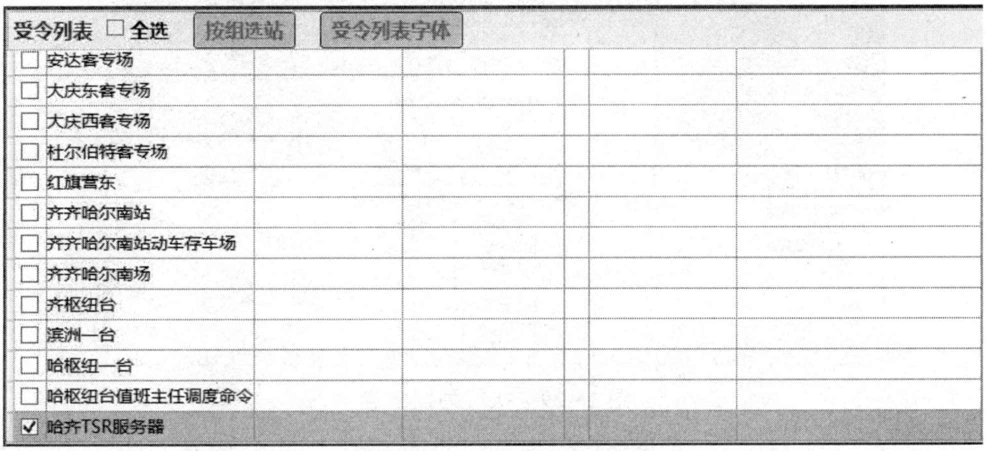

图 15-27　勾选受令单位

（5）点击“下达”，弹出对话框，确认受令人无误后，点击“是”。列控限速命令发送签收完成后，TSR 服务器为闪烁状态，右键点击 TSR 图标，选择“显示主窗口”。

（6）选中该条取消限速命令，单击下方“激活校验”按钮，对该命令进行激活操作，如图 15-28 所示。

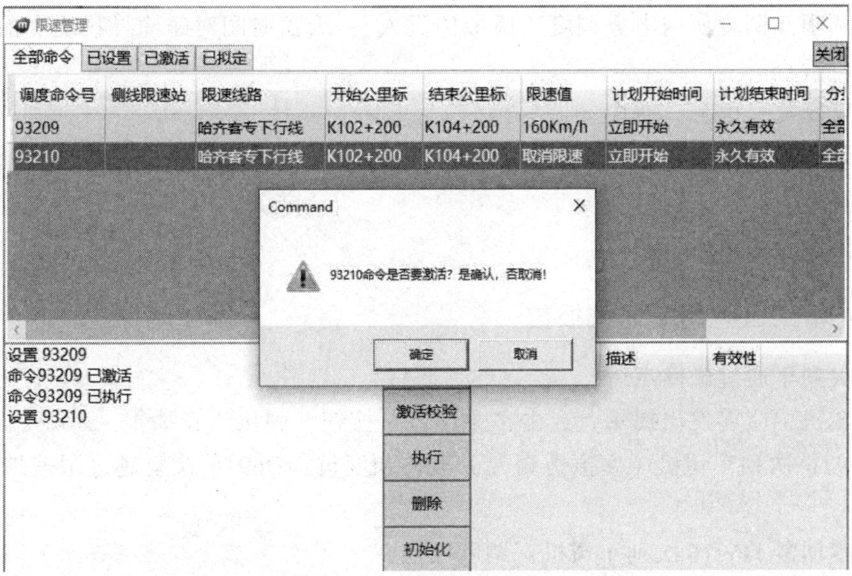

图 15-28　激活列控限速

（7）命令底色变为绿色，进入“已激活”栏内；再次选中该条命令，单击下方“执行”按钮，如图 15-29 所示。

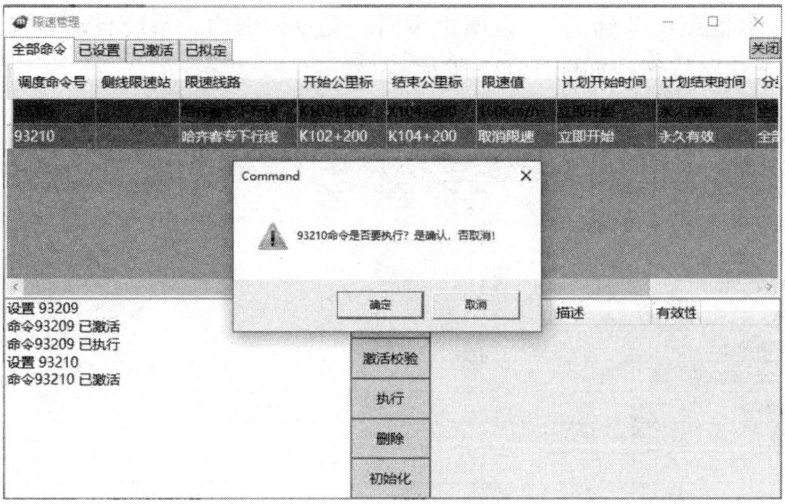

图 15-29　执行列控限速

（8）执行完成后，对应限速命令消失。完成后线路图上对应的限速命令指示消失。

（十五）调度员通知工务部门、电务部门、供电部门

（1）主调依次点击 FAS 机主面板上的“工务调度”“电务调度”“哈齐供电主调”按钮。

（2）主调通知调度所内工务调度（虚拟仿真人）：天窗时间对碰撞异物地点前后 2 km 范围内进行重点检查。

工务调度回复：工务，明白。

（3）主调通知调度所内电务调度（虚拟仿真人）：天窗时间对碰撞异物地点前后 2 km 范围内进行重点检查。

电务调度回复：电务，明白。

（4）主调通知调度所内供电调度（虚拟仿真人）：天窗时间对碰撞异物地点前后 2 km 范围内进行重点检查。

供电调度回复：供电，明白。

（十六）本线首列列车司机报告

D6916 次列车通过碰撞点后：

（1）FAS 机主应答发出提示，点击“主应答”按钮，弹出语音播报。

（2）D6916 次列车司机（虚拟仿真人）报告调度员：D6916 次已越过限速地点，线路无异常。

（3）调度回复 D6916 次列车司机：调度明白。

（十七）绘制区间停车标识

（1）左键单击选中 D7906 次列车运行线安达站客专场节点位置（车站与运行线交点），点击鼠标右键，弹出菜单栏，如图 15-30 所示。

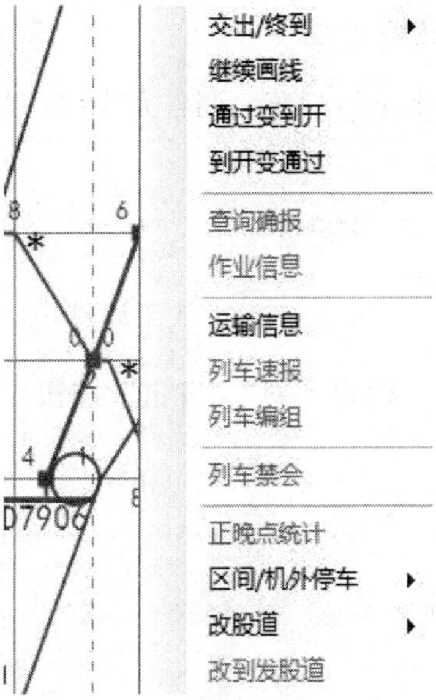

图 15-30　运行线右键菜单栏

（2）点击“区间/机外停车”选项，弹出二级菜单，选择“区间停车”，如图 15-31 所示。

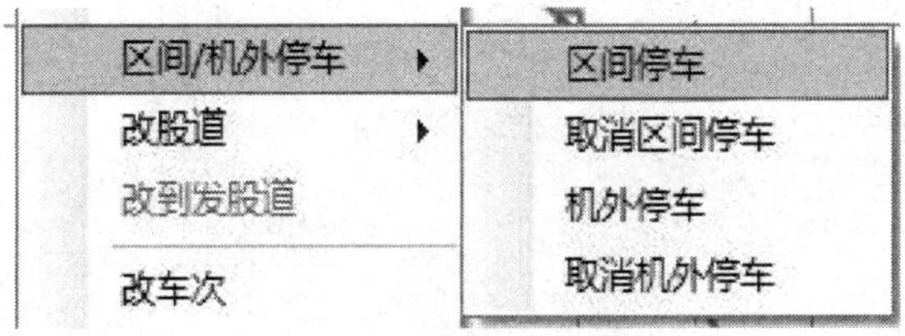

图 15-31　区间/机外停车菜单栏

（3）D7906 次列车肇东站客专场至安达站客专场间运行线上行区间停车绘制完成，如图 15-32 所示。

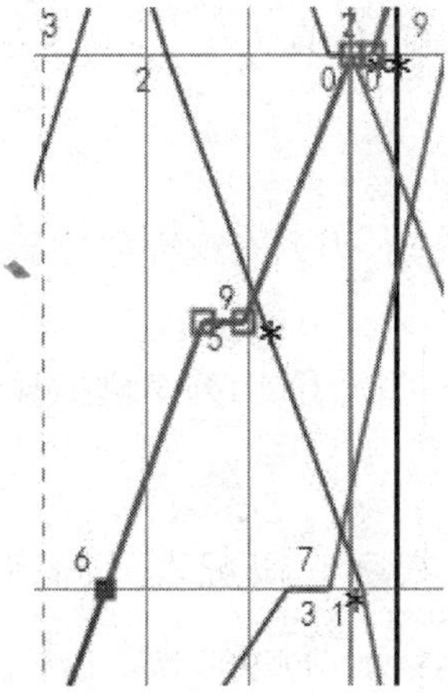

图 15-32　区间停车

（十八）调整运行图并下达新计划

（1）主调调整后续受影响的上下行列车；调整完成后，点击“下计划”按钮，如图 15-33 所示。

图 15-33　点击下计划

（2）弹出对话框，依次点击“检查计划”“发送”按钮，确认将新计划下达到管辖车站，如图 15-34 所示。

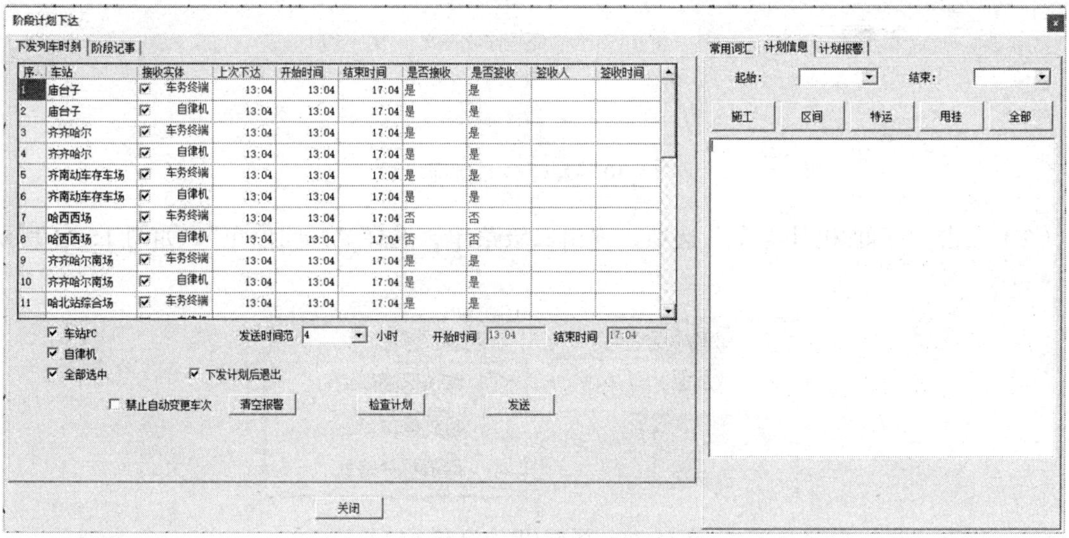

图 15-34　下达阶段计划到管辖车站

（十九）调度员通知动车客服调度、哈尔滨站、哈枢纽一台

（1）主调依次点击 FAS 机主面板上的“动车客服调度”“哈站”“枢纽一台”按钮。

（2）主调通知动车客服调度（虚拟仿真人）：因列车碰撞异物影响，D7906 次预计晚点 × 分。

动车客服调度回复：客服，明白。

（3）主调通知哈站（虚拟仿真人）：因列车碰撞异物影响，D7906 次预计晚点 × 分。

哈站回复：哈站，明白。

（4）主调通知枢纽一台（虚拟仿真人）：因列车碰撞异物影响，D7906 次预计晚点 × 分。

枢纽一台回复：枢纽一台，明白。

（二十）填写铁路交通事故（故障）概况表（简称：安监报-1）

填记安监报（图 15-35）：12 时 42 分，D7906 次，运行至安达客专场至肇东客专场间上行线 104 km 200 m 处碰撞异物，使用紧急制动停于 103 km 200 m 处，不确定是否影响邻线。

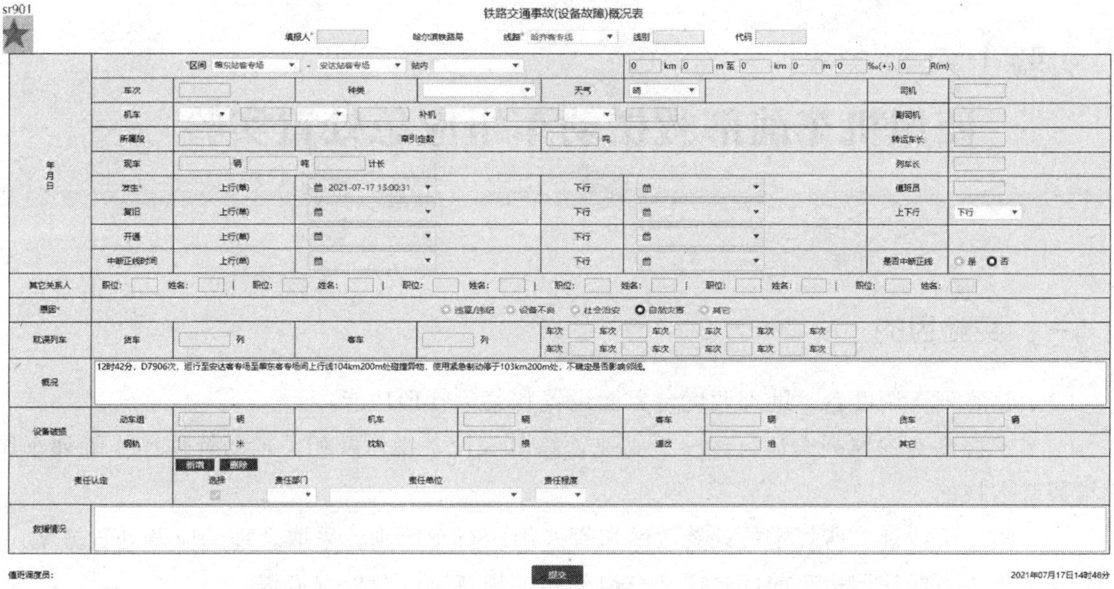

图 15-35 安监报-1

七、实验要求

（1）认真完成实验报告，报告要用实验报告纸，书写工整，按时上交。

（2）对思考题应能依据实验过程做出相应的回答。

八、思考题

（1）列车运行途中碰撞异物后会发生哪些设备故障？

（2）人员区间上道作业有哪些注意事项？

实验十六
使用机车前部救援动车组应急处置实验

一、实验目的

（1）熟悉列车调度台、助理调度台界面设置和菜单管理功能。

（2）掌握高速铁路列车运行调整、高速铁路电气设备操作及相关辅助软件操作等列车调度指挥基本技能。

（3）熟悉《技规》所规定的处置故障流程及组织行车原则，采取合理的应急处置方案。

（4）熟练掌握使用机车前部救援动车组的相关规章制度及处置流程。

二、实验原理

使用机车前部救援动车组的具体处置流程及要求如下：

（1）依据铁路《技规》第 434 条的规定，列车调度员接到救援申请，按规定发布调度命令封锁区间，并报告值班主任（值班副主任）。

（2）依据《技规》第 435 条的规定，列车调度员根据情况确定使用内燃（电力）机车或救援列车担当救援，并将救援方案通知车站值班员和请求救援列车司机。担当救援的列车需要跨区段担当救援任务时，列车调度员须通知机车调度员（动车司机调度员）指派带道人员。

（3）依据《技规》第 436 条的规定，列车调度员及时发布有关调度命令。担当救援的司机接到救援命令后，必须认真确认。命令不清、停车位置不明确时，不准动车。

（4）依据《技规》第 437 条的规定，向封锁区间发出救援列车时，不办理行车闭塞手续，以列车调度员的命令，作为进入封锁区间的许可。

（5）依据《技规》第 438 条的规定，救援列车的出发或返回，均应通知列车调度员及对方站（与本站为同一人办理时除外）。如事故现场设有临时线路所时，列车调度员（车站控制时为车站值班员）应于发车前，征得线路所车站值班员的同意。

（6）依据《技规》第 441 条的规定，救援列车连挂前，司机须与列车调度员联系，在得到列车调度员已发布邻线限速 160 km/h 及以下的调度命令（妨碍邻线及组织旅客疏散时为已扣停邻线列车）的口头指示后，方可开始作业。

（7）依据《技规》第 442 条的规定，动车组由机车牵引继续运行时，列车调度员根据随车机械师提出的限速要求，向救援机车司机发布限速运行的调度命令。

（8）依据《技规》第 443 条的规定，使用机车救援动车组时，动车组列控车载设备转入或退出隔离模式不发布调度命令。

三、实验内容

列车调度台进行列车运行调整计划编制与下达，监控列车运行，调整到发线运用方案。进行调度命令编写、接收、审核与下达，及时处理所辖区段内的突发情况，列车调度员向基层运输站段下达的书面的命令；发布列控限速调度命令，以保障列车运行安全。

助理调度台进行特殊情况下的人工办理接发车进路及调车进路，并根据现场实际情况，通过线路和道岔封锁与解锁、信号机的开放等操作，以人工控制设备状态的方式引导列车运行。辅助列车调度台完成调度命令编写、接收、审核；发布列控限速调度命令，以保障列车运行安全。

调监显示台进行列车运行监视，实时了解各车站和区间的设备使用情况、列车运行情况以做出科学合理的调度指挥决策。

电力机车机动车组列车运行过程中由供电系统提供动力电，通过牵引系统提供动力，维持其正常运行；同时，列车高速运行对车体的密封性、安全性要求非常高，一旦发生车体严重损伤等情况，均需退出当天的运营。因此出现列车受外力原因不能维持正常运行，牵引系统出现故障，或供电系统无法提供动力电等情况时，需要开行动车组或机车进行救援，将故障列车或失去动力的列车拉回或推回车站。整个实验在熟悉列车调度台、助理调度台的操作模式后，进行使用机车前部救援动车组的调度指挥及应急场景处置。

（1）不再向该区间放行列车，并通知已进入区间的后续列车立即停车，及时取消后方站发车自触，按规定发布封锁区间的调度命令。

（2）通知相关人员，报告值班副主任。

（3）确定使用内燃机车（客机）救援、商定救援方案后，将方案通知车站值班员和请求救援列车司机。

（4）内燃机车或救援列车具备发车条件，进路准备妥当后，发布向封锁区间发出救援列车调度命令。随时掌握救援进度。

（5）根据司机下车连挂的请求，发布邻线限速 160 km/h 及以下调度命令。

（6）向司机发布口头指示，邻线列车限速 160 km/h 及以下调度命令已发布，通知随车机械师下车检查。

（7）动车组由机车牵引运行，根据随车机械师提出的限速要求，向救援机车司机发布限速运行的调度命令。

（8）确认列车整列到达，区间已空闲后，及时发布调度命令开通区间。

（9）绘制运行图标识。

（10）调整运行图。

（11）向相关人员通报预计列车晚点时间或恢复运行时刻。

（12）填记安监报-1。

四、实验仪器、设备

列车调度台 1 台，含运行图终端系统、调度命令终端系统、列控限速管理系统。

助理调度台 1 台，含助调终端系统、调度命令终端系统、列控限速管理系统。

调监显示屏 1 台，含调度监督系统。

辅助系统 1 套，含自然灾害及异物侵限监测系统、FAS 机系统、电子行车设备检查登记簿、铁路交通事故（故障）概况表。

五、实验预设参数

使用机车前部救援动车组，加载场景为故障出现前若干分钟内的运行场景：

（1）计划图上，存在后续进入该区段的列车。

（2）在应急处置过程中，不使用非常站控模式。

（3）运行图已加载完成，阶段计划为 08:00—11:00。

（4）选定线路为某客专台。

（5）故障列车车次号为 D6909，运行至大庆东站客专场至大庆西站客专场间下行线。

预设情况如图 16-1 所示。

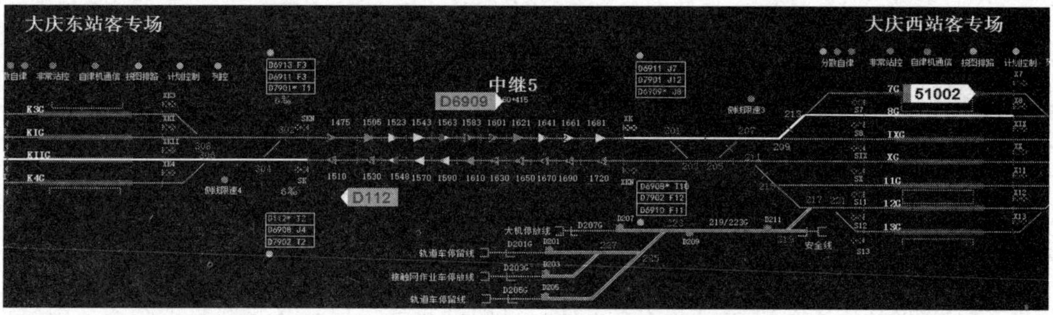

图 16-1　使用机车前部救援动车组预设情况

六、实验步骤

（一）故障列车司机报告

（1）FAS 机主应答发出提示，点击“主应答”按钮，如图 16-2 所示。

图 16-2　主应答按钮

（2）弹出语音播报，如图 16-3 所示。D6909 次列车司机（虚拟仿真人）报告调度员：D6909 次因动车组故障，停于大庆东客专场至大庆西客专场间下行线 160 km 000 m 处，请求救援。

图 16-3　语音告警

（3）调度回复 D6909 次列车司机：调度明白。

（二）调度员通知值班副主任、动车调度、动车客服调度及车站应急值守人员

（1）主调依次点击 FAS 机主面板上的“值班副主任”“动车调度”“动车客服调度”“大庆西站客专场”按钮，如图 16-4 所示。

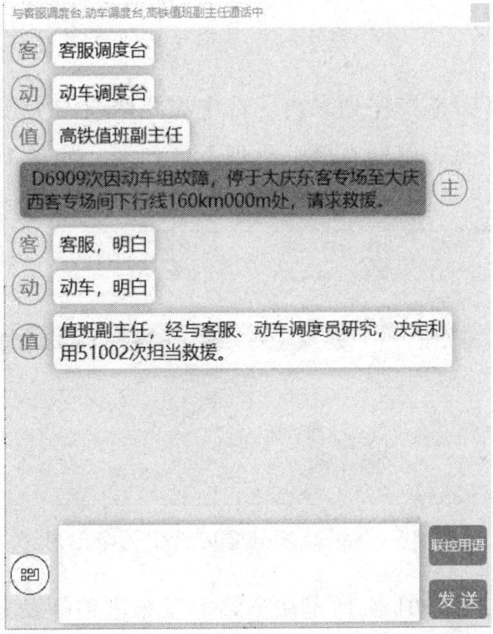

图 16-4　群呼相关单位人员

（2）主调通知调度所内动车调度（虚拟仿真人）：D6909 次因动车组故障，停于大庆东客专场至大庆西客专场间下行线 160 km 000 m 处，请求救援。

动车调度回复：动调，明白。

（3）主调通知调度所内动车客服调度（虚拟仿真人）：D6909 次因动车组故障，停于大庆东客专场至大庆西客专场间下行线 160 km 000 m 处，请求救援。

动车客服调度调度回复：客服，明白。

（4）主调通知值班副主任（虚拟仿真人）：D6909 次因动车组故障，停于大庆东客专场至大庆西客专场间下行线 160 km 000 m 处，请求救援。

值班主任回复：值班副主任，经与客服、动车调度员研究，决定利用 51002 次担当救援。

（5）主调通知大庆西站客专场应急值守人员（虚拟仿真人）：通知值班干部上岗，通知 51002 次做好救援准备。

车站应急值守人员回复：大庆西站客专场，明白。

（三）取消 D7901 次列车在大庆东站客专场发车自触

（1）在助调终端“选站面板”中选择“大庆东站客专场”，如图 16-5 所示。

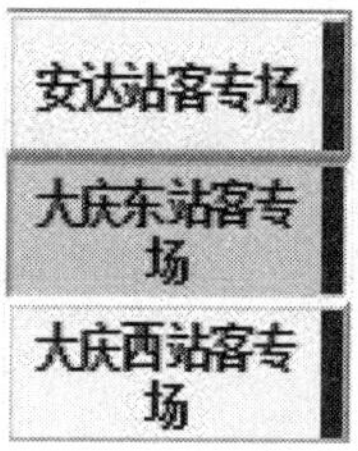

图 16-5　选择车站

（2）在页面下方“列车进路”序列表内，选中需要修改的 D7901 次列车发车信息栏，在列车对应的“自触”栏内，点击鼠标左键，出现下拉列表，如图 16-6 所示。

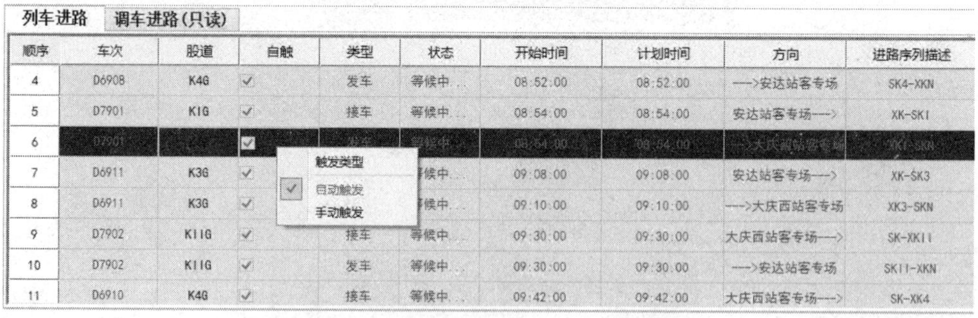

图 16-6　进路序列表内选中列车信息

（3）选择“手动触发”，D7901 次列车在车站的发车进路触发方式转换为手动，如图 16-7 所示。

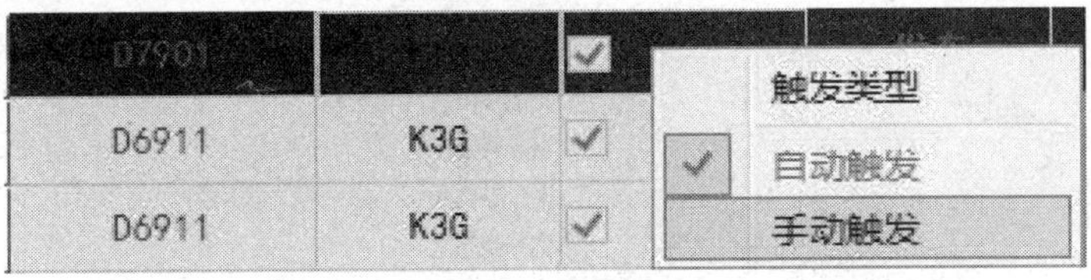

图 16-7　列车进路触发方式转换为“手动触发”

（四）取消 D6909 次列车在大庆西站客专场接车进路

（1）在助调终端“选站面板”中选择“大庆西站客专场”。

（2）选择 D6909 次列车的接车进路始端信号机 XK，点击鼠标右键，弹出菜单栏，如图 16-8 所示。

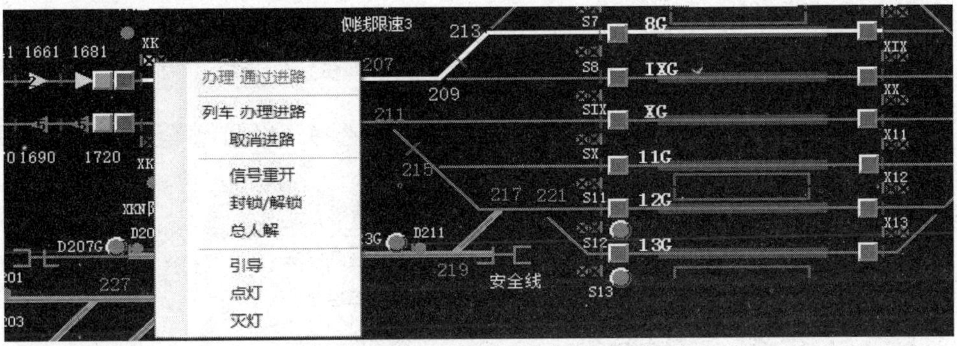

图 16-8　选择取消进路

（3）选择“取消进路”选项，命令执行成功，发车进路白色光带消失，如图 16-9 所示。

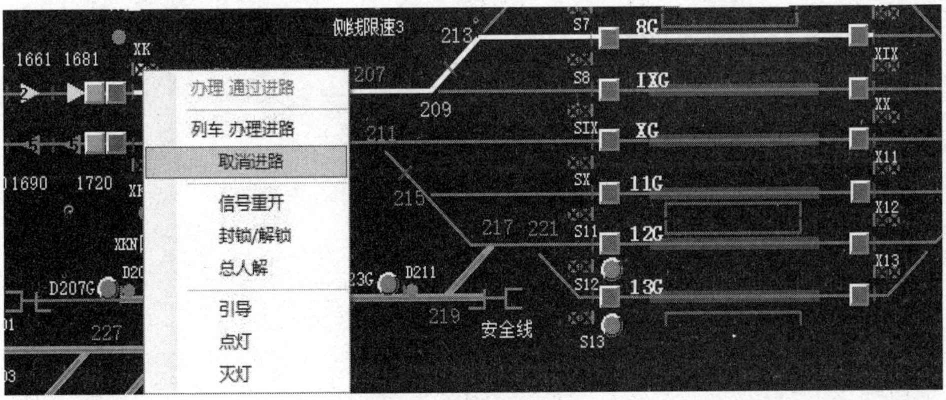

图 16-9　取消发车进路

（五）绘制区间停车

（1）左键单击选中 D6909 次列车运行线大庆东站客专场节点位置（车站与运行线交点），点击鼠标右键，弹出菜单栏，如图 16-10 所示。

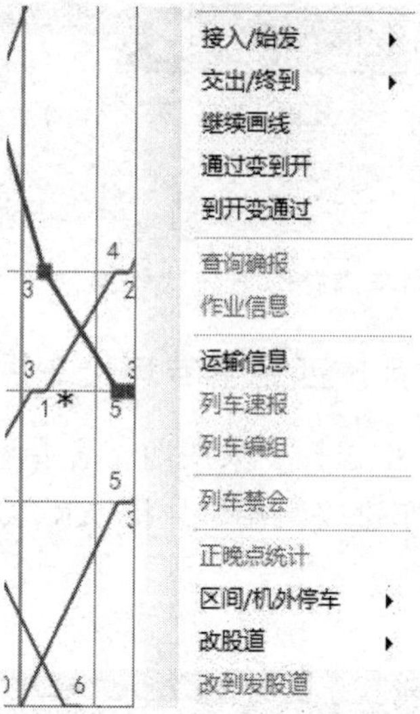

图 16-10　运行线右键菜单栏

（2）点击“区间/机外停车”选项，弹出二级菜单，选择“区间停车”，如图 16-11 所示。

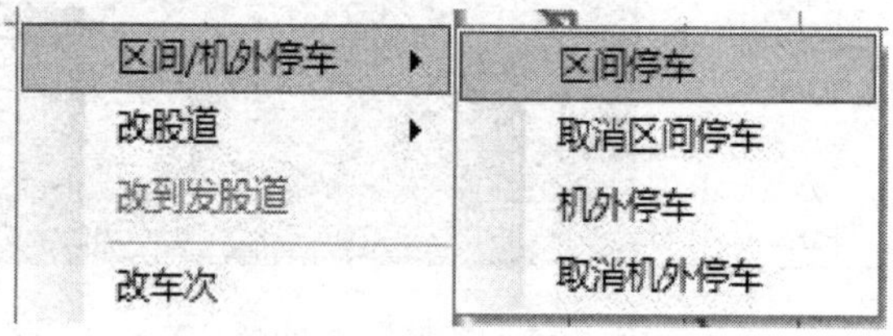

图 16-11　区间/机外停车菜单栏

（3）D6909 次列车运行线大庆东客专场至大庆西客专场间下行区间停车绘制完成，如图 16-12 所示。

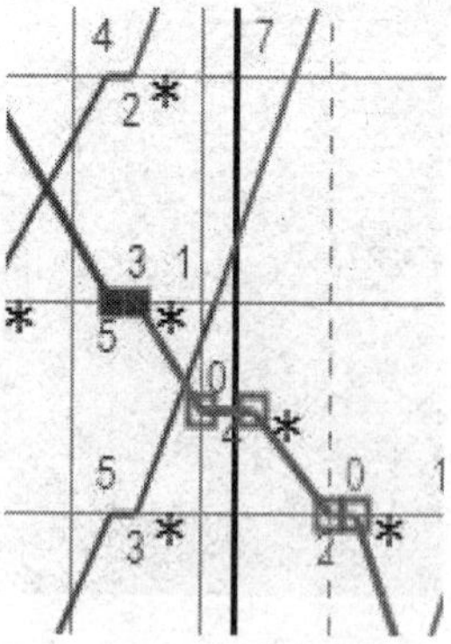

图 16-12　区间停车

（六）铺画救援列车区间作业折返线

（1）点击运行图菜单栏内的“绘图”下拉菜单，选择“区间作业（折返）”选项，如图 16-13 所示。

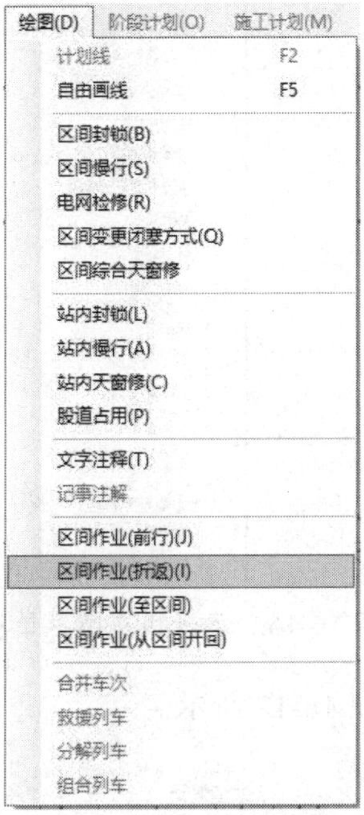

图 16-13　区间作业（折返）

（2）弹出对话框，车次栏内输入车次号“58102”，如图 16-14 所示。

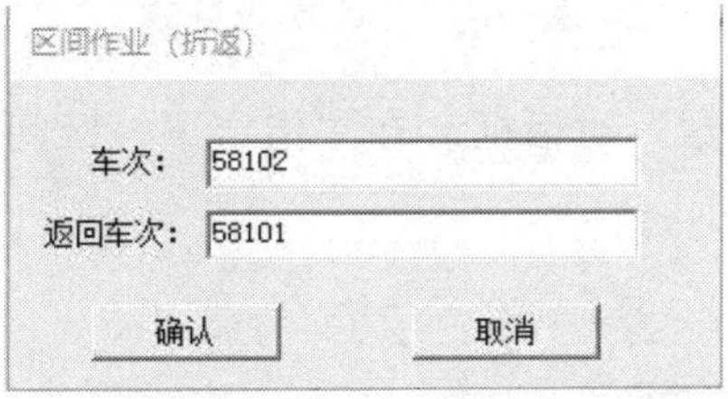

图 16-14　开始绘制

（3）点击确定后，选择大庆西站客专场（区间作业出发站）及合适时间后，点击左键，如图 16-15 所示，58102 次区间折返运行线绘制完毕。

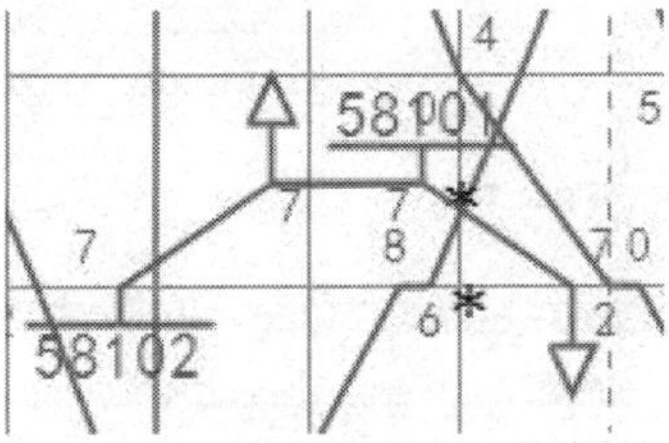

图 16-15　区间折返运行线绘制完毕

（七）修改区间作业折返线反方向行车

（1）左键单击选中 58102 次列车运行线，在大庆西站客专场节点位置（需反方向运行车站），点击鼠标右键，弹出菜单栏，如图 16-16 所示。

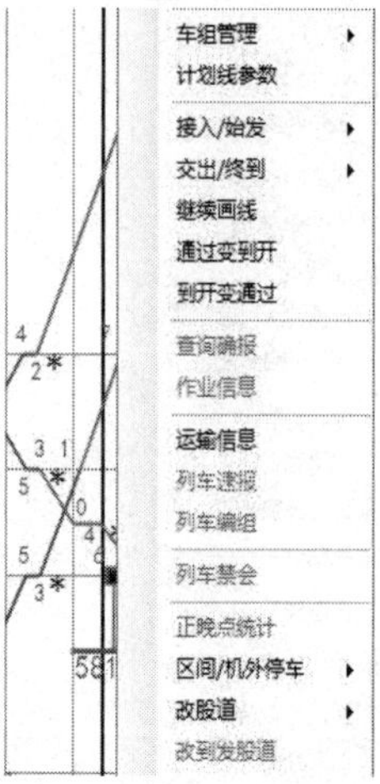

图 16-16　运行线右键菜单栏

（2）选择“计划线参数”，如图 16-17 所示。

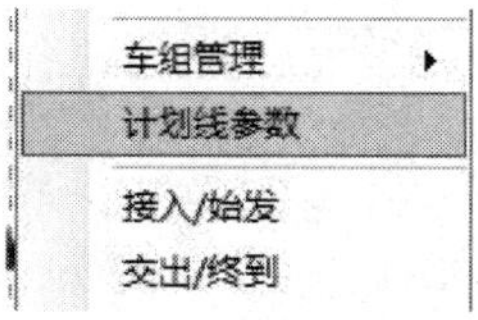

图 16-17　计划线参数

（3）弹出“修改计划线参数”对话框，在“指定下一区间”下拉列表中选择方向，选择相反方向线路，如图 16-18 所示。

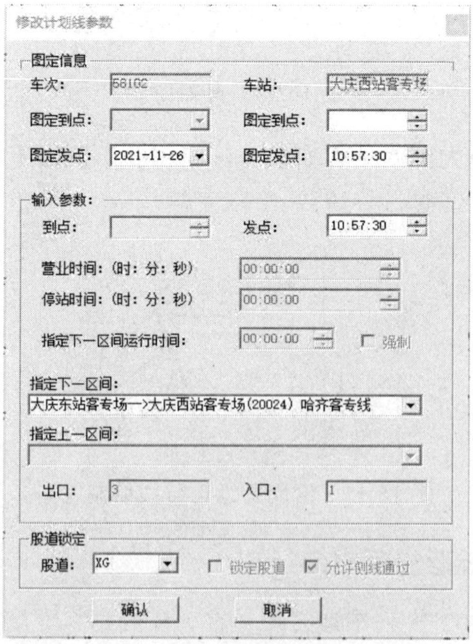

图 16-18　指定下一区间

（4）点击“确认”后，返回运行图主画布，58102 次列车运行线修改反方向行车完成。

（八）变更救援列车区间作业折返线股道

（1）左键单击选中 58102 次列车运行线大庆西站客专场发车节点位置（车站与运行线交点），点击鼠标右键，弹出菜单栏，如图 16-19 所示。

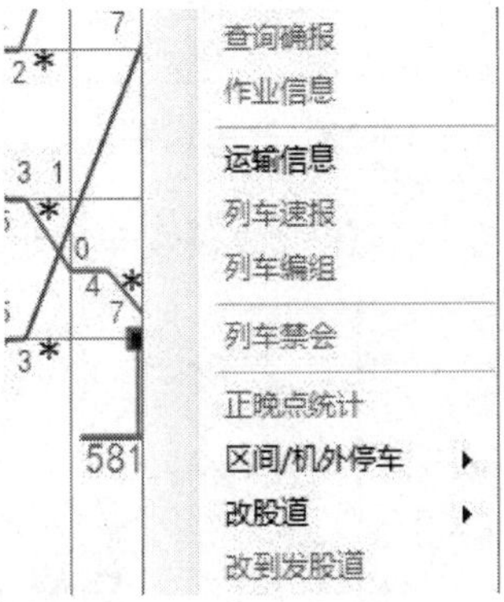

图 16-19　运行线右键菜单栏

（2）点击“改股道”选项，弹出二级菜单，选择 7G 股道，如图 16-20 所示。

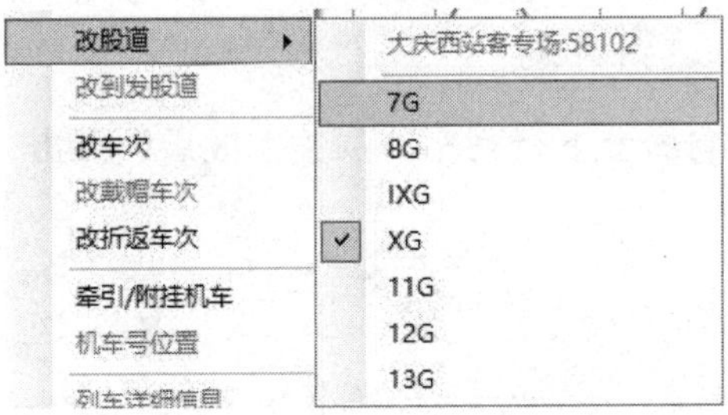

图 16-20　改股道菜单栏

（3）58102 次列车大庆西站客专场间运行线发车股道变更完成。

（4）左键单击选中 58101 次列车运行线大庆西站客专场接车节点位置（车站与运行线交点），点击鼠标右键，弹出菜单栏，如图 16-21 所示。

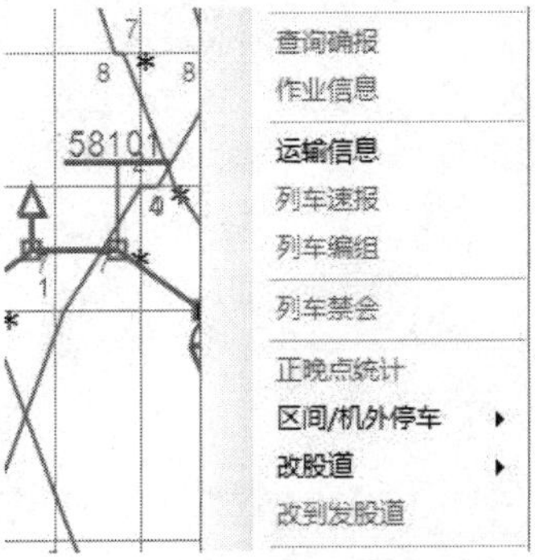

图 16-21　运行线右键菜单栏

（5）点击“改股道”选项，弹出二级菜单，选择 8G 股道，如图 16-22 所示。

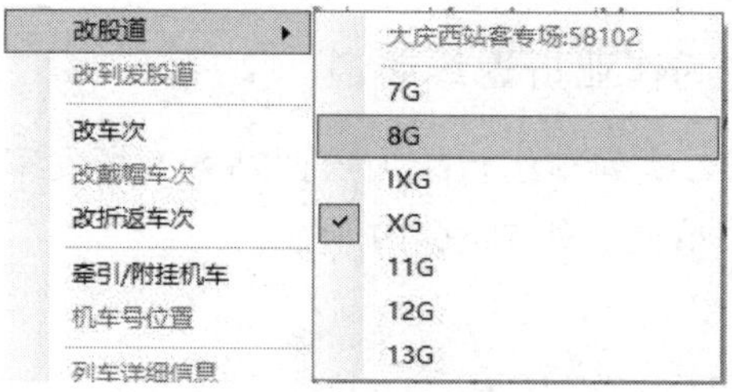

图 16-22　改股道菜单栏

（6）58101 次列车大庆西站客专场间运行线接发车股道变更完成，如图 16-23 所示。

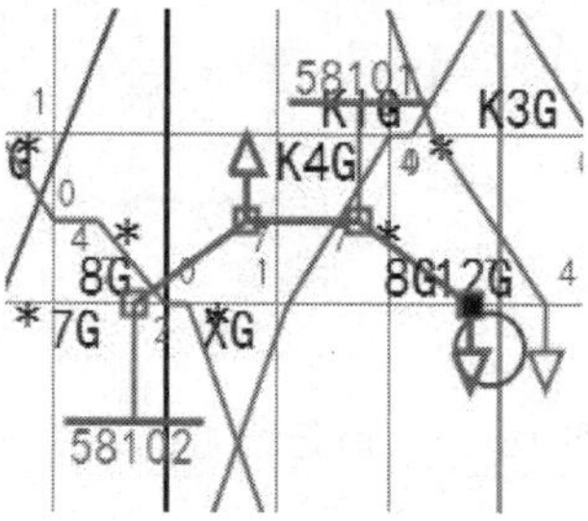

图 16-23　变更发车股道

（九）调整运行图并下达新计划

（1）主调调整后续受影响的上下行列车；调整完成后，点击“下计划”按钮，如图 16-24 所示。

图 16-24　点击下计划

（2）弹出对话框，依次点击“检查计划”“发送”按钮，确认将新计划下达到管辖车站，如图 16-25 所示。

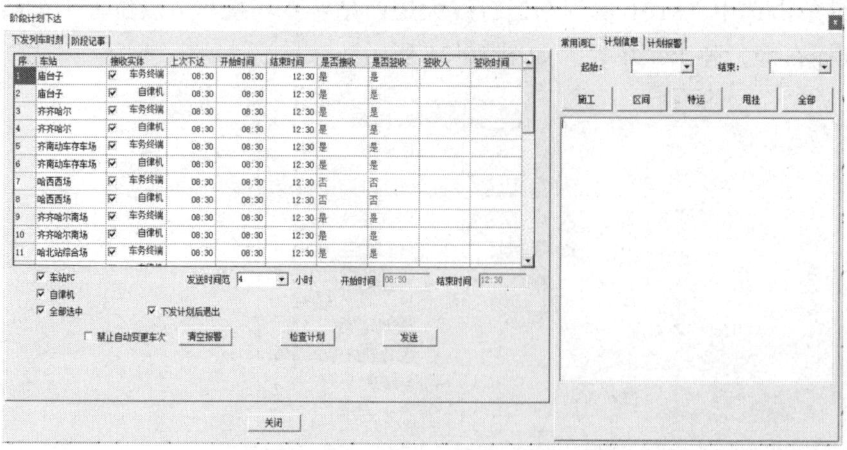

图 16-25　下达阶段计划到管辖车站

（十）修改车次号

（1）在助调终端右键点击车次号 51002，弹出菜单栏，选择“变更车次号”，如图 16-26 所示。

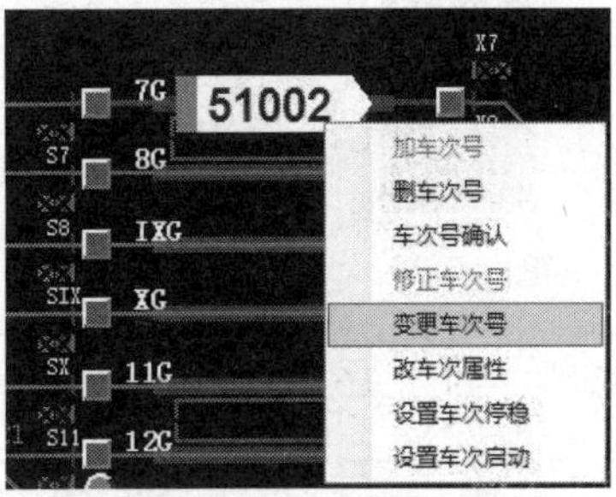

图 16-26　选择变更车次号

（2）弹出输入车次号对话框，输入新车次号“58102”，如图 16-27 所示。

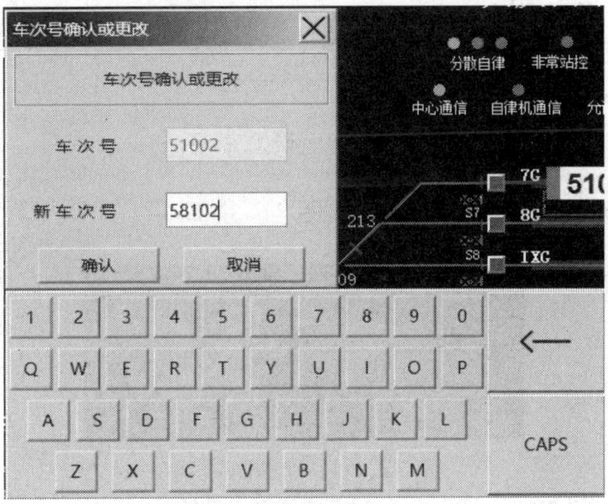

图 16-27　输入新车次号

（3）点击“确认”，列车车次号修改完毕，如图 16-28 所示。

图 16-28　修改车次号

（十一）进行信号机点灯操作

（1）在助调终端“选站面板”中选择“大庆西站客专场”。

（2）右键点击大庆西站客专场 S7 信号机，弹出菜单栏，左键单击“点灯”，如图 16-29 所示。

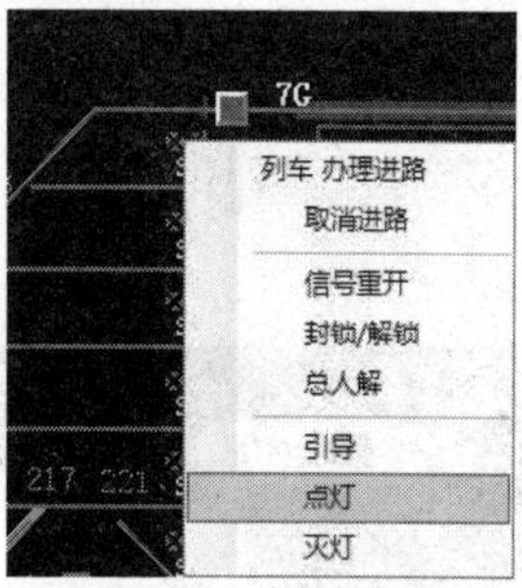

图 16-29　点击点灯按钮

（3）弹出对话框，点击“确定”，如图 16-30 所示。

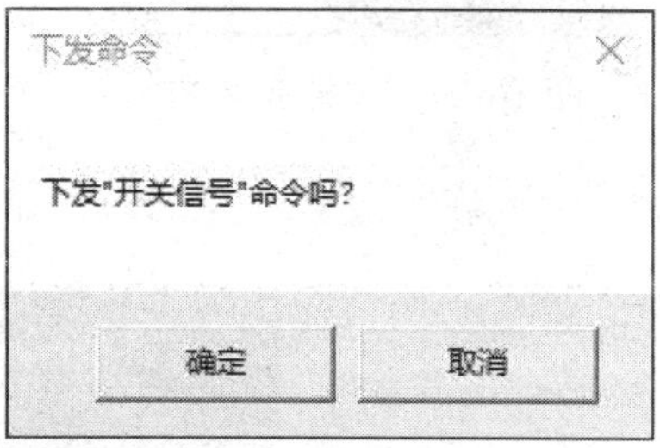

图 16-30　确定点灯

（4）大庆西站客专场 S7 信号灯点亮，如图 16-31 所示。

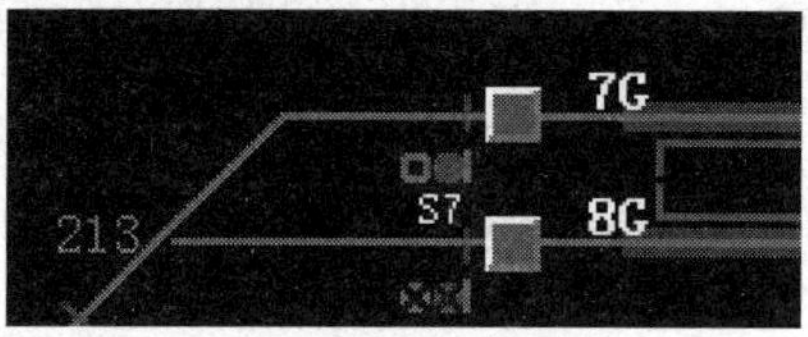

图 16-31　信号机点灯

（十二）大庆西站客专场人工触发 58102 次列车发车进路

（1）在助调终端“选站面板”中选择“大庆西站客专场”。

（2）在页面下方“列车进路”序列表内，选中需要修改的 58102 次列车发车信息栏，点击鼠标右键，出现下拉列表，如图 16-32 所示。

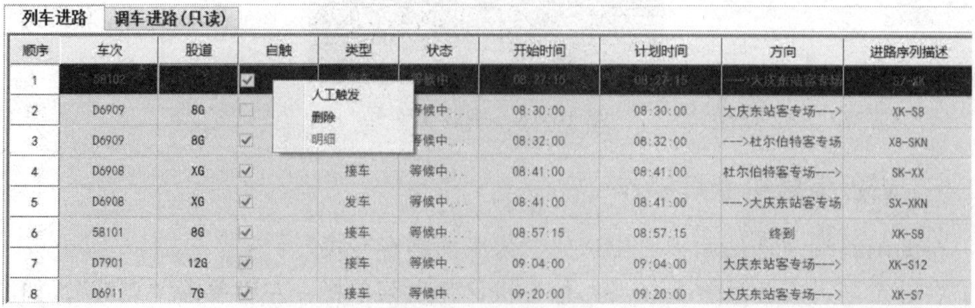

顺序	车次	股道	自触	类型	状态	开始时间	计划时间	方向	进路序列描述
1	58102		✓		等候中	08:27:15	08:27:15	--->大庆东站客专场	S7-XK
2	D6909	8G			等候中...	08:30:00	08:30:00	大庆东站客专场--->	XK-S8
3	D6909	8G	✓		等候中...	08:32:00	08:32:00	--->杜尔伯特客专场	X8-SKN
4	D6908	XG	✓	接车	等候中...	08:41:00	08:41:00	杜尔伯特客专场--->	SK-XX
5	D6908	XG	✓	发车	等候中...	08:41:00	08:41:00	--->大庆东站客专场	SX-XKN
6	58101	8G	✓	接车	等候中...	08:57:15	08:57:15	终到	XK-S8
7	D7901	12G	✓	接车	等候中...	09:04:00	09:04:00	大庆东站客专场--->	XK-S12
8	D6911	7G	✓	接车	等候中...	09:20:00	09:20:00	大庆东站客专场--->	XK-S7

图 16-32　进路序列表内选中列车信息

（3）选择“人工触发”，58102 次列车在车站的发车进路触发方式转换为人工提前执行，如图 16-33 所示。

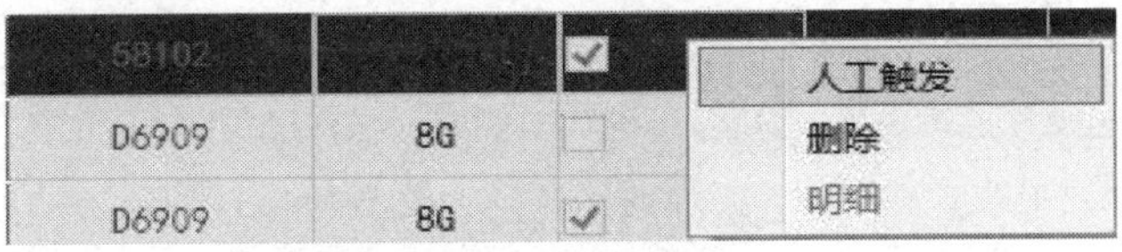

图 16-33　列车进路触发方式转换为“人工触发”

（4）站场图上发车进路排通，白光带点亮，如图 16-34 所示。

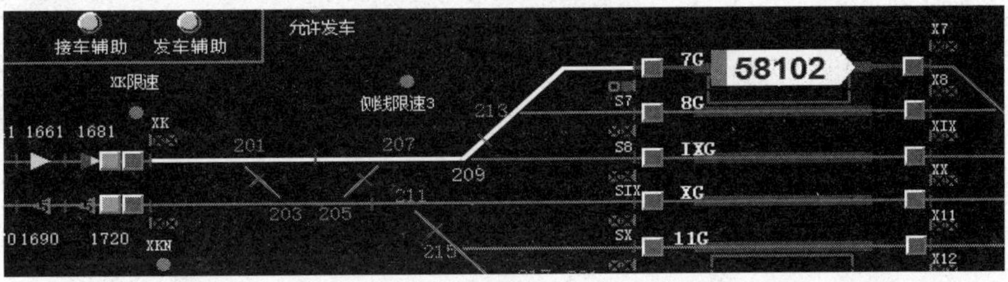

图 16-34　发车进路排通

（十三）发布救援单机开行的调度命令

（1）点击调度命令终端左上角“新建调度命令”按钮，如图 16-35 所示。

图 16-35　新建调度命令

（2）点击“命令标题”尾部的下拉框，选择“向封锁区间开行救援列车，救援单机开行”命令模板，或输入命令标题“救援单机开行”，如图 16-36 所示。

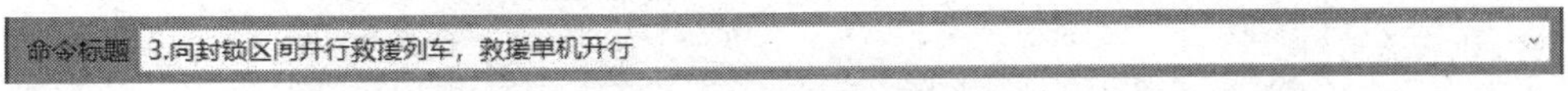

图 16-36　命令标题

（3）“命令正文”中出现命令模板，填写完成命令内容（图 16-37）：D6909 次列车司机转本列随车机械师，大庆西客专场转救援负责人张三自接令时起，大庆东客专场至大庆西客专场间下行线区间封锁。准许大庆西客专场（利用 7128 机车）开 58102 次列车，反方向进入大庆西客专场至大庆东客专场间下行线封锁区间 160 km 000 m 处进行救援，将 D6909 次列车拉回大庆西客专场，返回开 58101 次列车，按救援负责人的指挥办理。

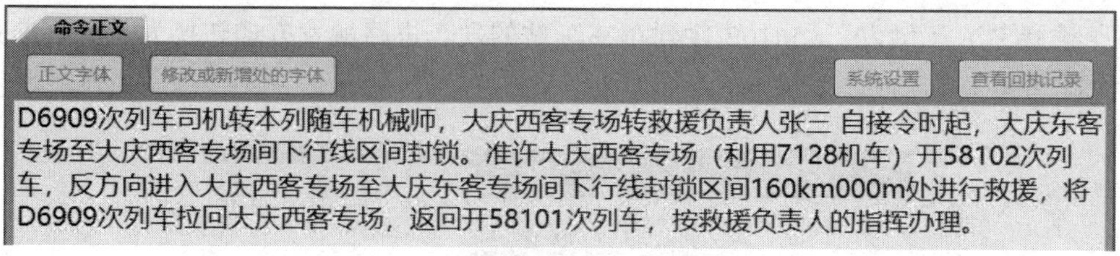

图 16-37　命令正文

（4）在受令列表中，选择要发送的车站“大庆东客专场”“大庆西客专场”，如图 16-38 所示。

图 16-38　勾选受令单位

（5）在无线受令列表内点击“增加”，输入车次号“D6909”，点击“查找机车”；再次点击“增加”，输入车次号“58102”，点击“查找机车”，如图 16-39 所示。

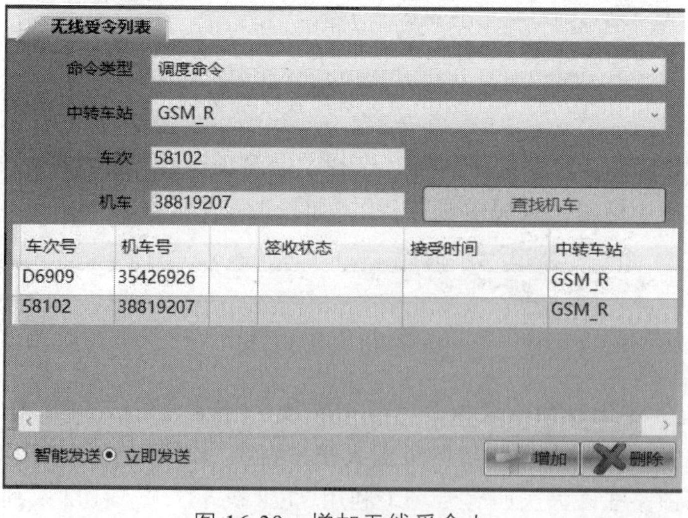

图 16-39　增加无线受令人

（6）点击“下达”，如图 16-40 所示。

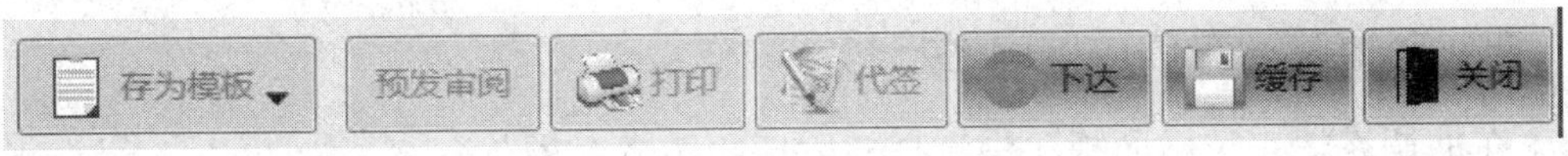

图 16-40　点击下达

出现无线调令信息确认对话框，确认无误后，点击“否”，如图 16-41 所示。

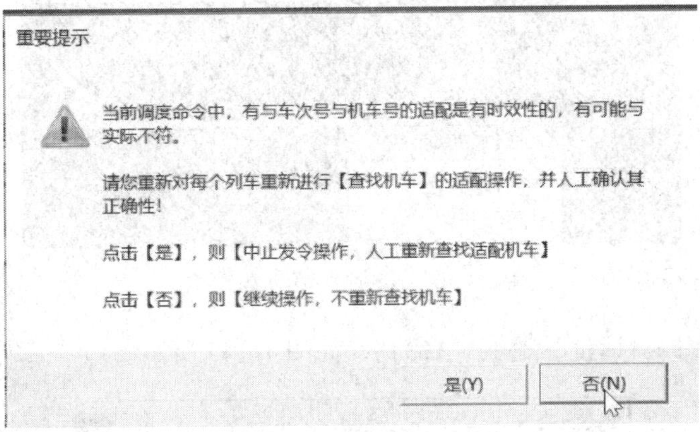

图 16-41　无线调令信息确认

（7）弹出对话框，确认受令人无误后，点击“是”，如图 16-42 所示。

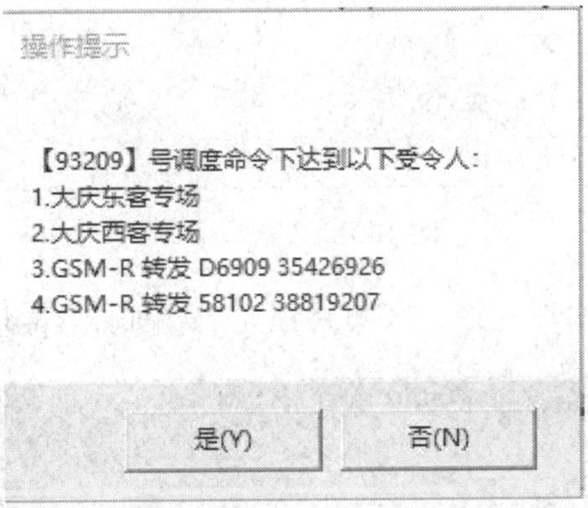

图 16-42　确认受令单位

调度命令下发完成，命令进入签收完成栏，车站及司机签收，如图 16-43 所示。

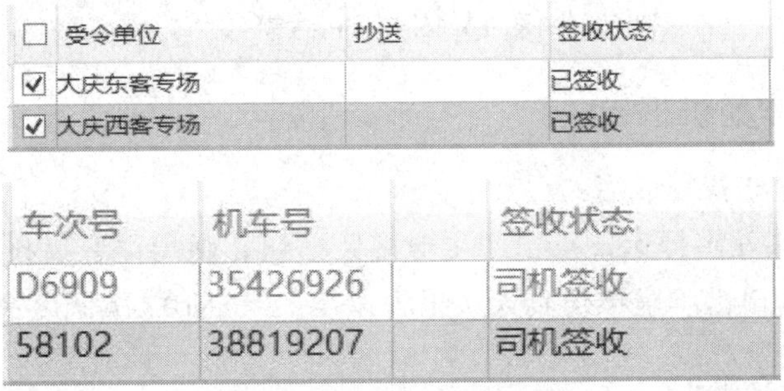

☐ 受令单位	抄送	签收状态
☑ 大庆东客专场		已签收
☑ 大庆西客专场		已签收

车次号	机车号		签收状态
D6909	35426926		司机签收
58102	38819207		司机签收

图 16-43　命令发送完成

（十四）对故障列车停放区间进行封锁操作

（1）在助调终端“选站面板”中选择“大庆西站客专场”。

（2）在大庆东客专场至大庆西客专场间下行区间任意闭塞分区股道上点击右键，弹出菜单栏，如图 16-44 所示，选择“封锁（解锁）”操作。

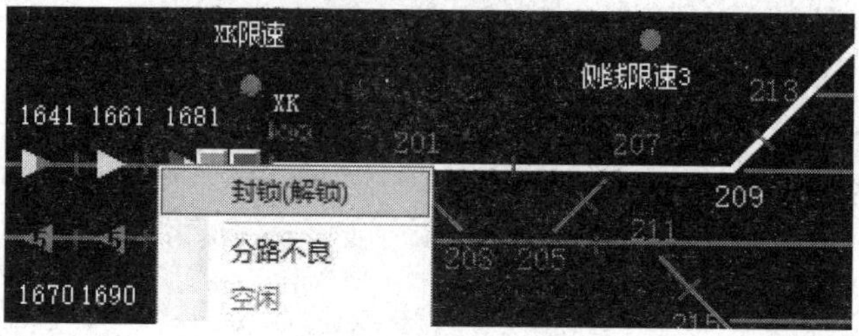

图 16-44　选择封锁（解锁）

（3）弹出输入密码对话框，输入“1234”，如图 16-45 所示。

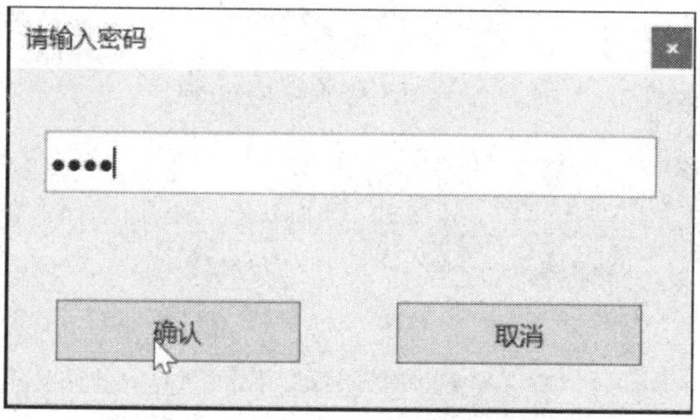

图 16-45　输入密码

（4）区间股道变为紫色闪烁光带，区间封锁完成，如图 16-46 所示。

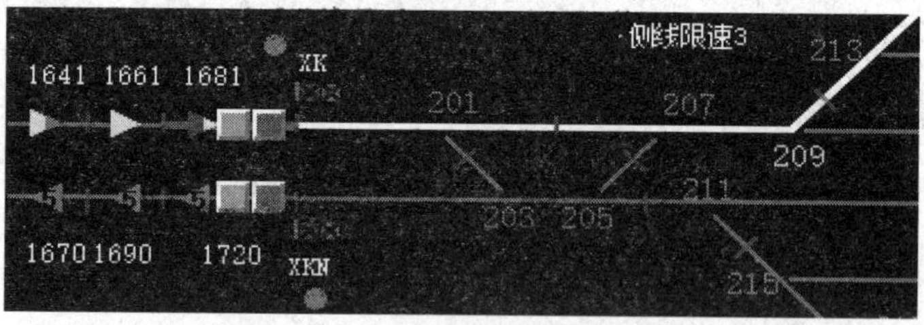

图 16-46　区间封锁

（十五）救援列车司机报告

58102 次列车出发准备完成后：

（1）FAS 机主应答发出提示，点击“主应答”按钮，弹出语音播报。

（2）58102 次列车司机（虚拟仿真人）报告调度员：58102 次调度命令核对正确，具备开车条件。

（3）调度回复 58102 次列车司机：可以开车。

（十六）删除车次号

（1）在助调终端右键点击车次号 D6909，弹出菜单栏，选择“删车次号”，如图 16-47 所示。

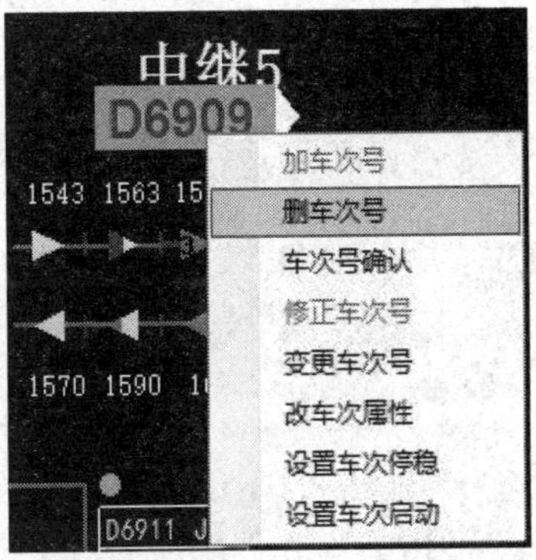

图 16-47　选择删车次号

（2）弹出删除车次号对话框，点击“确认”，如图 16-48 所示。

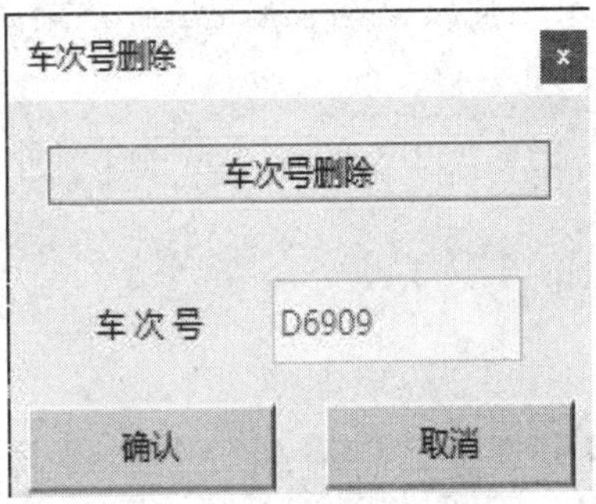

图 16-48　删除车次号确认

（3）列车车次号删除完毕，如图 16-49 所示。

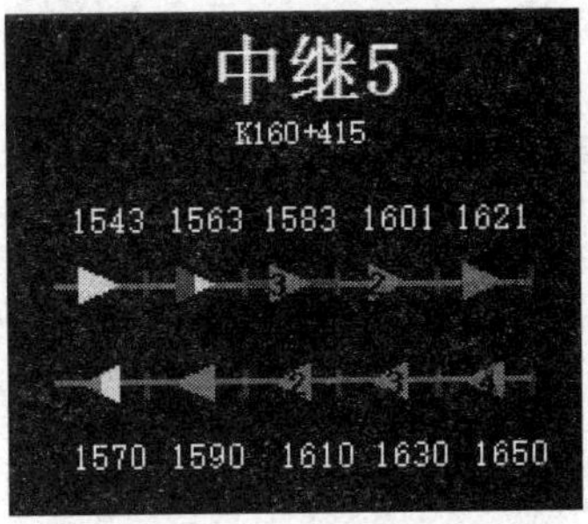

图 16-49　车次号删除完毕

（十七）救援列车司机报告

58102 次列车到达指定作业地点后：

（1）FAS 机主应答发出提示，点击“主应答”按钮，弹出语音播报。

（2）58102 次列车司机（虚拟仿真人）报告调度员：58102 次已到达 160 km 015 m 处，随车机械师申请下车作业，邻线限速 160 km/h。

（3）调度回复 58102 次列车司机：调度明白。

（十八）发布列控限速命令

（1）助调点击调度命令端右下角列控限速栏内“新建列控”，如图 16-50 所示。

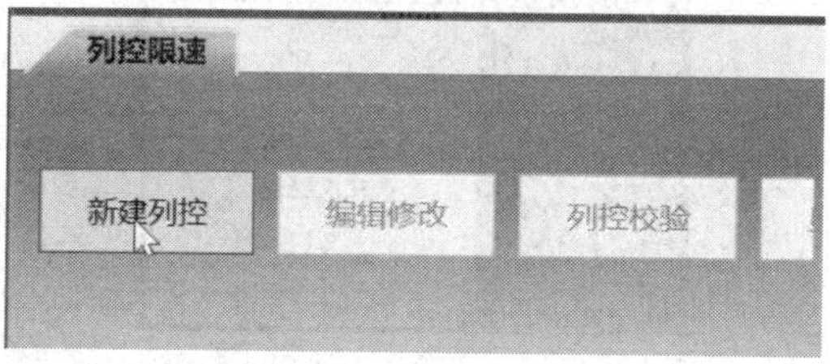

图 16-50　新建列控

（2）弹出“限速命令输入”对话框，参照救援列车司机的请求上道检查信息，输入“限速原因”“命令类型”“线路”以及起始公里标、限速值等数据后点击“确认”按钮，如图 16-51 所示。

限速原因：上道作业。

线路：哈齐客专上行线。

起始公里标：K161 + 015 至 K159 + 015。

限速值：160 km/h。

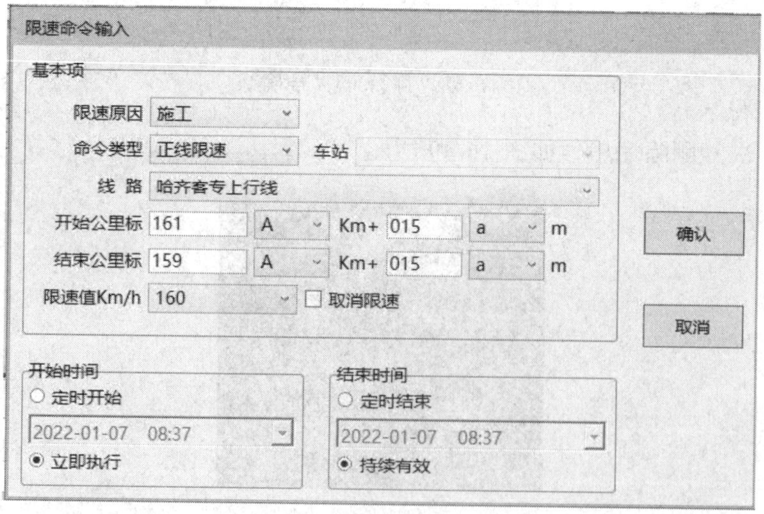

图 16-51　限速命令输入

（3）弹出校验提示对话框，点击“确定”以后，主调调度命令端弹出“限速命令校验”对话框，对数据进行再一次输入，点击“确认”按钮，如图 16-52 所示。

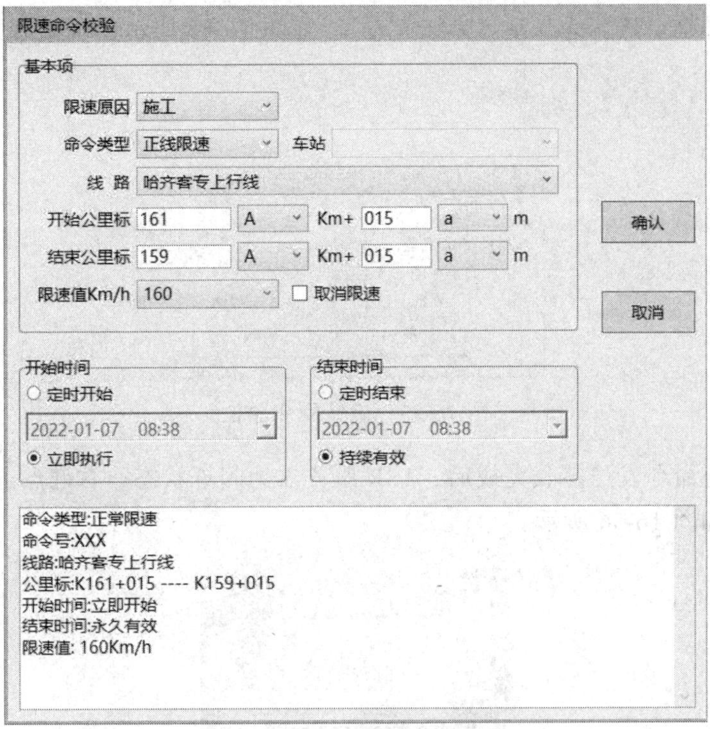

图 16-52 限速命令校验

（4）弹出提示框点击确定，返回主页面，在受令列表内系统自动勾选“哈齐 TSR 服务器”，选择要发送的车站“大庆东客专场”“大庆西客专场”，如图 16-53 所示。

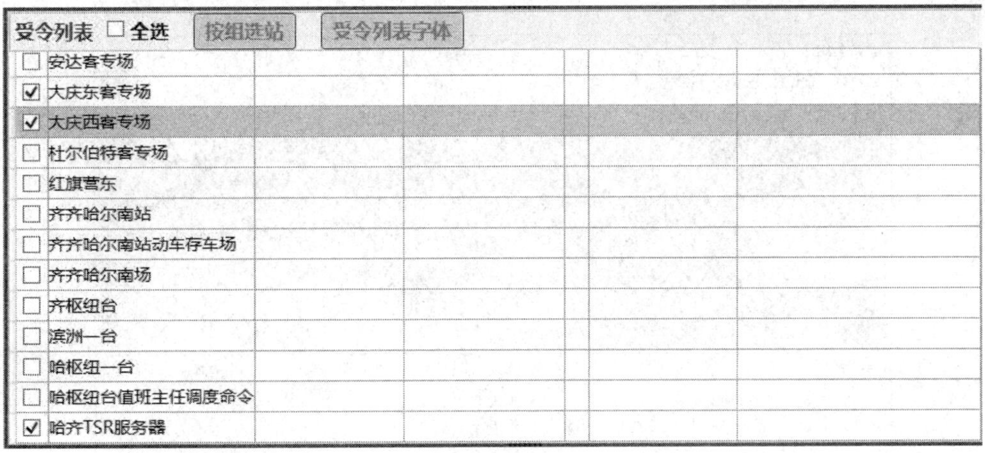

图 16-53 勾选受令单位

点击“下达”按钮，如图 16-54 所示。

图 16-54 点击下达

（5）出现对话框，确认无误后，点击“是”，如图 16-55 所示，调度命令下发。

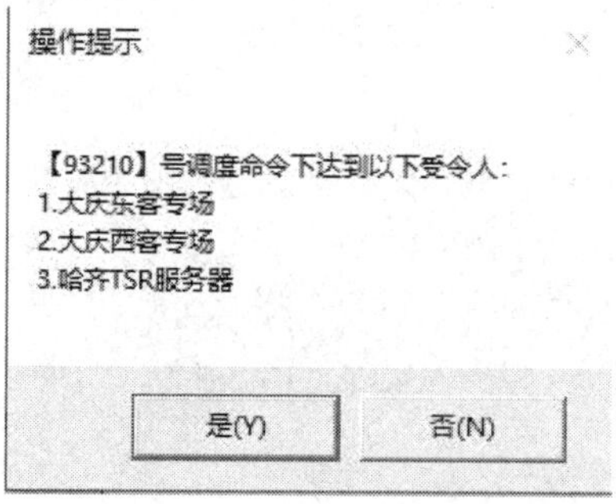

图 16-55 确认受令单位

（6）列控限速命令发送签收完成后，TSR 服务器为闪烁状态，右键点击 TSR 图标，选择“显示主窗口”，如图 16-56 所示。

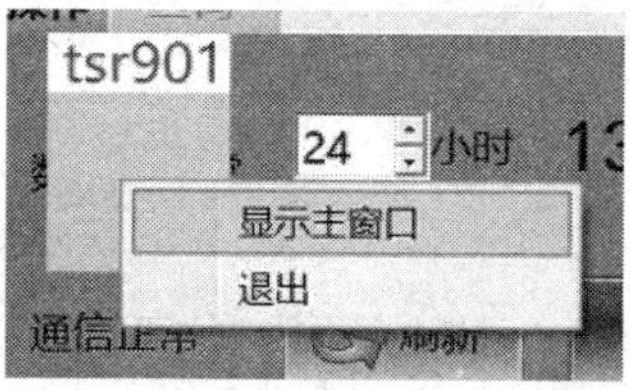

图 16-56 显示列控限速管理主窗口

（7）灰色底色为已拟定命令，选中该条灰色命令，单击下方“激活校验”按钮，对该命令进行激活操作，如图 16-57 所示。

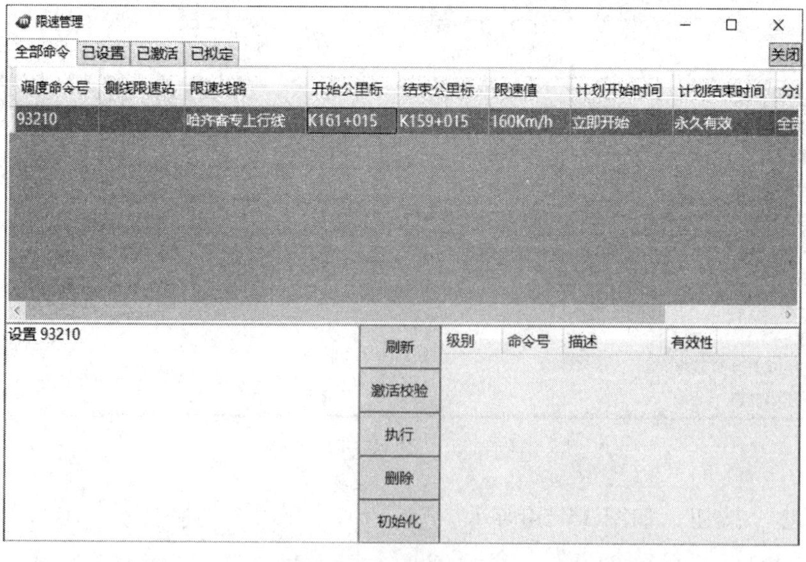

图 16-57 命令激活

（8）命令底色变为绿色，进入“已激活”栏内；再次选中该条命令，单击下方“执行”按钮，如图 16-58 所示。

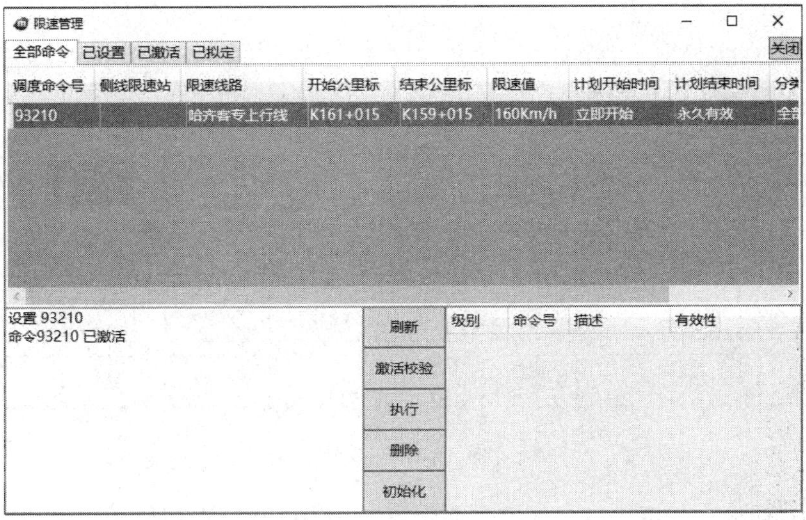

图 16-58　命令执行

（9）命令底色变为黄色，进入“已设置”栏内，表明该条命令已完全设置成功，TSRS 内正在执行该限速命令。设置成功后显示如图 16-59 所示。

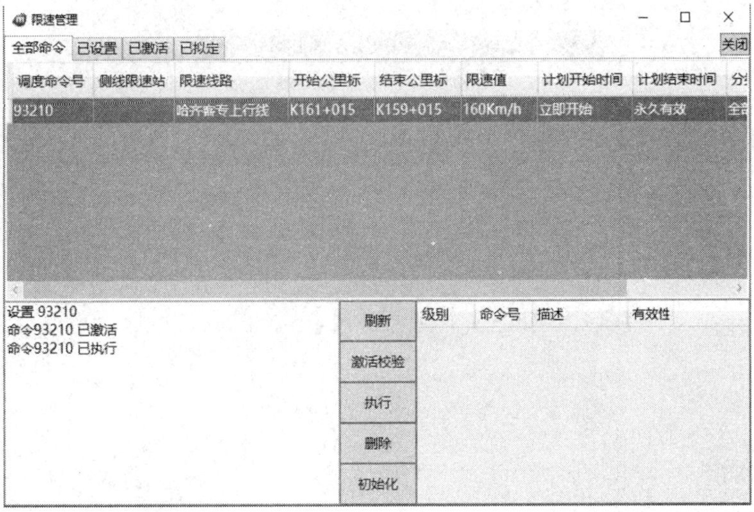

图 16-59　限速命令设置成功

（十九）调度员通知救援列车司机

（1）主调点击 FAS 机“拨号”按钮，如图 16-60 所示。

图 16-60　拨号按钮

弹出拨号盘，输入对应车次号，如图 16-61 所示，再依次点击“本务机司机”“拨号”。

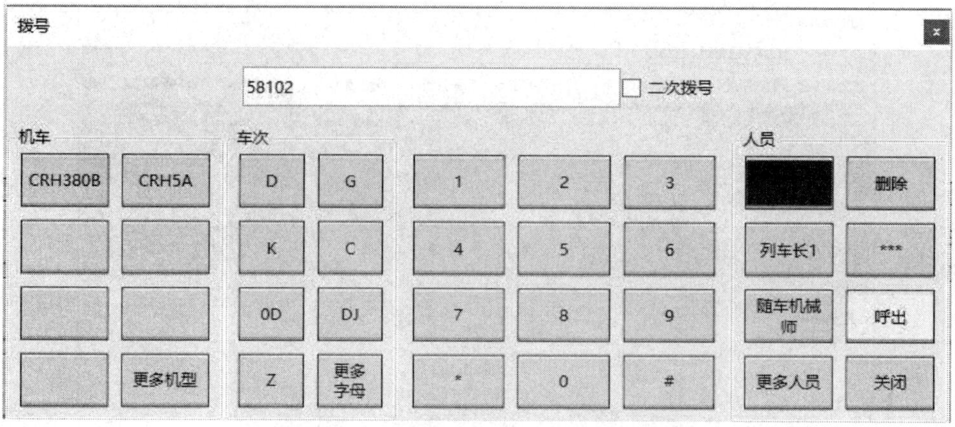

图 16-61　拨号

（2）弹出对话框，如图 16-62 所示。主调通知 58102 次列车司机（虚拟仿真人）：邻线限速命令已发布，准许随车机械师下车作业。

58102 次列车司机回复：58102 次，司机明白。

图 16-62　FAS 机通话

（二十）救援列车司机报告

58102 次随车机械师下车进行连挂作业，完毕后：

（1）FAS 机主应答发出提示，点击“主应答”按钮，弹出语音播报。

（2）58102 次列车司机（虚拟仿真人）报告调度员：58102 次作业完毕，因安装过渡车钩，随车机械师请求限速 120 km/h 运行。随车机械师已上车，具备开车条件。

（3）调度回复 58102 次列车司机：调度明白。

（二十一）进行信号机点灯操作

（1）在助调终端“选站面板”中选择“大庆西站客专场”。

（2）右键点击大庆西站客专场 XK 信号机，弹出菜单栏，左键单击“点灯”，如图 16-63 所示。

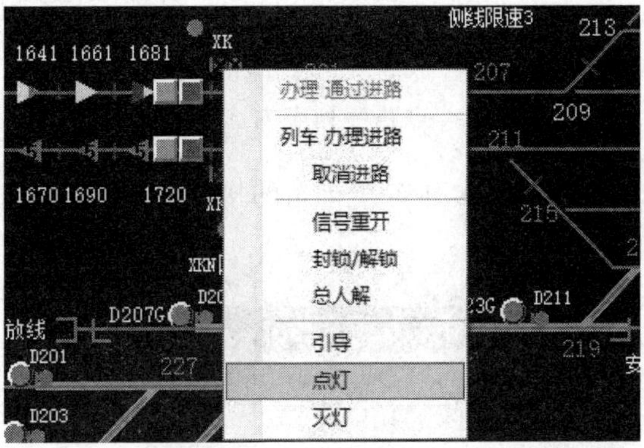

图 16-63　点击点灯按钮

（3）弹出对话框，点击“确定”，如图 16-64 所示。

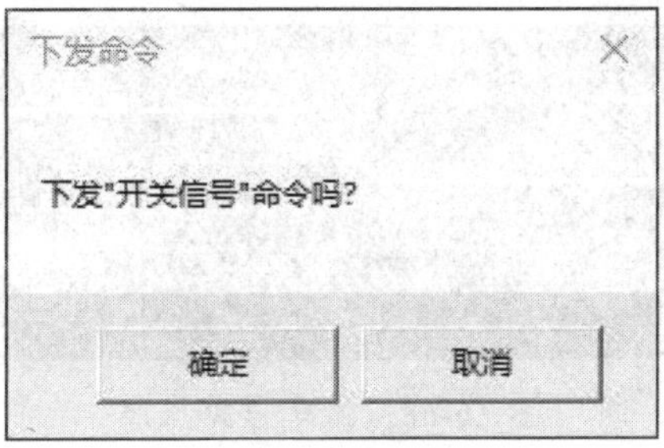

图 16-64　确定点灯

（4）大庆西站客专场 XK 信号灯点亮，如图 16-65 所示。

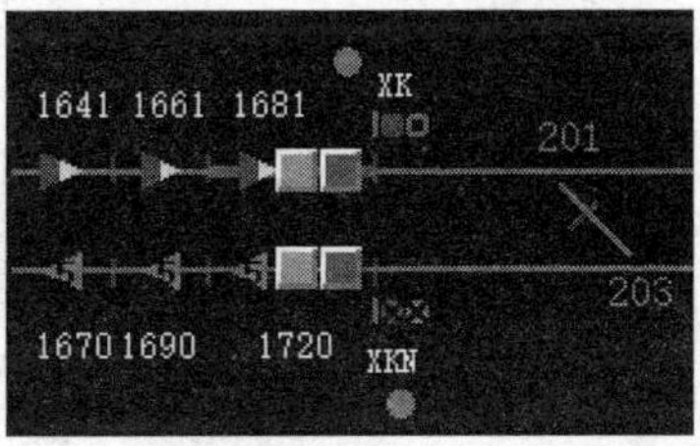

图 16-65　信号机点灯

（二十二）大庆西站客专场人工触发 58101 次列车接车进路

（1）在助调终端“选站面板”中选择“大庆东站客专场”。

（2）在页面下方“列车进路”序列表内，选中需要修改的 58101 次列车接车信息栏，点击鼠标右键，出现下拉列表，如图 16-66 所示。

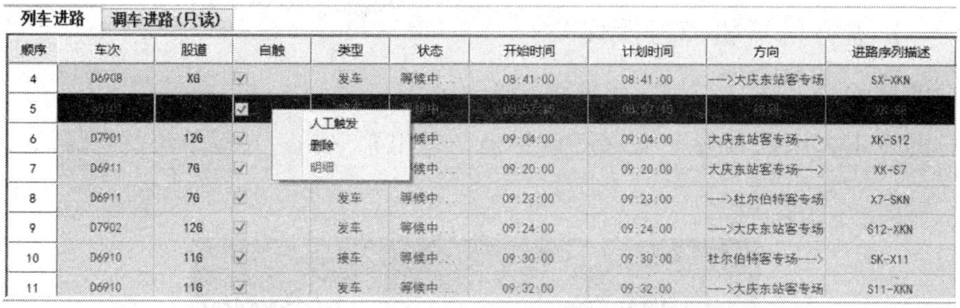

图 16-66　进路序列表内选中列车信息

（3）选择“人工触发”，58101 次列车在车站的接车进路触发方式转换为人工提前执行，如图 16-67 所示。

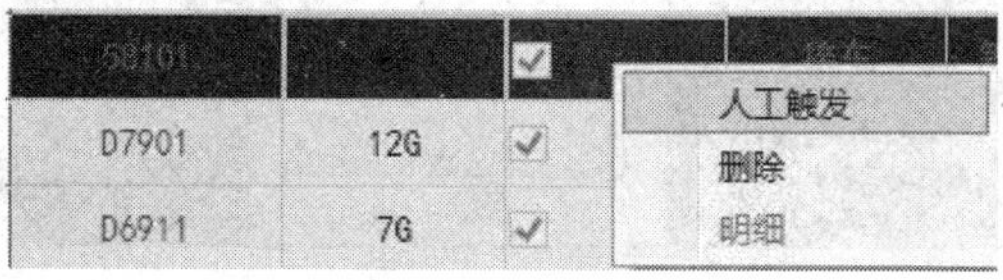

图 16-67　列车进路触发方式转换为“人工触发”

（4）站场图上接车进路排通，白光带点亮，如图 16-68 所示。

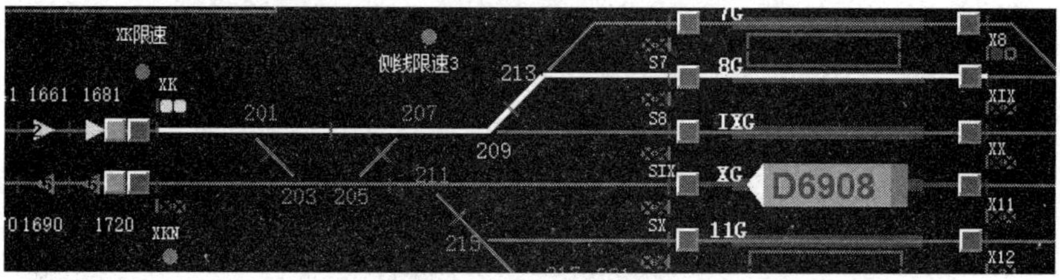

图 16-68　接车进路排通

（二十三）修改车次号

（1）在助调终端右键点击车次号 58102，弹出菜单栏，选择“变更车次号”。

（2）弹出输入车次号对话框，输入新车次号“58101”，如图 16-69 所示。

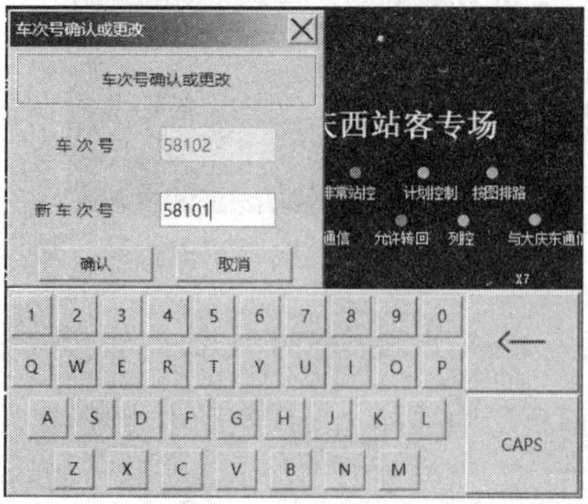

图 16-69　输入新车次号

（3）点击“确认”，列车车次号修改完毕，如图 16-70 所示。

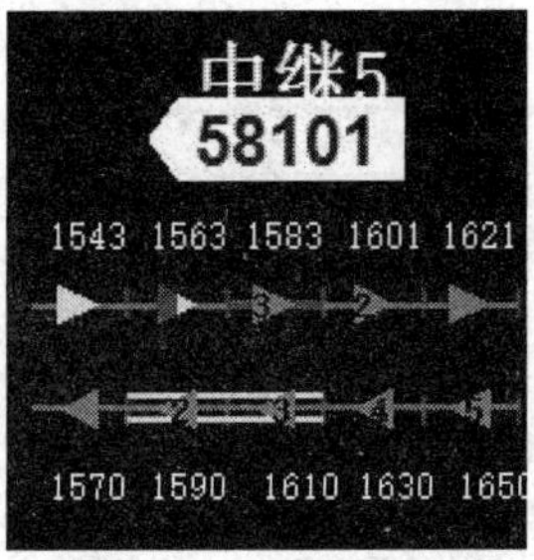

图 16-70　修改车次号

（二十四）发布使用过渡车钩，限速运行的调度命令

（1）点击调度命令终端左上角“新建调度命令”按钮。

（2）点击“命令标题”尾部的下拉框，选择“动车组安装过渡车钩限速运行”命令模板，或输入命令标题“使用过渡车钩，限速运行”，如图 16-71 所示。

图 16-71　命令标题

（3）“命令正文”中出现命令模板，填写完成命令内容（图 16-72）：D6909 次列车司机转本列随车机械师及 58101 次列车司机 58101 次列车因安装过渡车钩，限速 120 km/h 运行。

图 16-72　命令正文

（4）在受令列表中，选择要发送的车站“大庆东客专场”“大庆西客专场”，如图 16-73 所示。

受令列表 ☐全选 按组选站 受令列表字体

☐ 受令单位	抄送	签收状态	签收人	签收时间
☐ 哈尔滨				
☐ 哈北站综合场				
☐ 哈尔滨北站客专场				
☐ 裕民线路所				
☐ 肇东客专场				
☐ 安达客专场				
☑ 大庆东客专场				
☑ 大庆西客专场				
☐ 杜尔伯特客专场				
☐ 红旗营东				
☐ 齐齐哈尔南站				

图 16-73　勾选受令单位

（5）在无线受令列表内点击“增加”，输入车次号“D6909”，点击“查找机车”；再次点击“增加”，输入车次号“58101”，点击“查找机车”，如图 16-74 所示。

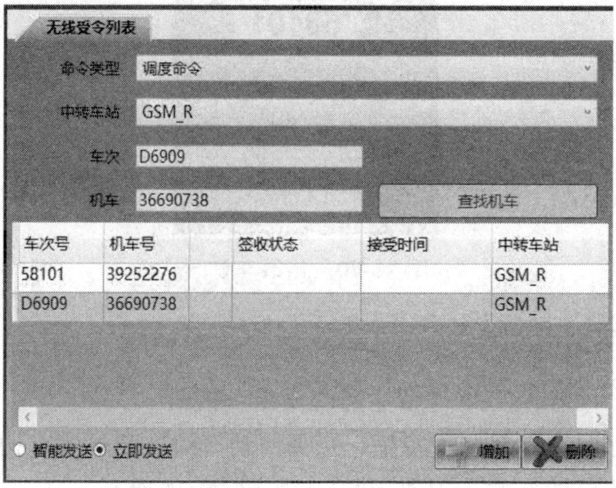

图 16-74　增加无线受令人

（6）点击“下达”；出现无线调令信息确认对话框，确认无误后，点击“否”。

（7）弹出对话框，确认受令人无误后，点击“是”；调度命令下发完成，命令进入签收完成栏，车站及司机签收，如图 16-75 所示。

图 16-75　命令发送完成

（二十五）调度员通知救援列车司机

（1）主调点击 FAS 机“拨号”按钮，弹出拨号盘，输入对应车次号，再依次点击“本务机司机”“拨号”。

（2）主调通知 58102 次列车司机（虚拟仿真人）：可以开车。

58102 次列车司机回复：58102 次，司机明白。

（二十六）发布开通封锁区间的调度命令

（1）点击调度命令终端左上角“新建调度命令”按钮。

（2）点击“命令标题”尾部的下拉框，选择“开通封锁区间”命令模板，或输入命令标题“开通封锁区间”，如图 16-76 所示。

图 16-76　命令标题

（3）“命令正文”中出现命令模板，填写完成命令内容（图 16-77）：大庆西客专场转救援负责人张三大庆东客专场至大庆西客专场间下行线事故救援完毕，自接令时起区间开通。

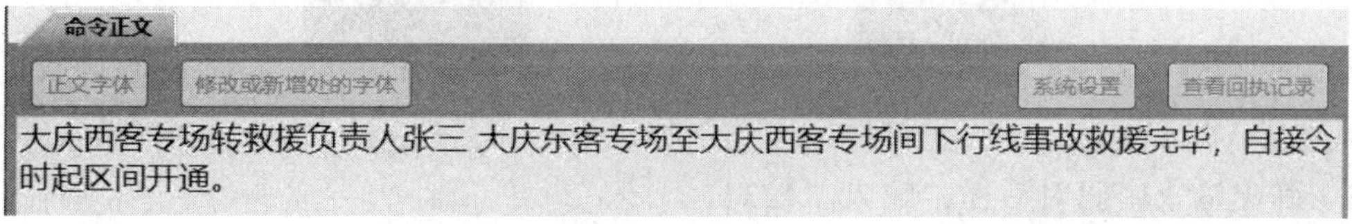

图 16-77　命令正文

（4）在受令列表中，选择要发送的车站“大庆东客专场”“大庆西客专场”，如图 16-78 所示。

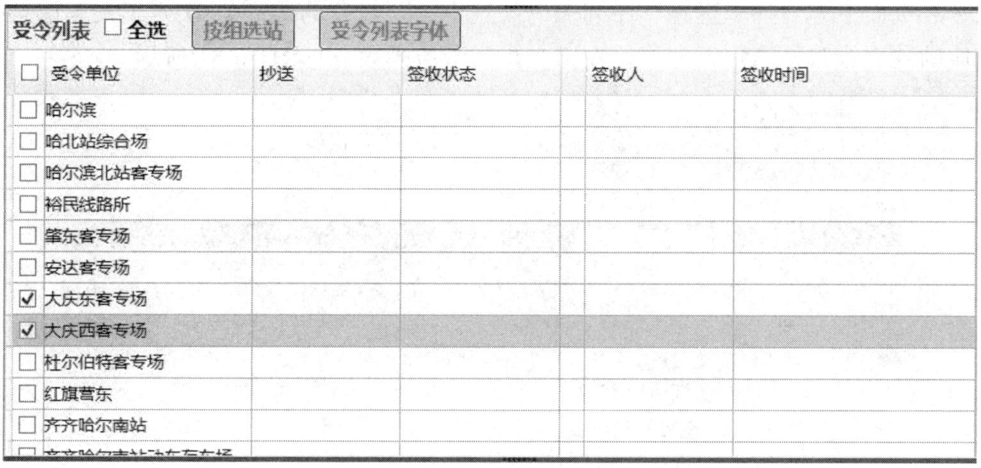

图 16-78　勾选受令单位

（5）点击“下达”；弹出对话框，确认受令人无误后，点击“是”。

（6）调度命令下发完成，命令进入签收完成栏，车站签收，如图 16-79 所示。

图 16-79　命令发送完成

（二十七）取消故障列车停放区间封锁操作

（1）在助调终端“选站面板”中选择大庆西站客专场。

（2）在大庆东客专场至大庆西客专场间下行区间已设置封锁的闭塞分区股道上点击右键，弹出菜单栏，如图 16-80 所示，选择“解锁”操作。

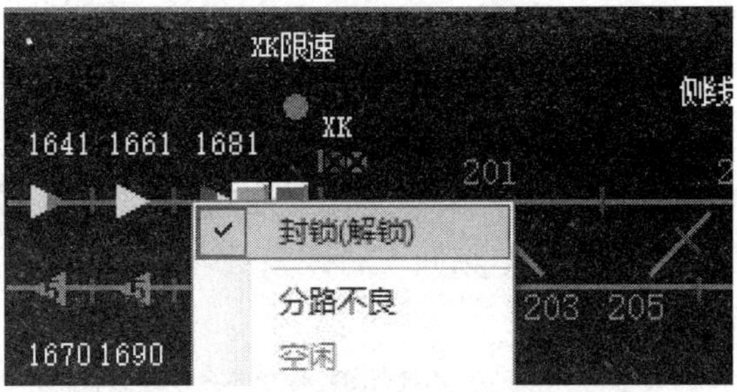

图 16-80　选择封锁（解锁）

（3）弹出输入密码对话框，输入“1234”。

（4）区间股道紫色闪烁光带消失，取消区间封锁完成。

（二十八）恢复 D7901 次列车在大庆东站客专场发车自触

（1）在助调终端“选站面板”中选择“大庆东站客专场”。

（2）在页面下方“列车进路”序列表内，选中需要修改的 D7901 次列车发车信息栏，在列车对应的“自触”栏内，点击鼠标左键，出现下拉列表，如图 16-81 所示。

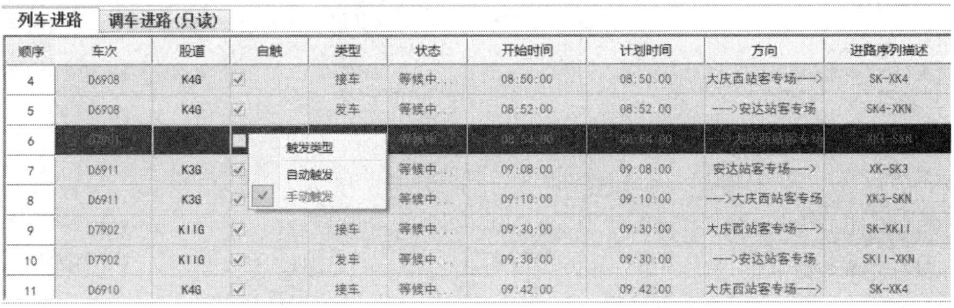

图 16-81　进路序列表内选中列车信息

（3）选择“自动触发”，D7901 次列车在车站的进路触发方式转换为自动，如图 16-82 所示。

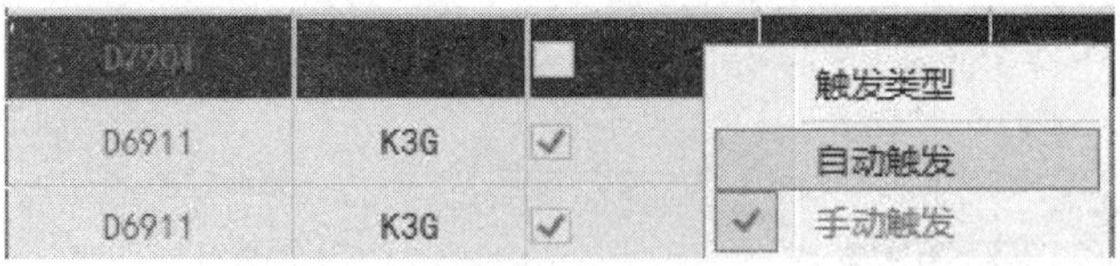

图 16-82　列车进路触发方式转换为“自动触发”

（二十九）手工转实际点

（1）勾选运行图终端最下方的“鼠标收点”，如图 16-83 所示。

图 16-83　勾选鼠标收点

（2）左键选择 D6909 次列车运行线，选中该运行线在大庆西客专场节点位置（当前时间至当前时间后十分钟范围内），弹出对话框，如图 16-84 所示。

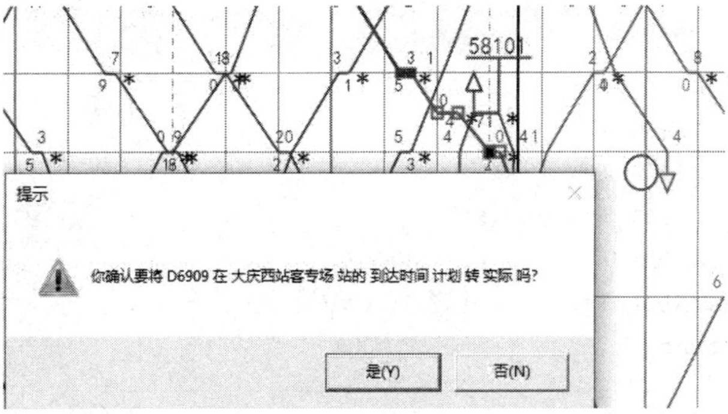

图 16-84　鼠标收点确认

（3）点击确认后，计划点转为实际点，如图 16-85 所示。

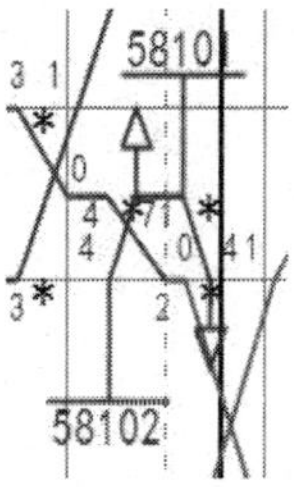

图 16-85　手工转实际点

（三十）发布取消列控限速命令

（1）助调点击调度命令端右下角列控限速栏内“新建列控”。

（2）弹出“限速命令输入”对话框，输入前发列控限速命令“限速原因”“命令类型”“线路”及起始公里标等数据，并勾选“取消限速”，点击“确认”按钮，如图 16-86 所示。

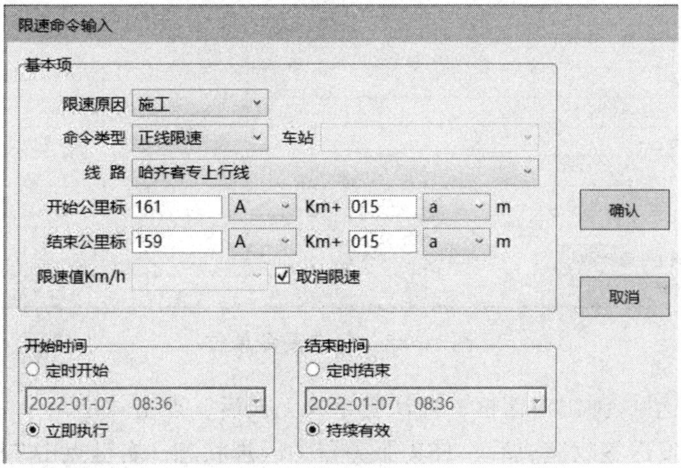

图 16-86　限速命令输入

（3）弹出校验提示对话框，点击“确定”以后，主调调度命令端弹出“限速命令校验”对话框，对数据进行再一次输入，点击“确认”按钮，如图 16-87 所示。

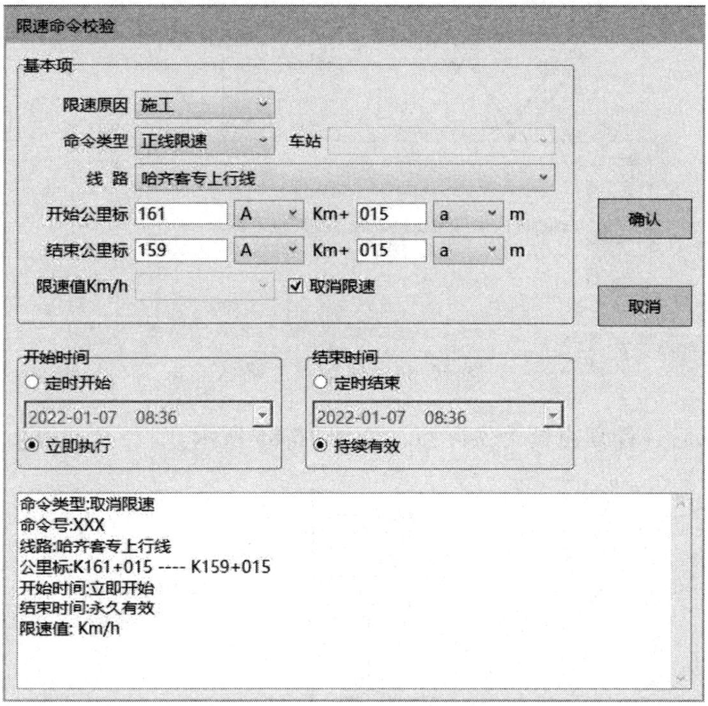

图 16-87　限速命令校验

（4）弹出提示框点击确定，返回主页面。受令列表内，系统自动勾选“哈齐 TSR 服务器”，选择要发送的车站“大庆东客专场”“大庆西客专场”，点击“下达”按钮，如图 16-88 所示。

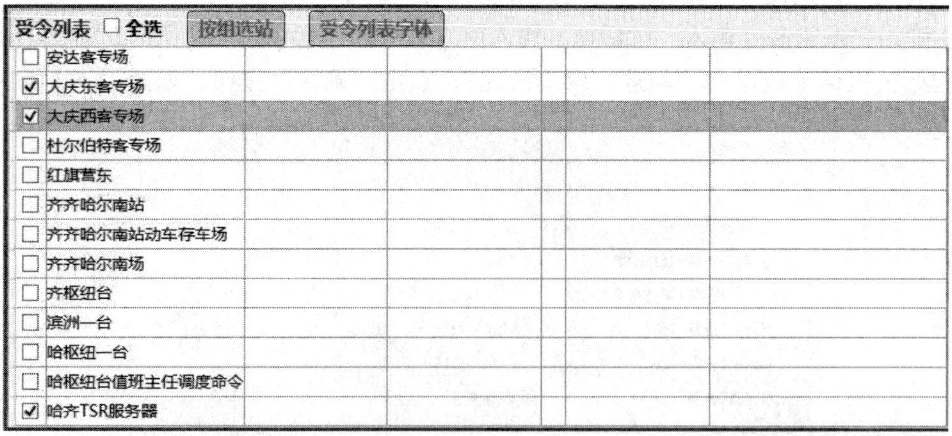

图 16-88　勾选受令单位

（5）点击“下达”，弹出对话框，确认受令人无误后，点击“是”。

列控限速命令发送签收完成后，TSR 服务器为闪烁状态，右键点击 TSR 图标，选择“显示主窗口”。

（6）选中该条取消限速命令，单击下方“激活校验”按钮，对该命令进行激活操作，如图 16-89 所示。

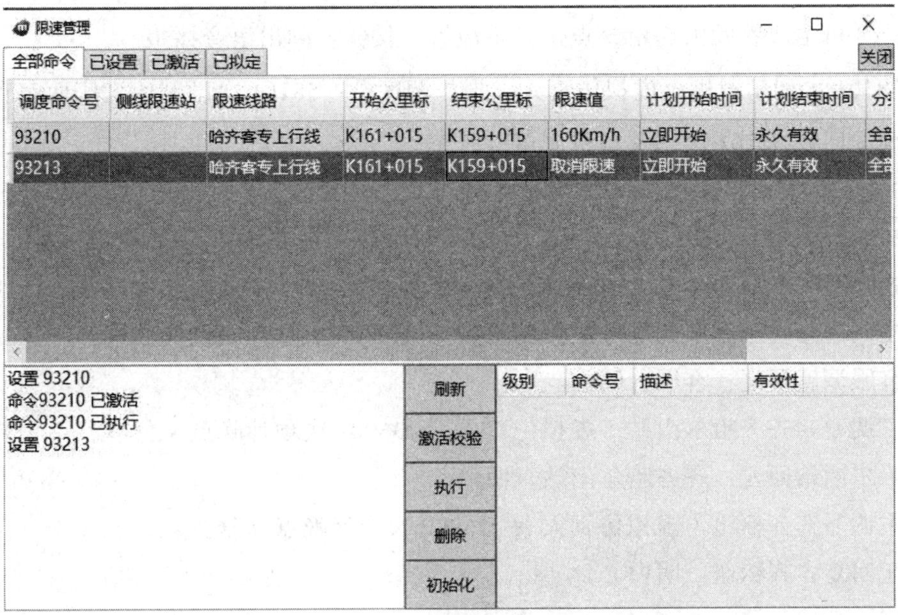

图 16-89　激活列控限速

（7）命令底色变为绿色，进入“已激活”栏内；再次选中该条命令，单击下方“执行”按钮，如图 16-90 所示。

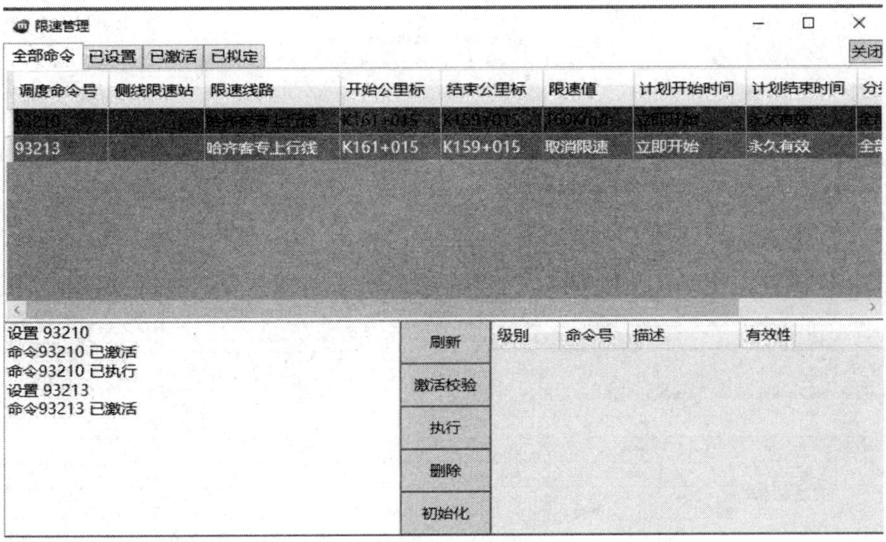

图 16-90　执行列控限速

（8）执行完成后，对应限速命令消失。

完成后线路图上对应的限速命令指示消失。

（三十一）救援列车司机报告

58101 次列车进入大庆西客专场，过标停稳后：

（1）FAS 机主应答发出提示，点击“主应答”按钮，弹出语音播报。

（2）58101 次列车司机（虚拟仿真人）报告调度员：58101 次已到达大庆西客专场 8 道。

（3）调度回复 58101 次列车司机：可以开车。

（三十二）调度员通知动车客服调度、齐齐哈尔南站、齐枢纽

（1）主调依次点击 FAS 机主面板上的“动车客服调度”“齐齐哈尔南站”“齐枢纽”按钮。

（2）主调通知动车客服调度（虚拟仿真人）：D6909 次预计晚点 × 分。

动车客服调度回复：客服，明白。

（3）主调通知齐齐哈尔南站（虚拟仿真人）：D6909 次预计晚点 × 分。

齐齐哈尔南站回复：齐齐哈尔南站，明白。

（4）主调通知齐枢纽（虚拟仿真人）：D6909 次预计晚点 × 分。

齐枢纽回复：齐枢纽，明白。

（三十三）填写铁路交通事故（故障）概况表（简称：安监报-1）

填记安监报（图 16-91）：8 时 19 分，D6909 次因动车组故障，停于大庆东客专场至大庆西客专场间下行线 160 km 000 m 处，请求救援。

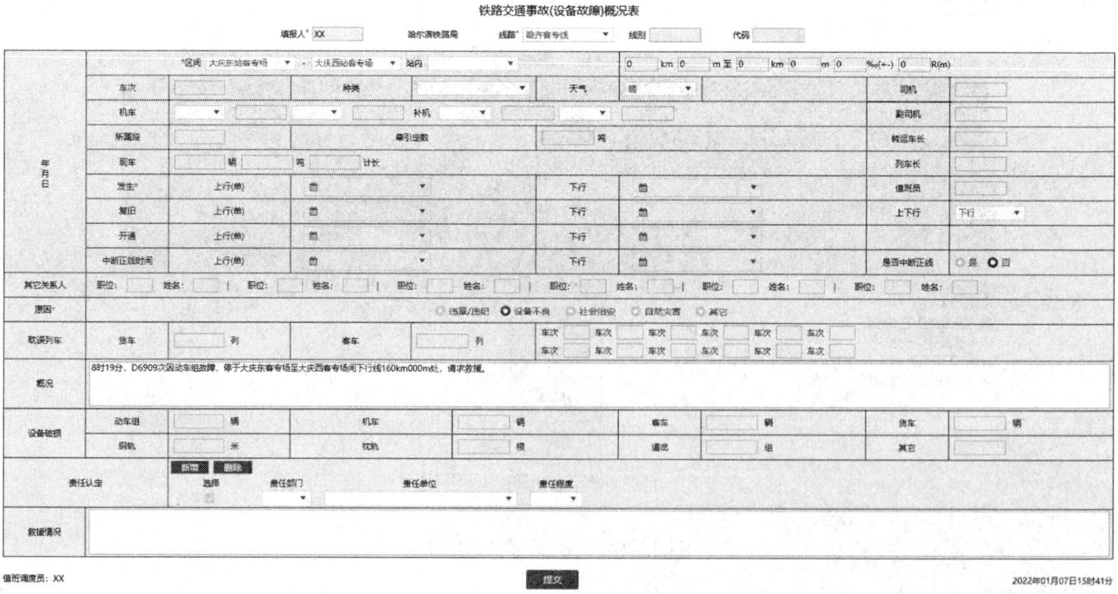

图 16-91　安监报-1

七、实验要求

（1）认真完成实验报告，报告要用实验报告纸，书写工整，按时上交。
（2）对思考题应能依据实验过程做出相应的回答。

八、思考题

（1）导致动车组列车无法继续运行的原因有哪些？
（2）组织旅客换乘有哪些注意事项？